梅森直之
Umemori Naoyuki

初期社会主義の地形学《トポグラフィー》

大杉栄とその時代

有志舎

初期社会主義の地形学《トポグラフィー》——大杉栄とその時代——

《目次》

凡例

初期社会主義者のテクスト、ならびに機関誌紙からの引用にあたっては、以下の全集、復刻版を利用した。また引用にあたっては一部表記を変更した点がある。


鶴見俊輔編『石川三四郎集』(筑摩書房、一九七六年)、『石川集』と略記。

大杉栄全集編集委員会編『大杉栄全集』(ぱる出版、二〇一四年〜一六年)、『大杉全集』と略記。

幸徳秋水全集編集委員会編『幸徳秋水全集』(明治文献、一九六八〜七三年)、『幸徳全集』と略記。

『堺利彦全集』(中央公論社、一九三三年)、旧版『堺全集』と略記。

川口利彦編『堺利彦全集』(法律文化社、一九七〇〜七一年)、『堺全集』と略記。

『啄木全集』(筑摩書房、一九六八年)、『啄木全集』と略記。

『竹内好全集』(筑摩書房、一九八〇〜八一年)、『竹内全集』と略記。

『福本和夫著作集』(こぶし書房、二〇一〇年)、『福本著作集』と略記。

『山川均全集』(勁草書房、一九六六年〜二〇〇三年)、『山川全集』と略記。

『家庭雑誌』(龍渓書房、一九八二年)
『近代思想』(不二出版、一九八二年)
労働運動史研究会編『熊本評論』(明治文献資料刊行会、一九六二年)
『月刊平民新聞』(黒色戦線社、一九八二年)
労働運動史研究会『社会主義研究』(明治文献資料刊行会、一九六三年)
労働運動史研究会編『週刊平民新聞』一、二(明治文献資料刊行会、一九六二年)
労働運動史研究会『新紀元』(明治文献資料刊行会、一九六一年)
労働運動史研究会編『直言』(明治文献資料刊行会、一九六〇年)
労働運動史研究会編『日刊平民新聞』(明治文献資料刊行会、一九六一年)
労働運動史研究会編『光』(明治文献資料刊行会、一九六〇年)
『文明批評』(不二出版、一九八六年)
『労働運動』(黒色戦線社、一九七三年)

序章　資本主義の地形学《トポグラフィー》へ向けて

1　初期社会主義という問題

本書は、日本における初期社会主義の思想と運動の歴史を、資本主義のグローバルな展開を背景に、他の思想・運動との連関・対比に留意しつつ描き出そうとする試みである。ここでいう初期社会主義とは、およそ明治後期から日本共産党の成立（一九二二年）ころまでの時期を中心に、日本で展開された社会主義的な思想と運動を意味している。初期社会主義は、日本における最初の意識的な資本主義への対抗運動であり、これまでも多くの研究者の注目を集めてきた。しかしながら、従来の研究においては、初期社会主義を、マルクス主義へ至る前史であるかのように位置づける傾向も根強く、[*1] その結果、初期社会主義そのものの理論的潜勢力は、なお、十分に探求しつくされたとはいえない状況が続いている。[*2] 本書は、初期社会主義を、資本主義に対抗する批判理論として再解釈することを試みるが、それは「現存した社会主義」を基準として、初期社会主義を評価し、その先駆性や未熟さを指摘するに急であったこれまでのアプローチとは異なる。[*3] むしろ本書で試みられるのは、「現存した社会主義」に対して、マルクス主義の内部から加えられてきたさまざまな批判（それはしばしば、ネオ・マルクス主義、ポスト・マルクス主義の名で呼ばれてきた）を意識しつつ、初期社会主義を読み直すことにより、日本における資本主義批判の思想と運動の豊かさを、いまいちど確認することである。[*4] 資本主義システムの構造的把握と批判的分析は、昂進する経済的不平等や、それに伴って引きおこされる暴力の遍在により、現在においてもなお、喫緊の学術的課題であり続けている。本書は、そうした学術的要請に、日本における資本主義批判の系譜のいわば根源に立ち帰り、そこでの多様な思想と運動の政治的意味を検討することを通じて、応えようとするものである。

初期社会主義が、多分に曖昧さを含んだ概念規定であることは、これまでの研究においてもたびたび問題化されてきた。[*5] 英語圏において、early socialist という用語は、しばしばロバート・オウエンやサン・シモン、さらにはフーリエら、一九世紀前半の、いわゆる utopian socialism の構想者を意味するものとして用いられてきた。こうした認識は、エンゲルスの一八八〇年の著作『空想より科学へ』の概念規定を踏襲するものでもある。[*6] しかしながら、初期社会主義を、一九世紀西ヨーロッパの「空想的社会主義」に限定する時期区分には問題が残る。なぜなら、そこにあらわれているヨーロッパ中心主義は、日本を含めたヨーロッパの外部や周辺部における社会主義の歴史的経験の意義を、十分に視座におさめることができないからである。資本主義が、その発生の当初からグローバルな運動であった限りにおいて、その対抗運動も、必然的にグローバルな拡がりをもたざるをえなかった。[*7] 資本主義の動態性をグローバルに把握するためには、それに対抗する運動の意義も、グローバルに把握され直す必要がある。「初期」という時期区分の設定においても、グローバルな社会主義運動の発展と変容という見地から、あらためて問題化される必要がある。

本書では、時期区分の下限を、ロシア革命の勃発から一九二二年の日本共産党の創設にいたる時期に設定し、それ以前の社会主義的な思想・運動の総体を、初期社会主義として考察の対象とする。[*8] そこには、ユートピア社会主義や国家社会主義、社会民主主義などを含んだ多様な社会主義のほか、さまざまなバージョンの無政府主義やマルクス主義それ自体も含まれている。多様な思想内容を有していた初期社会主義者を、それでも単一のカテゴリーのもとに包摂しうるのは、そこにあらわれた現存する資本主義に対する批判と超克に向けた意志の共通性においてである。そしてロシア革命が、社会主義の「初期」を画する時期区分たりえるのは、それが「現存した社会主義」の成立を促した歴史的事件にほかならないからである。ロシア革命の「成功」が、当時の労働運動に及ぼした世界的な影響とその意義に関しては、どれほど強調してもしすぎることはない。しかしその一方で、この「成功」を通じて、ロシア革命の経験が規範化され、コミンテルンの左翼運動に対するグローバルなヘゲモニーが確立することにより、資本主義の批判とそこからの離脱をめざす運動の想像力に、一定の枠組みが課せられるようになったことも否定できない。[*9] ロシア革命の「成功」は、「資本主義の終わり」をめぐる論争に、一応の決着をつけたかのように思われた。レーニンによって体系化され、共産党によって実践されたマルクス主義が、その「正解」として受けとられた。その結果、社会主義の歴史は、その「正解」を知るまえと、「正解」を知ったあとの時代とに二分化され、社会主義の思想と運動にかかわる歴史的経験も、その「正解」を基準として整序されていったのである。しかしながら、「現存した社会主義」そのものが、すでに崩壊した現在、われわれはもはやいかなる「正解」をも手にしてはいない。ここで必要となるのは、従来「正解」と見なされてきた思想や運動により、否定もしくは周縁化されてきた多様な社会主義の運動や思想をあらためて取り上げて、その思想的可能性を検討してみることであろう。本書は、「現存したマルクス主義」によって規定をうける以前の、社会主義的な運動と思想の多様性のうちに、「現存する資本主義」の批判と超克の可能性を探求することを試みるものである。

初期社会主義者たちの思想と行動を、資本主義への対抗運動として読み解くためには、資本主義という用語によって示される問題圏を明確化しておく必要がある。資本主義は、これまで一般的に、私的所有関係に根ざし、市場によって媒介される階級関係によって特徴づけられる経済システムを意味する用語として理解されてきた。これに対し本書では、資本主義を、モイシェ・ポストンのマルクスの再解釈にしたがって、「非人格的で見かけ上客観的な性格を持つ歴史的に特殊な社会的相互依存の形態」として概念化する。[*10] それは、マルクスの資本主義論を、近代社会内部の搾取と支配の形態についての理論としてではなく、近代性の性質それ自体の批判的な解明をめざす社会理論として、読み解いていこうとする解釈である。本書では、こうしたポストンのマルクスの再解釈にインスピレーションをうけながら、初期社会主義を、資本主義的近代そのものへの批判として読み解く解釈を提示する。そのためには、初期社会主義者たちの資本主義社会に対する批判を、経済的な領域に限定して取り出すのではなく、むしろかれらの活動の総体を、かれらが現実に生き抜いた日本的近代への批判として、体系的に再解釈する必要が生ずる。初期社会主義者のテクストや活動は、狭義の経済領域にかかわるものも、それ以外のさまざまな主題にかかわるものも、ともに近代批判という見地から、等しい重要性を有するものとして検討の対象とされなければならない。従来は、社会主義とは異なる活動とみなされてきた文学や言語をめぐるかれらの諸実践を、社会主義的に、すなわち近代批判という見地から、問題化することは可能であるし、またそうした試みが積極的になされる必要がある。

初期社会主義の歴史的意義を、「現存した社会主義」を準備したという点にではなく、資本主義的な近代性そのものへの批判を構想したという点に求めるならば、そうした資本主義への抵抗者・批判者の系譜は、けっして社会主義者を自任した人々の集団へ限定されないことになる。たとえ社会主義者と自任することもなく、またそのようにみなされることがなかった人々であったとしても、透徹した資本主義への理解とそれへの批判を成し遂げうる可能性は、けっして排除されないからである。初期社会主義と隣接する思想領域、たとえば自由主義者やアジア主義者たちの思想や行動を、近代批判という見地から、社会主義とつなげて問題化することは可能であるし、またそうした試みが積極的に進められる必要がある。そうした「非」社会主義者たちの近代批判との対比と重なりにおいて、初期社会主義の歴史的意義も、より明らかなものとなるであろう。本書において、福沢諭吉のような自由主義的思想家や、内田良平、宮崎滔天などのようなアジア主義者の思想と行動に関して積極的に言及した理由は、こうした認識に基づく。

これまで資本主義は、もっぱら経済的な見地から問題化されてきたために、過去から未来へとつづく一本の線の一段階としてイメージされることが多かった。しかしながら、資本主義を、近代に特殊な社会的相互依存の形態ととらえ直すとき、そこに立ちあらわれるのは、起伏と陰影に富んだ、果てのない広大な空間である。われわれすべての近代人は、好むと好まざるとにかかわらず、この空間の住人である。この空間は、歴史的に特有な空間である。一定の時代と場所で成立し、その後近代になって全世界を覆うだけの拡がりと強度を獲得したからである。そしてこの空間は、動態的な空間である。常に再生産と再編成をくり返し、物理的な風景とそこに住まう人々の生活を、絶え間なく変容させてきたからである。[*11] この移ろいがちで広大な空間を織りなしているのが、われわれひとりひとりの相互依存的な関係にほかならないとすれば、その「地形図」は、この空間を生き抜いた、ひとりひとりの生の軌跡の束として、把握されざるをえないのである。[*12]

初期社会主義者は、資本主義という新領野の、日本における最初の自覚的な探求者であった。かれらは、その領野に積極的に分け入り、その変動に翻弄されながら、その探求と抵抗と克服の途を模索し続けた。かれらの歩き、そして斃れたその軌跡をたどることで、われわれは黎明期の資本主義の「地形図」を手にすることができる。かれらの探索のあとは、けっして狭義の経済的な領域にとどまるものでなく、言語や科学、文学や家庭、国家や個人、主体や身体といった主題を含み、またその視座も、日本の国境をこえて、社会主義の先進地域であったアメリカや西ヨーロッパをはじめ、アジアや植民地、またロシアやその周辺地域にも及んでいた。なぜ、かれらは、そうした領域を探求しなければならなかったのか。そこでかれらは、どのような隘路に逢着し、それをどのように乗り越えていったのか。本書では、初期社会主義者によって踏破された探索の記録を、かれらの苦悩と喜びとともに、読み解いていくことを目ざす。

2 社会主義研究の現在

日本を含む西側先進国において、かつて社会主義の終わりが喧伝された時代があった。ペレストロイカからベルリンの壁の崩壊へと至る国際的な変動は、一九八〇年代を通じて進行し、現存する社会主義国家の崩壊を帰結していった。また西側先進国においても新保守主義が台頭し、ケインズ主義を基盤とする福祉国家の正当性が、徐々に掘り崩されていった。フランシス・フクヤマの『歴史の終わり』は、資本主義と自由民主主義の最終的な勝利を言祝いだ点で、こうした時代精神を象徴するものであった。ここで注目すべきは、フクヤマのいう「歴史の終わり」が、自由民主主義の最終的な勝利、すなわち「社会主義の終わり」をも含意していたことである。[*13]

そうした「社会主義の終わり」は、国内の日常生活のレベルにおいては、左翼運動の衰退として実感された。そしてその重要な指標となったのが、大学のキャンパスにおける学生運動の退潮であった。日本の大学は、一九四五年の敗戦に伴う民主化以降、一貫して左翼運動の主要な舞台であり続けてきた。そして一九八〇年代は、そうした大学と運動との連結が解除された時代として記憶されることになるかもしれない。[*14] そもそも日本における大学と運動の結合の歴史は、学生という存在が一定の厚みを持って登場した明治後期にまでさかのぼることができる。[*15] 主観的にはエリートとしての自己意識に由来する使命感が、そして客観的には経済的な不満や将来の不安に起因する現体制との距離感が、学生たちをオルターナティヴな社会の構想と実現にむけて駆り立てていった。社会における「大学」という場の特権性と異質性が、「学生」という政治的アクターを生み出し、それを再生産し続けた。八〇年代、日本のキャンパスから失われたのは、「大学」の特権性と異質性であり、また「学生」という主体のあり方そのものであった。

八〇年代を通じて進行した（マクロにはグローバルな世界秩序からの、ミクロには日本の日常生活からの）「社会主義の退場」は、アカデミズムにおける社会主義研究にも大きな影響をもたらすことになった。それは一言でいえば、政治志向から実証志向へのパラダイム・シフトとして要約されうるものであった。日本における社会主義は、明治後期におけるその導入以来、「革命」を最終的な目標とする運動と不可分な存在であり続けて来た。厳しい弾圧にさらされた戦前期、民主主義の復活と強化の主役をもって任じた戦後期を通じて、社会主義の研究が、現実の社会主義運動と密接な関係を有してきたことは必然であったといえる。[*16] そこで社会主義の研究は、たとえそれが歴史を対象とするものであったにせよ、「正しい」社会主義理解へ到達するという目標に資するべきものであることが期待され、また自明視されてもきたのである。政治と社会主義研究とのあいだに存在した、この自明で直接的な連関もまた、「社会主義の退場」によって解除されることになった。社会主義が、理論的にも実践的にも、その魅力を失っていくにつれて、社会主義の研究は、実証的な歴史研究の一分野として、自立化する傾向を示し始めた。[*17]

しかしながら、今世紀になって、新自由主義の進展によってもたらされた社会変動は、「貧困問題」を、社会問題の中核として回帰させる結果をもたらした。その結果、かつてはその歴史的役割を終えたかのように語られた社会主義もまた、いまいちど社会改革を求める思想と運動の中心へと回帰しつつある。その象徴的なあらわれが、一九九九年のシアトルにおける反WTOの大規模なデモから、二〇一一年のニューヨークにおけるウォールストリート占拠にいたる過程で明らかとなってきた社会運動の力強い復権である。[*18] こうした動きはまた、日本においても、二〇一一年三月の東日本大震災にともなう福島原発事故以後、粘り強く展開されてきた反原発運動や、二〇一五年八月の反安保法制をめぐる反対運動の高まりにおいても確認できる。[*19] こうしたグローバルな資本主義に対する新たな対抗運動の台頭と発展は、社会主義に対しても、新たな理論的関心を掻き立てることとなった。ここで求められているのは、こうした新しい状況に対応しうる新しい批判理論の構築であり、またその糧となるような、新しい歴史研究のあり方である。この意味において、これまで積みかさねられてきた社会主義に関する実証的研究を、新たな理論的パースペクティブのもとに、体系化することが求められている。本書もまた、そうした問題関心にしたがって、日本の初期社会主義の歴史を、現在の歴史としてとらえ直そうとする試みである。

3　時間から空間へ

多くの研究者は、その後の発展した（もしくは発展すべき）社会主義もしくは民主主義のイメージを、実在した過去の社会主義的な思想と運動に投影し、そのあいだの距離を測定することをもって初期社会主義の評価としてきた。初期社会主義とは、その内容は論者によって多様であるにせよ、より「完全な」社会主義や民主主義に至る途上にある思想や運動として位置づけられた。そこでは、それにかかわった人々の熱情や先駆性が高く評価される一方、その未熟さや理論的混乱を指摘することが研究の主要な意義であると考えられ、実践されてきたのである。「社会主義の退場」とともに失われたのは、われわれが手にしていたはずの、社会主義や民主主義という「正解」に対する信頼であった。現存した社会主義体制の崩壊と、その後の旧社会主義諸国の実態は、現存した社会主義が、結局のところ、国家による資本主義化の露払いを演じたに過ぎないことを明るみに出した。現存した社会主義の「終わり」が、「社会主義の終わり」へと短絡されている以上、その「前史」としての初期社会主義もまた、必然的に歴史の彼方に押し流されてゆかざるをえない。われわれが、いまいちど、社会主義と出会うためには、こうした社会主義をめぐる従来のクロノロジカルな段階論そのものの批判的検討が不可避である。[*20]

八〇年代に生じた「社会主義の退場」は、こんにち新自由主義とよばれるイデオロギーの伸張の裏面でもある。アメリカの社会学者、デヴィッド・ハーヴェイは、新自由主義を、「強力な私的所有権、自由市場、自由貿易を特徴とする制度的枠組みの範囲内で個々人の企業活動の自由とその能力とが無制約に発揮されることによって人類の富と福利がもっとも増大する、と主張する政治経済的実践」として定義している。ハーヴェイによれば、新自由主義は、一九七〇年代に先進国で顕在化した「埋め込まれた自由主義」の危機への対応として登場した。[*21]「埋め込まれた自由主義」とは、国際的には自由貿易を推進しつつも、国内的には福祉国家を標榜する「調整的・緩衝的・規制的な諸制度」の体系を意味している。それは、一九三〇年代の破滅的危機の再来を懸念した第二次世界大戦後の国家体制や国際関係の再編過程において、その正当性を獲得したものであった。「社会主義の退場」は、新自由主義が、日常生活の「常識」的理解にまで浸透し、「埋め込まれた自由主義」が変容してゆくプロセスと連動して生じた。[*22]

いわゆる新自由主義の進展とともに、資本主義をめぐるいくつかの常識もまた崩壊を余儀なくされた。そもそも社会主義が、「初期」という段階論的な区切りとともに語られてきた理由は、それが批判の対象とする資本主義そのものに、一定の発展段階が認められてきたからである。二〇〇〇年以後露わになった資本主義社会の新しい現実は、資本主義が時間の経過とともに発展するという「常識」そのものを、深刻な懐疑のうちに突き落とした。そのことは、こんにち顕在化した派遣労働者をめぐる労働条件の過酷さが、たとえば『蟹工船』に描かれたような、戦前の日本資本主義の苛酷な現実と重ね合わされながら、認識され、議論されていることのうちにはっきりとあらわれている。[*23]われわれは、こうした認識のあり方を、単なるアナクロニズムとして斥けるわけにはいかない。そこには、資本主義を、発展段階という時間の次元においてではなく、不均等で多様な発展という空間の次元において、把握し直してゆく認識の萌芽が含まれているからである。

ここでは、そうした試みのひとつとして、ニール・スミスの「不均等発展」をめぐる議論を紹介する。スミスは、その著作のなかで、資本の手によって再構築される地理空間のドラスティックな変容に注意をうながし、そうした現象を適切に理解するために「資本主義の地理学」と呼ばれるべき新しい理論枠組みの構築を試みている。「資本主義の地理学」は、マルクス主義の理論を、地理的な領域にまで拡張することにより構築される新しい認識の視座である。

スミスによれば、自然的・空間的な編成を、マルクス主義理論の枠内で検討することにより、社会から切り離された伝統的な空間のブルジョア的把握を通してではなく、歴史的に構築されるシステム全体との連関において、理解することが可能となる。それは別言すれば、歴史的な感受性に比べて、地理学的な感受性に欠けるところがあった既存のマルクス主義を、理論的に深化させる試みでもある。[*24] スミスによれば、ドラスティックな地理的空間の変容は、資本主義の不均等発展の産物である。スミスは、その不均等発展を、資本の構造そのものに内在する矛盾のあらわれとして意味づけていく。ここでいう矛盾とは、生産のレベルと条件を、差異化しつつ同時に平準化するという資本主義に特有のメカニズムを意味している。

資本主義がもたらす巨大な文明化の作用を力強く肯定したのはマルクスその人であった。周知のようにマルクスとエンゲルスは、資本主義によって人間にもたらされた巨大な変革について、「いっさいの身分的なものや常在的なものは、煙のように消え、いっさいの神聖なものはけがされ、人々は、ついには自分の生活上の地位、自分たち相互の関係を、ひややかな眼で見ることを強いられる」と述べた。[*25] それは、資本主義が、一面で、人類をさまざまな伝統主義的桎梏から解放し、自由と平等によって基礎づけられる近代的な空間に労働力を所有する個人としてあらためて位置づけていく巨大な変革であることの端的な表現であった。資本は、剰余価値を生み、高い利益を出し続けるために、既存の環境に向けて投資され続けなければならない。その結果、資本主義に最適化された平滑空間が、整備され、その領域が拡大してゆくことになる。しかし同時に、資本は、より高い利潤をもとめて、移動しなければならない。その結果、一度平準化された空間も、けっしてそのままのかたちで永続的に維持されることはありえず、資本の変動に伴って、再び差異化の圧力にさらされることになる。たえまのない資本の流動により、空間は差異化されつつ平準化され、また平準化されつつ差異化される。その結果、つねにそこには不均等な発展の光景が現出することになる。[*26] われわれは、その具体的なあらわれを、かつての発展途上地域に、物質的な豊かさに溢れた巨大都市が誕生する一方、かつての先進国のただなかに、いくつものスラムやゲットーが存在するという、こんにちのありふれた日常風景のうちに見ることができる。[*27]

4 根源的社会主義に向けて

不均等発展という問題構成は、資本主義システムへの包摂によって引きおこされる生活の大変動が、けっして「初期」資本主義に特有な、一回限りの歴史現象としてではなく、むしろ資本主義の「発展」とともに、繰り返し立ち現れてくる永続的なプロセスとして問題化されねばならないということを示唆する。資本が新たに投下され、また引き上げられるたびごとに、そこで生きる人々の暮らしも大きな変動を余儀なくされる。資本主義の発展とともに繰り返されるこうした脱領域化と再領域化は、既存の性行・風俗・習慣を解体し、人間を新しいレベルの孤立した労働力商品へと落とし込む点において、資本主義確立期の本源的蓄積のプロセスを、その都度繰り返すものであるといえる。[*28] 発展した資本主義のただなかに、『蟹工船』のような過ぎ去ったはずの過去の亡霊が現出する理由は、こうした不均等発展の効果として理解されるべき現象である。

新自由主義の進展は、単に社会主義を後退させただけでなく、資本主義の発展をめぐる段階論そのものの再検討を迫る情況を生み出した。資本主義の段階論の再検討は、必然的に、社会主義の段階論への再検討を迫るものとなる。「初期」社会主義者が告発した資本主義の諸問題が、けっして「未熟な」資本主義に特有な現象などではなく、むしろ資本主義の進展にともなって繰り返される本源的メカニズムであるとすれば、それを批判し、その対抗策を模索した初期社会主義者たちの思想と運動もまた、永続的に繰り返されるべき本源性を獲得する。初期社会主義者の運動と思想もまた、現在において資本主義への対抗を構想する際のかけがえのない遺産目録として、歴史の忘却から救い出される必要がある。

初期社会主義の地形学《トポグラフィー》とは、資本主義への対抗を原初的に試みた人々の多様な実践をたどることにより、資本主義システムの動態的な把握とその克服のための方途を、模索しようとする試みである。初期社会主義の地形学《トポグラフィカル》的な研究は、段階論的な認識によって特徴づけられる既存の初期社会主義研究に対し、以下のような特色をもつものとなる。それは第一に、初期社会主義の分析を、理論的な「正しさ」を基準に進めて行くのではなく、むしろその「失敗」を含めた実践の総体を分析の対象とするものでなければならない。それは、われわれが、資本主義というシステムを制御するための「正解」を、いまだ手にしてはいないという自覚から導き出される手続である。初期社会主義者にとっての原初的な問い――資本主義に「終わり」はあるか、そしてもし「終わり」があるとすれば、それはどのようにしてもたらされるか――は、「社会主義の終わり」を経て、ふたたびわれわれのもとに回帰した。われわれは、この問いに解答するための努力を、誰も「正解」を持ちえなかった初期社会主義者と同じ地盤に立ち帰り、あらためてはじめるほかはない。

第二に、初期社会主義を完結した理論体系とみなすのではなく、むしろ他のさまざまな思想・運動との連関において、その分析を進めて行く必要がある。初期社会主義者がその思索と活動を開始した一九世紀末には、資本主義の弊害が、すでに広く人々の関心を集めるにいたっており、またそれに対抗するための思想・運動も、さまざまなかたちで展開されていた。いままで、かならずしも社会主義とはみなされてはこなかった、そうした多様な運動や思想を、資本主義への対抗運動としてとらえ直し、社会主義との異質性と共通性において、その意義を検討する必要がある。初期社会主義の思想的意義と拡がりを明確化するためには、かれらの実践を、単に資本主義との対抗関係においてのみ捉えるだけでなく、同時代的に発生したアジア主義などのような、別種の対抗思想・運動との競合と協力の様態も明らかにされる必要がある。またその一方で、近代日本における資本主義の実態を、資本主義の理念との緊張関係において把握することも必要となる。すでに多くの歴史家が指摘しているように、明治国家によってもたらされた現実の資本主義が、「封建遺制」の残存を色濃く反映した「後発国」のそれであったとすれば、欧米の先進的な資本主義の理念的なモデルもまた、現実の資本主義の対抗思想として、重要な意味を持ちえたからである。[*29] ここで問題化されるべきは、日本におけるナショナリズムとリベラリズムと社会主義との錯綜する諸関係である。その意味において、アジア主義の地形学《トポグラフィー》や自由主義の地形学《トポグラフィー》もまた、初期社会主義の地形学《トポグラフィー》と同じ意味において構想され、また実践されなければならない。初期社会主義の地形学《トポグラフィー》が、資本主義の地理学において占めるべき領野は、他の地形学《トポグラフィー》との関係性において、いっそう明らかになるであろうからである。

第三に、初期社会主義を、ナショナルな領域に囲い込むのではなく、帝国と植民地を含み込む、グローバルかつローカルな空間にマッピングする必要がある。資本の運動が、国境を越えて展開されるものである以上、その対抗思想・運動としての初期社会主義もまた、必然的に国境をこえた拡がりにおいて、把握されねばならない。それはまた、国内における地域間のミクロな中心・周縁構造の生産と再生産、ならびにその変容を明らかにする試みとつながらなければならない。実際に、初期社会主義者が関与した戦線は多様であった。かれらは、日本の革命を実現する方途を探りながら、反植民地主義的なナショナリズム運動や、一工場内の組合の組織化をめぐる闘争にも積極的に関与した。初期社会主義の地形学《トポグラフィー》には、そうしたナショナルな、グローバルな、そしてローカルな戦線のうち、そのいずれかを特権化しうるいかなるアプリオリな論理も存在しない。重要なのは、それらの戦線が同時に存在していたという事実であり、また初期社会主義者たちが、そうした多様な戦線で、どのように戦い、どのように敗れたかを確認することである。それは、かれらが闘い、散った場所こそが、資本主義の不均等な発展の痕跡を刻む水位線にほかならないからである。

5　本書の構成

本書は、三部構成をとる。第Ⅰ部「鳥瞰図」は、初期社会主義者たちの活動の領野を、資本主義社会の発展という見地から、構造的に、検討することが試みられる。初期社会主義者と呼ばれる人々は、近代日本の思想史のうちで、どのような位置をしめているのか、また、かれらの思想と行動にどのような意味が認められるべきか。第一部では、こうした問いに対し、初期社会主義のエレメントを、既存の社会主義思想史を再解釈することを通じて、また、同時代的なアジア主義思想との対比において、また、昂進するナショナリズムと帝国主義との対抗関係において、うきぼりにする。

第1章では、初期社会主義をめぐる既存の解釈枠組みを批判的に検討し、日本の社会主義思想史について、新しい解釈の枠組みを提示することを試みる。従来の研究は、日本における社会主義の歴史を、もっぱら段階論的な発展として描き出してきた。すなわち、明治に開始された社会主義思想の紹介が、大正期に、無政府主義の影響を色濃く受けた労働運動へと発展し、それがさらにロシア革命後、共産党の指導のもと、正統派マルクス主義の確立をみたという語りが、その内実を構成していた。本章では、そうした段階的発展論に対し、社会主義と無政府主義が、明治後期において、ほぼ同時的に輸入され、日本において共存してきたという事実を強調する。社会主義が、資本主義の先進地域であったアメリカや西ヨーロッパの現実を反映した社会理論であったとすれば、無政府主義は、もっぱら後発国ロシアの現実に根ざした社会理論であった。したがって、社会主義と無政府主義の共存という初期社会主義の特質は、けっしてその理論的未成熟や混乱として理解されるべきではなく、むしろ封建的な農村社会の性格を色濃く残しつつ、急速な工業化を推し進めつつあった明治後期の日本社会の重層的性格の忠実な反映として評価されるべきである。

第2章では、アジア主義の思想と運動を、その研究史とともに検討することを通じて、そこに込められた資本主義批判とその意味をうきぼりにすることを試みる。従来の研究においてアジア主義は、一般的には「右翼」思想の系譜に属するものとして、「左翼」思想の源流である初期社会主義とつなげて議論されることはまれであった。しかしながら、アジア主義と初期社会主義は、ともに自由民権運動から発している点において、歴史的にも人的にも、密接な関係を有している。また、思想的にみても、アジア主義者によって表明された近代批判の情念は、しばしば初期社会主義者のそれをしのぐ強度を有していた。本章では、そうしたかれらの資本主義的近代への批判もしくは嫌悪が、かれらを「アジア」という特定の空間をめざして流出せしめた原動力であったことをを明らかにするとともに、かれらのそうした近代批判が、結局のところ、日本の帝国主義を、アジアに押し広める露払いの役割を演じるにいたったイロニーについて論ずる。

第3章では、「大逆事件」と安重根事件というふたつの「テロリズム」事件を手がかりに、初期社会主義と反帝国主義的ナショナリズムとの錯綜する関係を考察の対象とする。従来の研究においては、初期社会主義を論ずるにあたり、『平民新聞』の非戦論に象徴される平和主義がその思想的特質として強調されることが多かった。しかしながら、そうした平和主義を論ずるにあたり、なぜ、そしていかなる経緯で、「大逆事件」が発生することになったのかという問いは、しばしば等閑視されてきた。それはこの事件が、もっぱら政府によってフレームアップされた権力犯罪として問題化されてきたことと関連している。本章では、「大逆事件」の発生のプロセスを、平民社の「対話」という方法論によって育まれていった「暴力の哲学」の深化という視座から分析し、さらにその思想的意味を、その前年に発生した、安重根による伊藤博文の暗殺事件と重ね合わせることを通じて検討する。そこで明らかとなるのは、国民化の暴力と植民地化の暴力との重層的な重なりのうちで展開された、社会主義運動と反植民地的ナショナリズム運動との連帯とすれ違いの諸相である。

第Ⅱ部「踏破記録」では、初期社会主義が有していた思想的な多様性と可能性を、いわば極限まで推し進めた人物として、大杉栄の思想と行動に着目する。それはある意味で、第一部を通じて、構造的に摘出した初期社会主義をめぐる問題群を、アクターの視座から、ミクロにたどり直していく試みでもある。大杉は、日本の歴史上もっとも著名な活動家のひとりであり、その人物や行動について記された文献は、枚挙にいとまがない。しかしながら、かれの思想に焦点をあてた分析は、けっして多いとはいえず、その検討の内実も、狭義のアナーキズムをめぐる問題圏に限定されてきたきらいがある。以下の各章では、大杉の思想的営為が、一見したところ、アナーキズムとは無関係に思われる思想や行動を含めて、いかに資本主義に対する創造的な批判・抵抗たりえていたかを明らかにすることを試みる。

第4章では、「発話」という問題を手がかりに、「吃音」に由来する大杉の独特な言語感覚が、その無政府主義思想に有した意味の検討が行われる。大杉の幼少期から青年期までをみずから描いた『自叙伝』は、軍人たる夢に挫折したひとりの少年が、社会主義者たることにみずからの生涯の目的を見出していくまでの物語であるが、その挫折の主要な要因として位置づけられるのがかれの「吃音」である。本章では、従来個人的な「病理」として問題化されることの多かったこの「吃音」を、それを病理化し矯正の対象とする軍隊的な、あるいは国民的な言語的実践の成立と機能との関連で分析することによって、大杉の「吃音」的な言語実践が、当時の社会主義を含めたあらゆる近代的ナショナリズムに対する根源的な批判たりえていたことを明らかにする。

第5章では、「科学」をキーワードとして、大杉の無政府主義思想が同時代の社会主義理論に対して有していた批判的意味を明らかにする。大杉は、その思想形成期において、長期にわたる獄中生活を経験しており、その結果その獄中書簡を手がかりに、当時の読書の内容を比較的詳細に再現することができる。そして、その読書リストを通じて明らかとなる興味深い事実は、かれの「科学」に対する認識と関心が、しだいに社会主義や無政府主義に対するそれを圧倒していくプロセスである。本章では、大杉の読書傾向の変化を縦軸とし、大逆事件の勃発と社会主義運動の停滞という歴史的コンテクストを横軸としながら、大杉の科学論が、社会主義運動の復権に向けた理論的営みでもあったことを明らかにする。

第6章では、初期社会主義の終わりを画するとされてきたアナ・ボル論争を、大杉の視座からたどり直し、そこに示されている思想史的含意を明らかにする。大杉は、日本における労働組合の組織論が問題化された一九二二年のいわゆるアナ・ボル論争の途上で、ロシア革命後に生じたウクライナでの農民反乱の実態を調査することを目的のひとつとして日本を「脱出」した。こうした大杉の行動は、従来の研究においてしばしば主張されてきたように、大杉の衝動的性格のあらわれとしてではなく、むしろ資本主義の形成期においてあきらかになる国家の暴力的性格に関する鋭敏な感性の帰結として理解されるべきである。本章では、こうした大杉の国家暴力への関心が、グンプロヴィッツやラッツェンホーファーらの種族闘争説に依拠した「征服史観」に共感をよせる原因をなしていたことを論じ、さらにそれが、生産手段の高度化を通じて進展するイデオロギー的な社会支配への関心と、共存していたことを明らかにする。こうした大杉の思想と行動は、「形式的包摂」と「実質的包摂」という資本主義の発展段階を異にするはずのプロセスが、二〇世紀初頭のローカルかつグローバルな空間で、実際には同時的に進行する資本主義の様態を忠実に反映したものであった。

第Ⅲ部では、初期社会主義の中心にあった幸徳秋水と堺利彦、ならびに初期社会主義の周辺でユニークな活躍を見せた石川啄木を取り上げ、文学と社会主義の理論的関係を考察する。いずれの章も、時間認識が主題であるので、「時間地図」と題した。従来の研究においても、初期社会主義と文学との関係は、さまざまなかたちで問題化されてきた。それは初期社会主義者の多くが、小説や詩を残した文学者でもあったからである。しかしながら、その際にも、文学研究と社会主義研究というジャンルの区別は自明視され、かれらの文学作品は、社会主義理論とは区別された、個人的感情の発露という視座から分析の対象となってきたのである。これに対し本書では、文学と社会主義を有機的に結びついた単一の理論的なフィールドとみなし、かれらの文学作品そのものを社会主義の理論的表現として分析することを試みる。そこから浮かび上がるのは、ナショナリズムとモダニズム、時間と空間という主題をめぐって展開された、錯綜する社会主義理論の展開の航跡である。

第7章では、幸徳秋水と堺利彦の言文一致運動に対するコミットメントとその差異を明らかにし、それが両者の構想する社会主義の内実とどのように関連していたかを分析する。幸徳と堺は、ともに平民社を創設した初期社会主義運動の盟友であり、またともに名文家としても知られていた。しかしながら、かれらの文章は、異なったスタイルを有しており、それは明治後期に、日本の文壇の一大プロジェクトとして展開されていた言文一致運動へのコミットメントの差異として、象徴的にあらわれている。言文一致の精神に深く共鳴し、みずからもその主たる実践者となった堺に対し、幸徳は、最後までみずからの文体を言文一致体に統一することができなかった。本章では、その差異を、堺と幸徳との時間と空間をめぐる認識論上の差異として分析し、それが両者の社会主義理論の内実の差異を示していたことを明らかにする。

第8章では、一般的には叙情的な歌人として扱われることの多い石川啄木の小説論と短歌論を対比的に分析し、かれの短歌が、すぐれた社会主義的な表現行為でもあった理由を、その独特な「時間」感覚との関連において分析する。啄木が小説家として立つ志を立て、それに向けた努力を真摯に重ねたことはよく知られている。しかしながら、結局かれのその努力は実らず、かわりに大量の短歌が生み出されることになった。そうした挫折の象徴としての短歌を、かれは「悲しき玩具」と自嘲的に呼んだが、その一方で、その「失敗」の原因を追及すべく興味深いいくつかの小説論、短歌論を残した。それらの論稿を通じて浮かび上がるのは、啄木が、かれが生きた明治後期の日本社会のうちに、小説の時間と短歌の時間という異なる時間性の共存を認めていたということである。小説の時間が、「均質で透明な」近代的なナショナリズムの時間を象徴していたのに対し、短歌の時間とは、資本主義の進展により断片化されざるをえない民衆の生きられた現実をあらわしていた。

初期社会主義者たちのテクストを地形学《トポグラフィー》として読み返すとき、わたしは、かれらが、人間の孤立化と商品化が進展する巨大な社会変動のただなかにあって、なおも新しい共同性を構築する夢に取り憑かれ、それにみずからを賭け続けた人びとであったことに、深い感慨を抱かずにはいられない。かれらを社会主義に駆り立てていった動機は、第一義的には富の分配をめぐる政策でもなく、進化論的な歴史把握でもなく、むしろ人が人として人と交わることができるような共同性への期待であった。資本主義のメカニズムにより、孤立化し商品化された人間が、それでもなお築き上げてゆかねばならない共同性のかたちを、かれらは「社会」と名付けたのである。彼らが紡ぎ出した多様な共同性のかたちを、理論と実践の両面から歴史的に把握することは、人間の孤立化と商品化を推進する新自由主義のイデオロギーに抗し、新しい連帯を模索する現在の実践と繋がっている。

註

＊1　戦前において、社会主義に対する研究が許されたのは、一九三〇年代初頭までであった。その集大成ともいうべき日本資本主義発達史講座の第四部として出版された資料解説において、細川嘉六は、日本の社会主義の歴史を論ずるにあたり、「明治二十八、九年に至るもの」、「明治三十年より大正三年に至るもの」、「大正四年より昭和二年に至るもの」の三期に分類し、その「発展段階」について次のように述べている。「第一時期は自由民権論者、耶蘇教者、人道主義者等の急進的知識階級有志者のなした勤労大衆啓蒙運動期であり、第二時期は勤労大衆が知識階級有志者の運動から独立し始めんとし、マルクス主義の確立を内包しつゝ、大衆と大衆の前衛党との関係確立の問題に当面し、暗中模索した苦悩期であり、第三期はこの関係問題を遂にマルクス＝レーニン

主義的に決定したる闘争期である」(細川嘉六『日本社会主義文献解説』岩波書店、一九三二年、三～四頁)。日本の社会主義の思想史を、アナーキズムと共産主義との闘争ならびに後者の前者に対する勝利と見なす見解は、戦後においても踏襲された(渡部義道、塩田庄兵衛編『日本社会主義文献解説』大月書店、一九五八年)。これに対し、松沢弘陽は、知識社会学的な方法によりそれまでの研究を刷新し、戦後民主主義との関連のもとに、日本の社会主義思想の意義を捉えなおそうとした(松沢弘陽『日本社会主義の思想』筑摩書房、一九七三年)。

＊2　一方、従来の社会主義の中心人物に焦点をあてた従来の研究に対して、一九八〇年代以降に、地方における社会主義運動のネットワークを解明することの重要性が提起され、研究が進められた(橋本哲哉「日本における初期社会主義研究の意義」『金沢大学経済学部論集』四巻二号、一九八四年、同「地方における初期社会主義の活動」『金沢大学経済論集』二一号、一九八四年、松本衛士『長野県初期社会主義運動史』弘隆社、一九八七年、山泉進編『社会主義事始』社会評論社、一九九〇年、など)。また、それと併行するかたちで、欧米の社会主義運動との連携も主題化された(大原慧『幸徳秋水の思想と大逆事件』青木書店、一九七七年、西川正雄『初期社会主義と万国社会党』未来社、一九八五年、同『第一次世界大戦と社会主義者たち』岩波書店、一九八九年、山泉、前掲『社会主義事始』、ミドルトン、ベンジャミン「幸徳秋水と帝国主義への根元的批判」『初期社会主義研究』一二号、一九九九年)。さらに、とりわけ一九九〇年代になると、日本の初期社会主義とアジアとの関係を主題とする研究が進んだ(嵯峨隆「大杉栄と中国」『教養論叢』一〇八号、一九九八年、李京錫「アジア主義の昂揚と分岐」『早稲田政治公法研究』六九号、二〇〇二年、川上哲正「社会民主党創立者たちと中国」『初期社会主義研究』一三号、二〇〇〇年、同「堺利彦と山川均がみた中国」『初期社会主義研究』一四号、二〇〇一年、「大杉栄のみた中国」『初期社会主義研究』一五号、二〇〇二年、「石川三四郎のみた中国」『初期社会主義研究』一八号、二〇〇五年、梅森直之編『帝国を撃て――平民社一〇〇年シンポジウム』論創社、二〇〇五年、など)。また、近年になると、フェミニズムの視座からの日本の初期社会主義思想・運動の批判的見直しが進められている(関口すみ子『管野スガ再考』白澤社、二〇一四年)。本書は、こうした初期社会主義研究の発展に学びながら、いまいちど中心人物の思想に立ち返り、その現代的意義を捉えなおそうとするものである。

＊3　「現存した社会主義」とは、主としてソヴィエト社会主義共和国連邦を中心としたいわゆる東側陣営に属する諸国家の歴史的経験を意味している。「現存した社会主義」という用語は、後述するモイシェ・ポストンの用語法に従ったものである。

＊4　「ポスト・マルクス主義」という用語は、エルネスト・ラクラウとシャンタル・ムフの仕事を通じて一般化した。かれらは、それを、「現代の諸問題に照らしてマルクス主義理論を再読解する」ことにより、「その理論の中枢的カテゴリーの脱構築」をもたら

すものと表現している（ラクラウ，エルネスト、ムフ，シャンタル『民主主義の革命』筑摩書房、二〇一二年、一四頁。原著 Laclau, E.: Moufe, C. (2001) *Hegemony and socialist strategy : towards a radical democratic politics*, Verso.

＊5　橋本、前掲「日本における初期社会主義研究の意義」、山泉進「日本における初期社会主義研究の動向」（『政治思想学会会報』一一号、二〇〇一年一月）、山泉、前掲『社会主義事始』）。

＊6　エンゲルス，フリードリッヒ『空想より科学へ』（岩波書店、一九六六年）。

＊7　こうした問題設定を行うにあたり、本書は、ハリー・ハルートゥニアンのマルクスの再読解から大きな示唆を受けている。Harootunian, Harry D. (2015) *Marx after Marx : history and time in the expansion of capitalism*, Columbia University Press.

＊8　初期社会主義の「時間的終期」に関しては、かつては一九一一年の「大逆事件」を契機とする社会主義の影響力の低下をあげる見解が有力であった（橋本哲哉「日本における初期社会主義研究の意義」『金沢大学経済学部論集』四巻二号、一九八四年）。これに対し、荻野不二夫は、「産業革命期から独占資本確立期にかけて、資本主義の変革をめざし、自由・平等と社会の進歩を希求した多様な思想群」と定義し、「時期的には、一八九〇年代後半から一九二〇年代前後の二十数年間」をあてている（荻野不二夫『初期社会主義思想論』不二出版、一九九一年、二七頁）。前者のアプローチは、「大逆事件」という特殊日本的な経験を時期区分のメルクマールとしているのに対し、荻野の理念的なアプローチは、初期社会主義という概念規定を、日本以外の地域に対しても適用する可能性に対して開かれている。本書における初期社会主義の時期区分は、基本的に荻野の見解に従っている。

＊9　この点に関し、前述したラクラウとムフは、「レーニン主義の持続的な理論的効果」が、「マルクス主義の多様性の分野を、驚くべき仕方で縮減させた」と述べている（ラクロウ、ムフ、前掲『民主主義の革命』一二頁）。

＊10　ポストン，モイシェ『時間・労働・支配——マルクス理論の新地平』（筑摩書房、二〇一二年）二三頁。原著 Postone, Moishe. (1995) *Time, labor, and social domination*, Cambridge University Press.

＊11　マルクス主義の「地形学」的な展開に関しては、アントニオ・グラムシの理論にその源泉が認められる（ラクロウ、ムフ、前掲『民主主義の革命』一七頁）。その後の発展にかんしては、ルフェーブル，アンリ『空間の生産』（青木書店、二〇〇〇年）、原著 Lefebvre, H. (1991). *The production of space*. Blackwell. ハーヴェイ，デヴィッド『ポストモダニティの条件』（青木書店、一九九九年）原著 Harvey, D. (1990). *The condition of postmodernity : an enquiry into the origins of cultural change*. Blackwell. 等を参照。

＊12　不均等発展や脱領域化と再領域化といった空間的視座からの日本思想とらえ直しに関しては、ハリー・ハルトゥーニアンの戦間期日本の思想史研究の問題設定から大きな示唆を受けている。ハルトゥーニアン，ハリー『近代による超克——戦間期日本の歴

史・文化・共同体』上・下（岩波書店、二〇〇七年）。

＊13　「一つの統治システムとしてのリベラルな民主主義の正統性をめぐって、ここ数年にわたり世界じゅうで注目すべきコンセンサスがあらわれている……リベラルな民主主義が伝統的な君主制やファシズム、あるいは最近では共産主義のような敵対するイデオロギーを打ち破ってしまった……。リベラルな民主主義が「人類のイデオロギー上の進歩の終点」および「人類の統治の最後の形」になるかもしれないし、リベラルな民主主義それ自体がすでに「歴史の終わり」なのだ」。フクヤマ，フランシス『歴史の終わり』上（三笠書房、二〇〇五年）一三頁。原著 Fukuyama, F.（1992）*The end of history and the last man*, Free Press.

＊14　この意味において、一九九〇年代に後半の大学生の意識調査に基づいて出版された武内清編『キャンパスライフの今』において、学生運動という独立のエントリーがみあたらないことは示唆的である。同書ではそれを、「社会参加」への意欲が、大学ごとの自治会を単位とした「学生運動」よりも、部やサークル活動、そして大学外のＮＰＯなどとして現れていると分析する（武内清編『キャンパスライフの今』玉川大学出版部、二〇〇三年、一六三頁）。また片桐新自は、一九八〇年代後半の大学生の意識調査の結果に基づき、その性格的変化を以下のようにまとめている。「協調性を重んじ、他者に同調していく生き方や、大きな社会変化を望まない志向性などの価値観も具有している点から見れば、大学紛争時代の学生たちより、はるかに扱いやすい若者たち」である（片桐新自『不安定社会の中の若者たち』世界思想社、二〇〇九年、二頁）。また小熊英二は、３・11以後、反原発を目的として展開された社会運動を分析した編著において、そうした主たるアクターの変化を、以下のように分析している。「一九六〇年代の日本なら、運動に参加できる時間的自由のある層は、なんといっても学生だった。一九八〇年代から九〇年代なら、子育てを終えた主婦が、年金生活の高齢者だった。二〇一二年の官邸前の事態は、非正規雇用の増大、フレックスタイムの普及、晩婚化と少子化といった変化が、眼に見える形で現象したものだったといえる」（小熊英二『原発を止める人々――３・11から官邸前まで』文藝春秋、二〇一三年、二四一頁）。

＊15　ここでは、そうした学生運動の嚆矢として、一九〇一年頃から顕在化する学生の足尾鉱毒問題への積極的な関与を念頭においている（斉藤英子編、菊池茂『谷中村問題と学生運動』早稲田大学出版部、一九七七年）。また、大正期から昭和期にかけての学生運動の展開については、建設者同盟史刊行委員会編『早稲田大学建設者同盟の歴史』（日本社会党中央本部機関紙局、一九七九年）、スミス，ヘンリー『新人会の研究』（東京大学出版会、一九七八年）を参照。戦後の学生運動に関しては、近年の業績として、小熊英二『1968』上・下（新曜社、二〇〇九年）、安藤丈将『ニューレフト運動と市民社会』（世界思想社、二〇一三年）等を参照。

＊16　細川、前掲『日本社会主義文献解説』、渡部、塩田、前掲『日本社会主義文献解説』。

＊17　こうした文脈において、初期社会主義研究の伝統を守ることをみずからの課題とし、初期社会主義研究会を立ち上げ、その研究誌『初期社会主義研究』を発行し続けてきた山泉進の一連の仕事は特筆に値する。山泉は、一九九〇年に出版された初期社会主義のアンソロジー『社会主義事始』において、「ワイワイ、ガヤガヤ、少しずつ多数」と「リアルタイム主義」をその編集方針として掲げ、これまでの社会主義研究を特徴づけてきた「きゅうくつな理論的な正しさ」へのこだわりから距離をとることを宣言した。そこでかれは、初期社会主義者たちの「人間の触れ合いを大事にする心」、「自由な精神」に注目するよう読者に訴えたのである。「社会主義に真理へと続く、細い一本の線があるというドグマは、目の前で崩れかけている」という現状認識のもと、「実像の再興」を第一の課題とした同書の編集方針は、八〇年代以降の初期社会主義研究に向けられた問題関心の集約的表現でもあった。より拡散した主題をめぐり、歴史的な実証を積み重ねていくことが、社会主義退潮下における初期社会主義研究の主要な動向となった（山泉進「編者まえがき」、前掲『社会主義事始』所収）。

＊18　グレーバー，デヴィッド「新しいアナーキストたち」（『現代思想』三二巻六号、二〇〇四年五月）原著 Graeber, D.（2002）"The new anarchists" *New Left Review* 13. 同『デモクラシー・プロジェクト』（航思社、二〇一五年）原著 Graeber, D.（2014）*The democracy project : a history, a crisis, a movement.* Penguin Books. ハーヴェイ，デヴィッド『反乱する都市』（作品社、二〇一三年）原著、Harvey, D.（2013）*Rebel cities : from the right to the city to the urban revolution.* Verso.

＊19　小熊、前掲『原発を止める人々――3・11から官邸前まで』、Seald's 編『Seald's 民主主義ってこれだ！』（大月書店、二〇一五年）。

＊20　こうした視座から、八〇年代以降に積み重ねられた初期社会主義に対する実証的研究をあらためて検証するとき、そこには、既存の社会主義からの離脱ばかりではなく、新しい社会主義理論の構築が、さまざまに模索されていたことにあらためて気づく。半ば無意識的・断片的に積み重ねられてきたそのイメージを、こんにちの社会状況とあらためて付き合わせ、その現実的可能性を意識的に検討していくことが、現在の初期社会主義研究が担うべき理論的課題のひとつであろう。ちなみに前述の山泉の研究に即していえば、それは『社会主義事始』の第二章と第三章のタイトルでもある「地域」と「海外」のネットワークへの関心としてあらわれている。「一本の線」という旧来の社会主義の発展論的なメタファーが、「時間」の流れへの一義的関心示すものであるとすれば、「ネットワーク」という用語は、「空間」的な拡がりと多様性への関心の表現である。ここで山泉が試みたのは、社会主義を問題化する際の基本的な認識の次元を、「時間」から「空間」へと転換させることであった。

＊21　ハーヴェイ，デヴィッド『新自由主義』（作品社、二〇〇七年）序ならびに第一章の議論を参照。原著 Harvey, D（2007）*A brief history of neoliberalisim,* Oxford University Press.

＊22　なおハーヴェイは、新自由主義の進展を許した既存の左翼運動に対しても、それが、個人的自由を追求することと社会的公正を追求することとのあいだにある内在的緊張関係を、認識することも、それに取り組むことも、それを克服することもできなかったと、きわめて厳しい評価を下している。また、いわゆる五五年体制のもと、戦後日本で実践された「自由民主主義」に、西側先進国と共通するこうした「埋め込まれた自由主義」の要素をどこまで認めるべきかは、それ自体慎重に議論すべき重要な理論的課題である。この問題に関しては、渡辺治「日本の新自由主義――ハーヴェイ『新自由主義に寄せて』」（ハーヴェイ、前掲『新自由主義』に付録として所収）を参照のこと。

＊23　雨宮処凛、栩沢健、白井聡「『蟹工船』が膨張する」（『すばる』三六巻八号、二〇一四年八月）。なお、日本の現在における労働問題、貧困問題の深刻さを伝える優れた実証的研究として、中野麻美『労働ダンピング』（岩波書店、二〇〇六年）、湯浅誠『反貧困――「すべり台社会」からの脱出』（岩波書店、二〇〇八年）。

＊24　Smith N. (2008) *Uneven development: nature, capital, and the production of space.* The University of Georgia Press, pp.2-4.

＊25　マルクス，カール、エンゲルス，フリードリッヒ『共産党宣言』（岩波書店、一九五一年）四四頁。

＊26　Brenner, N. (1999) "Beyond state-centrism? space, territoriality, and geographical scale in globalization studies." *Theory and Society,* 28 (1).

＊27　この点に関して、堤未果の一連のアメリカ社会論が示唆的である。堤未果『ルポ貧困大国アメリカ』（岩波書店、二〇〇八年）、『ルポ貧困大国アメリカⅡ』（岩波書店、二〇一〇年）、『（株）貧困大国アメリカ』（岩波書店、二〇一三年）。

＊28　ハーヴェイ，デヴィッド『「資本論」入門』（作品社、二〇一一年）四五八頁。原著 Harvey, D. (2010) *A companion to Marx's Capital.* Verso.

＊29　こうした歴史認識は、いわゆる講座派の歴史分析に色濃く反映している。『日本資本主義発達史講座』（岩波書店、一九三二～三三年）に所収の論文を参照。

第Ⅰ部　鳥瞰図

第1章　明治ソーシャリズム・大正アナーキズム・昭和マルクシズム

1　モダニティの思想史へ

「明治ソーシャリズム・大正アナーキズム・昭和マルクシズム」とは、日本の左翼運動・思想の歴史を叙述するための符牒であった。この符牒は、ひとつの前提を含意する。それは日本の左翼運動・思想が、結局のところ、マルクス主義へ収斂するという前提である。[*1] この前提にしたがえば、日本の左翼運動は、明治後期日本が急速な資本主義化を経験する時代に、一足先にその矛盾の批判・克服のための努力を重ねていた欧米の社会主義者の先例にならうかたちで輸入されたと語り出される。次にもっぱら思想運動として開始された社会主義運動が、大正期になるとアナルコ・サンジカリズムの影響のもと、労働運動との接触を強め有力な社会運動へと成長したと評価される。最後にロシア革命の成功以後、マルクス・レーニン主義の影響が強まり、昭和期において左翼運動・思想のオーソドキシイの地位が最終的に確立するに至ると結論づけられる。こうした語りにおいては、明治ソーシャリズムも大正アナーキズムも、ともに日本の左翼運動・思想がマルクシズムに発展するまでの前史としての位置づけを与えられることになる。

日本の左翼運動・思想の歴史が、そのような発展段階論として語られてきたのは、そもそも、それが批判・克服の対象としてきた資本主義そのものが、伝統的マルクス主義において、単線的な発展図式のうちに把握されてきたことによる。マルクス主義の伝統においては、とりわけ資本主義の「科学的」把握に重点がおかれてきたが、それはすなわち資本主義の展開を、唯物史観とよばれる歴史発展の法則のうちに捉えることを意味していた。[*2] そこにおいては、まず資本主義の成立が、生産力の発展に基づく生産・分配関係の変化によって生み出された人類史上の画期的な段階としてとらえられ、次にその発展と崩壊を、資本蓄積の過程に内在する矛盾の外化として分析することが試みられた。このように伝統的マルクス主義は、資本主義そのものを歴史発展の法則に規定された発展の階梯として理解したために、それに対抗する運動・思想の歴史もまた、その発展に対応した現象形態として、段階論的に語ることになったのである。

現在われわれが暮らすこの世界が現出するにあたり、資本主義という社会形態の出現と展開が決定的な影響を与え、そしてまた現在もそうあり続けていることに疑いはない。しかしそのことは、けっして伝統的マルクス主義の単線的発展論が、資本主義とそれへの対抗運動の歴史を理解するうえで現在も有効であり続けていることを意味するものではない。それは古典的マルクス主義が形成された時代とは異なり、東アジアを含む非ヨーロッパ地域が、いまや資本主義の新たな中心として機能するにいたっている事実からも明らかである。ヨーロッパにおいて資本主義が、一定の歴史的発展の帰結として誕生したにせよ、そのことはヨーロッパ以外の地域においても、資本主義の生成と展開が、ヨーロッパと同じかたちで繰り返されることを含意するものではない。むしろ日本を含む非ヨーロッパ世界において資本主義の導入は、ヨーロッパの帝国主義的拡張との接触によって開始されまた大きく規定された。[*3] 日本において資本主義は、段階的・時間的に発展すると同時に、完成したシステムとの接触ならびにそれへの包摂としても経験された。[*4] したがって、日本を含む非西洋世界における資本主義の展開と発展を理解するうえでは、当該社会における内在的矛盾の外化という時間的視座だけでなく、グローバルな資本主義システムの基軸をなす「西洋」への包摂と抵抗という空間的視座もまた、決定的な重要性をもつことになる。

段階論が、内在的矛盾の外化をもたらすシステムの時間的発展に着目するのに対し、空間的視座からは、包摂と抵抗によって生み出される重層性と不均等性が、資本主義そのものの構造と展開を分析する重要な視角となる。そして資本主義の発展を叙述する際の視角を時間から空間へと移動させることは、その対抗運動・思想の歴史を叙述する際の段階論的発展図式の見直しへともつながる。現実の資本主義が、時間を独立変数とする均質な発展によってではなく、包摂と抵抗により空間的に生み出される異質な時間性の同時存在によって特徴づけられるとするならば、その対抗運動に関しても問われるべきは、その単線的・段階的な進化ではなく、むしろその複数性と空間的布置である。そこでは、ソーシャリズムが、アナーキズムとなり、やがてマルクシズムへと収斂した「発展」のプロセスをたどることではなく、むしろ異質な対抗思想が同時に存在し、それぞれの立場から多様な資本主義批判を繰り広げてきたことの解明がめざされるべき課題となる。ソーシャリストであれ、アナーキストであれ、マルクシストであれ、そのように名指され、また自称してきた人びとが、それぞれ資本主義の何をどのように問題化し、そしてその克服の道をどのように模索したのかを分析することは、これら三つの「流派」のあいだの差異や優劣を論じるよりも、優先されるべき課題であると信ずる。本章では、こうした問題意識に基づき、従来は、異なる発展段階を画するものとして位置づけられてきた明治ソーシャリズムと大正アナーキズムと昭和マルクシズムを、ともに資本主義的近代（モダニティ）に対する同時的な分析・批判・超克の試みとして、重層的に再解釈することを試みる。

2　前　史――資本主義への「感染」――

明治維新期に、西洋社会のあり方を肌身で感じることができた少数の日本人が、みずからの経験に立脚しつつ、その「文明」について考察した論説を残した。こうした維新期の「文明論」はまた、のちに「資本主義」という用語によって問題化されるようになる西洋社会の特質について、多くの興味深い観察と分析を含んでいた。その際こうしたテクストの多くが、西洋との接触を、「進んだ」文明というよりも、むしろ「異質な」文明との出会いとして記述していることは重要である。たとえば福沢諭吉が『文明論之概略』の緒言において、かれら維新世代の「僥倖」を、二つの異なる文明を「実験」できることに求めていたことはよく知られている。「西洋文明」というこの時代の流行語には、「一身にして二生を経る」という経験的な比較文明論が様々な形で盛りこまれていた。とりわけ想起されるべきは、福沢のような鋭敏な思想家が、「文明」を「一国人民の気風」として問題化し、その「要」を「天然に稟け得たる身心の働を用い尽くして遺す所なきにあるのみ」と表現していたことであろう。[*5]こうした福沢の分析には、西洋近代をその特異なエートスに焦点をあてつつ問題化したマックス・ヴェーバーの「資本主義の精神」を想起させるものがある。

もっとも、いつどのようにして、こうした特異な「文明」が発生したのかについての見解は論者によって様々であった。『文明論之概略』の福沢のように、それを西洋文明と日本文明の根底にさかのぼり、対比的に解明しようとした思想家もあった。また岩倉使節団に随行した久米邦武のように、西洋の現在の発展の起源を産業革命に求め、日本と西洋の差異をせいぜい四〇年という時間差に見積もったものもいた。[*6]しかしいずれにせよかれら西洋文明の啓蒙家たちは、日本人民の「気風」を改造することが可能でありまた必要であるということに関しては、ほとんど疑いを持つことがなかった。

明治維新期の知識人が、西洋文明を移植可能な一個のシステムとして認識したということは、かならずしもかれらのすべてが、それへの包摂を望ましいものとして評価したことを意味するものではない。ここにおいても福沢の見解は、かれら維新世代の「西洋文明」に対する複雑な感情の表現として興味深い論点を含む。福沢が一八八五年に発表した「脱亜論」は、日本のアジア侵略の先駆けをなした論説として人口に膾炙している。しかし中国と韓国を「悪友」

と呼び、それとの訣別を述べた後段に比して、「文明は猶、麻疹の流行の如し」と断じた前段の記述には、これまで十分な注意が払われてきたとはいいがたい。この論説において福沢は、「此時に当り、此流行病の害を悪て之を防がんとするも、果して其手段ある可きや」と自問し、「苟も世界中の現状を視察して事実に不可なるを知らん者は、世と推し移りて、共に文明の海に浮沈し、共に文明の波を掲げて、共に文明の苦楽を与にするの外ある可らざる」ことを断言した。[*7]

「文明」の伝播をパンデミックになぞらえるこの福沢の認識は、二重の意味で示唆的である。まずそれは、帝国主義とともに膨張する当時の資本主義の爆発的な伝播力をリアルに伝えている。次にそのメタファーは、「文明」が個々人の身体のレベルに直接作用するものであることに注意を促している。資本主義は、そこに包摂された個々人に、合理的・方法的に組織立てられた新しい生き方を強制することにより、新しい人間になることを強いる。感染症が罹患者の免疫システムを変えるように、一度この「文明」に感染した人間には、もはやそれ以前の無垢なる状態へ回帰する道は閉ざされている。「麻疹」というメタファーには、福沢のような偉大な啓蒙家においてすら、「文明」に対して感じずにはおれなかったある種の畏怖が示されている。

日本の産業革命は、大規模な機械制紡績会社が次々と設立された一八八六年頃から始まり、一九〇七年前後における生産手段生産部門の機械制工業の本格的開始をもって確立したといわれている。[*8] すなわちそれはこの時期に、明治維新期においていまだ理念的なものにとどまっていた資本主義への「感染」が、一気に現実化したことを意味していた。特異な社会主義者でありすぐれたジャーナリストであった横山源之助が、先駆的な資本主義研究である『日本の下層社会』において、「日清戦役を以て労働問題の新紀元となす」と述べていたことは示唆的である。[*9] 横山はここで、日清戦争を挟む前後数年のうちに、日本の機械工業が軽工業を中心に飛躍的な発展を遂げ、「経済社会」が社会の中心となったことを記し、その歴史的帰結を「物質文明の発達と共に西洋諸国と同じく全く経済組織の欠陥に対する社会問題行われんとす」ることに求めた。ここに述べられているのは、日本が全体として西洋諸国と同じ経済組織、すなわち資本主義のうちに飲み込まれていくことへのリアルな認識である。

国内における産業革命の進展が資本主義への「感染」の時間的指標であるとすれば、不平等条約の改正に伴う「内地雑居」はその空間的指標であった。この意味において、資本主義発展の契機となった日清戦争の開始の年である一八九四年が、領事裁判権の撤廃を定めた日英通商航海条約の締結と重なっていることは象徴的である。周知のように、領事裁判権と治外法権を承認した不平等条項を含む安政条約の改正は、明治政府創設以来の一貫した国家目標であった。しかしながらこの条約はまた、外国人に対して、開港場・開市場に設置された居留地での居住及びその一〇里四方の外出を除き、原則としてその国内移動を禁じ、その結果西洋社会と日本社会との直接的接触を限定的なものにとどめる機能をも果たしていた。日英通商航海条約が、一八九九年をもって外国人居留地を廃止することを宣言し、内地雑居の実施が決定されたことは、当時の人びとにとって、欧米の文明と日本の文明が、直接接触し競合する新しい時代の幕開けとして理解された。

たしかに、日本における産業革命の開始が条約改正に伴う内地雑居の実施と重なったことは、歴史的偶然の所産である。しかしそのことは、資本主義の本格的な導入期を生きた人びとに対して、その文化的異質性や外来性を強く印象づける結果をもたらした。たしかに内地雑居論争に関していえば、一方には田口卯吉のようなリベラリストがおり、「欧米の人民我邦に移住するも、我人民と利害を一にせは、必ず我人民と同化せん」との立場から、内地雑居論を推進する論陣を張っていた。[*10] しかしながらそこで問われていたのは、異なる文明相互の「同化」可能性というよりも、その「同化」の媒体となる「利害」の位置づけであった。たとえば、前述した横山源之助は、内地雑居によってもたらされる日本社会の変動にもっとも強い危機意識を感じていたひとりでもあった。横山が採録した労働組合期成会の以下のようなパンフレットの叙述には、当時の人びとが抱いた危機意識の質が明瞭に示されている。

来る明治三十二年は実に日本内地解放の時期なり。外国の資本家が低廉なる我が賃銀と怜悧なる我が労働者とを利用して巨万の利を博せんとて我が内地に入り来るの時なり。されば、性行・風俗・習慣の相異なるのみならず兼ては労働者を苛遇するとの評ある彼ら外国の資本家は、今より三年ならずしてまさに諸君の傭主たらんとす。……また近時の有様を以てすれば同じく我が国民たる傭主と諸君との関係も、工場・製造所の増すとともに日々変化を生じて到底実利以外情実の入るを許さず、強き者は勝ち弱き者は破られ優る者は栄え劣る者は倒るるの時世に赴きつつあることとなれば、この間に立ちてよく勝ちよく栄ゆることはなかなか容易の業にあらず。[*11]

この叙述において特徴的なのは、「情実」に基づく労働慣行と「実利」に基づく労働慣行が対比され、そのそれぞれが「日本」と「西洋」という地理的空間に割り振られている点である。横山にとって資本主義社会への移行は、合理化の進展という時間的視座というよりも、「情実」の文明に対する「実利」の文明の侵略として空間的に問題化されていたのである。

3　明治ソーシャリズム——個人・社会・共同体——

日本の資本主義への包摂が本格的に進行した時代はまた、日本における資本主義への対抗運動・思想の本格的な発展を告げる時代でもあった。内在的な矛盾の外化と外在的な文明への包摂が重層的に進行する時代の刻印をうけた日本資本主義のかたちは、その対抗運動を造型する金型ともなった。

われわれは、その主要なあらわれを、一九〇〇年前後に登場した初期社会主義のうちに見ることができる。こんにち、初期社会主義と総称される運動・思想の始まりとしては、一九〇一年の安部磯雄、片山潜、幸徳秋水、木下尚江らによる社会民主党の設立や、一九〇四年の幸徳秋水、堺利彦らによる『平民新聞』の創刊と積極的な日露戦争批判の展開などをその重要な契機として指摘しうる。また、従来の研究における明治社会主義の思想史的位置づけに関しては、松沢弘陽の「多様な人びとの多分に混沌たる諸思想がそれを繞るいわば星雲状態」にあったという評価がよく知られている。*12 この評価の妥当性は、たとえば社会主義運動の草創期を担った人びとのうち、安部や片山などのように、クリスチャンとしてアメリカに留学し、そこでの都市政策や社会運動に触れることで社会主義へと接近していった経験を有するものが存在することに示されている。また、たとえば『平民新聞』創刊号の巻頭に掲げられた「宣言」にも、当時の社会主義に込められていた人道主義の多様さが、はっきりと刻印されている。

一、吾人は人類の自由を完からしめんが為めに平民主義を奉持す、故に門閥の高下、財産の多寡、男女の差別より生ずる階級を打破し、一切の圧制束縛を除去せんことを欲す。

一、吾人は人類をして平等の福利を享けしめんが為めに社会主義を主張す、故に社会をして生産、分配、交通の機関を共有せしめ、其の経営処理一に社会全体の為めにせんことを要す。

一、吾人は人類をして博愛の道を尽さしめんが為めに平和主義を唱道す。故に人類の区別、政体の異同を問はず、世界を挙げて軍備を撤去し、戦争を禁絶せんことを期す。*13

このように日本における社会主義は、現代社会における経済的不平等の打破を主要な目的としつつも、民主主義や平和主義、婦人解放や公害訴訟、家庭改良や動物愛護にいたる多様な思想と実践を伴いつつ展開した。従来の研究において、明治社会主義のそうした多様性は、かれら初期社会主義者の思想的未成熟のあらわれとして、否定的に評価される傾向があった。しかし同時にそれが、かれらが分析・批判の対象とした当時の日本社会における資本主義の、不均等かつ重層的な導入・発展そのものの反映でもあったことは強調されなければならない。かれらが直面した日本の資本主義は、同時代の欧米のそれとは異なり、さまざまな伝統的慣習を根強く残した後発国家のそれであった。また日本の地政学的位置は、かれらをして、資本主義への包摂を、西洋列強の帝国主義的侵略の帰結として空間的に認識させるよううながした。そうした歴史的文脈は、一方で明治社会主義者に合理化や機械化によって前時代の非合理な差別の撲滅をめざす啓蒙と近代化の必要性を意識させた。しかしながら他方でかれらは、すでに明らかとなりつつあった資本主義のさまざまな病理現象にも敏感に反応し、その現状と未来に対して、きわめて批判的な視座を向けざるをえなかったのである。かれらに求められていたのは、資本主義にもかかわらず残存している問題と資本主義によって生じている問題の両方に対し、同時に対処することであった。こうした歴史的文脈において、資本主義の多様な位置づけが生じ、またその結果その批判と克服のための方途もまた、多様化していったのである。

　明治ソーシャリズムはまた、「幻滅」という明治後期の時代精神をその拡大の糧ともしていた。[*14] 幻滅とは期待の裏返しである。明治の社会主義者は、新しい時代が約束するはずの平等と豊かさに期待をよせていたがゆえに、それを裏切ってゆく現実を、強い怒りをもって告発することになった。明治社会主義者が文明に期待したものは、生産力の発展によってもたらされるはずの生活の向上であった。たとえば幸徳秋水は『社会主義神髄』において、産物を豊富にし、交換を便利にした産業革命の価値にもかかわらず、労働時間が増加し衣食に苦しむものが増えているのはなぜかを問い、「偉大なる殖産的革命の巧果」が、「人道、正義、真理に合す可らざる」現状を嘆いた。[*15] また北一輝は、『国体論及び純正社会主義』において、「希臘の自由民が十人の奴隷によりて其の燦爛たる文化の階級を作り上げしならば、其れに六倍せる機械の労働力を有する吾人は人類種族といふ階級を挙りて希臘自由民の如く精神的活動に入るべき理にあらずや」と反問した。[*16] そしてかれらは、この理想と現実とのギャップを解く鍵を、生産機関が地主と資本家に独占されている資本主義制度の欠陥として把握し、その解消の途を、生産機関を社会・人民の公有に移すことを内容とする社会主義革命の実現に求めたのである。

4　明治社会主義の外延

日本の社会主義者がその思索と活動を開始した一九世紀末には、すでに政府当局者によっても、資本主義の進展に伴う「行き過ぎた」個人主義が、国家的統合を危うくするとの認識は広く共有されており、それに対する方策も種々提案・実践されていた。その際一般的に採用されたのが、資本主義とともに昂進する個人主義を、共同体へ再繋留することにより抑制しようとする戦略であった。その際個人主義と対立する共同体として想起された主要なモデルには、民族、家族、農村の三つがあった。明治の社会主義もまた、こうしたさまざまな共同体主義と発生の基盤を共有し、また既存の共同体モデルからさまざまな影響を受けた。そしてかれらは、そのモデルの質と影響の程度に応じて、さまざまな社会主義のヴァリアントを生みだしていった。たとえば北一輝は、社会主義を構成する共同性の根拠を、近代国家を構成する民族に求め、国家社会主義の理論的礎を築いた。また堺利彦は、理想の国家を、平等と親愛の情に基づく近代家族のメタファーでとらえ、家庭改良の延長線上に社会主義社会実現の可能性を夢見た。さらに赤羽巌穴や森近運平のように、農村を社会主義を構想し実践するための主要な場と見なす論者も存在した。[*17]

しかしかれらは、そうしたモデルを引証しつつも、既存の民族、家族、農村イデオロギーとは根本的に異なる新しい共同性のかたちを構想し、実践しようとした点においては共通していた。たとえば北一輝は、「日本の国体は君臣一家に非らずして堂々たる国家なり。天皇は本家末家に非らずして国家の機関たる天皇なり」と述べ、同時代の「復古的国体論」をはげしく批判した。[*18] また堺利彦は、「社会主義の主張するところは、畢竟、善良なる家庭に行なわるるがごとき共同生活を、社会全般に行ないたいというのである」と述べたが、その「善良なる家庭」のモデルを提供したのは、近代的な核家族であった。[*19] また赤羽巌穴は、「我々は土地泥棒を革命の断頭台に上して、我々の遠い祖先が楽しみたる、「村落共産制」の昔に還らねばならぬ」と、荒廃を深める農村の現状を批判した。[*20] また、産業組合を積極的に推進者する農業技師として社会主義者としてのキャリアをスタートさせた森近運平は、「信用組合は金の結合にあらずして人の結合なり……利欲の結合にあらずして相互信任の結合なり」と述べ、その道徳的な意義を強調し、「徳義の綱は漸く弛緩し……黄金の為めに節を売るに至れる」現在の大勢を挽回する機関として意味づけていた。[*21] かれらにとって「社会」とは結局のところ、既存の民族にも、家庭にも、農村にも飽き足らぬ人びとによって夢みられた、いまだ来たらぬ共同性のかたちであった。

明治社会主義の外延の一方が、諸々の共同体主義に接していたとすれば、他方の境界は、個人主義・自由主義と重なっていた。社会主義者の「社会」を資本主義批判として分節化するためには、近代日本における資本主義の「理念」を、その実態との緊張関係において把握する必要がある。明治国家がその成立以来一貫して工業生産の発展と強化に務めたことに疑いはないが、その手法は、明治初期の文明開化の時代に見られるような個人の発意と自由を強調する方向から、家族国家論にせよ国民道徳論にせよ、それと対立するさまざまな共同性のモラルを動員する方向へシフトしていった。[*22] したがって自由競争や市場経済の前提となるべき個人主義の確立も、現実の資本主義の成立過程において常に迂回され抑制され続けてきたのである。この意味において、自由で独立した個人によって構成される「市場」もまた、現実の社会を批判し克服するための重要なインスピレーションの源であった。[*23] 在米経験が豊富なキリスト教徒であった片山潜・安部磯雄をはじめ多くの明治社会主義者が、精神的な「競争」の必要性を強調し、また、規律ある「自由競争」の必要性を求めるものであったからである。[*24] また、特異な社会主義者であり、国家主義者でもあった北一輝も、雌雄競争による真善美の進化によってもたらされるべき「天才の世界」という未来像に、深い期待を寄せていた。[*25]

理念的にはともに伝統批判の立場に立つ自由主義者と社会主義者を分けたのは、結局のところ、「進化」に対する立場性の違いであった。この点に関し、前述した横山が、「機械の発明は、……中等以上の者等には、莫大の恩恵を与へたるべしと雖も、……労働者の幸福に取りては、餘り喜ばしき者にあらざるやに思ふ」と述べていたことは示唆的である。[*26] 福沢ら自由主義者が、資本主義への包摂による平等化・平準化の作用に期待したのに対し、明治の社会主義者は、そうした資本主義の文明化作用が、あくまでも限定的なものにとどまらざるをえない現実を直視した。そしてかれらは、資本主義の導入により周縁化され排除される人びとの立場から、「文明」への包摂の光景を眺めたのである。たとえば前述した片山は、一方で特殊利害を超えた公共「事業」の合理的経営をその内実とする都市社会主義を主張しつつも、他方で機械制大工業の導入とともに放逐される「老巧の職工、怠惰の者、拙技の職工、疾病の人」に同情的であった。[*27] 特異な無政府主義者であり、またアジア主義の魁でもあった宮崎滔天は、みずからの思想遍歴を記した『三十三年の夢』において、熊本の実家に手伝いに来ていた小作人の妻や、かれが移民事業の監督としてかかわりを持ったタイへの入植移民、さらにはフィリピンへと向かう船中で出会った名もなき中国人苦力たちの姿を、共感を込めて生き生きと描き出した。[*28] かれらは、資本主義の発展により翻弄され、落魄し、ときに故郷を離れて放浪しなければならないこうした人びとに同情し、みずからをその立場に重ね合わせることで、現実の資本主義が作り出す差別と排除を、怒りとともに告発することができたのである。

生産力の増大にもかかわらず貧困が蔓延し、交通手段の発展にもかかわらず利己主義が昂進する現在に直面した明治社会主義者の多くが、個人と社会の調和した発展の可能性を、さらなるテクノロジーの発展に求めた。当時社会主義者のあいだに人気を博していた矢野龍渓の『新社会』や、堺利彦の翻訳を通じて紹介されたエドワード・ベラミーやウィリアム・モリスらのユートピア小説は、いずれも社会主義が実現した未来の時間を先取りし、そこから現在の社会制度の欠陥を批判する構成をとっていた。[*29] しかしかれらはまた、ときに「近代」に対する告発の根拠を、日本の過去の歴史のうちに探ろうとすることもあった。前述した横山は、明治後期における織物工場における雇主と女工との関係が、封建時代の君主と臣下との関係と選ぶところがない状況を痛烈に批判しつつも、個人的利害の極大化が主要な行動原理となった近年の職人社会のありさまを、「親分と子分、すなわち師弟の関係も無茶苦茶にして、旧幕時代に見えたるが如く美風」が失せつつある時代であると嘆じた。[*30] また、やや時代は下るものの片山は、一九一九年の英文著作 *Labor Movement in Japan* において、現在の日本の労働者の真の性格や気持を理解するためには、封建時代にまでさかのぼるその背景の理解が不可欠であると論じ、徳川体制下の職人が、いかに同業組合を発達させ、みずからの利益を守っていたかを紹介した。[*31] そして片山は、そうした組合のほとんどが近代資本主義とともに到来した工業制度によって破壊されたものの、日本の労働の現場に「今日存在する多くの美風は、そうしたふるい組織に由来する」ものであると主張したのである。

5 後発資本主義批判としてのアナーキズム

ソーシャリズムが、アメリカやドイツのような資本主義の「中心」における先進的取り組みに触発されたものであったとすれば、アナーキズムは、ロシアや、もしくはアメリカの移民コミュニティといった「辺境」発の社会運動論として日本に到着した。アナーキズムは「性急なる思想」であった。社会主義の説く「進化」という時間的媒介を待ちきれず、「いま・ここ」における「直接行動」の可能性を信じて駆け出していくところに、運動としてのアナーキズムが生まれた。その際、かれらが駆け出す先には、資本主義がその「外部」と接触する境界領域での人間の暮らしがあった。またそうした境界は、決して地理的・空間的な意味に限定されていた訳でもなかった。資本主義にとって、「身体」と「自然」もまた、つねにすでに、その完全なる包摂にあらがう「外部」として存在し続けていたからである。[*32] 大正期において、新しい発展の段階を迎えた資本主義は、その「外部」に対する包摂の戦略をも刷新することになった。大正期のアナーキストたちが駆け出していった先には、その包摂に抵抗する新しい「戦線」が開けていた。

日本におけるアナーキズムの導入は、社会主義のそれとほぼ時を同じくする。一九〇二年の煙山専太郎の『近世無政府主義』の出版は、安部磯雄の『社会問題解釈法』から遅れること僅か一年であり、幸徳秋水の『社会主義神髄』、片山潜の『我社会主義』――いずれも一九〇三年の出版――に先んずるものであった。煙山の著作の大きな特色は、ロシアにおける虚無主義を「包括的なる無政府主義の一特殊現象」と見なし、その歴史の詳細な紹介を試みていることにあった。[*33] アメリカが、明治社会主義の重要な母胎であったとすれば、アナーキズムのそれは、圧倒的にロシアであった。別言すればアナーキズムは、辺境から眺められたいまひとつの資本主義論であった。

煙山は、本書の序言において、「一種社会の疾病」である無政府主義に対する観察を怠らないことは、責任ある知識人の社会的義務であると述べ、本書が、無政府主義を批判する立場から記された無政府主義の研究であることを明確にしていた。注目すべきはここで煙山が、プルードンやシュティルナーら、「近世無政府主義の祖師」や、フランス、スペイン、イタリア、ドイツ、イギリス、アメリカにおける「輓近における無政府主義」を紹介する一方で、「無政府主義は何故に或一二の国にのみ蔓延して爾余の諸国に於ては全く無勢力なりや」という比較政治学的問題設定をおこなっていたことである。[*34] この問いに対し煙山は、ロシアにおいては「極端なる専制」が、イタリア、スペイン両国においては「内政の糜爛と人心の萎靡」が、それぞれ無政府主義蔓延の基盤となっているのに対し、ドイツにおいては「社会民主党の強固な基盤」が、イギリスにおいては、実際的な「歴史伝習」や「貴族社会の高雅さ」が、それぞれその抑制要因となっていると結論した。

しかしながら本書は、筆者の公言するこのような意図を超えて、無政府主義への共感を日本の読者に掻き立てる効果を有した。それは、煙山がロシア虚無党員の活躍の舞台として描き出したロシア的な社会の特性――専制的で腐敗した政府・官僚組織、皇帝の存在、近代西欧的な科学・哲学の急速な流入、農村共同体の強固な伝統の持続など――の多くが、資本主義の辺境としての当時の日本においても共有されていたからである。この文脈において、たとえば「大逆事件」の主犯として処刑された宮下太吉が、大審院の特別法廷の席上で、「煙山氏ノ『無政府主義』ヲ読ミシ時、革命党ノ所為ヲ見テ、日本ニモコンナ事ヲシナケレバナラヌカト思ヒタリ」と述べていることが示唆的である。[*35] 欧米先進国の経験に基づく都市的な明治の社会主義と対比して、後発国ロシアの経験に基づく無政府主義は、伝統と近代が混在する重層的な日本の社会的条件のなかで、より切迫した共感の対象となりえたのである。

6 資本主義の「境界」

アナーキズムが、日本における運動との関連で具体的に論ぜられるようになるのは、一九〇七年の幸徳秋水の「余が思想の変化」をもって嚆矢とする。本論説は、それまで社会主義運動の中心人物と目されていた幸徳が、従来の社会主義運動の基本方針であった「議会政策」を放擲し、労働者の「直接行動」、すなわちゼネラル・ストライキを通じた社会革命を主張することにより、日本の社会主義運動に修復しがたい混乱と分裂をもたらした事件として知られている。従来の研究においては、この論説の中心的なテーゼ――「彼の普通選挙や議会政策では真個の社会革命を成遂げることは到底出来ぬ、社会主義の目的を達するには、一に団結せる労働者の直接行動によるの外はない」――は、もっぱら社会主義運動の「手段方針」にかかわる次元で理解され、その観念性やエリート主義が批判の対象となることが多かった。しかしながら、わたしがここで注目したいのは、幸徳の「転向」の背後にある地理的な意味である。幸徳の無政府主義への転向の背景に、一九〇五年から六年にかけておよそ半年に及ぶアメリカでの「亡命」経験が介在したことは、幸徳自身「我ながら殆ど別人の感がある」とその影響の大きさを認めていたほどであった。[*36]

ここで重要なのは、幸徳の接触した「アメリカ」が、それ以前の明治社会主義者の「アメリカ」と異なっていたことである。幸徳が滞在したのは、安部や片山が学んだ東部の大学町ではなく、移民の街サンフランシスコであった。滞米中の幸徳の日本への通信は、当地におけるかれの重要な交友関係が、もっぱらロシアと日本からの移民のコミュニティにあったことを伝えている。幸徳自身、みずからの接触した「アメリカ」が、これまで日本に紹介されてきた「アメリカ」と異なるものであることに自覚的であった。この意味において、幸徳が滞米中の書簡で、「小生は未だ米国中流上流の社会を知りません、また知りたくもありません」と述べていることは重要である。[*37] 帰国後幸徳は、「政府の保護によりて生活して居るものだ、政府がなければ秩序も何もなくなつて生活して居られぬ」という常識的観念を、「迷信」と断じ、こんにちの労働者の有している政府と議会に対する期待を批判した。[*38] そして幸徳はアメリカに、「日本社会運動の策源地、兵站部、及び迫害されたる同志の避難所を作り出して、恰も露国革命党員が瑞西を運動の根拠とした如くに」それを育てあげる構想について語っている。[*39] 「議会政策」の放棄は、国境の外でもしくは国境のはざまで生きる「移民」的生活の発見と引き換えに行われたものであった。

幸徳が新しい共同性のインスピレーションを、グローバルな資本の展開によってもたらされる「移民」のうちにもとめたとすれば、その思想的後継者と目された大杉栄は、資本の「実質的包摂」にさらされつつある労働現場のうちに「革命」の可能性を透視した。かれは一九一三年の論説「鎖工場」において、資本主義における「労働」の意味を、以下のような詩的言語で描き出していた。

> 夜なかに、ふと目をあけてみると、俺は妙な所にゐた。目のとどく限り、無数の人間がうぢやうぢやいて、皆んなてんでに何か仕事をしてゐる。鎖を造つてゐるんだ。俺のすぐ傍にゐる奴が、可なり長く延びた鎖を、自分のからだに一まき巻きつけて、その端を隣の奴に渡した。隣の奴は、又これを長く延ばして、自分のからだに一と

まき巻きつけて、その端を更に向うの隣りの奴に渡した。その間に始めの奴は、横の奴から鎖を受取つて、前と同じやうにそれを延ばして、自分のからだに巻きつけて、又その反対の横の方の奴にその端を渡してゐる。皆んなして、こんなふうに、同じことを繰返し繰返して、しかも、それが目まぐるしい程の早さで行はれてゐるのだ。[*40]

ここに表明されているのは、「労働」に関する根本的な視座の転換である。「労働」は生産であるというのが、社会主義を含めたそれまでの社会理論の常識であった。しかしながらここで大杉栄は「労働」を、生産としてではなく支配（＝鎖）として問題化している。「鎖工場」が大杉が生きた大正期の日本社会のメタファーだとすれば、大杉はそれを、国家が暴力を通じて人びとを支配する空間としては描かなかった。「鎖工場」において、労働者を縛る鎖はけっして国家や資本家に握られているわけではない。むしろそれは、労働者自身の生産という自発的営為を通じて増殖していく。そこに存在するのは、明示的な支配者ではなく、自己増殖する非人格的な支配のシステムであった。

この理論的転倒の帰結は広範な射程を有していた。それは「労働」と「革命」を直結させるあらゆる理論の拒絶を意味したからである。大杉は、多くの労働組合主義者や社会主義者が口にする「労働の神聖」という概念について、以下のように嘲笑する。

又所々には、やつぱりからだ中鎖を巻きつけた、しかし皆んなに較べると多少風采のいい奴が立つてゐて、何んだが蓄音機のやうな黄色な声を出して、のべつにしやべり立ててゐる。「鎖は吾々を保護し、吾々を自由にする神聖なるものである」といふやうな意味の事を、難しい言葉や難しい理屈をならべて、述べ立ててゐる。皆んなは感心したやうな風で聴いてゐる。[*41]

「労働」が自立への途などではなく、支配の生産と再生産にほかならないものである以上、「革命」もまた、「労働」を通じてではなく、「労働」に反逆することを通じてなされなければならない。「俺はもう俺の鎖を鋳る事をやめねばならぬ。俺自ら俺を縛る事をやめねばならぬ。俺を縛つてゐる鎖を解き破らなければならぬ。そして俺は、新しい自己を築き上げて、新しい現実、新しい道理、新しい因果を創造しなければならぬ」[*42]。反軍主義者として、またクロポトキンの紹介者として活動家としてのスタートを切った大杉は、現代社会における支配の主要なメカニズムを「労働」に見出すことにより、「労働」の解体を「革命」の本質にすえる特異な社会理論を構築していった。

第一次世界大戦は、軍需産業を中心として、日本の重工業を飛躍的に発展させた。またそれとともに、テイラー主義とよばれる科学的労務管理の導入も盛んになっていった[*43]。そして「労働」への反逆という大杉のメッセージは、資本主義の高度化に伴う労働現場の変容のただなかにあった当時の現場労働者の希望や不満と激しく共振した[*44]。栗原康によれば、当時テイラー主義に対する労働者の抵抗の主要な現場となったのが、工場の電力化と機械化によって飛躍的に生産規模を拡大しつつあった印刷産業であった。手工植字に長けた熟練工たちは、「植字機の使用によって労働の機械化からの苦痛が大に減退する」という常識的な理解に対し、機械化による能率の増進は、労働の「快楽」を奪うものだと主張したのである[*45]。

「労働」への叛逆は、「労働」の現場で行われるほかはないというのが、アナーキストとしての大杉の確信であった。

僕等は、労働組合の組織を以て、此の僕等自身を支持する最良の方法であると信ずる。労働組合は、それ自身が労働者の自主自治的能力の益々充実して行かうとする表現であると共に、外に対しての其の能力の益々拡大して行かうとする機関であり、そして同時に又斯して労働者が自ら創り出して行かうとする将来社会の一萌芽でなければならない。[46]

大杉にとって本質的であったのは、労働の現場において、人間性の獲得への欲望を根源とする抵抗が実際に存在しているという事実であった。大杉にとって「革命」とは、「将来社会」への憧憬を、「いま・ここ」における支配への人間的抵抗を通して、「労働問題と云ふ此の白紙の大きな本の中に、其の運動によつて、一字一字、一行一行、一枚一枚づつ書き入れて行く」実践として表現された。[47]

労働への反逆は、また「身体」への反逆を意味した。労働組合が革命の現場として問題化されるに応じて、それを構成する労働者個人の「身体」もまた革命の対象とされた。たとえば大杉は、一九一五年の論説「自我の棄脱」において、「身体」と「革命」との関係をめぐる考察を、次のように展開している。

兵隊のあとについて歩いて行く。ひとりでに足並が兵隊のそれと揃ふ。兵隊の足並は、素よりそれ自身無意識的なのであるが、吾々の足並をそれと揃はすやうに強制する。……そして遂に吾々は、強制された足並を、自分の本来の足並だと思うやうになる。[48]

大杉は、現代社会における支配の意味を、「他人の自我」が、行進のような規律訓練権力の日常的実践を通じて、主体の「生理状態」のレベルにまで浸潤している状態として把握した。したがってそうした支配への抵抗もまた、「身体」の解放としてではなく、むしろ「身体」からの解放として構想されるべきことを主張した。「此のゼロに達した時に、そして其処から更に新しく出発した時に、始めて吾々の自我は、皮でない実ばかりの本当の生長を遂げて行く」。[49] 大杉はこの「ゼロ」地点を、「労働者のエナアジーと自信と個人的勇気と発意心とを、其の最高潮に到らしめるストライキ」の瞬間に求めた[*50]。「自由と創造とは、之れを将来にのみ吾々が憧憬すべき理想ではない。吾々は先づ之れを現実の中に補足しなければならぬ。吾々自身の中に獲なければならぬ[*51]」。「労働」への反逆はまた、新しい共同性を担いうる主体を「いま・ここ」における闘争を通じて現出させる実践にほかならなかった。

第一次大戦後の工場における個人の「身体」が、資本への実質的包摂にともなう諸矛盾の集約的な現象点であったとすれば、同時代の農村は、資本への形式的包摂によって生み出されるいまひとつの危機の現場であった。平民社以来の大杉の盟友にあたる石川三四郎は、危機の農村を舞台に、「直接行動」による社会変革を想像したいまひとりのアナーキストであった。そして石川は、工場労働者の抵抗を通じて「将来」を「現在」へと折り重ねようとした大杉とはことなり、「深く掘る」という「土民」の実践を通じて、時間を貫いて存在する共同性の鉱脈を「現在」へ露呈させることを試みた。石川は、みずからの理想とする社会を「土民生活」と表現した。「土民とは土着自立の社会生活者である。他人に屈従せず、他人を搾取せず、みずから大地に立って自由共働の生活を経営する、それが土民の本領である」。ここで石川は、「土民」がかならずしも「農民」でないことに注意を促している。「鍛冶屋も土民なら、大工も左官も土民だ。地球を耕し――単に農に非ず――天地の大芸術に参加する労働者はみな土民だ。土民とは土着の民衆ということだ[*52]」。また石川は、「土着」という言葉を、人間を超えたあらゆる生命体がそこに含まれるべき用語として構想していた。「鳥類も獣類も虫けらも、皆んな自治生活を営んでゐる。独り、人間といふ下等動物が文明の進歩に伴って漸次に此生活から遠ざかって来たのである[*53]」。石川は、「自由個体の相互主義的組織」に社会的解放の可能性をみたが、それはすべての職業が土着し、その職業が「職業別に全国的、全世界的連帯を樹立すると同時に、地方的に他の全職業と連帯する」ことを通じて、「有機的な地方土着生活と有機的な世界生活とが相連関して複式網状体を完成する」ことであると表現された[*54]。

こうした石川の思想的原点をなしたのが、一九一三年から一九二〇年までおよそ七年半にも及ぶヨーロッパでの

「亡命」生活であった。その間石川は、イギリスにエドワード・カーペンターを訪問し、またフランスの著名な地理学者でありまたアナーキストであったエリゼ・ルクリュとその甥であるポール・ルクリュを通じて家族ぐるみの親交を結んだが、その際、とりわけ注目すべきは、「亡命」のかなりの期間が、フランスのドルトーニュ県ドムにおける農業生活に充てられたという事実である。[*55] 石川は、このフランスでの農業経験をもとに同時代の日本の農村の危機的状況を認識したのである。

石川は日本における自作農の減少を、「土民生活」の最大の危機とみなした。石川は、一九二〇年の統計を引きつつ、田と畑とを併せた耕地の総面積六〇八万三〇〇〇町のうち、自作地の総額が三二六万八〇〇〇町をしめるに過ぎない事実を指摘し、また一九一一年に一七六万二千余戸あった自作農が、一九二〇年には一六八万二千余戸まで減少していることに注意を促している。そのうえで石川は、「凡そ世界の如何なる野蛮国、如何なる残酷な資本国家に行っても、日本の小作生活ほど悲惨な生活はとても発見し得ぬ」と断定する。[*56] それは西洋の小作人の多数が、毎年の収穫の半分を地主に払い、また凶年の年には地主の収入も減じられるのに対し、日本の小作人は、標準収穫の三分の二を地主に取られ、しかもその割合は豊年凶年にかかわらず不変であるからである。これでは「諸物価高騰の今日にてはとても此境遇を支持することは出来ない筈」であり、「かうして二百万戸約一千万人の生活は日に日に暗澹たる地獄の世界に落ちて行く」ほかはない状況となる。[*57] こうした石川の叙述は、農村の収奪の上に近代資本主義を実現した明治国家の本源的蓄積のプロセスが、大正期においても依然として繰り返されていることのリアルな認識を示していた。

石川は、こうした日本社会の病理現象を克服する具体的実践を「深く耕す」ことのうちに求めた。「私の見た処では、日本の農民の耕耘は西洋のそれに比べると余程浅い様に思はれる。社会運動に於て、思想運動に於て、其浅薄なること世界無比なる日本平民は土地を耕やすことも亦極めて浅いのである。抑も社会運動も土民改造運動も、詮ずる所「深く耕せよ」といふに尽きて居はしないか」[*58]。石川にとって、「深く耕す」ことは、「土民」にとっての実践的な耕作法であると同時に思想変革の方法でもあった。「地を耕すは、又、地の芸術に参与することである。然り地を耕すは、即ち吾等自身を耕す所以である」[*59]。

石川は、カーペンターに依拠しつつ、人類の歴史をその意識状態に従って「単純な自然意識、自己意識、宇宙意識」の三時代に区分する。こんにちまでの人類文明史は、第二段階の自己意識の時代に該当し、「人類が自然と離れ、個人が社会と離れ、内我は外我と離れ、欲は愛と分れ、この機に於て、在外の強権政府が立ち、私有制度が設けられ、階級的分裂が行はれた」病理的時代として意味づけられる[*60]。「宇宙意識」とは、「様々な人為的な科学概念」や「自己の欲望」によって歪められた「本性的感情」を去り、「鑑賞者の自性と対象の自性とがぴたりと会交」するところに成立する[*61]。「宇宙は一つの芸術体である。春夏秋冬、花鳥風月、自然の奏づる交響楽でないものはない。社会もその宇宙の一部分であり、また特殊の芸術体である。その芸術体の構成者である民衆は芸術家であり同時に鑑賞家である」[*62]。この「宇宙的のディナミツクなリヅムに歩調を合わせて躍進する」ことが無政府主義者の試みるべき運動である[*63]。「深く耕す」とは、資本主義社会のただなかに、こうした宇宙のリズムを露呈させるための方法論であった。

7　昭和マルクシズム――全体性への欲望――

大杉栄や石川三四郎といったアナーキストたちが、資本主義がその「外部」と接触する境界に立ち続け、そこでの抵抗を通じて、資本主義の拡張と発展のメカニズムを照らし出したとすれば、マルクス主義者たちは、資本主義全体を俯瞰しうる管制高地からその運動を把握することを試みた。そもそも日本の活動家に、そうした管制高地の存在可能性を意識せしめたのが、一九一七年のロシア革命という政治的事件であった。ある労働者は、ロシア革命のニュースに接した感想を、「社会主義なんて今がいま迄学者の空想とばかり想て居った——が然し生産機関の共有も土地の分配も荒削り乍ら出来上つたから面白い」と記し、またある活動家は、「露西亜の革命は吾々に生きる希望を与えてくれた」と表現した。[*64] ロシア革命が開示したかに思われたのは、不平等の再生産によって特徴づけられる資本主義的日常からの出口であった。そしてマルクス主義は、その出口の存在可能性を理論的に証明し、あわせてそれを穿つための実践を方向づける「光明」として受けとめられたのである。

日本におけるマルクス主義成立のメルクマールとされるのが、一九二二年の山川均の論文「無産階級運動の方向転換」である。竹内良和は、山川のこの論文の意義を、「マルクス者である日本人が国際共産主義運動に学んで、自分の頭で日本の運動を総括し、運動の方針をうちたてようとしたもの」であり、「マルクス主義はこの論文において日本マルクス主義としての形成の第一歩をふみだした」との評価を与えている。[*65] ここにおいて重要なのは、ここでいう「日本マルクス主義」の形成が、アナーキズムとの論争をつうじて成し遂げられていったことである。第一次世界大戦を契機とする日本資本主義の飛躍的な発展は、政治勢力としての民衆の台頭を促し、いわゆる大正デモクラシー状況をもたらした。さらにロシア革命（一九一七年）と米騒動（一九一八年）の衝撃は労働運動の画期的発展を促し、堺利彦や山川均によるマルクス主義の精力的な紹介と普及が進められた。また一九二〇年代に入ると、レーニンの理論が集中的に紹介され、ソヴィエト権力とプロレタリア独裁を支持するボルシェビズムの影響力が、社会主義運動と労働運動との内部で高まっていった。その結果、当時強い影響力を有していた大杉を中心とするアナルコ・サンジカリストとの対立が先鋭化し、俗にアナ・ボル論争と称されるアナーキズムとマルクシズムとの対立状況が現出した。[*66] そしてこの論争において、主導的役割を果たしたのが山川均であった。

山川の方向転換論は、日本における組織された先進的プロレタリアートの視座から眺められた資本主義の姿であり、またそこから構想された革命の戦略論であった。山川は、日本における労働組合運動の現状を、「少数ではあるが、真実にまた徹底的に資本主義の精神的支配から独立して、純粋な無産階級的の思想と見解との上に立った労働階級の前衛が現われて」いると評価する。[*67]「大衆の中へ!」という山川のスローガンは、「これらの前衛たる少数者が、徹底し純化した思想を携えて、はるかの後方に残されている大衆の中に、再び引き返して来ること」を意味していたが、それは前衛が大衆と一体化するというよりも、むしろ大衆の意識水準を前衛と同じレベルにまで引き上げる実践として構想された。

ここで注目すべきは、「大衆の中へ」というこのスローガンに、マルクシズムをアナーキズムから分離させる狙いが込められていたことである。山川は、過去二〇年にわたる日本の社会主義運動の歴史が、いかに資本主義の「外部」を志向するアナーキズム的心情によって支配されていたかを次のように総括する。「いっさいのものを得るか、しからざれば何んにもいらぬ。いやしくも革命以外の、いっさいの当面の問題はつまらない! これが過去二〇年間における、われわれ社会主義者の態度であった」。山川は、こうした「潔癖な『革命的』の態度」を、「資本制度を否定はするが、実際に於ては、かえって資本制度そのものには、小指一本も触れては居らぬ」と批判し、「斯ような態度は虚無主義者の理想であっても、決して社会主義運動……の態度でない」と主張した。[*68]山川の「方向転換論」は、資本主義の「外部」へと拡散するアナーキズムの運動を、その「中心」へと凝集させる運動へと逆転させることを意図したものであった。

管制高地の高みをめざすマルクス主義者の欲望は、山川の批判者として登場した福本和夫においてさらに昂進した。山川がたとえ少数派であるにせよ、現実に存在する労働者の前衛にみずからの視座を設定したのに対し、福本は、あくまでも理念的にのみ存在しうる「階級意識」にみずからを同一化させるべきことを主張した。そしてかれは、その高みから世界資本主義の全体像を把握することにより、日本資本主義の特殊性を位置づけようとしたのである。福本は、一九二六年の論文、「山川氏の方向転換論の転換より始めざるべからず」において、山川の「方向転換論」を「社会主義と組合主義との折衷」論であると主張し、それを政治闘争を経済的闘争の「ズルズルベッタリな延長であり総合」とするものであると批判した。[*69]

こうした福本の山川批判の背後には、日本共産党の解党と再建をめぐる政治的対立があったことが知られている。[*70]一九二四年、日本共産党は、結党以来指導的立場にあった山川の指導のもと解散した。[*71]福本は、現存する労働組合運動の前衛的分子に指導権を認める山川の「方向転換論」のうちに、前衛党としての共産党の不要を帰結する論理を認め、あくまでも理念的な「階級意識」を体現することのうちに、共産党の必要性を求めようとした。理論闘争を通じて、「マルクス的要素を「分離」し、結晶」させるという福本の主張は、そのまま前衛党としての共産党再建の理論でもあった。

しかしながら、こうした山川と福本の運動方針の対立の背後に、資本主義の不均等をめぐる理論的対立が存在したことは重要である。のちに講座派と労農派とのあいだで華々しく展開されることになる日本資本主義論争の芽もまたここに胚胎していた。福本は、山川の「方向転換」論を議論する前提として、「わが資本主義が世界資本主義のうちに占める地位の特性」を明らかにする必要性について強調している。福本は、日本の資本主義を理解するうえで生じる「特殊の困難さ」を、「発展の各段階が（正常なる段階をたどり得ずして）合流し、あるいはコンデンスし、あるいは萎縮し、あるいは短縮しつつ展開すること」と表現する。[*72]こうした日本資本主義の特殊性の強調は、一九二七年に準備された日本共産党の綱領的文書である「日本問題にかんする決議」、すなわち二七テーゼにおいても、現在の日本の国家権力を、「資本家と地主のブロック」の手中にあると分析している点にあらわれている。このことは、「わが国の現在を、ブルジョアジーの支配である……と見ることによってのみ、このブルジョアジーに対する直接の決定的な反対勢力は、ひとりプロレタリアである」と主張した山川の認識と鮮やかなコントラストをなしていた。[*73]

ここで重要なのは、日本資本主義の特殊性を強調する福本（＝コミンテルン）の視座が、革命の主体を同定する際に固有の問題を提起したことである。たとえば福本は、現在の労働運動が直面する問題を、「労働組合以外の無産階級運動（農民組合、部落民解放運動等）が勃興し、組合に包容することのできない無産階級分子の階級意識が発達し」ているという現状のうちに見いだしていた。[*74] これに対し、日本資本主義もまた、「欧州先進資本主義国に於けるが如く、正常的平和的発展の経路を辿る」と想定する山川の場合、こうした労働戦線の分裂という問題は、あくまでも潜在的なものにとどまっている。なぜなら山川においては、西洋の先進国の場合と同じく、日本においてもまた、ブルジョアジーとプロレタリアという敵対する二大階級の形成は、すでに完了したものと見なされているからである。この前提に立つ限りにおいて、全無産階級の共通の利益を、現存する先進的プロレタリアートの意識と重ね合わせる山川の「単一無産政党論」はその正当性を獲得しうる。これに対し、福本（＝コミンテルン）は、「日本国家の封建的特質」を、「たんに伝統の遺物、過去の名残」とみなすのではなく、「資本主義の原始的蓄積のためのきわめて便利な道具」と見なされるべきことを主張した。[*75] 福本（＝講座派）の歴史認識においては、プロレタリアと農民との分裂は、けっして客観的条件の成熟によって自動的に克服されるものではありえず、むしろ日本資本主義の本質的な存立要件として問題化されなければならないものであった。

福本が「階級意識」を必要とした理由は、かれが、山川よりも、資本主義における不均等発展の意味を、より強く意識していたことの反映でもあった。福本は、その「階級意識」を、次のように説明する。「無産者階級は、有産者社会の下にあって、その存在の内的必然により、否定せられてゐる階級であり、而してこの否定をまた、必然に拒否し、否定すべく余儀なくされてゐるところの階級」である。[*76] そして無産者階級のこうした社会的、歴史的特性から、第一に「事物を媒介性に於て」、第二に「事物を其の生成に於て」、第三に「全体性に於て」観察することができ、また、せざるをえないという認識論上の特質が生ずる。[*77] こうした認識を通じて獲得される無産者階級の世界観歴史観が「階級意識」である。別言すれば、「階級意識」は、現実における無産者階級の統一の不可能性が強く意識されたとき、理念のレベルにおいてその統一をなしとげるために呼び出された「代補」であった。

こうした福本の「階級意識論」とそれに基づく「分離結合理論」は、一九二七年の「日本問題にかんする決議」いわゆる「二七テーゼ」において、「労働組合を機械的に政治化する方針」として、また「党の大衆からの事実上の孤立を来」たし、「大衆党としての共産党の事実上の瓦解に導くもの」として、厳しい批判にさらされた。[*78] しかしながら、福本が提起した、プロレタリアと農民との分裂をどのように克服し、そこに統一をもたらすかという問題自体は、未解決のまま残されることとなった。結局のところこの問題は、一九三二年のコミンテルンの綱領的文書「日本における情勢と日本共産党の任務にかんするテーゼ」において、「天皇制」を、革命の対象として設定することにより一応の解答が与えられることになった。「天皇制は、国内の政治的反動といっさいの封建制の残滓の主要支柱である。天皇制国家機構は、搾取諸階級の現存の独裁の強固な背骨となっている。その粉砕は日本における主要なる革命的任務中の第一のものとみなされなければならぬ」[*79]。ここで「天皇制」は、「封建制の異常に強力な諸要素と独占資本主義のいちじるしく進んだ発展との抱合」の鍵であると説明される。すなわち、「三二テーゼ」は、福本イズムにおける「階級意識」という革命主体の「全体性」を、「天皇制」という敵対対象の「全体性」によって代補したのである。分裂した搾取諸階級は、「主要なる革命的任務」の対象とされた「天皇制」という全体化された表象を媒介することを通じて、統一された主体性を回復しうると想定されたのである。

「天皇制」が、封建制と独占資本主義の同時存在という日本資本主義の特質に与えられた時間的な解であったとすれば、その空間的な解は、「植民地」に求められた。コミンテルンを通じた世界各地の共産主義者との交流によってもたらされた重要な発見のひとつが、日本の封建制と植民地支配が地続きになっているという認識である。「三二テーゼ」は、日本の資本主義を特徴付けるにあたり、「植民地」というタームを多用した。たとえばそれは、「日本の労働者階級の労働生産性がヨーロッパの労働者に劣らないにもかかわらず、日本の労働者階級は今もなお植民地諸国の労働者の状態にあるという点に、その主要な表現を見いだしている」というかたちで日本の独占資本主義の「貪欲さ」を説明し、また「日本の労働者の賃金は、植民地と同様にみじめなほど低く、労働時間も植民地同様に長い」と断じている。[*80]講座派の代表的理論家であった山田盛太郎もまた、日本の紡績業の特殊性を、「半隷農的零細耕作農民の内の貧農部分から流れ出る低廉な労働力を再編成した所の大工業」として成立した「インド以下的労働賃金」によって特徴づけた。[*81]昭和のマルクス主義者たちは、世界資本主義の全体を見わたす高みにのぼることにより、「天皇制」という日本の歴史的特殊性を、遍在する「植民地」という世界資本主義の構造的問題として把握する視座を獲得した。「アジア」に向けられた共感的な社会科学的情熱もまた、ここから流れ出していったのである。

8 「共同体」という隘路

資本主義に終わりはありうるのだろうか?そしてもし終わりがありうるとしたならば、それはどのようにしてもたらされうるのであろうか?社会主義者であれ、無政府主義者であれ、共産主義者であれ、日本の左翼運動・思想の歴史は、こうした問いに正面から取り組んだ人びとによって織りなされていった。そしてその考察と経験は、いまだかわらぬ資本主義的日常にとらわれているわれわれにとって、貴重な遺産として残されている。かれらの経験は、資本主義を超えようとする複数のアプローチの存在と、そのそれぞれに付随する固有の隘路を照らし出している。アナーキズムの空間的な革命認識からは、政治の美学化が、マルクシズムの時間的な革命認識からは、「転向」の問題が、固有の問題を伴いつつ流出した。

アナーキズムは、資本主義の終わりを空間的に把握した。すなわちかれらは、資本主義というシステムの「外部」に、完全にそれへ包摂されえない「生命」の流れを認め、そのシステムの境界にほころびを生じせしめることに「革命」

の可能性を見た。大杉栄は「身体」に、石川三郎は「自然」に、それぞれ資本主義には完全に包摂されえない「生命」の発露を見た。人間を含めたすべての存在に「生命」という同一の原理が働いていることを、かれらはけっして疑うことがなかったのである。個人主義者として知られた大杉はまた、『ファーブル昆虫記』の翻訳者でもあった。マルクス主義の人間中心主義は、けっしてかれらの容れるところとはならなかった。そしてかれらは、マルクス主義者とは異なり、資本主義というシステムと「生命」とのせめぎ合いに時間的な終わりがあるとは考えなかった。かれらの主張する「革命」とは、連続する生命の「流れ」がシステムとぶつかり、ひときわ高い水音を発している闘争の現場に赴き、その「生」と一体化することのうちに求められた。そうした闘争の現場は、システムの内部に遍在していた。ある場合は、「自我」内部の心理的葛藤として、またある場合には、「土民」によって掘り返される表土として。かれらは、そうした日常的闘争のひとつひとつを、「革命」の本質的な契機と考えるゆえに、レーニンとボルシェビキの「プロレタリア独裁」に対しても、「無政府主義の即時実現を信ずる」立場から、厳しい批判を浴びせ続けたのである。[*82]

しかしまた、そうした「生の哲学」が、テロリズムへと転化する論理をも生み出していったことは事実であった。大杉の憲兵隊による虐殺ののち、それに憤激した幾人かの同志が、摂政宮や関東大震災当時の戒厳司令官であった陸軍大将福田雅太郎を対象とする「直接行動」へと走る。[*83] その途上で、誤って銀行員を刺殺し、死刑に処せられた古田大次郎は、獄中で次のような記述を残している。「思想は殉難者の血を濺ぐごとに清めらる。とにかく、日本の社会運動は、まだまだ犠牲が足らない。もっと犠牲が必要だ。それは目的に達することを早めるためではなく、運動の精神を清めるためにだ[84]」。

日本のマルクス主義は、ロシア革命をもって、資本主義に現実的な出口が与えられたと認識し、その出口を理論化するところに発生した。かれらは、ロシアにおいて発生した「革命」を世界資本主義の攻勢から「防衛」するという現実的課題と、日本における「革命」を構想するという理論的課題を同時に果たしうる統一理論の可能性を模索した。

そしてその可能性は、内在的矛盾の時間的な外化と世界資本主義の空間的な不均等発展を総合する歴史（＝唯物史観）のうちに探られることとなった。封建制と独占資本主義という非同時的なるものの同時的存在を統合する「天皇制」は、昭和マルクシズムによってもたらされた最大の理論的発見であった。

しかしながら「天皇制」はまた、マルクシズムにとって躓きの石ともなった。「天皇制」が日本社会の「全体性」を保証する鍵であるという認識は、「革命」の方向を、「天皇制」の打倒から「天皇」の利用へと転じせしめる誘惑を生んだ。一九三三年、当時獄中にあった共産党幹部、佐野学と鍋山貞親によって発表された「共同被告同志に告ぐる書」は、そうした「転向」の端的な表明であり[*85]、それはまた、明治ソーシャリズムのもっとも明敏な思想家であった北一輝が、そのはるか以前に辿った思想的軌跡でもあった。そしてアナーキストもまた、こうした「天皇制」の誘惑とけっして無縁であったわけではない。戦前・戦中と非転向を貫き通した石川三四郎は、敗戦直後の混乱のさなか、「無政府主義宣言」を発表し、「我等無政府主義者は今日の日本と日本民族とを救ふべき道は唯だ無政府主義の原理を実行するにあることを宣言」したが、それはまた、「われ等常に天皇とともに在り、以て万世不易の太平国家を建設せん」とする意志として表明された[*86]。

アナーキズムもマルクシズムも、資本主義への対抗理論を構想するにあたり、「共同体」への誘惑にさらされ続けた。それはまた、こんにちわれわれが、資本主義への対抗理論を構想するにあたっての、理論的隘路であり続けている。

註

＊1　代表的なものとして、渡部義通、塩田庄兵衛編『日本社会主義文献解説』（大月書店、一九五八年）、住谷悦治ほか編『講座日本社会思想史』第二巻、第三巻（芳賀書店、一九六七年）、岡本宏『日本社会主義政党論史序説』（法律文化社、一九六八年）、神田文人編『社会主義運動史』（校倉書房、一九七八年）、塩田庄兵衛『日本社会運動史』（岩波書店、一九八二年）、朝尾直弘ほか編『岩

波講座日本通史』第一七巻、第一八巻（岩波書店、一九九四年）など。

＊2　大塚久雄『社会科学の方法』（岩波書店、一九六六年）二頁。

＊3　ウォーラーステイン，イマヌエル『入門・世界システム分析』（藤原書店、二〇〇六年）、ブローデル，フェルナン『歴史入門』（中央公論社、二〇〇九年）。川勝平太『文明の海洋史観』（中央公論社、一九九七年）、古田和子『上海ネットワークと近代東アジア』（東京大学出版会、二〇〇〇年）など。

＊4　田中彰校注『開国』（岩波書店、一九九一年）に収録された諸史料には、「西洋」との接触を生きねばならなかった当時のさまざまな階層の日本人の、恐れや戸惑いや好奇心が、生き生きと記録されている。

＊5　福沢諭吉『文明論之概略』（岩波書店、一九九五年。原書一八七五年）三四頁。

＊6　久米邦武『特命全権大使　米欧回覧実記』第二巻（岩波書店、一九七八年。原著一八七八年）六六頁。

＊7　福沢諭吉「脱亜論」（『時事新報』一八八五年三月十六日）。『福沢諭吉選集』七（岩波書店、一九八一年）二二一頁。

＊8　山田盛太郎『日本資本主義分析』（岩波書店、一九七七年。原著一九三四年）三二～三三頁。

＊9　横山源之助『日本の下層社会』（岩波書店、一九八五年。原著一八八九年）三五三頁。

＊10　田口卯吉『居留地制度と内地雑居』（経済雑誌社、一八九三年）一四頁。

＊11　横山、前掲『日本の下層社会』、三六六～三六七頁。

＊12　松沢弘陽『日本社会主義の思想』（筑摩書房、一九七三年）五頁。

＊13　「（平民新聞）宣言」（『平民新聞』一九〇三年一一月一五日）。

＊14　岡義武「日露戦後における新しい世代の成長」上（『思想』五一二号、一九六七年）。

＊15　幸徳秋水『社会主義神髄』（岩波書店、一九五三年。原著一九〇三年）。『幸徳全集』④、四六三頁。

＊16　北一輝『国体論及び純正社会主義』（『北一輝思想集成』書肆心水、二〇〇五年。原著一九〇六年）八二頁。

＊17　吉岡金市『森近運平』（日本文教出版、一九六一年）、荻野不二夫『初期社会主義思想論』（不二出版、一九九三年）八〇～一二六頁。

＊18　北、前掲『国体論及び純正社会主義』、四三四頁。

＊19　堺利彦「社会と家庭」（『万朝報』一九〇三年四月二九日）。『堺全集』①、二六四頁。

＊20　赤羽巌穴『農民の福音』（共学社、一九二九年。原著一九一〇年）三四頁。

＊21　森近運平「信用組合の効果を論ず」一九〇八年七月一五日（木村寿ほか編『森近運平基本文献』上巻、同朋舎、一九八三年、

三七〜三八頁）。

＊22 Gluck C. (1985) *Japan's modern myths : ideology in the late Meiji period.* Princeton University Press. 藤田省三「天皇制国家の支配原理」一九五六年（藤田省三『天皇制国家の支配原理』みすず書房、二〇一二年所収）、神島二郎『近代日本の精神構造』（岩波書店、一九六一年）、関口すみ子『国民道徳とジェンダー』（東京大学出版会、二〇〇七年）を参照。

＊23 坂本多加雄『市場・道徳・秩序』（筑摩書房、二〇〇七年）。

＊24 安部磯雄『社会問題解釈法』（東京専門学校出版部、一九〇一年）四一九頁。片山潜『我社会主義』（岸本英太郎編『片山潜・田添鉄二集』青木書店、一九五五年。原著一九〇三年）第一八章。

＊25 北、前掲『国体論及び純正社会主義』第八章。

＊26 横山源之助『内地雑居後之日本』（『内地雑居後之日本 他一編』岩波書店、一九五四年。原著一八九九年）三一頁。

＊27 片山、前掲『我社会主義』四二頁。

＊28 宮崎滔天『三十三年の夢』（岩波書店、一九九三年。原著一九〇二年）六三〜六四頁、一〇八〜一一〇頁、一一三〜一一五頁、一三七〜一三九頁。

＊29 矢野龍渓『新社会』（大日本図書、一九〇二年）、ベラミー原著、堺枯川抄訳『百年後の新社会』（原著一九〇四年）旧版『堺全集』②、キリアム・モリス原著、堺枯川抄訳『理想郷』（原著一九〇四年）旧版『堺全集』③。また堀切利高編『平民社百年コレクション』第二巻（論創社、二〇〇二年）にも所収。

＊30 横山、前掲『内地雑居後の日本』二〇頁。

＊31 Katayama. S. (1918) *Labor movement in Japan,* Charles H. Kerr & Company, pp.29-46.

＊32 ハーバーマス，ユルゲン『晩期資本主義における正統化の諸問題』（岩波書店、一九七九年）。

＊33 煙山専太郎『近世無政府主義』（明治文献、一九六五年。原著一九〇二年）二頁。

＊34 煙山、前掲『近世府政府主義』四〇九頁。

＊35 平出修「大逆事件特別法廷覚書」（『定本平出修集』続、春秋社、一九六九年）四八〇頁。

＊36 幸徳秋水「余が思想の変化」（日刊『平民新聞』一六号、一九〇九年二月五日）。『幸徳全集』⑥、一三四頁。

＊37 幸徳秋水「桑港より」（『光』一巻五号、一九〇八年一月二〇日）。『幸徳全集』⑥、二四頁。

＊38 「幸徳秋水氏の演説」（日刊『平民新聞』二八号、一九〇九年二月一九日）。『幸徳全集』⑥、一五四頁。

＊39　幸徳、前掲「桑港より」（『光』一～五、一九〇八年一月二〇日）。『幸徳全集』⑥、二二二頁。
＊40　大杉栄「鎖工場」（『近代思想』一九一三年九月）。『大杉全集』②、一四一頁。
＊41　大杉、前掲「鎖工場」、一四二頁。
＊42　同右、一四三頁。
＊43　佐々木聡『科学的管理法の日本的展開』（有斐閣、一九九八年）一七頁。
＊44　水沼辰夫『明治・大正期自立的労働運動の足跡』（ＪＣＡ出版、一九七九年）八九頁。
＊45　栗原康「第一次世界大戦後の社会運動とアナーキズム」（『早稲田政治公法研究』七五号、二〇〇四年）。
＊46　大杉栄「労働運動の精神」（『労働運動』一九一九年一〇月）。『大杉全集』⑤、一〇頁。
＊47　大杉栄「社会的理想論」（『労働運動』一九二〇年六月）。『大杉全集』⑤、一八三頁。
＊48　大杉栄「自我の棄脱」（『新潮』一九一五年五月）。『大杉全集』③、一二八頁。
＊49　同右。
＊50　大杉栄「正気の狂人」（『近代思想』二巻八号、一九一四年五月）。『大杉全集』②、二〇四頁。
＊51　大杉栄「生の創造」（『近代思想』二巻四号、一九一四年一月）。『大杉全集』②、一六四頁。
＊52　石川三四郎『近世土民哲学』（原著一九三三年）。『石川集』三九、四一頁。
＊53　同右、四八頁。
＊54　同右、四一頁。
＊55　米原謙「第一次世界大戦と石川三四郎――亡命アナキストの思想的軌跡」（『阪大法学』四六巻二号、一九九六年六月）、同「石川三四郎の足跡を訪ねて――ドルドーニュ県ドム町」（『書斎の窓』四五五号、一九九六年六月）。
＊56　石川、前掲『近世土民哲学』。『石川集』五五頁。
＊57　同右、五六頁。
＊58　同右、六九頁。
＊59　同右、四六頁。
＊60　石川三四郎『歴史哲学序説』（原著一九三三年）。『石川集』一三二頁。
＊61　石川三四郎『社会美学としての無政府主義』（原著一九三二年）。『石川集』二七一頁。

＊62　同右、二七三頁。
＊63　同右、二八五頁。
＊64　「露西亜革命の感想」（『労働及産業』七巻一〇号、一一号。一九一八年一〇月、一一月）。今井清一編『大正思想集Ⅰ』（筑摩書房、一九七六年）三九三頁。
＊65　竹内良和「日本のマルクス主義」（竹内良和編『マルキシズムⅡ』筑摩書房、一九六五年）二〇頁。
＊66　小松隆二『日本アナキズム運動史』（青木書店、一九七二年）一三一～一五四頁。
＊67　山川均「無産階級運動の方向転換」（『前衛』七・八合併号、一九二二年）。『山川全集』④、三四一頁。
＊68　山川、前掲「無産階級運動の方向転換」、『山川全集』④、三三九頁。
＊69　福本和夫「山川氏の方向転換論の転換より始めざるべからず」（『マルクス主義』一九二六年二月、五月号）。『福本著作集』②、二一五頁。
＊70　石堂清倫『わが異端の昭和史』上（平凡社、二〇〇一年）九四頁。
＊71　第一次日本共産党の解党のプロセスに関しては、黒川伊織『帝国に抗する社会運動』（有志舎、二〇一四年）二五七～二七一頁。
＊72　福本和夫「『方向転換』はいかなる諸過程をとるか　我々はいまそれのいかなる過程を過程しつつあるか――無産者結合に関するマルクス的原理」（『マルクス主義』一九二五年一〇月）。『福本著作集』①、二四八～二四九頁。
＊73　山川均「政治的統一戦線へ！」（『労農』創刊号、一九二七年一二月）。『山川全集』⑧、一三三頁。
＊74　北条一雄『理論闘争』（原著一九二六年）。『福本著作集』②、二七八～二八九頁。
＊75　日本共産党「日本問題にかんする決議〔二七年テーゼ〕」（日本共産党中央委員会出版局『日本共産党綱領文献集』一九九六年）七四頁。
＊76　福本和夫『社会の構成＝並に変革の過程』（原著一九二七年）。『福本著作集』①、二七～二八頁。
＊77　同右。
＊78　前掲、日本共産党「日本問題にかんする決議〔二七年テーゼ〕」前掲、『日本共産党綱領文献集』、九〇～九一頁。
＊79　「日本における情勢と日本共産党の任務にかんするテーゼ〔三二テーゼ〕」前掲、『日本共産党綱領文献集』、一〇二頁。
＊80　前掲、「日本における情勢と日本共産党の任務にかんするテーゼ〔三二テーゼ〕」前掲、『日本共産党綱領文献集』、一〇五頁。
＊81　山田盛太郎、前掲『日本資本主義分析』、四六頁。

＊82　大杉栄「なぜ進行中の革命を擁護しないのか」（『労働運動』一九二二年九月）。『大杉全集』⑦、六七頁。
＊83　本事件で逮捕された和田久太郎、ならびに古田大次郎を含むギロチン社の人々については、松下竜一『久さん伝』（講談社、一九八三年）、逸見吉三『墓標なきアナキスト像』（三一書房、一九七六年）、小松隆二「ギロチン社とその人々」（一）（二）（『三田学会雑誌』六六巻四〜五号、一九七三年）。
＊84　古田大次郎『死の懺悔』（春秋社、一九六八年、原著一九二六年）八六頁。
＊85　佐野学、鍋山貞親「共同同志に告ぐる書」（原著一九三三年）。松田道雄編『昭和思想集Ⅰ』（筑摩書房、一九七四年）三七一〜三八〇頁。
＊86　石川三四郎「無政府主義宣言」（原著一九四五年）。『石川三四郎著作集』四（青土社、一九七八年）七三〜七四頁。

第2章　資本主義批判としてのアジア主義
——日本帝国主義の宣教師たち——

1　「脱亜」の共同体

アジア主義がいかなるものであるのか、これまで多くの論争がなされ、またさまざまな定義が与えられてきた。しかしながら、そもそもなぜ「アジア」という空間が、特定の「主義」を生み出すに至ったのかという問いにかんしては、依然として十分な考察がなされたとはいいがたい状態にある。アジアは、ヨーロッパやアメリカ、アフリカなどと同じく、近代日本において常識化した地理用語であり、その限りにおいて、それが表象するものは、第一義的には客観的な空間以上のものではありえない。しかしながら、近代日本においては、ヨーロッパもアメリカもアフリカも、アジア主義に匹敵しうる広がりと強度をもった思想や政策や運動の集積を生み出すことはなかった。では、なぜ、アジアという空間のみが、近代日本において、かくも多くの人びとの思想の原動力となり、またさまざまな政治的実践に駆り立てていく力を持ちえたのか。この問いは、現在の日本が、近隣アジア諸国との関係をどのように認識し、また今後の関係をどのように構想しうるかを考えるうえで、重要な意義を持つ。

歴史は書き加えられるのではなく、書き換えられる。「単に今が昔になるばかりでなく、昔がまた今であるところに歴史はある」[*1]。東亜協同体のイデオローグとしても知られる哲学者、三木清は、歴史という人間の営みの意味について、このように述べている。アジア主義とよばれた思想の歴史をたどるにあたり、その出発点として問題化されなければならないのは、変貌する現在のアジアそのものである。それは別言すれば、現在の変容するアジアが、旧来の「アジア」という概念に対する根源的な再考察を要求しているということである。そして現在のアジアを変容させているもっとも基底的な要素が、資本主義の進展によってもたらされる種々の歴史的作用であるとすれば、アジア主義の歴史もまた、資本主義の歴史的展開との関係において、読み解かれなければならない。

アジアを進展する資本主義との関連で問題化する視座は、一九九三年に出版された世界銀行のレポート、*The East Asian Miracle: Economic Growth and Public Policy* において、すでに劇的なかたちで表明されていた。このレポートでは、日本を含む、香港、インドネシア、マレーシア、韓国、シンガポール、台湾、中国、タイなどの国や地域が名指され、そのうえで、東アジアに関して、「高度で持続的な経済成長のめざましい記録」を有するとの特徴づけがおこなわれていた。「一九六五年から一九九〇年までの期間、東アジアの二三の経済体は、世界のあらゆる地域よりも急速な成長を経験した」[*2]。ここに示されているのは、東アジアに対するまったく新しいアプローチである。ここにおいて、東アジアは、もはやかつてのように、地理や文化といった何らかの「実体」の共有に基礎をおいてはいない。むしろそれを特徴づけているのは、急速な経済成長という「プロセス」の共有である。現在のアジア研究に課せられた課題のひとつは、この「旧いアジア」から「新しいアジア」への変貌の歴史的意味を、反省的に明確化することのうちに求められなければならないであろう。

アジアをめぐる「実体」から「プロセス」への視座変更は、アジア主義という概念とその歴史に関しても、再解釈を迫るものとなる。一八八五年、近代国民国家としての体裁を整えつつあった極東の小国の一知識人、福沢諭吉は、「今日の謀を為すに、我国は隣国の開明を待て共に亜細亜を興すの猶予ある可らず」と述べ、「寧ろ其伍を脱して西洋の文明国と進退を共に」する決意を表明し、その主張を「脱亜論」と名づけた[*3]。こうした福沢の主張の背景には、「麻疹の流行」の如く世界を席巻する「文明開化」の流行のただなかで、「無理に之を避けんとして一室内に閉居し、空気の流通を絶て窒塞する」隣国への苛立ちと軽蔑が込められていた。「脱亜論」とは結局のところ、抵抗するアジアを尻目に、日本のみが単独で世界資本主義システムへ参加する主体的な意思表明にほかならなかった。

しかしながら、その小国は、けっしてこの時点で「脱亜」の実行に成功したわけではない。安全保障と資源・市場獲得の必然性が、その小国に、いかなる意味においてもアジアから離れることを許さなかったからである。アジアは、この小国が、大日本帝国として、世界の一等国にまで成り上がり、そしてその地位を維持するうえで不可欠の要素であり続けた。川勝平太が主張するように、アジア地域の資本主義システムへの包摂の帰結は、「欧米の押しつけた通商条約によってアジア間貿易を活発にし、それまで潜在化しないまま進行していた〈アジア間競争〉が顕在化」するかたちであらわれざるをえなかったからである。[*4] 日本帝国主義は、この顕在化した〈アジア間競争〉において日本が覇権的立場を確立するプロセスとして進展した。

「脱亜」がこの国にとって現実的なものとなったのは、一九四五年の敗戦による大日本帝国の解体以後のことである。敗戦を契機とし、戦勝国アメリカが、「宗主国」として行った占領初期の経済封鎖と食糧援助、それに続くアジアにおける共産主義の防波堤としての自立化政策により、この国が、アジアとの関係なくして存在しうるような条件が、歴史上はじめて整ったかのように思われた。[*5] しかしながら、こうした日本の「脱亜」は、きわめて短期的な現象にすぎなかった。「脱亜」に成功し、高度経済成長を実現した「後発工業国」日本が、一九八〇年代以降目撃したものこそ、「後々発工業国」としての他の東アジア諸国が、一斉に急速な経済成長を経験する姿、すなわち、「脱亜」する姿であったからである。[*6] 東アジアの国々が次々と「脱亜」に成功するにおよび、戦後いち早く「脱亜」に成功していた日本もまた、一九九〇年代になると、アジアの地域的経済圏を構成するにいたった。[*7] 現在のアジアは、福沢が指摘したように、「文明開化」の拒絶もしくは否定によって特徴づけられる存在ではない。むしろその急速な受容こそが、その共通の基盤を形づくるにいたっている。現在アジアという共同体を、なんらかの意味で構想しうるとすれば、それは結局のところ、「脱亜」の共同体というあり方をおいてほかはない。

以下本章では、アジア主義と呼ばれた思想・運動の生成と変容を、それを分析する視座、すなわちアジア主義論の生成と変容をともに分析することを通じて、その資本主義との錯綜する関係を明らかにする。これまで資本主義を批判する思想としては、もっぱら社会主義のみが特権化され、その意義や限界が、多くの研究の主題となってきた。それに対し本章では、アジア主義を、反資本主義思想という視座から問題化し、その意義と限界を検討する。

2　アジア主義論を歴史化する

戦後日本において、アジア主義研究の先鞭をつけた竹内好は、一九六三年の記念碑的論文「アジア主義の展望」の冒頭において、アジア主義を定義することの困難に言及し、「私の考えるアジア主義は、ある実質内容をそなえた、客観的に限定できる思想ではなくて、一つの傾向性」であると述べた。[*8] アジア主義の定義をめぐる困難さは、近年の研究においても、依然として指摘されている。たとえば、二〇一〇年の大著『「大東亜戦争」はなぜ起きたか』によって、アジア主義研究の新局面を開いた松浦正孝もまた、同書で、アジア主義が、ある種の「気分」や「空気」といった漠然とした共同心性としてしか析出しえないものであることを強調している。[*9] しかしながら、そうした表面的な類似にもかかわらず、両者のアジア主義に対する視角には、根本的な差異もまた存在する。その差異から浮かび上がってくるのは、両者を隔てる六〇年弱の時間に生じた、アジアそのものの変容にほかならない。

竹内が、一九六三年に『アジア主義』と題されたアンソロジーを編纂する際に、具体的に取り上げた対象は、岡倉天心、樽井藤吉、宮崎滔天、山田良正、頭山満、相馬黒光、内田良平、大川周明、尾崎秀実、飯塚浩二、石母田正、堀田善衛らであった。こうした選択は、一見したところ、明治期から戦後までをまんべんなくカバーしているようにみえるが、その内容に踏み込んで検討するならば、竹内の関心は、もっぱら明治期におかれていることが明らかとなる。[*10] さらに竹内は、同書の解説において、玄洋社が民権論から国権論へ転向し、大井憲太郎が大阪事件を画策し、樽井藤吉が『大東合邦論』、福沢諭吉が「脱亜論」、中江兆民が『三酔人経綸問題』を世に問うた一八八〇年代の時代状況の解明に多くの紙数を費やしている。

明治期の事件、テクスト、思想家に対する関心の厚さに比べ、昭和期の「大東亜共栄圏」に関する竹内の評価は極めて厳しい。竹内は述べる。「「大東亜共栄圏」は、アジア主義をふくめて一切の「思想」を圧殺した上に成り立った疑似思想だともいうことができる。思想は生産的でなくては思想とはいえぬが、この共栄圏思想は何ものも生み出さなかった」[*11]。すなわち竹内の問題意識は、アジア主義の「思想」としての生産性を解明することに向けられており、そしてその解明のための重要な局面を、日本が国民国家としての自律性を確立しはじめた一八八〇年代に設定したのである。

竹内がアジア主義をその発生のプロセスに即して解明しようとしたのに対し、松浦が焦点を合わせるのは、幕末維新から続く「伝統的アジア主義」に一九三〇年代になって生じたとされる「汎アジア主義」への変容のプロセスである。松浦は、戦前日本のアジア主義を、以下の三類型として位置づけている。その第一は、石橋湛山に見られるリベラリズムに基づいた理想主義的なアジア主義である。その第二は、蒋介石による中国統一という国民国家の枠組みを前提としたうえで、アジア間の提携をはかろうとする財界の藤山愛一郎らに代表される立場である。そしてその第三は、大亜細亜協会に代表される汎アジア主義の道である。[*12] 松浦は、この第三の立場を、「天皇を頂く日本を盟主とし、その帝国内にアイヌ民族・台湾・朝鮮といった内国植民地や植民地を抱え、傀儡国家である「満州国」を作り、中国に多くの権益を持つものであった」と要約し、一九三〇年代の国際環境の変化と共に、汎アジア主義が次第にヘゲモニーを獲得していくそのプロセスを、華僑、印僑、台湾人、朝鮮人などの離散民や被支配者を含む日本帝国を支えた政治経済主体による資本・通商・資源・労務といった「モノとヒト」の移動を媒介とするネットワークの急速な増殖・発達の帰結として描き出した。

一見したところ相互補完的な竹内の思想的アジア主義論と松浦の政治経済的アジア主義論のあいだには、架橋しがたいひとつの緊張が存在する。それは端的にいえば、資本主義に対する批判をアジア主義の重要なメルクマールとして用いるかどうかの差である。竹内がアジア主義者として取り上げた人物の思想は、そのすべてが濃厚な西洋批判の様相を帯びている。たしかに竹内は、アジア主義と資本主義批判との関連を、それ自体として明示的に議論してはいない。しかし西洋文明に対する批判を、アジア主義の重要な構成要素として意味づけていた竹内にとって、アジア主義が、西洋文明の駆動力である資本主義への批判をも内包することは自明のことであった。これに対し、松浦は、資本主義の発展こそが、アジア主義の発展と変容を促した重要な基盤であるとの立場をとる。これは松浦の著作において、藤山愛一郎や石橋湛山のような経済人が、重要なアジア主義者として位置づけられていることのうちに現れている。すなわち、竹内から松浦に至る戦後アジア主義論の変遷が象徴的に示しているのは、アジア主義を問題化する視座が、資本主義の批判から、資本主義を前提としたそれへと移行していくプロセスにほかならない。

資本主義批判としてのアジア主義論から資本主義を前提としたアジア主義論へという視座の転換は、二〇〇九年の白石隆とカロライン・ハウの論文「「アジア主義」の呪縛を超えて」において、より明示的に示されている。[*13] この論説における著者たちの目的は、現在の東アジア共同体のプロジェクトをかつてのアジア主義との連想において理解しようとする試みを批判することにあった。著者たちの議論に従えば、現在の東アジア共同体構想と戦前の大東亜共栄圏構想を区別するポイントは、以下の二点に求められる。その第一は、プロジェクトを推進する主体の差異である。著者たちは、現在の東アジア共同体が、一九九九年の金大中の提言を受けて合意されたものであり、加えてASEAN

が、その発展において重要なハブとしての役割を演じ続けてきたことを強調し、そうした現在のプロジェクトを、戦前の大東亜共栄圏に見られるような日本発のアジア主義と等置するのはあまりに「日本主義的な見方である」と批判する。その第二は、二つの思想運動を取り巻くコンテクストの差異である。著者たちは、かつてのアジア主義が、基本的には、アジアとヨーロッパの二項対立に基礎をおくものであることを明らかにしたのち、「アジア主義の批判の対象となったヨーロッパ中心の世界秩序は二度の大戦で終焉した」と断ずる。それに対し、現在の東アジアの地域システムは、第二次世界大戦後、アメリカのヘゲモニーの下で作り上げられたものであり、それが一九九七年から一九九八年にかけての経済危機を経て、市場の失敗に対処する地域的な制度の構築という政治的プロジェクトへと発展したものである。こうした認識に基づき、白石とハウは、次のように結論する。「アジアは、かつてのアジアとは違う。……竹内が「日本のアジア主義」を書いた頃（一九六三）まで、アジアとは「屈辱のアジア」、経済的「貧困」と政治的「専制（独裁）」のアジアだった。しかし、いまわれわれの知るアジアは経済的「豊かさ」、政治的「民主化」、「発展のアジア」である」。

白石とハウは、こうしたアジアをめぐる歴史変動の重要な帰結のひとつとして、アジアという概念そのものの意味変容を問題化する。「「ヨーロッパ近代」と「アジア」の二項対立が成立しなければ、ヨーロッパを他者として、……そこになんらかのまとまりを想定するアジアも成立しない」。ではその場合、「「アジア」はどのような意味をもつのか」。この問いに対する著者たちの解答は、次のようなものである。「アジアを、ヨーロッパ、中東、ラテン・アメリカなどと並ぶ一つの地域システムと捉え、それが歴史的に生成、発展、成熟、消滅する過程として地域を考えればよい」。この解答に反映しているのは、アジアもまた、他の地域と同じく、すでにグローバルな資本主義システムに組み入れられていることの歴史的確認である。この結果アジアは、資本主義との関連において、かつて竹内が想定していたような、その批判のための特権的な主体位置を喪失し、その内部のノーマルな一地域として分析されるべきひとつの研究対象へとその性格を変容させたのである。著者たちが問題化するアジアという概念の意味変容は、かつて資本主義システムの「外部」もしくは「周辺」に位置づけられていたアジアが、いまやその内部へと実質的に包摂され、かつその中心のひとつを形成するに至ったことの忠実な反映にほかならない。

わたしは、白石・ハウと同じく、現在のアジアが経験している根源的な変化の重大な意義を承認する。しかしながら、同時にわたしは、こうした変化の認識が、かならずしもかつてのアジア主義が有していた思想的意義を無意味化するものではないことをも強調したい。たしかに、いまやグローバルな資本主義システムの中心のひとつとなった現在のアジアに、依然として、かつてのアジア主義の影を読み込もうとするアナクロニズムに対する白石とハウの苛立ちには、十分な根拠がある。しかしながら同じく重要なのは、かつてアジアが象徴していた「貧困」や「専制（独裁）」といった問題が、けっしてグローバルな資本主義によって解決を見たわけではなく、むしろアジアを含む世界諸地域を横断するかたちで拡散し、現在もまた、再生産され続けている現実に目を向けることであろう。「貧困」や「専制」が再生産され続ける限り、かつてのアジアの「亡霊」もくり返し蘇る。ただし特定の地域性を超えた、より普遍的な「亡霊」として。アジア主義の亡霊は、けっしてアナクロな研究者の脳髄に取り憑いた幻影などではなく、グローバルな資本主義システムの内部に、その存在の根拠をもっているのである。

3　資本主義の「空間的」解明

このような視座から、日本のアジア主義の遺産目録を再検討するとき、一九六〇年の竹内の論考「方法としてのアジア」は、アジア地域に生じている巨大な変動を予兆しつつ、アジア主義そのもののラディカルな脱構築を企てた試みとして、現在もなお注目に値するものといえる。この論考において竹内が試みているのは、アジアをまなざす新しい視座の必要性であるが、それは、実体から方法への認識論的なパラダイムの転換として示されるべきものである。竹内は、その意義を、以下のように説明している。

西欧的な優れた文化価値を、より大規模に実現するために、西洋をもう一度東洋によって包み直す、逆に西洋自身をこちらから変革する、この文化的な巻返し、あるいは価値の上の巻返しによって普遍性をつくり出す。東洋の力が西洋の生み出した普遍的な価値をより高めるために西洋を変革する。……その巻き返す時に、自分の中に独自なものがなければならない。それは何かというと、おそらくそういうものが実体としてあるとは思わない。しかし方法としては、つまり主体形成の過程としては、ありうるのではないかと思ったので、「方法としてのアジア」という題をつけた[*14]……。

ここで竹内は、「西洋」や「東洋」という概念を、実体的な地理概念の次元とは異なる「文化」や「価値」の次元で問題化している。別言すれば、「方法としてのアジア」は、アジアという地理的空間のなかに、「西洋」と対立するなんらかの実定性を措定するような、あらゆる二元論に対する決別の宣言であった。

竹内が、「ヨオロッパ」を、一種の自己膨張するシステムとして把握していたことはよく知られている。「ヨオロッパがヨオロッパであるために、かれは東洋へ侵入しなければならなかった。それはヨオロッパの自己解放に伴う必然の運命であった[*15]」。今日の視座からふりかえるならば、ここで問題化されているヨーロッパのアジアへの侵入とは、帝国主義の形をとってあらわれた、グローバルな資本主義へのアジアの包摂のプロセスであった。ネグリとハートによれば、「資本はそもそもの初めから、あるひとつの世界権力へと、というよりも現実には、ただひとつしかない世界権力へと向かう」現実的な運動であった[*16]。なぜなら、ローザ・ルクセンブルクが明らかにしたように、「資本がその剰余価値を実現するためには、非資本主義的な外部の消費者が現実に不可欠」であったからであり、それは歴史的にいえば、資本主義的な帝国主義により、非資本主義的な環境の各区域が、変容させられ、そして資本の拡大する身体のなかへと有機的に統合されてゆくことを通じて、「追加的な可変資本の獲得」、すなわち「新たな労働力の雇用とプロレタリアートの創出」が実現するプロセスにほかならなかったからである。[*17] 資本が、自己の領域の外部に起源をもつ労働の諸実践をみずからの生産諸関係のもとに組み込んでいくこうしたプロセスを、ネグリたちは、マルクスの用語にならい「形式的包摂」と表現した。

この歴史的プロセスに対する竹内の理解に関して重要なのは、かれがその包摂を、歴史的に一度限りの現象としてではなく、むしろ永遠にくり返されるプロセスとして問題化していたことである。「ヨーロッパは、本来に非ヨーロッパ的なものをふくんでいる。ヨーロッパの成立は、非ヨーロッパ的なものの排除によって可能になるので、その過程は一回的ではなく、たえざるくり返しである。その排除されたものがアジアと名づけられる」[*18]。周知のようにマルクスは、資本主義システムへの形式的包摂のプロセスを、本源的蓄積の名で呼んだ。別言すれば、竹内がここで試みたのは、本源的蓄積を、もっぱら歴史発展の一段階として把握していた多くのマルクス主義者や近代化論者とは対照的に、それを、グローバルな資本主義との関連における空間的視座から再び問題化することであった。[*19]

ここで重要なのは、竹内の「ヨーロッパ」が、資本のメタファーとして、膨張という動態性において特徴づけられていたのに対応し、「非ヨーロッパの総和」としての「アジア」もまた、抵抗という動態性において意味づけられていたことである。「これを逆にいって、アジアが成立するためには、アジアすなわち非ヨーロッパからヨーロッパ的なものが排除されなくてはならない。これは当然に、侵略というヨーロッパ拡大の運動に対する反動、すなわち抵抗の過程からでないと出てこない」[*20]。すなわち「方法としてのアジア」に込められた竹内の洞察とは、ヨーロッパ帝国主義の侵略とそれに対するアジアの抵抗という歴史的経験を、永続的にくりかえされる資本主義への包摂とそれに対する抵抗として読み解くことであった。この重ね読みを通じて竹内は、アジア主義の思想的意味を、グローバル化する世界経済の変容のただなかにあらためて位置づけようと試みたのである。[*21]

こうした竹内のアジア主義論は、先述した白石とハウのアジア主義論の意義と限界を照らし出すものである。白石たちは、現在の東アジア共同体の「思想性」が、もはやかつてのような帝国主義（＝資本主義）への「抵抗」にではなく、むしろ資本主義そのものの高度化をめざす「生産性の政治」に求められるべきであることを主張する。[*22]たしかに、「生産性の政治」が、日本を含むアジア諸国の間に、高度経済成長という共通経験をもたらしたことに疑いはない。しかしながら、それは同時に、それら各国が、高度経済成長によって生み出される諸問題をも、共通に経験したことを意味している。「生産性の政治」が一般化する地域では、「生産性の政治」に対する抵抗もまた一般化せざるをえない。[*23]アジア主義の「思想性」を、「生産性の政治」の共通性ではなく、むしろそれに対する「抵抗」の共通性に求める可能性は、今日の東アジアにおいても、依然として開かれているといわなければならない。

アジアと資本主義システムとの歴史的関係を、「包摂」として意味づけるか「抵抗」として意味づけるかを決定するのは、それを問題化する主体自身の「思想性」にほかならない。東アジア共同体の「思想性」を「生産性の政治」に求める白石とハウの主張が、「アジア」地域の世界資本主義システムへの包摂を追認する結果にしかならないのに対し、竹内の「方法としてのアジア」は、こうした資本主義システムそのものの変革を、その内部から試みる意志によって貫かれている。たしかにかつてヨーロッパとアジアの差異を象徴していた、「豊かさ」と「貧困」、「発展」と「停滞」の境界は曖昧になった。しかしアジアの内部に、新しい「ヨーロッパ」を生み出すにいたった資本主義は、かつてのヨーロッパを含んだ空間の内部に、「豊かさ」と「貧困」、「発展」と「停滞」の境界を、くり返し引き直し続けている。竹内がアジアの歴史的使命として問題化した資本主義への抵抗は、アジアの資本主義システムへの包摂によってその意義が消失したわけではない。むしろ資本主義への抵抗は、アジアを含む世界各地へと拡散し、こんにち新たな普遍的意義を獲得している。

4　豪傑君のアジア主義

アジア主義を資本主義への抵抗において問題化することは、現存したアジア主義者たちの思想と行動を、グローバルな資本主義に対する抵抗の先駆として言祝ぐことではない。むしろ重要なのは、かれらの思想と行動を、その発生の基盤にさかのぼり検証し、かつその資本主義に対する抵抗が当該社会にもたらした帰結を、批判的に検討することであろう。この意味においても、竹内好のアジア主義の考察は、こんにちのわれわれにとって、依然として重要な導きの糸となっている。

竹内のアジア主義論の特徴のひとつは、個々のアジア主義者を思想的に評価するのではなく、むしろアジア主義に共通する「侵略」と「連帯」の一体性を強調し、その構造を動態性のうちにとらえようとしたことにある。竹内は、アジア主義の発生の基盤を、次のように説明する。「発生的には、明治維新革命後の膨張主義の中から、一つの結実としてアジア主義がうまれた、と考えられる。しかも、膨張主義が直接にアジア主義を生んだのではなくて、膨張主義が国権論と民権論、または少し降って欧化と国粋という対立する風潮を生み出し、この双生児ともいうべき風潮の対立の中からアジア主義が生み出された、と考えたい」[*24]。そして竹内は、日本の膨張主義の起源を、近代国家の形成そのものに求めた。「雄飛の思想が国家形成によって膨張主義に転ずるのか、それとも膨張主義が国家形成の一要素なのか、その辺のところはむずかしくて私には何ともいえない。しかしともかく、近代国家の形成と膨張主義とは不可分であって、そのこと自体には是非の別はないだろう」[*25]。竹内が、アジア主義の本質を、その反動性にではなく、むしろその近代性において位置づけようとしていたことは興味深い。

近代国家と膨張主義の結びつきが不可分であるとしても、それが、アジアという特定の空間を指向する運動として発現するのはなぜであろうか。一八八五年に出版された中江兆民の『三酔人経綸問答』は、アジア主義の生成と展開の批判的解明を同時代的に試みたテクストとして、きわめて興味深い論点を含む。周知のようにこのテクストは、兆民の分身ともいうべき三人の登場人物、洋学紳士、豪傑君、南海先生によって展開される政治問答の記録である。このうち、思想的にもまたパーソナリティの面でも、アジア主義者の特質を体現しているとみなされるのは、豪傑君であった。三者の問答は、洋学紳士の軍備廃絶論を豪傑君がアジア侵略を是とする立場から論駁し、それを南海先生が止揚するかたちで進行していく。

三者三様の政治的主張が展開されるなかで、とりわけ興味深いのが、豪傑君によって主張される帝国主義と後発近代化との構造的連関分析である。豪傑君は、日本のような後発型国家において、文明化に抗する対照的なイデオロギーが登場しなければならない理由を次のように説明する。「そもそも、他国よりおくれて、文明の道にのぼるものは、これまでの文物、格式、風習、感情、いっさいをすっかり変えなければなりません。そうなると国民のなかにきっと、昔なつかしの思いと新しずきの思いとの二つが生まれて、対立状態を示すようになるのは、自然の勢いです」[*26]。以下論点は、この「好新」派と「恋旧」派との思想的評価へと移行する。

この「好新」派と「恋旧」派との対立において、豪傑君がみずからを同定するのは「恋旧」派の陣営である。しかし同時に豪傑君は、みずからのような恋旧派が、文明開化の日本にとって、無用な、むしろときに有害な存在であることに対して十分に自覚的であった。この韜晦した自己規定が、文明の外部もしくは周縁に存在すると見なされたアジアという空間に、みずからの存在の根拠を探らせる契機となる。「新しずきの元素は、いわば生き身の肉で、昔なつかしの元素は、ガンだ。……ぼくは二、三十万のガン患者とともに、その国に出かけ、事が成功すれば、土地を奪って、そこにがっしり根拠をかまえ、ガン社会とでも言うべきものを新たにうち出したい」[*27]。

官僚主義と資本主義によって特徴づけられる文明開化の世の中への反発が、アジア主義者たちの原動力であったとすれば、日本本国が、近代国家としての形式を整えるにつれて、国内におけるかれらの活動空間も狭まっていくのは自明の理であった。時代に遅れたものというかれらの自己規定は、日本本国の文明開化が進展すればするほど、その願望の投影先を、より強くその外部へ、すなわち、いまだ文明の害毒に汚染されざる空間と見なされたアジアへと移動させていかざるをえないのである。「豪傑君」は、みずからの思想的基盤を、後発近代化という日本の歴史的経験そのもののうちに位置づけることで、日本におけるアジア主義者のプロトタイプとなった。

竹内がアジア主義者と認定した人物の多くは、みずからの思想の歴史的基盤を、明治維新から自由民権運動にかけての日本の国内的な政治状況に求めていた。代表的アジア主義者の一人と目されている杉山茂丸の次のような言明は、その典型的な具体例のひとつであろう。杉山によれば、かれらアジア主義者は、明治維新の混乱をめぐる第三世代として歴史の舞台に登場した。ここで杉山のいう第一世代とは、明治維新の実現をめざし積極的に活動したものの、維新の実現をみることなくこの世を去った幕末の志士たちを意味しており、同じくその第二世代とは、維新実現後の日本社会の現状に批判を強めた西郷隆盛と志を同じくし、維新のやり直しを画した蜂起（西南戦争）に参画し鎮圧された不平士族たちを指している。杉山は、こうした歴史認識のもと、みずからの世代を、「彼等第二号の子弟たる、第三号の憤慨的孫である」と定義した。[*28]

かれら明治維新の第三世代としてのアジア主義者の政治的指向を特徴づけるのは、すでに既成の権力となっていた藩閥政府と文明開化に対する強い嫌悪感である。たとえば、黒龍会主幹として、韓国併合に重要な役割を演じた内田良平は、それを次のような言葉で表現している。

維新以前、草莽より起った幾多の先輩志士が、われを地獄のドン底に身を投げ込んで、生まれかわり死にかわり苦労したお蔭で、やっと達成した大政奉還の大業を受け取った明治政府の連中は、早速徳川政府に代わって天下の政道を私し、人材登用の道を塞いで自己の地位の安全を計り、財閥と結托して政道を誤り、欧米の文物に心酔して腐敗堕落の模範を天下に示し、黄金万能の利己主義教育を施して無意味に世の中を世智辛くし、民心を今日のように険悪ならしめ、理屈一点張りの非国民まで生み出しながら、恬として恥じず、日本人は素質が悪い、困った奴だとか何とか云うてヌクヌクと納まり返っているのは、彼等、藩閥者流のいわゆる官僚根性では無いか。[*29]

ここにみられるような、藩閥と財閥によって推進される「黄金万能の利己主義」に対する激しい嫌悪感こそが、かれらアジア主義者の思想・運動を醸成する母胎となった。

宮崎滔天は、アジア主義の論理を体現した典型的人物であると同時に、その理想を生き抜くことにより、現実のアジア主義の批判へと到達しえた希有な人物であった。滔天は、現在の熊本県荒尾市に、地主であり、ときに武士としての勤めも果たす「郷士」の家に生まれた。かれの自伝である『三十三年の夢』は、幼少期におけるかれの家庭教育がきわめて「武士」的なものであったことを伝えている。そしてその重要な内実のひとつが、商品化された社会に対する徹底した軽蔑であった。すなわちかれは、金銭に手を触れるごとに、父親から、「酷く叱」られるような家庭環境で育ったのであり、こうした武士的な家庭教育は、かれの人格のなかに、将来にわたり消えることのない反資本主義的なエートスを育むことになった。[*30]

さらに一八八七年の西南戦争に、長兄の八郎が西郷軍の一員として参戦し戦死したことは、かれの反官僚的エートスの形成に決定的な影響を与えた。かれは、親類縁者や村中の人びとから、常に「兄様のようになりなさいと煽」られながら成長したのであり、それはかれを、以下のような「先天的自由民権家」たらしむることになったのである。

されば余は、大将豪傑の何者なるや知らずして大将豪傑たらんことを望み、自由民権の何物なるを知らずして自由民権を善きことと思い、また官軍や官員やすべて官のつく人間は泥棒悪人の類にして、賊軍とか謀反とかいうことは大将豪傑のなすべきことと心得いたり。[*31]

こうした反政府的なエートスもまた、滔天の思想を特徴づける重要な要素のひとつであった。しかし滔天にとって、現実の自由民権運動もきわめて不満足なものであった。それはかれが自由民権運動そのものに、商品化の論理を嗅ぎつけていたためである。その最初の契機となったのが、故郷熊本において、かれが入学した学校、大江義塾での経験であった。周知のようにこの学校は、のちに『新日本之青年』等の出版で名をはせる徳富猪一郎（蘇峰）が設立したものであり、自由と自治の教育方針に立脚した人材育成を特徴としていた。当初滔天のこの学校に対する評価は、きわめて好意的なものであった。官吏の養成所の趣を呈していた当時の中学校に飽きたらず、大江義塾に転じた滔天にとって、そこに横溢する独立自治の精神は、大きな慰安を与え、それは「重囲を脱して故郷に帰るの思」いとして表現されるほどであった。たとえば、滔天は、大江義塾のある日の授業風景を、次のように回想している。「一方には猪一郎さんが口角泡を飛ばして仏国革命史を講ずるあり。しかも談佳境に入るや、弟子覚えず矢声を上げ、立ちあがって舞い、刀を抜いて柱に斬りかけるもあり[*32]」。

しかしやがて滔天は、大江義塾に横溢するこうした自由民権運動への狂熱に深い幻滅を覚えることとなる。それは当初、「口に自由民権を唱導し、筆に愛民憂国を論議して、一命ために軽きを公言せざるなし」という有様にあった同級生たちの「衷情」への疑問として発現した。[*33] やがてかれはそこに、みずからの立身のために「名を売る」という商品化の論理を嗅ぎ付け、深い失望を味わうことになる。やがてそれは、蘇峰を含む当時の民権活動家全体に対する深い軽蔑へと発展していくことになった。滔天は、その失望と軽蔑を、次のように記している。「国家民人のために死すといえばこそ床しけれ、名を売らんがために死すとすれば、またこれ一種の利己主義にあらずや。しかり彼らはいわゆる羊頭をかかげて狗肉を売る詐欺漢なり」[*34]。こうした感慨は、滔天のような「先天的自由民権家」にとって、大江義塾のようなある種の「理想郷」ですら、「商品化」のエートスの侵食により、すでに安住の地たりえなくなっている状況を伝えるものであった。

文明開化とともに、急速に功利主義、個人主義が浸透しつつあった当時の状況は、滔天に対し、明治日本のどこにみずからの存在の根拠を定めるべきかという難問を突きつけることになった。こうした滔天の煩悶に、出口を与えたものが兄弥蔵のアジア主義思想であった。その内容を、かれは後に、次のような言葉で要約している。

おもえらく、世界の現状は弱肉強食の一修羅場、強者暴威を逞しゅうすること愈々甚だしくして、弱者の権利自由、日に月に蹂躙蹙蹙せらる、これ豈に軽々看過すべきの現象ならんや。いやしくも人権を重んじ自由を尊ぶものは、すべからくこれが回復の策なかるべからず。今にして防拒するところなくんば、恐らくは黄人まさに長く白人の抑圧する所とならんとす。しかしてこれが運命の岐路はかかって支那の興亡盛衰いかんにあり、支那や衰へたりと雖も、地広く人多し。能く弊政を一掃し統一駕御してこれを善用すれば、以って黄人の権利を回復するを得るのみならず、また以って宇内に号令して道を万邦に布くに足る。[*35]

渡辺京二も指摘しているように、弥蔵の思想の画期的意味は、日本国内における自由民権革命を第三世界における反帝国主義闘争と結合したことのうちに求められる[*36]。滔天は、こうした弥蔵の思想を全面的に受け入れ、それを生涯の「大方針」と定めることで、青年期の煩悶から離脱することとなった。孫文との交友を通じて、のちに広く知られることになるかれの中国革命への生涯を通じたコミットメントの原点は、兄弥蔵から与えられたこの青年期のインスピレーションに求められるべきであろう。

5 洋学紳士のアジア主義

豪傑君の「恋旧」の心情には、インド出身のナショナリズムの理論家、パルタ・チャタジーが、派生的言説(derivative discourse)とよぶ、非西洋圏におけるナショナリズム形成の特質がよくとらえられている。チャタジーは、植民地世界におけるナショナリズム思想の発展の類型として、以下の契機を指摘する。その第一が、東と西との本質的な文化的な差異の意識とその受け入れで、それが「出発の契機」となる。その第二が、近代的なるものと民族的なもの(the national)とのあいだの緊張であり、進歩主義者と保守主義者との区別と対立を生み出していく。チャタジーはそれを「策動の契機」とよぶ。第三の「到達の契機」とは、あらゆる初期の矛盾、逸脱、差異を糊塗しうるような統一的な言説の形成を意味している。[*37]『三酔人経綸問答』にあらわれた洋学紳士と豪傑君の論争は、チャタジーの主張する「策謀の契機」の範型性を示す格好の事例となっている。

アジア主義における国権と民権、国粋と欧化の不可分性を強調する竹内の洞察が重要な意味を帯びるのは、この局面においてである。なぜならそれは、『三酔人経綸問答』においては表面化することのなかったいまひとつの主題、すなわち洋学紳士の膨張主義的モメントについて、あらためて考察をうながすからである。理論的にいえば、膨張主義が近代国家の形成と不可分である理由は、国民国家形成の基盤をなすブルジョア民主主義思想の普遍的性格に求められよう。この意味において、日本におけるブルジョア民主主義のもっとも積極的な啓蒙者であった福沢諭吉が、国民国家によって否定されるべき封建制社会を空間的に把握し、「日本国中幾千万の人類は、各幾千万個の箱の中に閉され、また幾千万個の墻壁に隔てらるるが如くにして、寸分も動くを得ず」と批判していたことは興味深い[*38]。明治維新とそれに引き続く諸改革は、一面で、こうした身分的もしくは地理的「障壁」を破砕し、近代国家形成と維持の責任を担いうる平等な主体的国民の創出をめざす試みであった。そしてそのプロセスにおいて、「天賦人権」や「自由平等」といったブルジョア民主主義の普遍的理念が巨大な役割を演じたことは疑いえない事実である。

こうした諸理念は、時間と場所を問わず、普遍的に妥当する真理として観念されることにより、徳川体制下で、特定の人的・地理的関係に繋縛されていた個々の具体的人格を、より広い国家というフィールドへ解放し、国民という平等で抽象的な人格を創出する上で重要な役割を演じた。しかし同時にそうした普遍的諸理念は、その妥当する範囲を、国境の内部に限定する論理をもたなかった。ここにおいて「文明」の名において励起された国民国家建設のエネルギーは、国境を越えて外部へと流出し、隣国の政治へも干渉する膨張主義へと姿を変えていったのである。

一八八五年の大井憲太郎を首謀者とする大阪事件は、いわば洋学紳士によって試みられたアジアへの膨張の典型的事例として解釈することができる。この事件では、当時自由党左派の指導者として知られていた大井を中心に、朝鮮でのクーデターが計画されたものの、事前に情報が漏洩したため発覚し、結果として一三九人が逮捕されるに至った。そこでは、未遂に終わったものの、旧自由党の急進派や壮士からなる一団が、朝鮮半島に渡り、そこで金玉均ら改革派の独立党を支援することにより、立憲体制を樹立することがめざされていた[*39]。

現在のところ、大阪事件を惹起するに至ったかれら首謀者の動機に関しては、朝鮮に政変を起こすことで、当時行き詰まりに直面していた日本国内の改革運動の進展を計ろうとしたという説明が広くおこなわれている。また、その歴史的意義に関しても、韓国併合からアジア侵略へと向かう日本軍国主義の露払いの役割を演じたという批判的評価が下されている[*40]。ここでわたしが注目したいのは、この事件の首謀者である大井が、フランス思想に精通した法律家であり、かつ洗礼を受けたクリスチャンであった点である。その大井自身が裁判の過程で行った大阪事件の弁明からは、文明の普遍性に対する深い信頼とその実現に向けた宗教的献身が膨張主義として国境の外部へと流出する論理が、はっきりと表現されている。ここで大井自身は、朝鮮における政変を、日本の内政の変革のための道具として利用するという戦略的思考をくりかえし否定した。「朝鮮に事を挙ぐるは内地改良の餌に使ひしものにあらず[*41]」。むしろそこで強調されていたのは、およそ宗教的確信にまで高められた「自由平等」の普遍的価値であった。「東洋の宗教は自由平等の社会と両立並行す可らざるものにして、又到底我々が執る自由平等の主義と相対抗し能はざるものなれば、我々は今此社会を以て自由平等の社会に改良せんには亦此宗教をも改革せざるべからず[*42]」。

ここで注目すべきは、クリスチャンであった大井が、韓国への政治的介入を、西洋の宣教師団の活動になぞらえて説明していることである。「我々は四海兄弟の主義にて、彼の耶蘇教徒が来りて邪教に迷ふの我国民を憐み、真の宗教を知らしめんとして尽力するに異ならず[*43]」。興味深いのは、ここにおいて大井が、日本社会に対する厳しい批判とその日本による朝鮮への介入の正当化を両立させていることである。大井はまず、明治維新以後の日本の社会改革の現状が、きわめて不十分であることを次のように批判する。「我日本の社会は明治元年の改革はありしも、猶社会改革の半途に達せざるものなれば、此改革を以て満足するが如きは大なる間違いと云ふべし[*44]」。こうした現状への不満が、かれを大阪事件に駆りたててゆく基本的な動機をなしていた。

大井にとって、自由民権運動とは、単に政治改革のみを志向するものではなく、むしろ思想や宗教を含めた社会の全般的改革をめざすものであった。「元来、我々の目的は独り政治の改良のみならず。我邦今日の宗教も我々に於ては極めて気に入らざるものにて、我主張する所の自由平等の主義とは相容れざるものあり[*45]」。たしかに「自由平等」という普遍的なブルジョア民主主義の理念は、「同一人類中に於て猥りに臣別を立て、無暗に貴賤上下の別を立て、人心を卑屈に陥らしむ」るような封建道徳を破砕し、平等な国民的主体を創出する上で不可欠な役割を演じた。そしてその普遍性の認識は、日本と朝鮮という国境をも無化し、隣国への直接的な政治介入を促す原動力ともなっていたのである。大井はいう。「独立党は我自由党と其主義を同じうするものなれば、之に政権を帰すれば朝鮮人民の為め利益なるべしとの考に出でたるものにて、彼の一時の災厄に罹りたる者を救ふが如き慈善主義に出でたるものに非ず」[*46]。

アジアという空間に特別な関心を示したのは、けっして豪傑君ら「恋旧」派にとどまらなかった。紳士君ら「好新家」にとってもまた、いまだ「文明」に染まらざるアジアは、その伝道の対象として、積極的な関心の焦点として浮上した。一九七三年の西郷隆盛の征韓論の主張から一九一〇年の韓国併合にいたる歴史を、兆民のプロットを借りつつ顧みるならば、大日本帝国のアジアへの膨張は、普遍的文明を希求する「好新家」によって、その実践的な先鞭がつけられたのである。

6　アジア主義の時間と空間

豪傑君と洋学紳士が、ともにアジアへの膨張主義を構成する意味は、チャタジーの非西洋圏における派生的ナショナリズムの分析に、アントニオ・グラムシの受動的革命についての理論を組みあわせることによって明確化しうる。周知のように、鋭敏なマルクス主義理論家であったグラムシは、イタリアにおける国家形成のプロセスを、古典的な政治革命であるフランス革命と対比し、その特徴を、「資本の受動的革命」として分析した。受動的革命とは、生産関係と生産力の発展が、完全なる資本主義システムを生み出すのに不十分な状況で、新しい権力者が、古い支配階級と妥協することにより、新社会の諸要求が、部分的に実現されてゆくプロセスを意味している[*47]。別言すれば、受動的革命は、資本の国民的な発展が、階級的な諸矛盾を最終的に解決することなく生じうるための歴史的な道筋であり、そこで残された諸矛盾は、当該社会が、世界資本主義経済においてさらなる生産組織の発展を実現するうえでの客観的な制約を構成するのである。

ここで重要なのは、イタリアにおいて、ヨーロッパにおける後発国の歴史的運命として分析された受動的革命が、日本においては、アジアにおける最初の近代国家形成としての意味を有していたことである。明治維新は、アジアという非西洋的な空間で発生することにより、受動的革命に共通する後発性や封建性といった要素に加え、周辺諸地域に対する相対的な進歩性と近代性を獲得した。ヨーロッパとの対比によってもたらされる時間的な後発性の意識が、真正なブルジョア革命を実現しなければならないという進歩主義者の使命感を生み出してゆく一方、西洋文明への包摂の意識が、真正な民族文化の消滅を憂う保守主義者の危機意識を同時に肥大化させていく。その結果、資本主義文明の伝道に献身する進歩主義者と、資本主義文明への対抗を目論む保守主義者が、ともにアジアへ流出するといった事態が生ずるにいたったのである。竹内が洞察した進歩と抵抗の一体性というアジア主義の特質は、非西洋圏における最初の受動的革命という明治維新の歴史的特質に由来するものであった。

進歩と抵抗という契機の共存は、さまざまなアクターによって構成されるアジア主義一般に見られる現象であるにとどまらず、それぞれのアクターの人格においても観察可能なものである。そして同一人格における伝道と抵抗の同時存在は、時にみずからも十分に制御できない烈しい行動主義の源となっていった。アジア主義者の伝記には、アジアとの出会いを印象的に回想した記述が多く見られるが、その経験が、一種のカタルシスとして叙述されていることは興味深い。たとえば、宮崎滔天は、一八九二年二二歳のときに、はじめて上海に渡航した時の記録を、以下のように書き残している。

航行二日にして呉淞の一角を望む。水や空、空や水、雲、陸に連りて陸、水に浮かぶが如きもの、これ支那大陸なり。すなわち、久しく夢寐の間に髣髴たりし第二の故郷なり。船港口に進むに従ひて大陸の風景眼底に鮮かに、しかして余の感慨やいよいよ切なり。余は船頭に立って顧望低徊して遂に泣けり、その何の故なるを知らざるなり。[*48]

文明開化とともに、急速に功利主義、個人主義が浸透しつつあった明治日本の状況は、滔天に対し、みずからの存在の根拠をどこに定めるべきかという難問を突きつけることになった。滔天は、中国と出会うことによって、みずからの居場所を発見し、この深い煩悶から救われることができたのである。

内田良平は、日本における代表的な右翼団体である黒龍会の創立者であるが、同時に韓国併合に向けた在野の立場からの積極的な活動によっても知られる人物である。内田は、一八九四年六月に、東学党に参加し、甲午農民戦争に干渉するために朝鮮に渡り、天佑侠という団体を率いて活動した。[*49] 東学党の有力なリーダーであった全琫準を指導者とする農民蜂起が、古阜において発生したのは一八九四年二月のことであった。その後東学農民軍による反乱は拡大の一途をたどり、同年五月末には全羅道の首府全州を占領するにいたった。しかし日清両国が、干渉のために出兵したという情報に接するや農民軍は、朝鮮政府と全州和約を結んで撤退を行った。姜昌一の研究によれば、内田を含む日本からの支援グループ六人が釜山に到着し、現地の浪人グループと合流したのは、その年の六月二七日のことであり、その時点ですでに農民軍は、撤退を開始していた。姜は、その時点での天佑侠の目的を、「東学農民戦争を東学による反政府権力闘争と受けとった上、閔氏政権を倒すために東学を再起させようとした」と分析している。[*50]

内田の場合においても、東学党との出会いは、深い精神的な感動を伴う経験として回想されていた。「東学党の連中は皆、吾々のそうした心意気を理解していた。最初から吾々一行の指導と助勢とを仰ぎたい考えで、日本に対する満腔の尊敬を払って迎え入れてくれたのは実に望外の幸福であった」[*51]。たしかにこの数ヵ月後に、東学農民軍が反日闘争を目的に再蜂起することを思えば、この内田の記述が、かれの主観的な願望の投影に過ぎないことは疑いえない。しかしながら、内田が一九世紀後半の政治的混乱のなかで疲弊する朝鮮の人びと対して、かれなりの「同情」を有していた事実は承認されてよい。[*52]こうした朝鮮民衆に対する「同情」の意識が、内田をして東学党と共闘し、朝鮮の政治改革を推進せしめる原動力をなしていた。そしてそれはしばしばみずからが朝鮮の人びとと一体化しえたような幻想をかれに抱かせる契機ともなったのである。

内田ら天佑侠グループの東学農民軍に対する支援活動が、日本政府の東学党鎮圧の方針に抵抗して行われたことも事実である。かれらは日本政府の取り締まりを避けながら活動し、のちにうやむやになったとはいえ、逮捕者も出した。そうした政府への抵抗としておこなわれた朝鮮政治へのコミットメントの歴史的文脈を、内田は、のちに次のように回想していた。

つまり支那や、ロシアが、維新後間も無い日本の軍備の弱少と西洋崇拝的な民心の傾向を見て大いに軽蔑し、先ず朝鮮を取って、その次ぎに日本を征伐しようとして居る。朝鮮もまた、日本を弱小国と見て取って、事毎に日本を蹶飛ばし、支那やロシアにクッ付こうとして居る状態が、アリアリと眼に映るようになったので、東洋の平和を新興日本の力で確保するには単に朝鮮の独立を扶けるだけで安心できない実情を、その自分から既にウスウスと感付いていたものである。[*53]

ここにおいては、「西洋崇拝的な民心の傾向」に対する後ろめたさが、「新興日本の力」に対する自信によって相殺されるという心理が見て取れる。姜は、天佑侠に共通する思想的特質を、「伝統的な日本文明を東洋文明の精髄として位置づけた上で」、「欧米近代文明の長所ばかりを主体的に受容した」という自意識に基づく「新文明」の意識として要約しているが、内田のこの記述も、その典型的な事例として理解することができよう。[*54] こうした伝統的契機と近代的契機との同時存在は、内田の場合もまた、その行動主義を駆動する重要なエートスを構成していた。

7　アジア主義の理想と現実

アジア主義者の人格にあらわれた伝統と近代、進歩と抵抗という非同時的存在の同時的存在は、個々のアクターにとって、その烈しい行動主義の源泉となる一方、そのめざすべき方向の見極めを困難なものとした。アジア地域の資本主義システムへの包摂は、この地域に生きるすべての人々に、「共に文明の海に浮沈し、共に文明の波を揚げて、共に文明の苦楽を与にする」新しい経験の可能性を開いた。[*55] そしてまた、この経験の共有性の認識こそが、その後続として登場するアジア主義者の思想的母胎ともなった。しかしながら、主観的には、アジアの人々と「文明の苦楽を与にする」ことを希求した多くのアジア主義者が、その晩年において、深い挫折感をもって、みずからの思想と行動をふりかえらなければならなかったという事実は看過できない重要性をもっている。

宮崎滔天の中国革命へのコミットメントならびにそこに生まれた孫文との深い信頼関係は、かれらアジア主義の理想が現実に機能しえた希有な実例である。しかしその滔天ですら、その晩年において、日本のアジア主義の現実について、深い懐疑を表明せざるをえなかった。滔天は、一九二〇年一月から一九二一年一月にかけて、『上海日日新聞』に連載した日記風の論説のなかで、日本とアジアとの矛盾に満ちた関係を、次のように回顧している。

　我は我が国民の総てが、侵略を喜ぶ国民でないことを承認すると同時に、我国の従来の遣方所謂章魚の糞で、侵略的方向を取つて来たことを承認する。即ち軍国主義者が平和主義者に打勝つて、それらの手で行はれた侵略主義の発露であることを承認する。それと同時に、欧米各国が侵略主義に於て我国より百日の長である事を確認するものである。同じく是れ侵略主義である、唯新旧の差あるのみである。然るに欧米の侵略主義には苦情を唱へないで、独り日本の侵略のみ苦情を鳴らすは何の理由か、それを又一生懸命になつて弁解に努むる日本人は何の意か。苦情を鳴らす位なら遠慮なく討つがよいではないか、弁解する位ならサラリと止めたが好いではないか。思えば外交関係ほど詰らぬものは無い。勿論支那、朝鮮の排日は、被害国と云ふ直接関係の上より見て欧米のそれと同日に論ずる訳には行かぬ、彼等は力さへあれば日本を討ちたいであらうし、日本の軍国主義は列国の目さへ無ければ支那も取りたいであらう。そして列国は亜細亜の一角に斷る万歳の起らんことを祈つて居るだらう。[*56]

この一節には、アジアとの連帯をめざしたみずからの活動を、軍国主義者の手で行われた侵略主義から区別し、救済しようとする滔天の意識があらわれている。多くのアジア主義者もまた、滔天の場合と同じく、現実の日本国家に対して、批判的な感情を抱き続けた。この批判意識こそが、かれらを、現実の日本国家の影響圏の外へと向かわしめる原動力であったからである。かれらは、そこにおいて、現実の日本国家の内部で実現しつつある社会とは異なった空間を現出させるため、全力を傾けたのである。しかしながら、かれらアジア主義者が国家の外部で新たに切り開いていった活動の空間と人脈は、往々にして国家そのものによって横領された。滔天の盟友であった孫文が、有名な「大アジア主義」の講演において、「あなたがた日本民族は、欧米の覇道の文化を取り入れていると同時に、アジアの王道文化の本質ももっています。日本がこれからのち、世界の文化の前途に対して、いったい西洋の覇道の番犬となるのか、東洋の王道の干城となるのか、あなたがた日本国民がよく考え、慎重に選ぶことにかかっているのです」とのべ、日本のアジア主義のダブルスタンダードの清算を迫ったのは、それから数年ののちのことであった。[*57]

内田良平の韓国併合へのコミットメントもまた、こうしたアジア主義の理想とそれによってもたらされた現実との乖離を示す典型的な事例である。内田は、一九〇六年に韓国総監府が設置され、伊藤博文が初代総監として就任するにあたり随行し、親日派朝鮮人の李容九、宋秉畯ら一進会のリーダーと結び、日本と韓国との合併に向けた運動を積極的に展開した。しかしながら、われわれにとってより興味深いのは、韓国併合のいわば「功労者」である内田自身が、その晩年において、日本の韓国支配の現状を、次のような厳しい言葉によってふりかえらなければならなかったという事実である。「今日の日本政府と日本人が、事毎に朝鮮人を押さえ付け、彼等の自由を奪い、彼等の欠点ばかりを挙げてこれを軽蔑し、彼等の怨みを買って行く醜態を見ると、却って吾々の方が烈しい反感を日本人に対して抱きたくなる位である」[*58]。

伝統と近代、進歩と抵抗の同時的存在は、日本のアジア主義者にみずからの目的を誤認させ、挫折感をもたらす原因となった。しかしながら、この問題がより深刻な影響を発揮したのは、現地協力者に対する政治的効果においてであった。かれら現地協力者は、日本のアジア主義に内在するこのダブルスタンダードのうちに、かれら自身の欲望の実現を可能とする余地を見いだし、そこへコミットする戦略を取ることで、結果として抵抗の契機を奪われていったからである。内田が回想する、一進会会長李容九との出会いと別れの場面は、こうした現地協力者の悲劇が、残酷なまでに生き生きと写し取られている。

内田は、一九〇六年京城総監府において、初対面の李容九がかれに述べた次のような談話を、その回想録に記録している。

現在、我が韓国内は貴族政治の腐敗と世襲的な両班政治のために民力を枯渇させられ、国外からは白人の東漸勢力によって内治外交方針を攪乱されて、いつも東洋の禍乱の発生地となり、将来共に到底独立を全うし得ないであろう事は火を賭るよりも明らかであります。ですからこの際、合邦の一挙によって国内の階級制度を打破し人材登用の道を開き、国民の幸福自由を保証し、進んで日本帝国を宗主とし、王道精神を精神としたアジア連邦組織の経綸を行わねば、吾々民族は未来永劫、救わるる時は無いと考えて居ります。[*59]

こうした回想のなかでの李容九の談話が、内田の願望の投影であることは、それに続く、「これが日韓合邦の本当の精神なんだ」という内田自身のコメントから明らかである。いずれにせよ内田は、この「本当の精神」に照らして、併合後の日韓関係を吟味し、その現実の展開を厳しく批判してゆくことになる。その葛藤は内田が、一九一二年、死の床にあった李容九と交わした次のような問答のなかに、もっとも劇的なかたちで露呈することになる。内田は、韓国併合後の政治状況に絶望し、日本において死の床についていたかつての同志を見舞ったときの記憶を次のように記している。

その時に李容九は涙を流して自分の手を握った。「吾々は馬鹿でしたね、欺されましたよ」そう云う痩せ衰えた病友の言葉を聞いて、自分は感極まって返事が出来なかった。しかし強いて彼を慰めるために呵々大笑した。「欺されるのは欺したのより増しじゃ無いか[*60]」。

しかしながら、李容九は、いったい何に欺されたのであろうか。内田がその責任を、韓国併合後の政府当局者に帰していることは、次のようなかれ自身の烈しい呪詛から明らかである。「その吾々の力と主張を、官僚連中が欺して奪い取って、アトは吾々を路傍の乞食か何かの様に突き放して、自分勝手な出鱈目の政治をして、栄位栄爵を恣にして納まり返って居るのが現在の状態じゃ[*61]」。しかし、李容九の立場からすれば、状況は、これほど単純ではなかったはずである。なぜなら、日本の国益を全面に押し立てた官僚が相手であったならば、そもそもかれがこれほどまで情熱的に、日韓合邦を主張し活動することなどなかったであろうからである。内田らアジア主義者たちは、軍事的もしくは経済的な侵略主義とは異なる理想と行動様式に従っていたからこそ、現地の人びとのなかへより深く浸透することができたのであり、それは結果としてみるならば、その後を追う帝国主義者たちが、より深くそしてより速やかに現地の社会に展開するための下地を準備することとなった。この意味において、李を欺したのは、内田が批判する官僚ではなく、むしろアジア主義の理想を高々と掲げた内田自身であった。そして内田は、みずからこの理想を信じ切ることによって、かれに割り振られた欺瞞的役割を、躊躇無く演じきることができたのである。

8　アジア主義というミッション

アジア主義者とは結局何であったのか。わたしはこの問いに対して、かれらこそが、日本帝国主義の「宣教師」であったという仮説をもって応じたい。これまで、日本の帝国主義の特質を明らかにする試みはさまざまなかたちで行われてきたが、それはもっぱら、西洋列強による帝国主義との対比において、その特殊性を分節化することを目的に進められた。その際、日本の帝国主義と西洋の帝国主義の差異は、もっぱら、その偶発性の程度の差異として問題化され、その差異の要因は、東アジア固有の歴史的文脈に求められることとなった。たとえば、マーク・ピーティーは、日本の帝国主義の特質について、「近代植民地帝国の中で、これほどはっきりと戦略的な思考に導かれ、また当局者の間にこれほど慎重な考察と広範な見解の一致が見られた例はない」と述べ、それが帝国主義の「特殊例」であることを強調している。*62 これに対し、近代西洋が実行した帝国主義こそが、例外と見なされるべきと主張する研究者もいる。とりわけ、アメリカの比較政治学者、デヴィッド・アバナティによる帝国主義の動態的分析は、興味深いひとつの論点を提起する。アバナティは、二〇〇〇年の著作、*The Dynamics of Global Dominance* において、一四一五年から一九八〇年にいたるヨーロッパ帝国主義の歴史を振り返り、その特徴的な権力の動態を、その「多極的（multisectoral）性格」に見いだしている。[*63] そこでは、独自な理由と独自の拡張能力を有する政府と企業と宣教師団という三つのエージェントの活動とその相互作用が、長きにわたる帝国主義の歴史において類を見ないような強靱でかつ柔軟な権力を生み出していったからである。

アバナティによれば、三つのエージェントの活動は、それらのあいだに意識的な協力が存在しない場合にすら、当該社会の変容に甚大な影響をもたらす要因となった。それは当該社会の植民地化が、たとえば、商人と宣教師たちが現地人の社会に新たな対立の種を持ち込み、その抵抗力をある程度弱めたのち、兵士と行政官が本格的に進出し、その統治を開始するといった累積的な影響としてあらわれうるからである。商人と宣教師たちは、いまだ植民地政府の管轄の外部にある、さらなるフロンティアをめざして進んでゆく。そして兵士と行政官は、そのあとを追いかけるように進出し、帝国の影響圏と統治を強化してゆく。アバナティは、政府と商人と宣教師によって行われるこうした半ば無意識的な協力関係に、ヨーロッパ帝国主義の膨張性を特徴づける権力の特質を見いだし、その特質を「三重の攻撃」(triple assault) という用語で表現した。[*64]

こうしたアバナティの分析は、近代日本の帝国主義に関心をもつ歴史家に、興味深いひとつの謎を提供する。一八九四年の日清戦争を契機として本格化する日本の帝国主義が、ヨーロッパのそれに劣らない攻撃的な膨張性を有したことは事実であろう。しかしながら、その攻撃性の内実を、アバナティのフレームワークを用いて理解しようとする場合、そこにひとつの欠落が存在することが明らかとなる。それはすなわち、「宣教師」というアクターの不在である。西洋列強や韓国とは異なり、キリスト教の影響が一貫して低かった近代日本において、帝国主義の問題を、キリスト教を基軸として考えることは困難である。いまかりに、宣教師というアクターを、宗教的布教活動者一般として拡大解釈しても、その影響は、やはり限定的である。たとえば、戦前期の日本において、擬似宗教的イデオロギーとして機能した国家神道は、擬似的血縁集団としての「民族性」をその本質とする限り、普遍的な拡張の論理を欠いていた。たしかに日本の国家神道が、一九三〇年代後半の皇民化政策を通じて、植民地であった台湾および朝鮮社会に、大きな影響を与えたことは周知の通りである。しかしながら、国家神道の植民地における初期の役割は、もっぱらそこへ移住した日本人を「教化」することに存在したのであり、境界線そのものを外部に向けて「膨張」させていく思想的エネルギーは、決してこの閉ざされた血縁イデオロギーそのものからは導き出されることがなかった。[*65]

こうした事情は、国家神道以外の諸宗教教団の場合も、基本的に同様であった。日本の帝国主義的な膨張とともに、日本の宗教教団が、植民地や外地において、積極的な布教活動を繰り広げたことは事実である。しかしながら、すでに多くの研究が明らかにしているように、国家神道の場合でも、仏教のような既成宗教の場合でも、天理教や大本教のような新宗教の場合においても、その布教活動は、総督府による厳格なコントロールの下で実践された。[*66]すなわち、近代日本の場合、宗教者たちは、宣教師のあとを兵士と官僚が追いかける西洋帝国主義の膨張パターンとは異なり、あくまでも兵士と官僚によって準備された影響圏の内部をその本質的な活動領域としていた。この意味において、宗教的活動それ自体が、近代日本の帝国主義的膨張に与えた影響は、西洋帝国主義との比較においては、きわめて限定的であったといえる。

それでは、日本の帝国主義は、西洋の帝国主義とは異なり、国家と商人による「二重の攻撃」によってのみ、その膨張を実現したのであろうか。西洋帝国主義の「宣教師」に比肩しうるような、政治とも経済とも独立した論理に従って膨張する第三のエージェントを日本の帝国主義は持ちえなかったのであろうか。このように問題を立てるとき、そこに立ち現れてくるのは、大陸を舞台に活躍した「大陸浪人」と呼ばれた一群の人びとであり、また彼らが奉じた「アジア主義」というイデオロギーである。[*67]かれらは、政府や財閥とは独立に、むしろそれに先行するかたちで、積極的に韓国や中国などのアジア諸地域で活動した。かれらの活動範囲は、しばしばその時々の日本帝国の公式な影響圏を越えて、当該社会の奥深くへとおよんでいた。[*68] かれらが、かれら自身の思想を有し、それに基づいて活動していたことは、かれらが時に、政府や財閥の政策に抵抗し、呪詛にも似た激しい批判の言葉を投げつけたことからも明らかである。しかしながら、かれらの思想と行動は、多くの場合、当該社会に大きな混乱をもたらし、結局のところ、兵士や官僚といった政府アクターの介入を容易にするという帰結をもたらすことになった。その意味で、大陸浪人こそが、日本帝国主義の第三のエージェントであり、アジア主義こそが、かれら「宣教師」を思想的に駆り立てたその「教義」であった。たしかにアジア主義という教義は、けっして現地の人々の心情に、深く滲透するにはいたらなかった。しかしそれは、かれら自身と限られた数の現地協力者に対して、みずからの行動の意義を、帝国主義への抵抗と誤認させるだけの力は有していたのである。

註

＊1　三木清「歴史哲学」（『三木清全集』六、岩波書店、一九六七年。原著一九三二年）一一頁。

＊2　World Bank (1993), *The East Asian miracle: economic growth and public policy*, Oxford University Press, p.1.

＊3　福沢諭吉「脱亜論」（『時事新報』一八八五年三月一六日）。『福沢諭吉選集』七（岩波書店、一九八一年）二二四頁。

＊4　川勝平太「東アジア経済圏の成立と展開」（溝口雄三・浜下武志・平石直昭・宮嶋博史編『長期社会変動』東京大学出版会、一九九四年）二八頁。

＊5　原田泰『日米関係の経済史』（筑摩書房、一九九五年）第六章。また日本は、その後、一九五二年にＩＭＦに、一九五五年にＧＡＴＴに加入し、アメリカを中心とする西側資本主義国によって構成される相互協調体制に組み込まれた。その結果、貿易に占める東南アジアや共産中国の比重は低下し、北アメリカの比重の顕著な上昇をみた（三和良一『概説日本経済史第三版』東京大学出版会、二〇一二年、一八三、一九四頁）。

＊6　末広昭『キャッチアップ型工業化論』（名古屋大学出版会、二〇〇〇年）一三頁。

＊7　小林英夫『戦後アジアと日本企業』（岩波書店、二〇〇一年）一〇八～一一二頁。また、世界貿易に占める東アジアのシェアは、一九八〇年の五パーセントから、一九九五年の一二パーセントへ上昇した（原洋之介『新東亜論』ＮＴＴ出版、二〇〇二年、六〇～六一頁）。

＊8　竹内好「アジア主義の展望」（『アジア主義』筑摩書房、一九六三年、後に「日本のアジア主義」と改題）。『竹内全集』⑧、九九頁。

＊9　松浦正孝『「大東亜戦争」はなぜ起きたか――汎アジア主義の政治経済史』（名古屋大学出版会、二〇一〇年）三頁。

＊10　すなわち、戦前に書かれた論説のうち、岡倉、樽井、宮崎、山田、頭山、内田の（またはそれに関する）論説が、主として明治期を対象とするものであるのに対し、それ以後の時代のものは、一九一四年のボーズの亡命問題を論じた相馬の著述と、第一次世界大戦後の世界情勢の激変を論じた大川の『復興亜細亜の諸問題』、さらに一九三〇年代後半のアジア主義の批判的検討である尾崎の「「東亜協同体」の理念とその成立の客観的基礎」が取り上げられているにとどまる。また、戦後の論説に関しても、バンドン会議を論じた飯塚のものを除き、石母田の論説も堀田の論説も、それぞれ幸徳秋水と中江兆民を主題にしたものであるから、ここにおいても明治期の偏重が際立つ結果となっている。

＊11　竹内、前掲「アジア主義の展望」。『竹内全集』⑧、一〇一頁。

＊12　松浦、前掲『「大東亜戦争」はなぜ起きたか』八四六～八四九頁。

＊13　白石隆、ハウ，カロライン「アジア主義の呪縛を超えて――東アジア共同体再考」（『中央公論』二〇〇六年三月）。

＊14　竹内好「方法としてのアジア」（『思想史の方法と対象』創文社、一九六一年）。『竹内全集』⑤、一一五頁。

＊15　竹内好「中国の近代と日本の近代」（『東洋的社会倫理の性格』白日書院、一九四八年）。『竹内全集』④、一三一頁。

＊16　ネグリ，アントニオ、ハート，マイケル『帝国――グローバル化の世界秩序とマルチチュードの可能性』（以文社、二〇〇三年）二九四頁。原著 Hardt, M. : Negri A. (2001) *Empire*, Harvard University Press.

＊17　ネグリ、ハート、前掲『帝国』二九五～二九六頁。

＊18　竹内好「アジアの中の日本」（『思想の科学』一九五四年六月）、『竹内全集』⑤、一七七頁。

＊19　こうした認識は、本源的蓄積の継続性を強調するデヴィッド・ハーヴェイの『資本論』読解にも通じている。かれは本源的蓄積が、「単に資本主義の前史に関わるもの」とみなされることに反対し、それが資本主義システム再生産のための継続的なプロセスとみなされるべきことを主張した。ハーヴェイにしたがえば、「それはずっと継続しており、昨今にこいてはますます重要な要素として復活している。それは階級権力を強化するようグローバル資本主義が機能するのを可能にしている」ものなのである。ハーヴェ

イ，デヴィッド『〈資本論〉入門』（作品社、二〇一一年）四五八頁。

＊20 竹内、前掲「アジアの中の日本」。『竹内全集』⑤、一七七頁。

＊21 竹内好の思想を対象とする近年の業績として、孫歌『竹内好という問い』（岩波書店、二〇〇五年）、中島岳志『アジア主義――その先の近代へ』（潮出版、二〇一四年）がある。前者が、中国研究者として、もしくは戦後日本の思想家として、後者が、日本のアジア主義者としての竹内の思想史的位置づけを問うているのに対し、本章は、資本主義の批判理論として竹内の思想を読み解くことをめざす。

＊22 白石、前掲「アジア主義の呪縛を超えて」。

＊23 ハーヴェイ、前掲『〈資本論〉入門』四五九〜四六三頁。

＊24 竹内、前掲「アジア主義の展望」。『竹内全集』⑧、九九〜一〇〇頁。

＊25 竹内、前掲「アジア主義の展望」。『竹内全集』⑧、一〇九頁。

＊26 中江兆民『三酔人経綸問答』（岩波書店、一九六五年。原著一八八七年）七三頁。

＊27 同右、八四〜八五頁。

＊28 杉山茂丸『俗戦国策』（書肆心水、二〇〇六年。原著一九二九年）二〇四頁。

＊29 内田良平「日韓合併思い出話」（夢野久作『近世快人伝』黒白書房、一九三五年所収）。『アジア主義者たちの声』上（書肆心水、二〇〇八年）二四五頁。また内田の生涯と思想については、内田良平研究会『国士内田良平――その思想と行動』（展転社、二〇〇三年）。

＊30 宮崎滔天『三十三年之夢』（『三十三年の夢』岩波書店、一九九三年。原著一九〇二年）三六頁。また滔天の家庭環境と初期教育については、上村希美雄『宮崎兄弟伝・日本篇（上）』（葦書房、一九八四年）二八三〜二九八頁。

＊31 宮崎、前掲『三十三年の夢』、三七頁。

＊32 同右、四〇頁。

＊33 同右、四二頁。

＊34 同右、四三頁。

＊35 同右、五九頁。

＊36 渡辺京二『評伝 宮崎滔天』（大和書房、一九七六年）一〇三頁。

＊37 Chatterjee, P. (1986) *Nationalist thought and the colonial world: a derivative discorse?* University of Minesota Press, chapter 2.

＊38　福沢諭吉『文明論之概略』（岩波書店、一九九五年。初版一八七五年）二四四頁。

＊39　牧原憲夫「大井憲太郎の思想構造と大阪事件の論理」（大阪事件研究会『大阪事件の研究』柏書房、一九八二年所収）。

＊40　平野義太郎『大井憲太郎』（吉川弘文館、一九六五年）一五六頁。松尾章一「大阪事件研究の今日的意義」（前掲『大阪事件の研究』）一〇〜一二四頁。

＊41　平野義太郎『馬城大井憲太郎伝』（風媒社、一九六八年）一六二頁。

＊42　同右、一五四頁。

＊43　同右、一六九頁。

＊44　同右、一五六頁。

＊45　同右、一五二頁。

＊46　同右、一五二、一五四頁。

＊47　グラムシはいう。「受動的革命の概念は、［マルクス主義］政治学の以下の二つの基本原理から厳密に演繹されなければならない。①いかなる社会構成体も、その内部で発展してきた生産諸力がさらなる前進運動の余地をなお見いだすかぎり消滅しない。②社会は、その解決に必要な諸条件がまったくはぐくまれていないような諸課題を自らに課すことはできない。これらの原理は、その全領域によって批判的に展開され、機械論と宿命論のあらゆる残滓から浄化されなければならない」（片桐薫編『グラムシ・セレクション』平凡社、二〇〇一年）六〇頁。

＊48　宮崎、前掲『三十三年の夢』八四頁。渡辺、前掲『評伝 宮崎滔天』一二三頁。

＊49　東学とは、崔済愚が、一八六〇年より布教を開始したものであり、一般に「西学」（キリスト教）に対抗する民間宗教と説明される。万民平等に天主をみずからのうちに有することを説いた「侍天主」、国の悪政を改め、民を安らかにすることを内容とする「輔国安民」、混乱した時代が崩れさり理想の世が出現することを予言した「後天開闢」、豊かなものが貧しいものを助けるべきことを教えた「有無相資」の四つ思想を根幹とし、一八六四年に崔が「左道惑民」の科で処刑された後も、民衆のうちに根を張っていった。中塚明は、東学を、「朝鮮王朝の末期、政治的・社会的に直面していたさまざまの困難な問題を民衆のレベルから改革し、迫り来る外国の圧迫から民族的な利益を守ろうとする、当時の朝鮮社会の歴史的なねがいを反映した思想」と説明し、その意義を高く評価している。以上中塚明「東学農民戦争はどうして起こったのか」（中塚明ほか編『東学農民戦争と日本――もう一つの日清戦争』高文研、二〇一三年）。また東学農民戦争の世界史的位置づけについては、趙景達『異端の民衆反乱――東学と甲午農民戦争』（岩

波書店、一九九八年）を参照。

＊50　姜昌一「天佑侠と「朝鮮問題」」（『史学雑誌』九七巻八号、一九八八年）。本章は、天佑侠と東学党の関係についての認識の多くを本論文に負っている。

＊51　内田、前掲「日韓合併思い出話」二二四頁。

＊52　内田の、東学農民戦争に干渉する時期の朝鮮民衆に対する心情は、以下のようなものであった。「朝鮮人一般の日本人軽蔑の状態は実に甚だしかったが、しかし吾々の本心を云うと、そうした朝鮮人が実は可哀想で可哀相で仕様が無いのであった。……現在の日本人のように、こ奴等を酷使して搾取して遣ろうなど云う気は毛頭起こらない。ただ可哀相でいじらしくて、腰抜けの弟か何かを守り育てる様に、どうかして一人前にして遣りたい。日本人の云う事がわかって、ロシアや支那に対抗出来るようには何時なる事であろうと思うと胸が一杯になるばかりであった」（内田、前掲「日韓合併思い出話」二二三～二二四頁）。

＊53　同右、二二三～二二四頁。

＊54　姜昌一、前掲「天佑侠と「朝鮮問題」」。

＊55　福沢諭吉「脱亜論」（『時事新報』一八八五年三月一六日）。『福沢諭吉選集』七（岩波書店、一九八一年）二二二頁。

＊56　宮崎滔天「出鱈目日記」一九二〇年九月二四日。宮崎龍介、小野川秀実編『宮崎滔天全集』第三巻（平凡社、一九七二年）四八八～四八九頁。

＊57　孫文「大アジア主義」（『孫文選集』第三巻、社会思想社、一九八九年）三七五頁。

＊58　内田、前掲「日韓合併思い出話」、二二四頁。

＊59　同右、二四九～二五〇頁。

＊60　同右、二五五頁。

＊61　同右、二四七～二四八頁。

＊62　ピーティー，マーク（浅野豊美訳）『植民地――帝国50年の興亡』（読売新聞社、一九九六年）二六頁。

＊63　Abernethy, D.（2000）*The Dynamics of global dominance: European overseas empires, 1415–1980*, Yale University Press, p. 225.

＊64　Ibid., p.12.

＊65　昆野伸幸『近代日本の国体論――〈皇国史観〉再考』（ぺりかん社、二〇〇八年）一四六～一四八頁。また青野正明は、国家神道が植民地朝鮮において多民族帝国主義的な「帝国神道」へと変貌する時期を、一九三五年の「心田開発運動」においている（青野

正明『帝国神道の形成――植民地朝鮮と国家神道の論理』岩波書店、二〇一五年）五頁。

＊66　徐鐘珍『植民地朝鮮における総督府の宗教政策――抑圧と懐柔による統治』博士学位論文（早稲田大学）二〇〇六年。川瀬貴也『植民地朝鮮の宗教と学知――帝国日本の眼差しの構築』（青弓社、二〇〇九年）第一章。

＊67　中島岳志は、アジア主義思想の内実を、葦津珍彦の議論によりつつ、「ナショナリズムを世界に開き、他民族と連帯しながら世界全体が「東洋的五道」に回帰するというインターナショナリズム」と整理している。中島、前掲『アジア主義』六五頁。

＊68　この意味において、渡辺龍策が、「馬賊」を「大陸浪人の一つの型」とみなしていることは示唆的である。渡辺龍策『大陸浪人――明治ロマンチシズムの栄光と挫折』（番町書房、一九六七年）一七頁。

第3章　国民と非国民のあいだ
――非戦論から大逆事件へ――

1　「非戦論」再考

「非戦論」は、平民社の誇るべき理想であった。そして『平民新聞』は、「非戦論」という思想と実践を支えた哲学として、「平民主義」、「社会主義」、「平和主義」という三つを挙げていた。このうち、「平民主義」と「社会主義」に関しては、従来の研究においても、それぞれ民主主義運動史、社会主義運動史という見地から問題化され、そこにあらわれた矛盾や対立、発展や停滞などが、様々な角度から問題化された。これに対して、「平和主義」に関しては、それを評価する側も批判する側も、もっぱらその理想主義的性格を指摘するにとどまり、十分な歴史的検討がなされてきたとはいえない。[*1]おそらくこのことは、戦後日本において平和主義が思想史研究のうえに占めた特殊な位置を反映している。平和主義は、敗戦という経験をくぐり抜けた戦後という時代にあって、現実の政治を超えた、ある種の絶対的な理想とみなされる傾向が強かった。そしてまた、平和主義は、民主主義や社会主義に付随する思想と見なされることが常であった。[*2]その結果、平和主義は、それ自体独立した歴史的考察の対象となることが少なかったのである。

劇作家の木下順二は、一九九〇年代に出版された『日本平和論大系』シリーズの末尾に付せられた短文おいて、こうした日本における平和主義の現状を、次のようにやんわりと批判している。

自分が創造の主体になるということは、どういう意味かで自分が現状肯定になって行くことと対立する。同じようなことだが、守勢という姿勢とも、それはある意味で対立する。……敵の圧力からただこちらを守るのみでなく、逆にこちらがつくりだして行くこと、そのことが運動体の中の一人一人に意識され、自覚され、認識し合われるという形で運動が展開されることによって、守勢は初めて攻勢に変る。そして攻勢であるということは、また現状肯定でないことを意味する。[*3]

木下は、従来の平和思想が、ともすれば「守勢」の現状肯定を意味するものであったことを指摘し、それを、「反〝非平和〟思想」として、すなわち「攻勢」的な平和主義へと組み替えてゆくべきことを主張した。木下の考察は、平和主義が、現実に力をもった思想となるためには、必然的に暴力に対する省察を含み込まざるをえないことを示唆している。「〝非平和〟」が、戦争という最大の暴力の状態をあらわす限り、「反〝非平和〟思想」とは、その暴力を攻め滅ぼしていくような、攻勢的営みでなければならないからである。[*4]

日本における社会主義運動の画期をなした平民社の結成が、日露戦争に反対する「非戦論」に由来するものであることは広く知られている。その機関誌であった『平民新聞』は、一九〇三年のその創刊号の巻頭において、「吾人は人類をして博愛の道を尽さしめんが為めに平和主義を唱道す。故に人種の区別、政体の異同を問はず、世界を挙げて軍備を撤去し、戦争を禁絶せんことを期す」[*5]と宣言していた。また平民社同人の安部磯雄は、平民社旗揚げ前夜の非戦論演説会において、「若し平和が人道であるならば、平和を世界に宣言して、それが為に一国が亡びても善いでは無いか」と論じた。[*6]そしてこうした絶対平和主義が、平民社の「非戦論」の核心であると、しばしば考えられてきたのである。

しかしながら、平民社の「非戦論」は、必ずしもこうした絶対平和主義に還元されるものではなかった。そのことは、「非戦論」のいわば鬼子として、直接行動論なるものが生まれ出たという歴史的事実を想起してみるだけでよい。平民社の中心人物であった幸徳秋水は、平民社の解散（一九〇五年九月）からほどならぬ時期に、日本社会党大会における演説で、「暴動」の効用を次のように述べた。


田中正造翁が、廿年間議会に於て叫だ結果は、何れ丈の反響があつたか、諸君あの古河の足尾銅山に指一本さすことが出来なかつたではないか、然して足尾の労働者は三日間にあれ丈のことをやつた、のみならず一般の権力階級を戦慄せしめたではないか、（拍手）暴動は悪るい、然しながら議会廿年の声よりも三日の運動に効力のあつたこと丈は認めなければならぬ。[*7]

ここで幸徳は、直接行動に付随する「犠牲」を、進歩の名において容認する。「厳に日露戦争は四十万の犠牲を出した、単に資本家を利益するために生じた此大なる犠牲ですら忍び得るのに、直接行動に於ける少数の犠牲は何でもない」。そして幸徳の直接行動論への「転向」の延長線上で、一九一〇年の「大逆事件」が発生する。大逆事件とは一般に、一八八二年に施行された旧刑法一一六条に規定され、一九〇八年の刑法七三条に引き継がれた「大逆罪」の適用をうけた事件のことを意味する。その初めての、そしてもっとも有名な事例が、明治天皇暗殺の陰謀を企てたという理由で、幸徳ら二四名の社会主義者に死刑の判決が下されたこのいわゆる幸徳事件であった。

本事件は、一九一〇年五月、宮下太吉ら四人に対する爆発物取締罰則違反による検挙にはじまり、全国で検挙者が数百名にも及ぶ、一大陰謀事件として喧伝された。戦前・戦中の権威主義的な体制のもとで、厳しく制限されていたこの「事件」に関する調査・研究も、戦後民主主義のはじまりと展開のなかで、その広がりと深さを増した。とりわけ、さまざまな裁判関連資料の発掘と分析を通じて、本事件が、実際には、菅野スガ、宮下太吉、新村忠雄、古河力作ら四人による爆弾の試作と、それと関連するきわめて実行性の乏しかった「革命」の放談を手がかりに、社会主義者の一網打尽を目論んだ当局によるフレームアップであったことが明らかにされてきた。[*8] しかし被告を事件の「犠牲者」と見なすことは、けっしてかれらの主体的な思索と行為を無意味化することではない。すでに既存の研究が指摘しているように、少なくとも、宮下太吉、新村忠男、古川力作、管野すが、幸徳秋水の五人に関しては、天皇制を打倒する必要性についての認識があり、また「革命」の決定的な局面において、暴力の行使も辞さないという覚悟が存在していた。[*9]

「非戦論」を生き抜いた人々は、あらゆる暴力に反対する絶対平和主義者でも、人命の尊重を至上の価値とする人道主義者でもなかった。むしろかれらは、暴力の存在を人間の条件として引き受けつつ、なお戦争を否定する道を模索したのである。平民社の「非戦論」は、絶対的な悪である戦争の暴力に、絶対的な善としての非暴力の平和を対置するにとどまらなかった。むしろかれらは、「非戦論」を生き抜くことを通じて、絶対悪と絶対善のはざまにおいて、かれら自身の「暴力の哲学」を練り上げていった。[*10]

「非戦論」を暴力の否定としてではなく、その哲学とみなすことにより、見いだされる一つのつながりがある。それは、初期社会主義者が戦争や暴力をめぐって展開したさまざまな対話の積みかさねである。平民社は、みずからの「非戦論」を、さまざまな対象に呼びかけた。その対象には、単に国内のさまざまな階層のみならず、ロシアの文豪トルストイや、植民地化に向かいつつあった朝鮮の人々が含まれていた。そうした多様な人々は、平民社の呼びかけに多様な声で応答した（もしくは応答しなかった）。そして平民社の人々は、そうした多様な応答（非応答）を真剣に受けとめ、それに答えるために、みずからの思想的立場を変容させていったのである。こんにち、平民社の「非戦論」を再考するにあたり、必要な課題のひとつは、平民社の平和主義を歴史化すること、すなわち、それを絶対的な真理の表明としてではなく、むしろ歴史的な情況の結節点としてとらえ直し、その生成と変容のプロセスをたどることにある。

平民社の社会主義運動に対する弾圧、とりわけ赤旗事件以後顕著となる政府の暴力的抑圧が、「大逆事件」の首謀者とされた被告たちに、平和的手段による改革の道を断念させ、暴力による対抗を意識させる外在的要因となったことはうたがいえない。[*11] しかしながらそのことは、その被告たちの少なくとも一部が、革命と暴力に対する考察を、主体的にすすめていたことの意味を、覆い隠すものであってはならない。「大逆事件」を、単に権力犯罪としてではなく、ひとつの思想的事件として意味づけるためには、その思想的系譜を、初期社会主義の歴史的起点そのものまでさかのぼり検討する必要が生ずる。その際、とりわけ問題となるのが、平民社の「非戦論」に生じた変質の意味と原因の解明である。

2 「平民」というよびかけ

日露戦争の開戦を目前にして、平民社に集った人々が試みたのは、呼びかけることであった。こんにち『平民新聞』を読み返し、あらためて印象深く思う点は、それが、さまざまな呼びかけの声に満ちあふれていることである。曰く、「自覚せよ車夫諸君」、「奮起せよ巡査諸君」、「女学生に贈る」、「新卒業生に告ぐ」、「受験者に告ぐ」、「基督教徒に告ぐ」、「小学教師に告ぐ」……。[*12]『平民新聞』から呼びかけられた対象としては、そのほかにも、被差別部落民や借家人、兵士や娼婦、富者や婦人や政府などがあった。[*13] さらに重要なのは、そうした呼びかけの声が、海外に対してもまた向けられていたことである。「与露国社会党書」や「敬愛なる朝鮮」は、そうした呼びかけの代表的なものであった。[14] わたしは、『平民新聞』というテクストを織りなす主要な要素が、社会主義理論の考究でも、政府に対する攻撃でもなく、むしろこうした具体的な呼びかけの声であったことに注意を促したい。

ここで思い出すべきは、日露戦争が、当時の大日本帝国によって、一種の「総力戦」として戦われたことである。日露戦争の臨時軍事費総額は、一七億一六四四万円余、陸軍の動員兵力は、一〇八万人余に達したが、それはそれぞれ日清戦争の八・六倍と四・五倍に及ぶ規模であった。[15] こうした「総力戦」を支えるために、物質と精神の両面から、「国民」の動員が組織的に試みられた。『平民新聞』は、その一端を、次のように描き出している。「今や軍隊の輸送せらる、鉄道の沿路に於ては、提灯、篝火、旗さし物、黒山の如き多人数が夜に日を継いで万歳を歓呼し居れり」。[16]「朝野酔へり、都鄙狂せり、酔ふて其業を忘れ、狂して其務を抛ち、徒に万歳を叫んで奔り、大勝利を呼で踊る、四千万の頭顱、又一点半点の常識なし」。[17] そして『平民新聞』は、こうしたイデオロギー的なからくりを、「国民」という呼びかけの声に求めた。「国民は何故に戦争てふことを為さざる可らざる乎、之を廃する能はざる乎、之に盲従せざる可らざる乎」。[18] 人びとが、みずからの実存を、「国民」という概念のなかに見いだす限り、人びとは、みずからの運命を、「国家政府」の運命と重ねるほかはない。「戦争のため」という標語が、つねに「国民」に対する「麻酔剤」として機能する理由はこの点にある。「国家政府」は、人びとに「国民」として呼びかけることにより、多様な人びとを、「国民」という新しい主体へと変貌させ、その運命を「国家政府」の運命と同一視させてゆく。[19]

このようにみてくるならば、『平民新聞』を満たす多様な呼びかけが、こうした「国民」という国家の強力な審問に対する対抗戦略であったことが理解される。『平民新聞』の呼びかけは、この社会で暮らす人々が、「国民」である前に、「車夫」であり、「巡査」であり、「女学生」であり、「学生」であり、「基督教徒」であり、「小学教師」であり、被差別部落民であり、借家人であり、兵士であり、娼婦であり、富者であり、婦人であり、官吏である事実を、思い出させようとするものであった。大日本帝国が、あらゆる人を抽象的な「国民」に溶解することでその動員力を飛躍的に高めていたこの時代、平民社が試みたことは、その「国民」に、個別具体的な「人」として呼びかけることで、この国で生きる人々の個別的な生活感覚をよびさますことであった。かれらの究極的な目標は、「国民」に「人」として呼びかけることを通じて、「唯だ人として立つ、唯だ社会の一人として立つ」主体を構築することであった。[*20]『平民新聞』は、こうした主体を、「平民」という集合名詞で呼んだ。しかしそもそも「平民」とは誰のことなのであろうか。『平民新聞』において、「平民」の主要なそしておそらくほとんど唯一の属性は、「多数」という点に求められている。「我等多数の平民は唯だ職業を要求す、唯だ生活の権利を恢復せんことを要求す」。[*21]そして『平民新聞』が、「平民」に社会を変革する力を期待するその理由も「多数は勢力也」という論理によって裏づけられている。「我等平民が其主義要求を貫徹せしむる所以の武器は何物ぞ……何ぞ夫れ然らん、平民は実に有力なる武器を有す、何ぞや曰く、『多数』!」。[*22]

「平民」の第一の属性が「多数」であるということは、そこにいかなる本質的な共通性も、措定されていないということである。たしかに『平民新聞』は、みずからの歴史哲学として、「進化」という概念を有してはいた。[*23]しかしながら、かれらは、この「多数」が「一者」へと収斂するような、いかなる進化の法則もこの時点では、想定してはいなかった。むしろかれらが試みたのは、「多数」を一者に収斂させるのではなく、「多数」を構成する個人の多様性を際立たせながら、あくまでも多数者としてのネットワークを構築することであった。

「多数」が「勢力」へと転化する論理の不在は、従来のマルクス主義的な研究において、平民社におけるマルクス主義理解の未成熟、すなわち生産力と生産関係の発展によって基礎づけられる「階級闘争」理解の未熟さとして、否定的に論じられてきた。[*24]しかしながら近年、アントニオ・ネグリとマイケル・ハートが定式化した「マルチチュード」という概念は、この「平民」という呼びかけが有していたイデオロギー批判の根源性に、新たな光をあてるものである。[*25]イタリアのマルクス主義経済学者、パオロ・ヴィルノは、ネグリとハートにより人口に膾炙したこの概念を、次のように解説している。マルチチュードとは、現代を特徴づけている「生活諸様式と言語ゲーム」を表現する概念である。この概念は、people（＝国民）という概念の対極をなすもので、現代に生じたさまざまな断絶・地滑り・変革の総体によって規定される。その具体的なあらわれとして、グローバリゼーションの到来により、〈よそ者＝外国人〉的生活が一般的な条件となり、その結果、みずからが帰属する共同体（＝特殊なトポス）よりも、知性という「共有のトポス」の重要性が増加したこと、また、ポストフォーディズム的な生産様式によって、労働が政治的行動の様々な外的特徴を獲得していき（＝名人芸）、個体化のプロセスが昂進したこと、こうした状況の感情的表現として、「便宜主義」や「シニシズム」が蔓延していることなどがあげられる。ヴィルノは、こうした存在様式を考察するために、国家へと収斂するpeopleにかわり、「多数的なものの多数的なものとしての政治的・社会的存在を可能にするひとつの《一者》が案出」されねばならないと述べている。その《一者》を構成する主要な条件として措定されたのが、言語活動であり、知性であり、人類の持つ諸々の〈共有の能力〉であった。[*26]

ヴィルノは、マルチチュードのイタリアにおける誕生を、一九七七年においている。したがって、このマルチチュードという概念を、二〇世紀初頭の日本における「平民」に重ね合わせることは、アナクロニズムの批判をまぬがれえないであろう。しかしながら、平民社が登場する一九世紀後半から二〇世紀初頭の時期が、世界的にみて、Early Globalizationと呼ばれるような、「断絶・地滑り・変革」の時代であったことは忘れられてはならない。ベネディクト・アンダーソンは、『三旗の下に』において、フィリピンのナショナリスト、ホセ・リサールの生涯を縦糸に、反植民地主義的ナショナリズムとアナーキズムの世紀転換期における交錯を描いた。そしてかれが、そうした人と思想との大陸と海を横断する動きを可能にする条件として言及したのが、こうしたEarly Globalizationであった。[*27]

一九世紀後半に進展した巨大な植民地帝国の創設と自由貿易の展開は、資本の動きを活性化した。また、鉄道や蒸気船の発展は、巨大で安全な人の移動を可能にした。また、電信や郵便による情報伝達のネットワークが世界中に張り巡らされたのも、この時代のことであった。そして平民社が、こうしたEarly Globalizationのただなかで誕生したことは、平民社の創立メンバーのひとりであった幸徳の経歴のうちに象徴的にあらわれている。幸徳が、一八九三年に自由新聞に入社し、ジャーナリストとしての活動を本格的に開始したその最初の仕事は、外国電報の翻訳であったからである。[*28]

多くの論者は、一九〇〇年ころまでの幸徳が、「国民の利益」を第一と考え、「帝国主義者たちの主張と基本的に変わるところがな」かったという事実に注目してきた。[*29] こうした「国権主義者」幸徳が、この時期を契機に、急速に帝国主義批判へと転向していったことは、これまでも幸徳における「一九〇〇年問題」として、多くの論者の関心を集めきた。[*30] しかしながらわたしは、こうした幸徳の「転向」を、Early Globalizationに対する鋭敏な感覚によって引きおこされた、「国民」から「平民」への認識論的視座の転換の帰結であると考えている。幸徳が、みずからの思考の基盤を、電信によってはじめて可能となるような言語や知性といった能力のグローバルな共有に求めはじめたとき、そこに立ちあらわれる世界もまた、旧来の存在様式とは、まったく異なった様相を帯びてあらわれざるをえなかったのである。

日露戦争が開始されてまもなく、『平民新聞』は、ロシアの社会党に対して、次のように呼びかけた。「諸君よ、今や日露両国の政府は各其帝国的欲望を達せんが為めに、漫に兵火の端を開けり、然れども社会主義者の眼中には人種の別なく地域の別なく、国籍の別なし、諸君と我等とは同志也、兄弟也、姉妹也」。[*31] また『平民新聞』は、「英米独仏の平民」に対しても、次のような呼びかけをおこなってもいた。「吾人の口有り、吾人の筆有り紙有る限りは、戦争反対を絶叫すべし、而して露国に於ける吾人の同胞平民も必ずや亦同一の態度方法に出るを信ず、否な英米独仏の平民、殊に吾人の同志は益々競ふて吾人の事業を援助すべきを信ずる也」。[*32] ここに浮かび上がるのは、共同体への帰属ではなく、言語や知性といった共有の能力によってつながりうる「平民」という存在の様式への深い信頼である。

「平民」という呼びかけそのものが、平民社の「非戦論」に刻まれた、ラディカルな認識論的断絶を示していた。そしてこんにちわれわれが真に驚嘆するべきは、かれらが、この「平民」という新しい存在様式を、徹底的に現実のものとして生き抜いたという事実である。

3　兵士との対話

平民社の呼びかけは、終わりのない対話のはじまりでもあった。なぜならかれらは、他者からの呼びかけに敏感に反応し、時には反発し、時にはそれを受け入れることで、みずからの立場を変容せしめていったからである。こうした他者からの応答が、かれらの「非戦論」を生成し変容させる原動力であった。平民社の「非戦論」を分析することは、そこに刻まれた多様な声の痕跡を聞き取ってゆく作業でもある。

目的は暴力という手段を正当化するであろうか。『平民新聞』誌上で繰り広げられた戦争をめぐる対話の中心には、つねにこの問いがあった。当初、平民社は、戦争を含むあらゆる暴力的手段を、それ自体として拒絶する立場を明らかにしていた。したがって、この問いに対する回答の変遷を追うことは、平民社が生み出した「暴力の哲学」の軌跡をたどることになる。そしてこの平民社の暴力に対する考察が、単なるモノローグではなく、それ自体ひとつの対話として開始されたことは重要である。そのきっかけをなしたのが、『平民新聞』誌上におけるロシア社会党への呼びかけの書、「与露国社会党書」であった。この呼びかけにおいて平民社は、みずからの絶対平和主義の理想を、次のように誇ってみせたのである。

然れども我等は一言せざる可らず、諸君と我等は虚無党に非ず、テロリストに非ず、社会民主党也、社会主義者は、万国平和の理想を奉持す、社会主義者が戦闘の手段は、飽くまで武力を排せざる可らず、平和の手段ならざる可らず、道理の戦ひならざる可らず、言論の争ひならざる可らず。[*33]

この論説において平民社は、ロシアの社会党が、「憲法なく国会なき露国に於て、言論の戦闘、平和の革命の極めて困難なる」状況におかれていることを承認する。それでもかれらはなお、「干戈を取て起ち、一挙に政府を転覆するの策」を、「目的の為めに手段を撰まざるは、マキャベリー一流の専制主義者の快とする所にして、人道を重んずる者の取る可き所にあらず」とその暴力革命論を批判した。平民社の「非戦論」は、目的の正当性という基準とは独立した暴力そのものの原理的拒絶によって、基礎づけられていたのである。

この人道主義的な暴力の拒絶が、その賛同者からも批判者からも、等しく平民社の「非戦論」の核心として理解されてきた。[*34] しかしながら、ここでわたしが注目したいのは、この絶対平和主義の立場が、戦争という現実の前で、引き裂かれざるをえず、しかも平民社の人々が、そうした現実に対して、きわめて自覚的であったという事実である。平民社が誇る絶対平和主義の限界を、ひとつの投書が、痛切に照らし出していた。しかも、この投書は、平民社が、ロシアの社会党に対して、その理想を誇った同じ誌面を飾っていた。それは、「将に召集せられんとする予備兵の一人」からよせられた、次のような悲痛な叫びであった。

仰ぎ願くば、平民新聞紙上人道の為め公義の為め戦争の惨を説き兵士の不幸を弔するの記者足下は、百尺竿頭一歩を進めて社会主義を信ずる兵士同人が国法の下に桎梏せられて一死報国の危険を強制せらる、戦場の覚悟陣営の態度を立案公表せられて、予輩をして砲火相交はるの間にも爾か清新有益の護符を懐にして安心立命の標的たらしめよ。[*35]

ここで出征を目前に控えたひとりのシンパが問いただしているのは、平民社の説く「真理」なるものが、戦場という過酷な現実の前で、ほとんど何の力にもならないのではないかという根源的な疑義にほかならなかった。この疑義に対し、『平民新聞』記者は、次のように回答する。「至恬至文、読み終つて胸迫るを覚ゆ、然れども吾人は亦兄君と同じく殆ど言ふ所を知らず、願はくば本紙第十四号「兵士を送る」の一文を再読せられよ」。そしてその「兵士を送る」を飾っていたのは、次のような、苦渋に満ちた一節であった。

諸君今や人を殺さんが為めに行く、否ざれば則ち人に殺されんが為めに行く、吾人は知る、是れ実に諸君の希ふ所にあらざることを、然れども兵士としての諸君は……思想の自由を有せざる也、体躯の自由を有せざる也、諸君の行くは諸君の罪に非ざる也、……諸君は行かざる可らず、行矣、行て諸君の職分とする所を尽せ、一個の機械となつて動け、然れども露国の兵士も又人の子也、人の夫也、人の父也、諸君の同胞なる人類也、之を思ふて慎んで彼等に対して残暴の行あること勿れ[*36]。

すなわち平民社の人々は、暴力の当事者たることを運命づけられたシンパからのこの絶望的な糾問に直面し、現状を肯定する以上の回答をもちえなかったのである。かれらは、みずからの絶対平和主義に対する現実からのこの根源的な異議申し立ての前で、口ごもり、一種の妥協を提案するほかはなかった。

4　トルストイという戦慄

「将に召集せられんとする予備兵の一人」との対話が、平民社の絶対平和主義に、その外部から亀裂をもたらしたとすれば、ここで取り上げるもうひとつの対話は、それを内側から切り裂くものであったといえるかもしれない。平民社が、日露戦争をめぐって繰り広げた、トルストイとの対話がそれである。[*37]『平民新聞』が、トルストイが『ロンドン・タイムス』紙上に発表した論説を、「トルストイ翁の日露戦争論」として訳載したのは一九〇四年八月のことであった。[*38] さらに『平民新聞』は、その次号において、この「予言者の声」の批判する論説を掲載した。[*39] トルストイへの批判を掲載したこの論説は、安部磯雄の手によってトルストイに送られ、それに対する返書が、およそ一年後の『直言』二巻三〇号（一九〇五年八月二七日）に掲載された。戦争と暴力をめぐる平民社とトルストイとの対話は、こうしておよそ一年がかりで深められていったものであった。

この対話において印象深いのは、トルストイに対する平民社の両義的な姿勢である。かれらは一方で、当時の日本のジャーナリズムにおいて繰り返された浅薄なトルストイ批判に対して、かれの平和主義を擁護し、真意を明らかにするようにつとめた。しかしかれらは他方で、次のようにトルストイとみずからの非戦論の違いを明確化するようにつとめてもいた。

之を要するにトルストイ翁は、戦争の原因を以て個人の堕落に帰す、故に悔い改めよと教へて之を救はんと欲す、吾人社会主義者は、戦争の原因を以て経済的競争に帰す、故に経済的競争を廃して之を防遏せんと欲す、是れ吾人が全然翁に服するを得ざる所以也。[*40]

「個人」か「社会」か、「宗教」か「経済」か。一見したところ平民社のトルストイ批判は、こうした二元論に立脚した方法論的な拒絶であったかのように思われる。しかしながら、こうしたいわば性急な批判の裏面で、トルストイの「非戦論」が平民社に与えた衝撃は甚大であった。それはたとえば、次のような平民社の応答のうちに、率直に表現されていたものである。

而して吾人が特に本論に於て、感嘆崇敬措く能はざる所の者は、彼が戦時に於ける一般社会の心的及び物的情状を観察評論して、露国一億三千万、日本四千五百万人の、曾て言ふこと能はざる所を直言し、決して写す能はざる所を直写して寸毫の忌憚する所なきに在り。*41

では当時の平民社にとって、「曾て言ふこと能はざる所」、「決して写す能はざる所」とは、いったい何であったのか。わたしはその核心を、天皇制の批判と、兵役の拒絶の二点に見る。ロシア皇帝を批判し、また兵役の拒否を訴えたトルストイの平和主義は、明治天皇の賢慮に期待し、また兵士の出征を容認しなければならなかった平民社の「非戦論」よりも、はるかに徹底したものであった。平民社は、このトルストイの主張を、みずからの平和主義への深刻な挑戦として受け止め、懸命にその応答を模索したのである。かれらのトルストイ批判は、そうした真摯な「対話」の帰結であり、それはまた、かれらが暴力の哲学に向けて踏み出した歩幅を示すものでもあった。

平民社とトルストイのあいだには、その「非戦」の方法をめぐって、重要な共通点が存在した。それは、相手の立場にみずからの視座を移動させることで、自国中心的な視座からなされる開戦の正当性を無効化していくという戦略である。たとえばトルストイは、日露戦争の不正義を描写するにあたり、まず日本の農民に言及し、その対照としてロシアの人民に説き及ぶという構成をとっている。このレトリックによって、ロシア人民に同情をよせるロシアの愛国者は、すべからく敵国である日本の兵士の心情を、まず「了解」するようにうながされるのである。

想ふに彼の貧困無知蒙昧なる日本農夫が、其田園より引離されて、仏教の本義は決して一切衆生を哀憫するに在らずして、唯だ其偶像に犠牲を供するに存ずと教へられ、又露国ツーラ若くばニズニ、ノブゴロッド地方より来れる同じく貧困無教育なる人民が、基督教の本義は唯だ基督、聖母、諸聖賢、諸聖像を礼拝するに在りと教へられしが如きは、世人の了解するに難からざる所也、而して更に是等不幸の人民が、数百年の間に受けたる暴虐と欺瞞との為に、人類同胞の殺戮てふ世界の最大罪悪をも、一個の徳行として承認するに至り、遂に此等の恐るべき悪事を犯して、而も自ら罪あるを悟らざるに至れるが如きも、亦世人の了解するに難からざる所也。[*42]

トルストイはまた、互いの国の知識人が、このような欺瞞を生み出し増幅させてゆくさまを、次のように描写していた。

露国の科学者、歴史家、哲学者が巧みに過去現在を比較して此等の比較より奥妙の議論を組織し、国民運動の法則、黄白両人種、仏耶両教間の関係等を評論して、此等の論拠より耶蘇教徒が黄人を屠殺することを是認すれば、日本の科学者、哲学者も亦同一の方法に依て白人を屠殺することを是認す。[*43]

そしてこの徹底した視点交換より導かれる相互理解の可能性はまた、『平民新聞』の「非戦論」を構成する重要な戦略でもあった。平民社の「非戦論」を構成した多くの文章が、国境を越えた目まぐるしい視座の移動によって特徴づけられている。

日本の天皇は平和を好めり、露国の皇帝も平和を希へり、両国の公使互に平和を望めり、……而も戦争は已む可らずと云ふ。[*44]

露国人が御祈祷するは笑ふ可し、日本人が御祈祷するは美事也、露国人が非戦論を唱ふるは嘉す可し、日本人が非戦論を唱ふるは不都合也、是れ新聞紙の論理也。[*45]

露国の侵せる満州は、実に他人の領土也、日本の取れる台湾は、果して他人の領土ならざりし乎、略奪、虐殺、露人実に之を為せり、日人は果して之を為さゞりし乎、独り露国のみ暴横なる乎、独り日本のみ仁義なる乎、君子なる乎。[*46]

露国の平民、日本の平民、是れ人類也、是れ同胞也、相愛せざる可らず、相救はざる可らず、握手し連盟し団結せざる可らず、世界の人類同胞の為めに、平和の為めに、自由の為めに。[*47]

日本の貴族軍人曰く、平和の為に戦へと、露国の貴族軍人亦曰く、平和の為めに戦へと、彼等の所謂平和とは、勲章なり、爵位なり、相場なり、増税なり、更に一物を添ふ、曰く馬蹄銀なり、嗚呼光栄ある平和よ！。[*48]

「敵国」への批判がただちに「自国」への反省へと折れかえり、対立の根拠とされているものがひとつひとつ根こぎにされてゆく。トルストイと平民社の非戦論は、まるで合わせ鏡のようにお互いの姿を映し出しながら、相互批判と相互理解の可能性を増殖させ、戦争の正当性を、無化せしめてゆくのである。

しかしながら、トルストイの鏡像としての平民社の「非戦論」には、ひとつの重大な欠落があった。トルストイが、ロシア皇帝をも、「不幸なる混迷せる少年」と名指し、その直接的な批判の対象としていたのに対して、平民社の側は、明治天皇の戦争責任に対し、一言も発することができなかったからである。この欠落は、かれらの「非戦論」の致命的な欠陥たりえた。そのことを明瞭に示しているのは、日本の主戦論者たちによって行われた、トルストイに対する批判である。かれらは、天皇の存在を持ち出すことで日本の国体を特殊化し、トルストイのロシア政府に対する批判を肯定しながらも、なおその批判から、日本を免責しようと試みたからである。たとえば黒岩涙香は、トルストイの非戦論に言及しながら、日本の国体の特殊性を、次のように強調した。

日本の国体から考へても、二千五百年一系の皇室を戴き、其国民の国家を愛するのは殆ど宗教的である。斯る国体は決して故なく生れしにあらずして何等かの天職なければならぬ。[*49]

トルストイの政府批判は、ロシアには妥当するが、かかる特殊な国体を有する大日本帝国の批判としては的はずれであるという論理が、当時の主戦論者たちの常套句であった。

平民社が、みずからの「非戦論」のこの欠落を、痛切なものとして受けとめていたことは、『平民新聞』誌上における次のような一文からもうかがえる。

トルストイ翁、露帝を罵つて曰く、不幸なる昏迷せる少年と、而も露国は遂に此翁を西比利に放逐することを能はず、誰か正義道徳の力をもて弱といふや、一枝の筆も猶ほ一億三千万の君主に抗して余りあり。[*50]

この時期、国体論と社会主義が矛盾しないということを標榜していた平民社[*51]は、トルストイの非戦論の徹底性に急き立てられるように、天皇制の批判に向けての第一歩を、おずおずと踏み出してゆくのである。

トルストイも平民社も、みずからの非戦論が、戦場という現実において試されざるをえないことを意識していた。しかしながら、そうした現実に対する両者の態度は対照的であった。トルストイの日露戦争論は、その後半部に、トルストイと、戦場に向かう、もしくはすでにそこにある兵士たちとの対話を収録している。たとえばそこには、次のような「一水夫」からのトルストイ宛の手紙が紹介されていた。

予は貴下の書を読みたり、そは予に取りて実に善き読物なりき、予は貴下の書の愛読者となれり、扨、リオフ、ニコラエヰツチよ、我等は今戦争の状態に在り、我等の指揮官が我等に殺人を迫るは神の意に叶ふや否や、願はくば予に教示せよ、真理は今地上に存在するや否や、願はくば予に教示せよ。[*52]

トルストイにあてられたこの一水夫からの手紙は、先に紹介した平民社宛の「将に召集せられんとする予備兵の一人」からの手紙と、奇妙なほどに似通っている。先にみたように、平民社は、この現実からの糾問に狼狽し、口ごもり、一種の妥協を提案するしかなかった。しかしながら、この問いを前にしたトルストイは、この水夫にはっきりと言い切ったのである。「何人も戦ふの必要なし!」[*53]。

たしかにトルストイは、戦場に送られる、もしくは送られた人々が、現実には、「何処に逃れん方もなし」という状況におかれていることを同情を込めて記す。それでもかれは、その責任を、戦場に向かう個々人の心の弱さに求めた。「彼等にして肉を亡すものを恐れて、霊と肉とを併せ亡すものを恐れざる間は、行くの外道なかるべし」。ここでトルストイが平民社に対して提起したのは、神なき非戦論ははたして可能なのかという根源的な問いであった。わたしは、平民社のいわば性急なトルストイ批判に、かれらがこの糾問から感じた戦慄を読み取りたい。そして平民社は、この問いに戦慄しつつも、あくまでも「肉」の領域に内在するみずからの「非戦論」の可能性を模索しつづけていったのである。

5　初期社会主義における植民地の問題

こうしたトルストイとの密度の濃い対話は、平民社の戦略に存在した重大な空白を浮かび上がらせてもいる。それは、『平民新聞』誌上において、交戦相手国であるロシアや、社会主義の先進国である欧米の知識人に比べ、この戦争の舞台となっている中国や朝鮮の知識人の手になる論説を、ほとんど見ることができないことである。従来の研究は、この空白をもって、初期社会主義者たちのアジア認識の限界の表現であると考えてきた。[*54] ロシアをはじめとする西欧との「対話」が、国民国家間の対等な関係を前提とするインターナショナルなものであったのに対し、アジアとの「対話」は、植民地化するものとされるものとのあいだの、支配と従属の関係を含み込む。したがって既存の研究の多くが、アジアの人々に対して等しく「平民」として呼びかける平民社の実践のうちに、厳然と存在するはずの権力関係を隠蔽する効果を見いだし、こうした視座から、そのアジア理解の質を問題化してきた。

たしかに平民社の朝鮮に対する呼びかけには、こうした危うさが濃厚に漂っていた。『平民新聞』は、第三二号に「敬愛なる朝鮮」を掲載し、日本による植民地化が進展しつつあった朝鮮の人々に対する呼びかけを発した。平民社は、この論説において、「如何にして朝鮮を救ふべきや」と問う。そしてこの問いに対する平民社自身の回答が、「国家的観念の否認」であった。[55] この論説に従えば、人々は、「国家観念」を否認することによりはじめて、「虚栄」を棄て、「平和の福音宣伝の大任」を担うことが可能となる。そしてかれらは、「其の歴代、強国の侵略に悩んで、遂に殺傷攻伐の無意義反道徳なるを理解せる」朝鮮の人々こそが、この大任を担うにふさわしいと呼びかけ、またそれこそが、「朝鮮の名を列国の間に成し得る」唯一の方法であると主張したのであった。

こんにち「敬愛なる朝鮮」は、木下尚江による論説であることが知られている。[56] しかしながら、幸徳秋水もまた、その主著のひとつと目される『帝国主義』(一九〇一年)において、帝国主義を「いわゆる愛国心を経となし、いわゆる軍国主義を緯となして、もって織り成せるの政策」という定義を与えていた。愛国心の否定をもって、国際的な連帯の必要条件とみなす発想は、単に木下のみならず、平民社全体に共有されていたように思われる。ところで『平民新聞』は、ロシア社会党やトルストイの場合と異なり、この呼びかけに応じた朝鮮の知識人の存在を伝えてはいない。平民社の朝鮮への呼びかけが、結局のところモノローグに終わったことは、こんにち平民社を語るうえで、避けては通ることのできない問題である。そしてわたしは、その主たる理由のひとつを、平民社の「非戦論」における民族の位置に求めたい。平民社の「非戦論」は、世界の人びとが、ともにそれぞれの「国家的観念」から自由になることによって、戦争のない、平和な世界への道筋が開かれることを想定していた。しかしながら、「強者の権力を是認する国際道徳」が支配する当時の現実において、植民地化の危機に瀕している人びとに向かい、「国家的観念の否認」を説くことは、結局のところ、民族独立に賭ける希望もその運動の意義も否認し、結局のところ、大日本帝国による韓国の「併合」を利するだけの効果しかもちえなかったのではないか。

石坂浩一は、週刊『平民新聞』をはじめ、『直言』、『新紀元』、『光』、日刊『平民新聞』、『世界婦人』、『大阪平民新聞』(のちに『日本平民新聞』と解題)、『熊本評論』、『社会新聞』、『東京社会新聞』など、初期社会主義機関紙誌における朝鮮関係の記事を検討し、日本人社会主義者が、朝鮮に対する侵略に反対し、朝鮮人の抵抗闘争の正当性を認めたことの思想的意義を評価した。しかしながらかれはまた、そうした初期社会主義者の朝鮮論に含まれていた諸問題、すなわち、「朝鮮に対する日本人一人一人の責任および意識の問題をほとんど看過してしまっていた」こと、「朝鮮に対する無知や偏見を、無知や偏見として感じていなかった」こと、「移民の問題の構造をとらえきれず、また国内での抑圧と国外への侵略を有機的に関連づけて一貫した帝国主義政策ととらえきれなかったこと」、そして「中国の運動に対しては同志的な接し方・考え方を持ちながら、朝鮮の運動に対しては同情程度にとどまることがほとんどだったこと」などを厳しく批判してもいる。[*57] また李京錫は、幸徳秋水や大杉栄、堺利彦らが、インド、フィリピン、ベトナム、中国、朝鮮の留学生や革命家たちとともに一九〇七年に創立した亜州和親会という組織に、平民社と朝鮮をはじめとするアジアの知識人との「対話」の可能性を見いだそうとした。[*58] そこで李は、日本の初期社会主義者たちが、この組織を通じて、アジア各国から集まった革命家に社会主義を伝播する一方、かれらから帝国主義の現実と反植民地的な民衆の要求を汲みとることによって、理論の教条化を防ぎ実践とのあいだに緊張関係を保ちえたことの意義を強調する。しかし、朝鮮の革命家がそのサークルの重要な一翼を担っていた可能性を徹底して追求した李の研究をもってしても、亜州和親会における朝鮮人参加の事実を示す証拠は、見つかっていない。

初期社会主義者と朝鮮の民族主義者との対話が、未発のまま終わったことは紛れもない事実である。しかしその未発の対話の可能性を、いま少し慎重に検討する余地は残されていよう。初期社会主義者によるアジア連帯の試みが、日本の帝国主義の進展によって引き起こされた東アジアの構造的変動を背景とした、新しい政治的実践の試みであったとすれば、重要なのは、このアジアとの連帯を背景にすすめられた新しい「暴力の哲学」の展開と、それが「大逆事件」として析出される歴史的プロセスの解明である。それは必然的に、日本の初期社会主義と、東アジアにおいて展開されていた反植民地主義闘争との連関に新たな視座から光をあてるものとなる。

ここで思い出されるべきは、「大逆事件」とアジアの反植民地闘争との同時代性である。たとえば、安重根が、当時韓国総監の地位にあった伊藤博文をハルビン駅構内で狙撃し、殺害したのは、一九〇九年一〇月のことであり、旅順の関東都督府において、その処刑が執行されたのは、一九一〇年三月のことであった。一方、大逆事件の最初の容疑者とされた宮下太吉が逮捕されるのは、それからわずか二ヵ月後の一九一〇年五月二五日のことである。安重根事件と「大逆事件」は、時間的に連続するかたちで発生した。そして安の絶筆となった未完の論考の主題が、「東洋平和論」であったことを想起すれば、その実践のうちに、初期社会主義とも響き合う「暴力の哲学」の痕跡を読むこともまた可能となるはずである。別言すれば、初期社会主義者のある者は、「非戦論」を徹底して生き抜くことにより、安重根ら、朝鮮人の反帝国主義的活動家と同じ地平に彷徨い出ることになったのである。

6　「包摂」と「排除」のダイナミズム

「大逆事件」と安重根事件という二つの事件のあいだに、被告の視座から、直接的な連関を見いだすことはむずかしい。安重根は、幸徳秋水ら日本の初期社会主義者と直接的な面識をもたなかったし、また日本の社会主義者のうちで、当時、安重根らの日本の統治に対する民族主義的な抵抗に直接的な支援を行ったものもいない。さらに両事件における「犯罪」の性質も異なっていた。安重根が、伊藤博文を実際に殺害することにより、審問され処刑されたのに対し、幸徳秋水ら大逆事件の被告たちの罪は、あくまでも天皇に対する暗殺を計画したという点にその罪が求められた。最後に、裁判を遂行する主体も異なっていた。安重根の裁判は、事件が南満州鉄道の管轄下にあるハルビン駅で発生したため、旅順の関東都督府の地方法院で行われた。それに対し、幸徳ら大逆事件の被告は、東京の大審院により取り調べを受け、そこで死刑の判決を言い渡されたのである。

しかしながら、統治権力の視座からこの両事件を俯瞰するとき、その関連性もまた明らかとなる。それはたとえば警察が、当時の「社会主義者」と「朝鮮人」を、ともに潜在的な危険対象と見なし、厳重な監視のもとにおこうとしていたことからうかがえる。すなわち警察は、一九一一年六月一四日に発行された「特別要視察人視察内規」において、広義の社会主義者、すなわち「無政府主義者」、「共産主義者」、「社会主義者」、「土地復権を唱フル者」、「前各号ノ外如何ナル名称ヲ用フルニ拘ラス国家ノ存在ヲ否認スル者」の五つのカテゴリーを、「本則ニ於テ特別要視察人ト称スル」対象として認定する一方で、その「附則」においては、「朝鮮人ニシテ排日思想ヲ有スル者ハ特別要視察人トシ本則ヲ参酌シ適宜視察ヲ行ヒ、必要ナル事項ハ之ヲ報告シ尚関係庁府県ニ通報スヘシ」との規定を設けていた。[*59]

こうしたつながりは、この二つの事件が、独立した特殊な出来事というよりも、むしろより広い国家と社会の変動を示す共通の症例であったことを示唆するものである。藤田省三やキャロル・グラックらが説得的に示しているように、大日本帝国の天皇制イデオロギーは、明治後期においてその一応の完成をみたと考えることができる。[*60]しかしながら、明治後期は、国民的なイデオロギーの完成の時期であると同時に、その内実が、条約改正にともなう「内地雑居」状況の到来や、台湾の植民地化、韓国の保護国化により、そのイデオロギーの正統性が、内外から問い直されざるをえない時代でもあった。台湾や韓国のような、新たに獲得した領土の人口を「日本人」として包摂する必要が生ずるにつれて、それまで日本人と見なされていた一部の存在を、「非国民」として排除する可能性が生ずる。「混血児」や「外地」の人々が、帝国の臣民として包摂されるプロセスと平行し、「内地」の「国民」を再審するプロセスもまた開始されることになった。

幸徳秋水らの「大逆事件」も安重根による伊藤博文の暗殺事件も、その発生時から被告の処刑にいたるまで、大きな社会的関心を集め、それをめぐる活発なメディア報道が展開された点においては共通していた。たとえば『東京朝日新聞』は、一九一一年三月二八日までの期間に、安重根に関する記事を一五七本、一九一二年二月二七日までの期間に、大逆事件に関する記事を一七五本、それぞれ掲載している。[*61]しかしながら、『朝日』にあらわれた、この両事件の被告に対する関心の方向性には、顕著な差異も認められる。こうした「差異」は、この時期、ナショナリズムとコロニアリズムとの重なりによって生じた、「包摂」と「排除」の交錯を示す格好の指標となっている。

同紙が、安重根の事件に関する社説を掲載したのは、安に対する裁判の内容が明らかとなった一九一〇年二月一五日の紙面であった。それはたしかに、安の行為に対する厳しい批判を含んではいた。しかしこの論説の記者は、それにもかかわらず、安の生命が救われるべきことを、以下のように主張してもいた。

然るに被告をして彼の決意を為さしめたる其政治的識見は、徹頭徹尾誤解なることを亦明かにして、只人をして此までも誤解すれば誤解し得らる、ものかと驚かしむるのみ。安の如きは、韓国に於ける凡ての誤解の代表としても不可ならん。いかに誤解を以て満されたる韓人中にも、安の如く誤解を以て凝り固まりたるものは、恐らくは他に之ある可からず。此に於て吾人は安の生命を絶つを以て惜し、と為さゞるを得ざる也。之を生存せしめて、彼が如何に其政治的誤解を解くかを見たしと思ふなり。*62

安の処刑を惜しみ、その「生存」を望むこの「社説」には、安を韓国人の「代表」とみなし、その安の「誤解」を解くことで、すべての韓国人に日本への「包摂」を納得させたいという植民地主義の欲望が露呈している。

一方『東京朝日新聞』が、大逆事件に関する社説を掲載したのは、被告に対する処刑が確定した一九一一年一月二〇日の紙面であった。この論説において記者は、被告らに対する死刑判決を支持し、被告らの思想と行動を以下のように批判している。

今度の日本の無政府主義者の大それたる陰謀を、政府が其未発の間に発見して、且之を一網に挙げ得たるに就ては、吾人実に感謝の意を表するものなり。さて其裁判の仕方も、国法に照して何等の手落なかりし様なれば、之に対しても亦固より異存の有る可き様なく、一昨日公となりたる判決は誠に当然の事と見る。政府を無視すると同時に国を無視するのみならず、之を破壊して以て彼等が謂ゆる絶対の自由を取らんとする行為が、先以て主権者の御身の上に、迸らんとする事其事は、凡て日本人てふ日本人が恐懼して且戦慄せざるを得ざる所。而して其罪悪は吾人が国法と共に観て以て許す可すとなす所なり。[*63]

ここで前面に押し出されているのは、「日本人」を基準とする「排除」の論理である。ここにおいては、「絶対の自由を取らんとする」無政府主義の教義が、天皇を「主権者」とする国体と相容れない以上、かれらを、「日本人」でないなにものかとして排除すべきことが、自明の前提として提示されている。たしかに当時、幸徳ら大逆事件の被告に対して、同情や共感の声が存在しなかったわけではない。徳富蘆花の「謀叛論」は、その実例として広く知られている。幸徳ら「大逆事件」被告の処刑決定の報を受けた蘆花は、一高での講演において、かれらを「志士」であると断じ、その命が救われるべきことを広く世間に向けて訴えた。しかしながら、当局者は、そうした疑問や批判の声を一顧だにすることもなく、被告の処刑を「奔馬の如く」執行した。国内のメディアにとって、そうした当局の決断を正面から批判することはきわめて困難であった。[*64] 大逆事件を批判する積極的な声は、日本国内ではなく、むしろ海外において積極的にあげられたのである。[*65]

7　植民地主義との対峙——安重根の訊問調書より——

「包摂」と「排除」をめぐるこうしたダイナミズムは、両事件の被告に対する検事の姿勢の差異としてもあらわれている。安重根事件の裁判ならびに大逆事件の裁判に関する関係史料は、戦後それぞれ公刊され、現在では広く利用可能となっている。この両史料に関して、とりわけ興味深いのは、両事件の被告の具体的な取り調べを記録した訊問調書の性格の違いである。安重根の取り調べを担当した検事が、安の思想に重大な関心を寄せ、その思想の積極的な改造を試みているのに対し、「大逆事件」の取り調べを担当した検事たちは、かれらの思想を問題とすることを避け、ひたすら微細な事実関係の確定もしくは捏造にその関心を集中させた。安重根の「訊問調書」が、失敗に終わった「包摂」への試みを記録しているのに対し、大逆事件の「予審調書」は、被告らの「排除」を前提とし、それを正当化する物語の捏造過程を赤裸々に伝えている。

市川正明が編集した「安重根公判記録」によれば、安重根は、高等法院検察官であった溝渕孝雄により、合計九度にわたり関東都督府地方法院にて訊問をうけている。残された「訊問調書」には、その際の安と検察官との対話が比較的詳細に記録されている。この調書が、あくまでも日本の当局者の視座から記されたものであり、その意味で、本テクストを史料として扱う際には、十分な注意が必要となることはいうまでもない。しかしながら、なおこのテクストは、安重根のみならず、当時の日本の当局者の肉声をも伝えており、その意味において、両者のあいだで戦われた「思想戦」の貴重な記録ともなっている。

「訊問調書」から浮かび上がるのは、溝渕が、韓国を保護国とする日本の政策の正当性を安に納得させることに、徹底してこだわっていることである。そのために溝渕は、若き日の伊藤の排外主義に言及し、それを安自身の思想に類比することまでおこなっている。たとえば溝渕は、安に対し、伊藤に関する質問を、以下のように矢継ぎ早に浴びせていった。

其方ハ日本ノ近世史ヲ読シタカ……然ラハ伊藤公爵ハ如何ナル事ヲセラレタカト言フコトヲ知ツテ居ルカ……伊

藤サンモ昔ハ一度其方ガ持ツテ居ル様ナ考ヘト略々同一ナ思想ヲ持タレテ居テ排外思想ガ強カツタ……様デアルガ一度西洋ヘ行キテ其文明ヲ見テ従来ノ考ヘヲ改メタト言フ事……ガ近世史ニアルヲ見タカ……伊藤サンハ三十歳足ラズノ時同志六名ト共ニ英国ニ行キ五六月居ル中「タイムス」新聞ニ英米仏和蘭ノ四国聯合シ艦隊ヲ作リ日本ノ下関ヲ砲撃スル事アルヲ聞キ学問ヲ止メ日本ニ帰リ拝外思想ノアル人迄戦争シテハナラヌト制止シ自国民ノ為ニハ変節ノ者トシテ殺サレントシタ事アリシ歴史ヲ知ツテ居ルカ　伊藤サンハ二十四五年以来ハ内地ニ於テモ自由党杯カラ敵視セラレ其方ガ伊藤サンヲ殺スニ至リタ理由ト同一ノ事デ非常ニ反対ヲ受ケ殊ニ日露戦争後伊藤サンノ銅像ハ或者等ノ為台カラ引下サレ鼻マデ打毀サレタト言フ事ガアツタガ其事ハ知ツテ居ルカ[*66]

こうした論法は、韓国総監伊藤博文を、「テロリスト」の地位にまで引き下げることにより、統治者と被治者のあいだの権力関係を無化しかねないリスクを伴うものであった。溝渕は、このようなリスクをとってまで、安に日本の韓国保護国化という政策の「正しさ」を納得させようとしたのである。しかし溝渕のこうしたいわば捨て身の戦略も、安に対してはまったく効果を持ちえなかった。安は、こうした溝渕の質問すべてに肯定的に答えたうえに、「伊藤サンハ米国ヘモ渡リ大イニ得ル事ガアツタト言フ事日本ニ帰リ断髪ヲ励行シタト言フ事モ知ツテ居リマス」と、新しいエピソードを付け加えることまで行っている。

この返答に直面し、溝渕は、批判の矛先を、安の伊藤に対する知識から、国際法ならびに国際関係に関する安の認識に移動させてゆく。かれは、当時の国際情勢に対する安の理解を糺すべく、以下のような質問を投げかけた。

日清戦争ハ東洋平和ノ為ニナシタル事ヲ日本ガ宣言シテ居ル事ハ知ツテ居ルカ……日韓協約モ韓国ノ独立ヲ図ル為メノ宣言デアル事ハ知ツテ居ルカ……其方ハ国際公法ヲ知ツテ居ルカ……日本ガ勝手ナ事ヲ言フテモ国際協約

ニ加ツテ居ル列国ガ黙視スル筈ノモノデナイ事モ知ツテ居ルカ……然ラバ日本ガ東洋平和ヲ唱ヘテ韓国ヲ亡スト
カ又併呑スルトカシテモ列国ガ監視シテ居ルカラ其様ナ事ハ出来ル筈ノナイ事ハ其方ハ知ツテ居ルカ[*67]

安は、これらの問いかけにも、すべて肯定的な返答を与え、以下のような反論を付け加えている。「私ハ日本ガ韓国ヲ併呑セントシテ居ル野心ガアルニモ拘ハラス列国ガ黙視シテ居ル理由モ知ツテ居リマス」。溝渕が「国際公法」の抽象的な理念にみずからの議論の根拠を求めているのに対し、安が直視していたのは、列強の合従連衡により世界分割が推し進められていく帝国主義のリアリズムであった。

まったく動揺が見られない安に対し、溝渕は、保護国化という状況を招いた韓国政府の責任を問う戦略に移行する。かれは、安に対し、韓国が保護国化されなければならない理由を、韓国それ自体の国力の弱さに求め、それを次のように批判した。

日清戦争ハ清国ノ出兵ニ対シ韓国ガ独立シテ之ヲ防止スル事ガ出来ヌ為メ日本ハ韓国ノ為メ出兵シ其結果起ツタモノデ韓国ハ独行ノ出来ヌ即チ自力ノナイ国デアル事ハ知ツテ居ルカ……然ラハ韓国ハ自力ヲ以ツテ清国又ハ露国ニ対抗スル事ガ出来ヌノデアルカラ若シ他国ガ韓国ヲ占領スル事ガアラハ日本ハ頗ル不利益ノ地位ニ立ツノデアルカラ保護ヲシテ居ル訳デアルガ夫レハ如何。[*68]

この糾問に対し、安は、韓国政府の脆弱さを率直に認めたうえで、次のように反論する。「日本デハ左様デアリマスナラムガ韓国ノ立場ヨリ言ヘハ左様デハアリマセヌ」。決め手を失った溝渕が、最後に説得の根拠として持ち出したのが天皇であった。かれは、安に対して、安の行為が、皇室に対する「不敬行為」にあたることを次のように責め立てている。「然ラバ日本カ皇室ノ宣言ニ基キ保護政策ヲ施シテ居ルノデアルカラ之ヲケナスルハ所謂ル人民カ皇室ニ対シ不平ヲ訴フル事ニ為ルノデ其様ナ事ハ出来ヌ筈ナラズヤ」。これに対し安は、以下のように反論する。「皇室ニ対シ不啓ノ事ハ出来マセヌガ自分ノ意見ヲ述ブル事ハ差支ナキモノト信シテ居リマス又政府ニ対シ意見ヲ述ブルハ権利デアリマス」[*69]。ここにあらわれているのは、皇室に統治の根拠を求める日本の特殊主義を、表現の自由という人権思想によって乗り越えていこうとする安の普遍主義である。

あらゆる説得が功を奏さない以上、溝渕になしうるのは、安自身の主張であるところの「東洋平和」の内容を、安自身の口で語らせることのみであった。これに対し安は、「支那、日本、韓国、シャム、ビルマ」よりなる「亜細亜洲」が、「皆自主独立シテ行ク事ガ出来ルノガ平和デス」と簡潔に答えている。そして、伊藤の対韓政策が、その「東洋平和」を害してきたことが、伊藤を暗殺した主たる理由であることを次のように説明した。「伊藤ガ韓国人民ノ希望デアルカラ保護シテ居ルト中シテ日本皇帝ヲ初メ日本人民ヲ欺イテ居リマスカラ伊藤ヲ殺セハ日本モ自覚スルデアロウト思フテ伊藤ヲ殺シマシタ」[*70]。ここで重要なのは、安が、伊藤の暗殺を、その政治的実効性よりも、むしろ政治的メッセージを発信する表現行為として意味づけていたことである。そしてそのメッセージの受け手には、単に「韓国人民」のみならず、「日本人民」もまた含まれていた。

安がその絶筆となる「東洋平和論」の筆をとったのは、その処刑を目前に控えた一九一〇年三月一五日のことであった。「東洋平和論」の冒頭において、安は、東西両半球に分かれ、人種ごとに互いに競い合っている現今の世界の状況を、以下のように嘆じてみせる。「青年を訓練して戦場に駆り出し、無数の貴重な人命をまるで犠牲のように打ち棄てて、血の川・肉の山は絶える日がない。生を好み死を厭うのは、すべての人の常の情であるのに、清く明るくあるべきこの世界が、なんという光景であろう」[*71]。安はそうした状況を生み出した主たる原因を、西欧列強の植民地主義に求める。「古えから東洋の民族は、ひたすら文化に努め、自分の国をつつましく守るだけで、欧州の地を一寸一尺たりとも侵し奪ったことはなかった」のに対し、「最近数百年以来、欧州諸国がまったく道徳を忘れ、日々武力を頼みとし、競争心に駆られて少しもはばかることがなかった」[*72]。

安によれば、そうした西欧列強のうち、最大の害悪をもたらした国がロシアであった。「ゆえに天は一つの機会を与えて、東海の島国日本をして強大なロシアを満州大陸で一撃で倒させた」のである。安は、日露戦争において、韓清両国の人民が、日本軍を歓迎し、運輸、道路建設、探索などに労苦をいとわず、力を尽くした事実に注意を促す。それはひとえに、日露開戦の宣戦布告の文書にあった「東洋平和を維持し、大韓独立を強固にする」との文言に、韓国の人びとの共感が寄せられたためであった。さらに安は、韓国の人びとが、日本とロシアの戦いを、黄白両人種の争いとして意味づけ、「人種愛」の感情に基づいて日本を支援したと説明する。こうして安は、日露戦争における日本の勝利を、次のように言祝いだのである。「快なるかな、壮なるかな。数百年来、悪行の限りを尽くした白人の先鋒を、太鼓の一打で大きく打ち砕いたのである。まさに千古に希な事業として、万国が記念すべき功績である」[*73]。

しかし日露戦後に勝利したのちの日本の政略は、「自分たちが同じく勝ったかのように喜んだ」韓清両国の心ある者の期待を裏切るものであった。安はそれを以下のように批判する。「ああ、千々万々思いもかけなかったことだが、勝利した日本は、凱旋するなり、最も近い同一人種で、最も親しいはずの善良な韓国に対して無理な条約を迫り、満州長春の南に位置する韓国を占領した。世界のすべての人々の脳中に疑惑の雲が湧き起こり、日本の偉大な名声と盛大な勲功は、一朝にしてロシアよりも甚だしい蛮行に変わってしまった」[*74]。ここで安は、日本に対する以下のような問いかけを発する。

現在、西洋の勢力が東洋に押し寄せる災難に対して、東洋の人々が一致団結して極力防御することが最上の策であることは、小さな童子でもはっきりと知っている。しかるに、なぜ日本はこの道理に適った形勢を顧みず、同じ人種である隣国を剥ぎ裂いて、友誼を断絶し、自ら蚌鷸の争いを起こすような、愚かなことを仕出かすのであろうか。[*75]

「東洋平和論」にあらわれた、日露戦争の勝利をともに喜んだ韓国人民の心情の生き生きとした記述や、安自身の日本の皇室に対する深い尊敬の念などは、安がその死にいたるまで、日本人民との対話をあきらめなかったことの証左であろう。したがって、その対話は、国家の暴力を通じて、強制的に終了させられるほかはなかったのである。安の「東洋平和論」は、その執筆の開始からわずか一〇日後に、安自身の絞首刑が執行されたため、その本論は、ほとんど手つかずのまま残された。こうして安の日本人民に対する呼びかけは断ち切られ、対話を通じた植民地主義批判も、後世に託される結果となった。

8　大逆事件の予審調書

日本の韓国政策の正当性を、安重根に「教育」しようと試みた検事とは異なり、大逆事件の「予審調書」には、幸徳ら被告の思想表明を批判するいかなる言葉も記録されていない。安の「訊問調書」が、検事の雄弁と安の応答を克明に書き留めることにより、被告に対する検察官の取り調べが、日本の韓国政策をめぐるディベートへと転化していくプロセスをヴィヴィッドに記録しているのに対し、現在大逆事件の被告に対する「予審調書」として残されているテクストには、権力側の主体的な発言は、ほとんどその痕跡をとどめていない。判事たちの質問は、幸徳が巨大な陰謀を計画し、他の被告たちがそれを支持したという検察の筋書きをなぞるように、破綻なくすすめられていった。大逆事件の取り調べとは、結局のところ、起訴されるべき被疑者の範囲を拡大するために、あらかじめ定められたストーリーに従って、被告相互の関係を捏造していくことにほかならなかった。
宮下太吉は、「大逆事件」において最初に逮捕された被告であった。かれは数個の爆弾を作成し、長野県明科において、その爆破実験を行ったことが警察に知られ、爆発物取締罰則違反の容疑で逮捕されたのである。第一回目の取り調べで、予審判事はかれに社会主義者となった動機を尋ねている。かれはそれに対し、幸徳秋水の著述とならび、内山愚堂の秘密出版『無政府共産』からの影響をあげ、その衝撃を次のように説明している。

この本にはすべての迷信を打破せよと説いてあります。第一に小作人が地主に小作料を納めるのはどういうわけであるか。地主は自然に存在する土地を強奪したのに過ぎない。その地主に日夜はげんで得たものを納めるというのは、つまり地主に対する迷信からである。……第二にはなぜ政府に納税しなければならぬか。政府などは別に設けておかなくとも、人間は自然に相助け合って生存してゆくのが道理であるから、政府はなくてもよろしい。……第三に壮丁は兵隊に出なければならぬというのはどういう理由によるのか。……世界中みなこの主義になれば、戦争などというものはなくなり、兵隊などは不要になる。*76

こうした宮下の陳述に、平民社譲りの非戦論の痕跡を認めることは容易であろう。しかしその非戦論が、天皇に対する暴力的攻撃を帰結するのはなぜか。かれはその理由を、次のように説明していた。

政府の役人などを攻撃したときには誰もそれはそうだと賛成いたしますが、天皇のことになると、みな我国は他国とその国体を異にするとか、皇統連綿の天皇は神だとか申して、私の言うことに承知いたしません。それで私は、天皇もわれわれと同様に血の出る人間だということを示して迷信を破らなくてはならぬ、天皇を斃さねばならぬと決心いたしました。[77]

宮下もまた暗殺の目的とその意義を、あくまでも表現行為の次元で把握していたのである。

管野スガは、大逆事件の被告中、唯一の女性であり、また政府の批判においても、革命の計画の表明においても、もっとも大胆かつ雄弁であった。そして管野の陳述には、政府の弾圧を契機とし、暴力による対抗が次第にエスカレートしていくプロセスが、はっきりと記録されている。最初の取り調べにおいて菅野は、みずからが過激思想をもつようになった理由について、以下のようにのべていた。「赤旗事件で入監したときからです。そのとき大したことでもないのに、社会主義者だというので非常な迫害をうけ、堺枯川なども理由もなく二年という重い刑に処せられました。こういうことから私は憤慨し、到底普通の手段ではだめだと考えるようになったのです」[78]。

取り調べを通じて、管野はみずからを、「社会主義者中もっとも過激派に属する」ものとの自己規定を行い、その「過激派」の目的と手段について、次のように説明していた。「暗殺もやります。交通機関を一時止めるようなこともやります。また放火していろいろの建物を焼払います。要するに略奪者から掠奪物を一物なりとも取り返すことが目的です」。管野は、こうした「革命」に、天皇の暗殺もまた含まれざるを得ないと主張する。その際の彼女の天皇に対する認識は、以下のようなものであった。「いまの元首は個人としてはお気の毒に思いますが、われわれを迫害する機関の元首で、政治上の責任者ですから止むを得ないのであります」。

幸徳秋水は、検察により、こうした一大陰謀事件の首魁としての役割を割り振られた人物であった。しかしながら、調書におけるかれの「暴力」に対する姿勢は、宮下や管野の大胆な自己主張に比して、きわめて抑制的である。かれは、獄中から弁護士に宛てた「陳弁書」の冒頭において、「無政府主義の革命といえば、直ぐに短銃や爆弾で主権者を狙撃する者の如くに解する者が多いのですが、それは一般に無政府主義の何たるかが分かっていないため」であると主張している。かれ自身が書き残した「革命」の意味内容は、以下のようなものであった。

さすれば識者、先覚者の予知し得るは、来たるべき革命が平和か、戦争か、如何にして成るかの問題ではなくして、ただ現時の制度、組織が、社会、人文の進歩、発達に伴わなくなること、その傾覆と新組織の発生は不可抗の勢いなること、……この理を推して、私共は、個人競争、財産私有の今日の制度が朽廃し去った後は、共産制がこれに代わり、近代国家の圧制は無政府的自由制をもって掃蕩せらるるものと信じ、この革命を期待するのです。[*79]

しかしながら、そうした控えめな表現のうちにも、かれは政府の弾圧が、かれとかれの仲間を暴力的な抵抗手段をとるように追い込んでいった主要な原因であることを、はっきりと主張していた。それはたとえば、以下のような予審判事との問答のなかにははっきりとその痕跡を残している。

答　赤旗事件に対する政府の処置については大いに憤慨しておりました。そしてあるいは暴力の革命が起こるかも知れぬと思い、そのことを人にも話したこともありますが、私が直ちに平地に波瀾を起して革命運動をやろうとしたのでありません。
問　それでは其方は、暴力の革命を起す考えはなかったのか。
答　政府の迫害がますます烈しくなるようなら、何とも申されません。[*80]

こうした「大逆事件」の取り調べの合間に、幸徳が獄中で執筆した著作が『基督抹殺論』であった。たしかに本書の執筆の開始は、幸徳の逮捕以前にさかのぼるものであり、その「腹案」は、幸徳によれば、さらにその数年前にはできあがっていたという。[*81] したがって、このテクストの内容に、「大逆事件」の影を読み取ろうとすることには慎重でなければならない。しかしながら本書は、「三畳の一室、一点の火気なき處、高く狭き鉄窓より差入るゝ弱き光線を便りに、病骨を聳かし凍筆を呵して艸する所」とかれ自身が記す困難な獄中生活の内に完成を見たものであり、また「是予が最後の文章にして生前の遺稿也」とその完成を誇ったものであった。[*82] その内容のうちに、幸徳の最後の思想性を探ることは、可能であるように思われる。

本書は、その序論に述べられているように、「史的人物としての基督の存在を非認し、十字架が生殖器の表号の変形たるを論断」することを目的とするものであった。[*83] そして幸徳は、本書の結論において、その目的が果たされたことを高らかに宣言する。「迷妄は進歩を礙げ、虚偽は世道を害す、断じて之を許す可らず、則ち彼れが仮面を奪ひ、扮粧を剝ぎて、其真相実体を暴露し、之を世界歴史の上より抹殺し去ることを宣言す」。[*84] かくも明瞭な、著者の意思表明にもかかわらず、同書は、幸徳の著書のうちで、依然として論争的なものであり続けている。なぜなら本書において、幸徳が真に「抹殺」を試みた対象が何かについて、さまざまな解釈が並存しているからである。戦後本書が岩波文庫として出版されるにあたり、その「解題」を執筆した林茂と隅谷三喜男は、すでにこの書が出た直後から、「仮にキリストまたはキリスト教に託して、実は天皇または天皇制をこそ抹殺しようとするところに、彼の真の意図があったとする見解」が、「かなり有力におこなわれていた」ことを指摘している。[*85] 幸徳は、この解釈を直接に裏づける記述を残してはいない。しかし同書が、キリスト教の由来として、「太古の社会に広通し瀰蔓せる二大信仰」として、序論で述べた「生殖器崇拝」とならび、「太陽崇拝」を明示的に取り上げていることは重要である。すなわち幸徳は、「太陽崇拝」に基礎をおく「神話」が、「一般国民が社会的生活、精神的生活の実際に於て重大の影響を有する」がゆえに、「抹殺」されなければならないことを、けっして隠してはいなかったのである。[*86]

トルストイの直截なロシア皇帝批判を含んだ呼びかけに直面し、それを「言ふこと能はざる所」、「決して写す能はざる所」と表現しなければならなかった日露戦時の平民社の非戦論は、その後の徹底した弾圧の経験を経て、天皇そのものへの物理的な攻撃を国民へのプロパガンダとして正当化する「暴力の哲学」へと転化していった。その結果、かれらは、「非国民」として疎外され、一般の国民とのコミュニケーション回路を、徹底して遮断されるにいたった。しかし、「非戦論」を徹底して生き抜いた大逆事件の被告たちが、最終的に逢着した「非国民」という場所こそが、安重根ら、当時の反植民地主義的ナショナリストの出発点にほかならなかった。ここにおいてはじめて、日本の社会主義者と東アジアの反植民地主義者との対等な対話が可能となる場所もまた開かれたのである。

註

＊1　こうした見地から、日本思想史研究の体系的な理解をめざした戦後のコレクションが、いずれも戦前の「平和主義」を独立したエントリーとして扱っていないことは興味深い。たとえば、筑摩書房が、一九六〇年代に刊行した「現代日本思想大系」シリーズは、『民主主義』、『社会主義』、『アナーキズム』、『近代主義』、『自由主義』、『ヒューマニズムの思想』等の各巻を含むが、平和主義にあてられた巻はない。一方その後継企画である「戦後日本思想体系」には、鶴見俊輔編『平和の思想』（筑摩書房、一九六八年）が収録されている。一九七〇年代に刊行された、校倉書房の「歴史科学大系」シリーズも、『女性史』、『農民闘争史』、『農民運動史』、『社会主義運動史』、『民主主義運動史』といったエントリーをもつが、平和主義はない。一九八〇年代に刊行された「思想の海へ」シリーズは、フェミニズムや亡命、エコロジーなど、新しい主題を分節化しているが、ここでも平和主義は、一巻をあてる主題にはなっていない。平民社の「平和主義」を含む平和思想の体系的紹介は『日本平和論大系』（全二〇巻、日本図書センター、一九九三〜九四年）を待たなければならなかった。

＊2　家永三郎は、次のように述べている。「反戦・反軍・平和思想はそれだけが独立してあらわれるわけではなく、たいてい民主主義とか社会主義とか、あるいはキリスト教といったたぐいの社会思想・宗教思想に伴っている」（家永三郎「一九四五年以前の反戦・反軍・平和思想」『日本平和論大系1』日本図書センター、一九九三年）九頁。

＊3　木下順二「平和ということ」（『日本平和論大系20』日本図書センター、一九九四年）五五〇頁。

＊4　こうした木下の省察は、暴力の批判的考察を、非暴力としてでなく、反暴力として推し進めていった、ヴァルター・ベンヤミンの考察にも通じている。「暴力とはいえ、あれらの目的のための合法の手段でも不法の手段でもありえず、そもそも手段としてではなく、むしろ何か別のしかたで目的にかかわるような暴力」、ベンヤミンはそれを「神話的暴力」という名で呼んだ。ベンヤミン，ヴァルター『暴力批判論』（岩波書店、一九九四年）五四頁。

＊5　「（平民新聞）「宣言」（『平民新聞』一九〇三年一一月一五日）。

＊6　「非戦論演説会の記」（『平民新聞』一九〇三年一一月一五日）。

＊7　「幸徳秋水氏の演説」（日刊『平民新聞』一九〇九年二月一九日）。

＊8　山泉進「序説「大逆事件」の言説空間」（山泉進編『大逆事件の言説空間』論創社、二〇〇七年）四四頁。

＊9　同右、四三頁。

＊10　「暴力の哲学」という問題構成については、ベンヤミンの「暴力批判論」の現代的コメンタールである酒井隆史『暴力の哲学』（河出書房新社、二〇〇四年）から、大きな示唆を受けている。また、趙寛子「「反」帝国主義の暴力と〈滅罪的〉力――中国亡命期の申采浩と同時代の暴力批判論」（『思想』九一七号、二〇〇〇年一一月）は、韓国人アナーキスト、申采浩の思想から、こうした暴力の哲学の可能性を読み出そうとした、注目すべき仕事である。ところで、『平民新聞』紙上での、こうした暴力の哲学の形成をリードしたのは、幸徳秋水であった。周知のように、幸徳の暴力論は、のちに日本の社会主義運動を分裂させる大きな契機となった。しかし本稿では、この暴力の哲学の生成を、幸徳という個人の思想的展開としてではなく、むしろ『平民新聞』紙上に見られる非戦論の分解過程として問題化するため、分析の対象とした記事の著者を特定して論ずることはおこなっていない。当該時期の幸徳の論説に関しては、山泉進編『幸徳秋水――平民社コレクション第一巻』（論創社、二〇〇二年）を参照。また、この時期、絶対平和主義の立場から、平民社の「非戦論」をリードしたのは、木下尚江である。わたしは、木下の平和主義に関して、後述するトルストイの非戦論に匹敵するきわめて純度の高いものであったが、「対話」を中心に練り上げていく幸徳らの「暴力の哲学」に比べて、思想的なダイナミズムを欠いたと考えている。木下の思想、とりわけその平和主義の性格に関しては、清水靖久『野生の信徒木下尚江』（九州大学出版会、二〇〇二年）を参照。

＊11　たしかに、新しく創造された天皇制イデオロギーによって、国民のイデオロギー的なコントロールを目論んだ明治の支配層が、社会主義の教義のなかに、みずからの統治に対する脅威を認めていたことは疑いえない。そしてかれらが、その脅威を取り除く手段として、「大逆罪」というカードを切る戦略に訴えたことも事実である。しかし重要なのは、当時の支配層にとって、社会主義

の弾圧を、「大逆罪」によって行うことは、きわめてリスクの高い戦略でもあったことである。近代的な権力論の原則からいえば、ミッシェル・フーコーの示唆するように、権力の中心は、できるだけ被治者の目から隠されることが望ましい。しかしながら、社会主義者たちを「大逆罪」の名のもとに処刑することは、天皇という存在を、現存する政治権力システムの核として喧伝するに等しい効果をもつ。明治の国家形成者たちは、こうした「大逆罪」にともなうリスクに関して、十分に自覚的であった。それは、大逆罪がはじめて明記された一八八〇年の刑法典の制定をめぐる議論のうちに明瞭にあらわれている。大逆罪の導入に関して、一貫して反対の立場をとった論者としては、副島種臣が知られているが、その主張の根拠は、そもそも天皇を傷づけようとする日本人など存在するはずがないのであるから、わざわざ大逆罪を規定する必要がないというものであった（穂積陳重『法窓夜話』岩波書店、一九八〇年。原著一九二六年、四二～四三頁）。副島の論理にしたがえば、「大逆罪」の適用は、そうした「不忠」な民が現実に存在することをすべての国民に対して知らしめることになる。天皇の名による社会主義の弾圧が、天皇を社会主義の敵として告知するに等しい効果を帯びざるをえない以上、「大逆罪」の適用は、第二、第三の大逆事件を誘発しかねないリスクを伴う。そしてそれは、けっしてエリートの杞憂であったわけではない。大逆事件は、一九一〇年のいわゆる幸徳事件の後も、一九二三年、一九二五年、一九三二年の三回にわたり、実際に繰り返されることになった（山泉、前掲「序説「大逆事件」の言説空間」三〇～三一頁）。

＊12　週刊『平民新聞』四号（一九〇三年一二月六日）、六号（一九〇三年一二月二〇日）、三三号（一九〇四年六月二六日）、三五号（一九〇四年七月一〇日）、五〇号（一九〇四年一〇月二三日）、五二号（一九〇四年一一月六日）。

＊13　具体的には、「新平民論」（週刊『平民新聞』五号、一九〇三年一二月一三日）、「借家人の為に」（同一三号、一九〇四年二月七日）、「兵士を送る」（同一四号、一九〇四年二月一四日）、「社会主義と売淫婦」（同二一号、一九〇四年四月三日）、「富者と社会主義」（同二五号、一九〇四年五月一日）、「婦人と政治」（同二八号、一九〇四年五月二二日）、「政府に忠告す」（同三〇号、一九〇四年六月五日）など。

＊14　「与露国社会党」（週刊『平民新聞』一八号、一九〇四年三月一三日）、「敬愛なる朝鮮」（同三二号、一九〇四年六月一九日）。

＊15　大江志乃夫「一八八〇～一九〇〇年代の日本」（『岩波講座日本通史第17巻　近代2』岩波書店、一九九四年）六六頁。

＊16　「軍隊見送騒ぎの悲惨」（週刊『平民新聞』一六号、一九〇四年二月二八日）。

＊17　「戦争と新聞紙」（週刊『平民新聞』一七号、一九〇四年三月六日）。

＊18　「嗚呼増税！」（週刊『平民新聞』二〇号、一九〇四年三月二七日）。

＊19　呼びかけという行為を、イデオロギーのもっとも重要な働きとして分析した思想家に、ルイ・アルチュセールがいる。かれが、そのイデオロギーについての考察を通じて明らかにしようと試みたのは、国家がどのようにして個人の自発的な服従を調達しているのかという問いであった。かれはそれがもっぱら、教会や学校、家庭や政党、労働組合やマスメディアのような、国家の「イデオロギー装置」によって担われているとし、その働きは、暴力によって機能する軍隊や警察、裁判所や監獄といった国家の「抑圧装置」とは異なる「別の現実」であると主張した。かれによれば、イデオロギーの重要な機能は、個人を、主体（臣民）として「呼びかける」点にある。個人は、こうした呼びかけに、「振り返る」ことで、みずからが「まさしく具体的で個別的な主体であり、他人といっしょくたにされないかけがえのない主体であること」を確認する。このようにして個人は、「自由な主体」となるが、それはまた、主体の命令に自主的にしたがい、その服従を自主的に受け入れ、その服従の身振りや行為をひとりでなしとげることでもあった。アルチュセールは、こうしたパラドックスを、次のように説明する。「服従をとおして、かつ服従のためにしか諸主体は存在しない」。アルチュセール、ルイ「イデオロギーと国家のイデオロギー装置」（アルチュセール，ルイ『アルチュセールの〈イデオロギー〉論』三交社、一九九三年所収）一〇一頁。

＊20　「最も神聖なる者」（週刊『平民新聞』一号、一九〇三年一一月一五日）。

＊21　「平民の要求」（週刊『平民新聞』三号、一九〇三年一一月二九日）。

＊22　「平和の武器」（週刊『平民新聞』三号、一九〇三年一一月二九日）。

＊23　例えば、「人類と生存競争」（週刊『平民新聞』一二号、一九〇四年一月三一日）。

＊24　たとえば、ある評者は、幸徳秋水の『社会主義神髄』に対して、次のようなコメントを与えている。「本書は、……社会発展の推進力が『生産力と生産関係との衝突』であり、したがって歴史は階級闘争の歴史であることが正確に把握されておらず、また、当時わが国のほとんどすべての社会主義理論がもった欠陥と同様に、剰余価値論＝経済理論把握の浅さと国家論の欠如のために、労働者階級の革命的階級としての役割はまったく評価されなかった。したがって著者はプロレタリアートに呼びかけることをしないで、『志士・仁人』＝革命的インテリゲンチアに奮起を訴えるにとどまっている」。渡部義道・塩田庄兵衛編『日本社会主義文献解説』（大月書店、一九五八年）四六頁。

＊25　ネグリ，アントニオ、ハート，ウィリアム『帝国』（以文社、二〇〇三年）。

＊26　ヴィルノ，パオロ『マルチチュードの文法』（月曜社、二〇〇四年）一二、三一、一八二頁。原著 Virno, P.（2002）*Grammaire de la multitude*, Editions de l'eclat.

＊27 アンダーソン、ベネディクト『三つの旗のもとに――アナーキズムと反植民地主義的想像力』（ＮＴＴ出版、二〇一二年）。原著 Anderson, B (2005) *Under three flags : anarchism and the anti-colomial imagination*, Verso.

＊28 幸徳秋水「翻訳の苦心」（『文章世界』三巻四号、一九〇八年三月一五日）。『幸徳全集』⑥、四三九～四四七頁。

＊29 大原慧『幸徳秋水の思想と大逆事件』（青木書店、一九七七年）、井口和起「幸徳秋水『廿世紀之怪物帝国主義』について」（『人文学報』二七号、一九六八年一二月）。

＊30 幸徳の「一九〇〇年問題」に関しては、平塚健太郎のすぐれたレヴュー論文「幸徳秋水の帝国主義論をめぐって」（『初期社会主義研究』一一号、一九八八年一二月）を参照。

＊31 前掲「与露国社会党書」。

＊32 「戦争来」（週刊『平民新聞』一四号、一九〇四年二月一四日）。

＊33 前掲「与露国社会党書」。

＊34 荒畑寒村は、平民社のエネルギーの源として、「平民社同人が戦争反対の信念、平和主義の熱情、人道主義の理想」を挙げている。荒畑寒村『平民社時代』（中央公論社、一九七七年。原著一九七三年）七頁。

＊35 「記者足下に寄す」（週刊『平民新聞』一八号、一九〇四年三月一三日）。

＊36 前掲「兵士を送る」。

＊37 平民社とトルストイとの関係を論じた近年の業績として、Konishi. S. (2013) *Anarchist modernity*, Harvard University Press. chapter 3がある。

＊38 「トルストイ翁の日露戦争論」（週刊『平民新聞』三九号、一九〇四年八月七日）。Tolstoy, L. *Bethink yourselves*. English translation published in *Times*, 27 June 1904.

＊39 「トルストイ翁の非戦論を評す」（週刊『平民新聞』四〇号、一九〇四年八月一四日）。

＊40 前掲「トルストイ翁の非戦論を評す」。これに対し、トルストイは、その返書において、次のように記していた。「予は日本の慧敏にして精力強き、人民の最も進歩せる部分が、此の脆弱なる、空想的の、而も誤謬多き社会主義を欧州より取りたるを悲しむ、欧州に於ては社会主義は今や既に遺棄せられつゝあり、社会主義は人間性情の最も賎しき部分の満足（即ち其の物質的の幸福）を以て目的と為す、而して其の幸福は決して其の唱道する手段に依りて到達せらるべきものに非ず」。この返書に対し、かつての平民社同人は、「翁の如き偉人にして猶ほ且つ社会主義及び社会問題解釈法に対して、浅薄なる通常人と同じ誤謬に陥れるを見て深く

之を悲しまざるを得ず」と応じたのである（「トルストイ翁の返書」『直言』二巻三〇号、一九〇五年八月二七日）。

＊41　前掲「トルストイ翁の非戦論を評す」。

＊42　前掲「トルストイ翁の日露戦争論」。また、こうしたレトリックは、日本の「愛国者」に、ロシアの農民に対する同情をよびおこすことにも成功した。星山安「ト翁戦争論中に現はれたる一農夫をしぬびて詠める歌」週刊『平民新聞』四三号（一九〇四年九月四日）。

＊43　前掲「トルストイ翁の日露戦争論」。

＊44　「真に已む可からざる乎」（週刊『平民新聞』一一号、一九〇四年一月二四日）。

＊45　「露人と日本人」（週刊『平民新聞』二二号、一九〇四年四月一〇日）。

＊46　「露国と日本」（週刊『平民新聞』一〇号、一九〇四年一月一七日）。

＊47　「平民の握手」（週刊『平民新聞』一〇号、一九〇四年一月一七日）。

＊48　「光栄ある平和」（週刊『平民新聞』一〇号、一九〇四年一月一七日）。

＊49　「文壇演壇」（週刊『平民新聞』五〇号、一九〇四年一〇月二三日）。

＊50　「誰か弱しといふや」（週刊『平民新聞』四一号、一九〇四年八月三一日）。

＊51　木下尚江は、この時期、天皇制の批判を展開していたが、幸徳は、それを平民社の公式の立場とは認めてはいなかった。たとえば、一読者から、受けた次のような質問に対する幸徳の回答を参照のこと。「木下先生は、帝国の破壊は自分等の目的であると公言せられます、秋水先生は社会主義は我が国体と矛盾せぬと云はれます、お二人の社会主義は違ふ所がありますか」。「木下君が、そんなことを言たか知りませぬが、夫は多分今の所謂国家の境域を撤し世界の一致連合を希ふの意味でしやう、予も之に異存はありません、併し直ちに今の君主を廃すべしとは申しません、立君制度の下でも社会主義は行はれます」。「読者と記者」（週刊『平民新聞』一二号、一九〇四年一月三一日）。

＊52　前掲「トルストイ翁の日露戦争論」。

＊53　同右。

＊54　代表的なものとして、石母田正「幸徳秋水と中国」（『続歴史と民族の発見』東京大学出版会、一九五三年所収）、石坂浩一『近代日本の社会主義と朝鮮』（社会評論社、一九九三年）。

＊55　前掲「敬愛なる朝鮮」。

＊56　谷口智彦「幸徳秋水は「敬愛なる朝鮮」を書かなかった」（『朝鮮研究』一六八号）。
＊57　石坂、前掲『近代日本の社会主義と朝鮮』、一一一〜一一二頁。
＊58　李京錫「アジア主義の昂揚と分岐――亜州和親会の創立を中心に」（『早稲田政治公法研究』六九号、二〇〇二年）。
＊59　松尾尊兊『社会主義沿革』一（みすず書房、一九八四年）xxiv 〜 xxvii頁。
＊60　藤田省三『天皇制国家の支配原理』（みすず書房、二〇一二年）。Gluck, C. (1985) *Japan's modern myths*, Princeton University Press.
＊61　朝日新聞の記事データベース聞蔵Ⅱに基づく。
＊62　「安重根等の公判」（『東京朝日新聞』一九一〇年二月一五日）三頁。
＊63　「特別裁判判決」（『東京朝日新聞』一九一一年一月二〇日）三頁。
＊64　小川武敏「大逆事件と石川啄木」（前掲『大逆事件の言説空間』所収）には、「大逆事件」初期報道についての詳細な紹介がある。また山泉進「「大逆事件」のニューヨークへの到達」（前掲『大逆事件の言説空間』）も参照。
＊65　西川正雄『初期社会主義運動と万国社会党』（未来社、一九八五年）、山泉進「「大逆事件」抗議運動に対する在外公館の対応――外務省文書にみる在米大使館と紐育総領事館」（『明治大学教育論集』二五七号、一九九三年）、同「大逆事件の国際的影響――ロンドンにおけるロバート・ヤング」（『明治大学人文科学研究所紀要』四三号、一九九七年）、同、前掲「「大逆事件」のニューヨークへの到達」二七六〜二八五頁。
＊66　市川正明編『安重根と日韓関係史』（原書房、一九七九年）三三二頁。
＊67　同右、三三三頁。
＊68　同右、三三三頁。
＊69　同右、三三五頁。
＊70　同右、三三五〜三三六頁
＊71　安重根『安重根自叙伝・東洋平和論』（ほっとブックス新栄、二〇一一年）八七頁。
＊72　同右。
＊73　同右、八七〜八八頁。
＊74　同右、八八〜八九頁。
＊75　同右、八九頁。

＊76　塩田庄兵衛、渡辺順三編『秘録大逆事件』上（春秋社、一九五九年）一二〇頁。
＊77　同右、一一九〜一二〇頁。
＊78　同右、二二〇頁。
＊79　塩田庄兵衛、渡辺順三編『秘録大逆事件』下（春秋社、一九五九年）一七〇、一七四頁。
＊80　同右、六〜七頁。
＊81　林茂・隅谷三喜男「解題」（幸徳秋水『基督抹殺論』岩波書店、一九五四年所収）。
＊82　幸徳秋水『基督抹殺論』（原著一九一一年）。『幸徳全集』⑧、三五二頁。
＊83　同右、三五一頁。
＊84　同右、四七二頁。
＊85　林・隅谷、前掲「解題」、一八一頁。
＊86　近藤典彦『石川啄木と明治の日本』（吉川弘文館、一九九四年）一四六頁。

第Ⅱ部　踏破記録

第4章　号令と演説とアナーキズム
――大杉栄における「吃音」の問題――

1　「吃音」という方法

大杉栄は、おそらく日本思想史上もっとも有名なアナーキストであり、かつ、「大逆事件」で処刑された幸徳秋水の後継者としても知られている。一九二三年の関東大震災後の混乱のなかで、憲兵隊により虐殺されたその悲劇的生涯とともに、大杉の名は、国家権力に対するあくなき抵抗者として、またその犠牲者として、広く人々の記憶に刻まれている。かれの著作を編集した全集は、その死後直後に編纂、出版された近藤憲二の手になる版をはじめ、戦後からこんにちにいたるまで、数度の改訂・出版が行われてきた。また、大杉に関する著作や論説も、すでに生前からかなりの蓄積があり、こんにちにいたるまでその人気に翳りはみえない。また、大杉を、重要なアクターとして設定した小説やドラマ、映画も、かなりの数にのぼる。

たしかに大杉には、読者の関心を引き立てずにはおかないカリスマ性がある。かれの生涯を彩っている多様なエピソードのひとつひとつに――たとえば「一犯一語」というスローガンに象徴されるような、監獄における独学を通じて複数の外国語をマスターしていく貪欲な学習者、社会のタブーに正面から切り込んでゆく知的な「文明批評家」、もつれた四角関係の果てに愛人に刺され重傷を負う「葉山日陰茶屋事件」のドン・ファンぶり、労働運動の先頭に立ち、官憲ならびに共産党グループと派手な立ち回りを演ずる男気溢れるリーダー、上海やパリでの国際的な会議へ出席し同等と渡り合うインターナショナリスト——その強烈な個性がきらめいている。同時代人も、そしてのちの読者も、こうした大杉のカリスマ性に魅せられ、その秘密を解き明かそうとし、その継承の可能性をさまざまに論じてきた。

しかしながら、大杉自身は、みずからに対して、こうした他者からのイメージとは異質な自己イメージを持っていたように思われる。それはたとえば、大杉が、望月桂の手になるみずからの似顔絵について残した次のような評言に込められているものである。

> これが僕の癖、しかもちよつと何にかに困つた時にやる癖ださうです。が、僕の癖をつかまへるのなら、そんなつまらない癖でなく、もつともつと面白い、いい癖がある筈です。それは例の吃りから、金魚のやうに飛び出た大きな目をぱちくりぱちくりやりながら、やはり金魚のやうに口をぱくぱくとやって、そして唾ばかり飲みこんで何んにも云へずに七転八倒してゐるところなんです。それがつかまへられないで、こんなつまらんところしか描けないやうぢや、望月の絵もまだまだ駄目です。[*1]

大杉栄の肖像画（望月桂　画、大杉栄・望月桂著『漫文漫画』1922年より）

この文章がおおやけにされたのが、一九二二年。大杉が、労働運動家として、もっとも大きな影響力を発揮していた時期であった。たとえばこの時期、大杉と活動をともにした逸見吉三は、このころの大杉について、「運動の主流としての大杉栄は、その魅力ある個性と言論、奔放な行動によって、常にずばぬけた存在であり、あらゆるところに大きな影響を与える中心でもあった」と回想している。[*2] 望月の似顔絵も、こうした「魅力ある個性と言論」を兼ね備えた主人公としての大杉の一面をとらえようとしたものであったろう。しかし大杉はここで、そうした他者からのイメージを否定して、みずからの本質を、「吃音者」として提示する道を選んでいる。大杉が、卓越した思想家であり活動家であったことは疑いえない。しかし、かれは同時に「吃音」の思想家であり活動家でもあった。大杉が、フランスへの密航と強制送還を経た後、憲兵隊によって虐殺されるのは、この文章がおおやけにされてわずか一年後のことにすぎなかった。「ずばぬけた」存在であった大杉は、ひとりの「吃音」者として、その生涯を終えたのである。

大杉は、その思想形成を探る手がかりとして、『自叙伝』というテクストを残した。「自叙伝」は、雑誌『改造』の一九二一年九月号より連載がはじまり、幼年時代から陸軍幼年学校を退学するまでの時期を描いた「第一篇」が発表され、その後一九二二年から翌年にかけてその続編が掲載された。これらの文章が、他の自伝的記述とあわせて『自叙伝』として公刊されたのは、大杉死後の一九二三年一一月のことである。『自叙伝』はこれまでも、この特異な革命家の前半生を活写した光彩あるテクストとして、多くの読者を獲得してきた。そのなかでも、とりわけ故郷新発田における腕白な幼少期や、早熟かつ奔放な性の目ざめ、幼年学校の経験に由来する反軍思想のめばえなどが、かれの「自由」思想の内実を考えるうえでの根源的経験として注目を集めてきた。[*3] しかしながら、『自叙伝』における中心テーマでありながら、これまでその思想との関連が主題化されることはなかった問題が残されている。それは、大杉の「吃音」をめぐる問題圏である。

大杉の「吃音」に関しては、同時代人から多くの証言があり、大杉もまた、『自叙伝』を含む多くの文章で、その事実に言及している。大杉が吃音者であったという「事実」に議論の余地はない。ここで重要なのは、大杉がみずからの「吃音」と取り結んだ独特の関係性である。大杉は、前述の文章にあらわれているように、その生涯の最後においてみずからの「吃音」を、克服すべき障害としてでもなく、コンプレックスの源泉としてでもなく、むしろ欠くべからざるみずからの個性として提示した。本章は、大杉のアナーキズムが有していた特有の位相を明らかにする手段として、かれがみずからの「吃音」と取り結んだ関係性とその意味をあきらかにしようとする試みである。

2　『自叙伝』の世界より

同郷で、かつ陸軍幼年学校の後輩でもあった松下芳男は、大杉の人生の大きな転機になった幼年学校中退の原因を、大杉の「吃音」に求めている。「吃音」によって引き起こされた環境との不適合が、大杉の思想の根底にあるというのである。

さてしからば大杉さんをなせ不良にしたか、の疑問が出るが、世人はその秘密を知らないので、大杉評論でも見たことがない。それを私は確信をもって断言するが、それは大杉さんが吃（ども）りであったからである。少年時代の大杉さんの吃り工合を私は知らないが、赤旗事件での出獄後会ったときには、二年間も余りしゃべらなかったからとて、その吃り工合はひどいもので、目を白黒にし、手を動かし、ようやく意をはたすというものであったから幼年学校時代もさぞやと想像した。その吃りが学校で「早くいえ！」「語尾をはっきり」「もう一度復唱せよ！」と怒鳴られると、ドギマギしてますますいえなくなる。こういう状態だとどうなるか。現在の憂悶、将来の悲観、それは鬱憤となり、短気になり、自暴自棄的になる。当然といっては悪いが、学校がイヤになることには、十分同情できるではないか。[*4]

これに対して鎌田慧は、大杉の思想が、「吃音」とは切り離されて理解されるべきであることを、次のように主張した。

吃りを理由にいじめ抜かれた体験を、大杉はさらりとしか書いていない。しかし、それ以外、ひとにつけ込まれる弱点をもっていなかった大杉にとって、その屈辱は腹に据えかねるものだったことは想像に難くない。しかし、だからといって、それを「不良化」に直接むすびつけるのは、牽強附会にすぎよう。軍隊的な不合理な支配と服従に、彼の育ちすぎた個性はすでに適応できなくなっていたようだ。[*5]

こうした両者の見解には、「吃音」という問題に対する常識的な見解が露呈している。ここで問題とされているのは、大杉が、「吃音」であるがゆえにあのような思想の持ち主になったのか、「吃音」であったにもかかわらずあのような思想を持ちえたのかという二者択一の問いである。一見対立するこの二つの見解は、実のところ、ひとつの前提を共有している。それは「吃音」という現象を、ある種の「病理」として、主体の外部に位置づける発想である。従来の大杉研究において、かれの「吃音」が、そのように扱われてきたことには十分な根拠がある。それはほかならぬ大杉自身が、「吃音」の原因を、遺伝的な形質にあるかのような記述を残しているからである。それは例えば『自叙伝』の、以下のような記述にあらわれている。「しかし肉親と云ふものはさすがに争はれない。猪伯父も一昌伯父も吃つた。丹羽の老人も吃つたやうだ。父も少し吃つた。そして僕が又吃りだ」[*6]。また『自叙伝』には、かれの母親がかれの「吃音」の原因を、「小さい時にわづらつた気管支のせい」にしていたとも記されている。[*7]

しかしながら、「吃音」に焦点をあわせて、あらためて『自叙伝』を読み返すとき、このテクストが、「吃音」を「病理」とみなす前提を無効にするような、いくつもの矛盾と混乱を含んでいることがあきらかになる。たしかに大杉はこのテクストに、「吃音」に苦しんだいくつかの経験を印象的に書き残してはいる。しかしながらそうした記述は、多くの友人たちと行った、活発な対話の記憶と併存してもいるのである。たとえば『自叙伝』には、以下のような小学校時代の記憶が記されている。

本読みの僕はいつも皆んなの牛耳をとつてゐた。僕は友人の殆んど誰れよりも早くから『少年世界』を読んでゐた。そして或る妙な本屋と知合いになつて、そこからいろんな本を買つて来て読んでゐた。修身の逸話を集めた翻訳物のやうなのも持つてゐた。又誰れも知らない四五冊続きの大きな作文の本も持つてゐた。さうした雑誌や書物から窃つと持つて来た僕の演説や作文は皆んなの喝采を呼ばずにはおかなかつた。[*8]

ここにおいて描かれているのは、まぎれもなく一人の雄弁な少年の姿である。大杉は、『自叙伝』の別の箇所で、みずからの小学校時代を回想し、「生まれつきの吃り」であり、「半分唖のやうだった」とも記述しているが、[*9]この回想からは、そのような状況の片鱗すらうかがうことはできない。「吃音」をめぐる『自叙伝』の記述は、このような矛盾と混乱に織りなされながら、読者へと届けられているのである。

一見矛盾や混乱にみえるこうした記述の背後にあるのは、おそらくきわめて単純な事実ではないか。それはすなわち、大杉は、ある場合には「吃り」、ある場合には「吃ら」なかったということである。『自叙伝』における矛盾や混乱は、そうした「吃音」の不規則性を記録しているに過ぎないものではなかったか。この推測は、「吃音」の原因を、遺伝や器質といった「吃音」の「外部」に求めるあらゆる解釈を無効とする。[*10]そして「吃音」の原因が、「吃音」の外部に求められないとするならば、それはその内部に、すなわち、「吃音」という現象そのもののうちに探られるほかはない。[*11]従来の大杉論が、「吃音」を「病理」として記述する『自叙伝』の記述に従うことで、「吃音」とその思想との内在的連関を問うための視座を閉ざしてきたとすれば、ここで問われるべきは、「吃音」が「病理」として前景化される、その構成のメカニズムそのものである。

では大杉は、いったい誰に対して、どのように「吃った」のか。『自叙伝』には、「吃音」の生成に関して、次のような興味深い叙述がある。

母の一日の仕事の主な一つは、僕を怒鳴りつけたり打つたりする事であるやうだつた。母の声は大きかつた。そして其の大きな声で始終何にか云つてゐた。母を訪ねて来る客は、大がい門前まで来るまでに、母がゐるかゐないか分ると云ふ程だつた。其の大きな声を一そう大きくして怒鳴りつけるのだ。そして其の叱りかたも実に無茶だった。「又吃る。」生来の吃りの僕をつかまへて、吃るたびにかう云つて叱りつけるのだ。せつかちの母は、僕がぱちぱち瞬きしながら口をもぐもぐさせてゐるのを、黙つて見てゐることが出来なかつたのだ。そして「たたた……」とでも吃り出さうものなら、もうどうしても辛棒ができなかったのだ。そして此の「また吃つた」ばかりで、横つ面をぴしやんとやられた事が幾度あつたか知れない。[*12]

この記述が示唆しているのは、大杉の「吃音」が発生する主要な場が、もっぱら家庭のなかに存在し、その主要な対象が母親であったという事実である。一般的に「吃音」は、「学校」などの「公的」な空間において顕在化することが多いと考えられるので、[*13]母親との「私的」なコミュニケーションにおいてもっぱら「吃って」いるこの大杉の記述は注目に値する。一般的にいって、人が教室で「吃る」場合、その理由は心理的緊張にあると想定されよう。通常人は、教室などの場で「公的」なコミュニケーションを行うほうが、家庭で「私的」な会話を行うよりも、強い緊張を感じることが多いと想定されうるからである。さらにそうしたコミュニケーションを行ううえでの緊張が、「吃音」

の発生と関係をもつとすれば、『自叙伝』の記述が示唆するのは、大杉の母親が、かれにとって、常に緊張を強いる存在としてたちあらわれていたという事実である。通常は「私的」なものとして想定されるはずの母子関係に、なんらかの「公的」な緊張がすでに介入していること。大杉における「吃音」の発生を特徴づけているのは、こうした家庭と母親をめぐる関係のあり方にほかならない。

わたしは、このねじれの源泉を、大杉と母親との間の「私的」な関係に、軍隊という「公的」な権力が、その当初から介入していたことに求めたい。かれの母親は、『自叙伝』において、徹頭徹尾軍人的な価値観を内面化した人物として、また時には、職業軍人である夫よりも軍人らしい人物として描き出されている。大杉が書き残した母にまつわるエピソードは、「女性らしい」やさしさや感性を強調するものよりも、「男勝り」の勇ましさや度胸を強調するものが多い。例えば『自叙伝』に記された、両親が結婚にいたるエピソードは、以下のようなものである。

父が近衛の少尉になつた時、大隊長の山田と云ふのが、自分の細君の妹のために婿選びをした。そして二人候補者が出来たのだが、遂に父の手にそれが落ちたのださうだ。其の当時、母は山田の家にゐた。なかなかのお転婆娘で、よく山田の出勤を待つてゐる馬に乗つては、門内を走らして遊んでゐたものださうだ。[14]

大杉は、この母親から、職業軍人になるという夢を、いわば寄託される存在としてこの世に生をうけた。『自叙伝』に記された母親のエピソードの多くは、意識的にであれ、無意識的にであれ、彼女が、常に息子を、将校にするという明確な目標にむけて訓練していたことを示している。

明瞭な発声は、軍隊における「号令調声」に不可欠の要素であり、その能力は、特に将校にとっては不可欠のものである。将校の養成学校である幼年学校や士官学校で、「号令調声」の練習が重視され、生徒の自主的な練習が奨励されていたことは、多くの記録や研究が伝えるところである。[*15] しかし大杉の場合、こうした「号令調声」訓練が、すでに家庭内で、主として母親との間で、無意識のうちに開始されていたことは注目されてよい。そしてそれは、後に幼年学校で繰り返されることになる「号令調声」訓練の先取りにほかならなかった。「其の吃るたんびに母に叱られて殴られた事もやはり前に云つた。父はそれを非常に心配して、「吃音矯正」と云ふやうな薬を本の広告で見ると、きつとそれを買つて僕にためして見た。が、いつも其の効は少しもなかつた」[*16]。父親のこうした「心配」もまた、軍隊における息子の将来を憂慮したがゆえであった。大杉が、母親に対して「吃った」のは、その母子関係に、軍隊の上官と部下に類比しうるような権力関係が重ねられていたからである。大杉が、家庭で「吃った」のは、その家庭そのものが、将校を養成する学校としての性格も兼ね備えていたからであった。

「吃音」が「病理」として問題化されるのは、あくまでも組織的行動や「号令調声」という軍隊的な規律実践との関係においてである。集団行動や規律訓練の必要がない世界では、「吃音」が病理として顕在化することはありえない。もちろん、そうした世界においても、「たたたた……」といったり、「ぱちぱち瞬きをしながら口をもぐもぐさせ」たりする話し方そのものは存在するであろう。しかしながら、それは、話し手の「個性」でこそあれ、「病理」として矯正の対象とされることはありえないはずである。こうした考察は、「吃音」と大杉と軍隊をめぐる従来の考察を逆転させずにはおかない。大杉は、「吃音」であったがゆえに軍隊という制度になじめなかったのではない。大杉の「吃音」は、そもそも軍隊という制度によって構成されていたのである。

3　軍隊と「吃音」

「吃音」という一見個人的な「病理」を、軍隊という社会的な制度との関連において問題化することで、「吃音」を、ひとつの言語的実践とみなすことが可能となる。「吃音」は、軍隊的な発話に対立する別種の発話である、この意味において「吃音」の「矯正」とは、「病理」の治癒としてではなく、「号令調声」的な発話の強制的な規律訓練として問題化されなければならない。こうした考察は、「吃音」に対する常識的な問いのたてかたを反転させずにはおかない。問題の本質は、「吃音」とは何かを問うことではなく、むしろ「号令調声」の内実を問うことに求められなければならないからである。では、「号令調声」とは何か。それはいったい誰の、どのような言葉なのであろうか。

日清戦争の翌年に発表された石橋忍月の短編小説「訥《どもり》軍曹」[*17]には、「号令」という発話が有する主体形成作用についての興味深い考察が含まれている。この小説の主人公は、備後の国庄原村に住む鬼五郎という「大力無双の大男」で、「生来の訥」という設定である。小説は、この鬼五郎のもとへ、日清戦争の召集令状が舞い込むところからはじまる。こののち、小説は、鬼五郎が「訥」に由来するさまざまな苦難を乗り越え、戦場で大きな功をたてたのち、名誉の戦死を遂げるまでを描写する。興味深いのは、この小説において忍月が、明治二〇年代の日本の言語実践を三つに分類し、そのそれぞれに異なった空間をわりふっていることである。すなわち、かれは、「訥」と「号令」と「弁舌」という三つの発話行為が、それぞれ「村」と「軍隊」と「都市」という三つの異なった空間と密接な対応関係にあることを、鬼五郎の移動に沿って象徴的に描き出していった。

鬼五郎は、村の人々からきわめて好意的なまなざしを向けられる人物である。これは、「生来従順」で「涙多い」かれの性質に由来するところが多いが、他方かれの「訥」もまた、その「正直無垢を表すの看板」として「却て人々の愛好を受くるの種」となっていたからであった。聡明で器量のよいかれの妻、雪も、みずから望んで、鬼五郎の妻となった人物である。雪は、鬼五郎について次のようにいう。「世の中は弁舌の爽かなる人を好めども妾は何故か君の訥が好きなりき」。ここにいう「世の中」は、当時の文明開化の風潮そのもの、すなわち「都市」の価値観を象徴していると考えられよう。ここで「弁舌」と「訥」は、「都市」と「村」という異なる空間において、異なる価値基準に基づいて評価されるべき、別種の言語的実践として位置づけられている。鬼五郎の「訥」の「武骨無才」は、「村」においては、「弁舌の爽やかなる人」の「風流多才」よりも、評価されるべき発話行為として受けとめられていた。

ある日この鬼五郎の家に、日清戦争への召集令状が届く。村役人（かれは特徴的にも「国家君」という名でよばれている）が召集令状をもってあらわれ、かれに白羽の矢がたてられた事情を説明する。鬼五郎は、外国相手の「骨も折れる」今度の戦争に、「この村の名代男」として、「この村から立派な軍曹を出す」という期待を担って選ばれたのである。鬼五郎は、「愉快」とさけび、直ちに出発準備を開始する。このように「村」の世界において、かれの「訥」は、自他ともに、けっして「病理」としては認識されていない。そしてそれは、鬼五郎が、村人を前に「演説」をおこなうシーンにおいてすら、いささかも揺らぐことはない。鬼五郎は、出発の直前、村役場で、郡長をはじめ多くの村人から激励を受ける。響きわたる大日本帝国万歳の嵐の中、何かいわんとして演壇に登った鬼五郎の姿を、テクストは以下のように描写する。「此日は一層心激し胸満ちて一時にこみ上げ言はんと欲すること言ふ能はず只僅かに「諸、諸君！」と呼びてしばし中絶口をもがき手を振りて漸く左の語を続けたり。予、予は、い、生ては、か、還りません」。聴衆は、このかれの一言を、「千言万句より多くの意味」を表すると評価し、「十分の満足と、十分の感動を得」て、鬼五郎を「都市」へと送り出すのである。

こうして鬼五郎は、第五師団司令部が置かれていた広島という「都市」に、県下二〇郡中の先着者として到着した。しかし、かれの運命は、到着後直ちにうけた身体検査によって暗転する。かれは、「弁舌の不明瞭なる為め」、「医官」より「不合格」の宣告を下されてしまうのである。鬼五郎は、懸命に、自分が「号令」をはっきりとかけられること、さらに軍曹の職務を行ううえで決して人後に落ちるものではないことを訴えるが、宣告は覆らない。かれは、苦悩と絶望の末、意を決して妻のかつての奉公先であった顔見知りの町橋大尉に強引に頼み込み、ようやく入営をゆるされる。その後かれは、かれを不合格とした「軍医部」や町橋大尉の目前で、一分隊の指揮を披露する機会を与えられ、それを見事にやってのける。忍月は、この時の鬼五郎の横顔を、次のように記す。「訥りなれども、訥りの面影は絶えて見るに由なし」。鬼五郎は、「訥」というみずからの言語のゆえに、「弁舌」に価値を置く「都市」のなかから排斥される。しかし、かれは、「号令」の能力を示すことによって、「軍隊」という空間にみずからの場所を確保することに成功したのである。

やがて鬼五郎の中隊は戦地へとわたり、実際の戦闘が開始される。かれの中隊は、激戦に次ぐ激戦を経験し、かれの入営を支援し、許してくれた恩人たちも次々と戦死していく。鬼五郎は、苦戦続きの戦場で、目覚ましい活躍を見せ、敵の牙営を占領するやいないや、「大日本万歳」を叫び、続いて戦死したかれの上官の名を「大音に唱え」る。「大日本陸軍歩兵大尉町橋蒼海の霊先登第一！」このときの光景を、忍月は次のように記す。「斯の爽快なる小気味よき大音を発したる鬼五郎は此時のみは訥りにて在らざりけり」。この戦闘は、鬼五郎の活躍で、日本側の勝利に終わる。しかし、鬼五郎は、この戦闘の直後に倒れ、やがて野戦病院で息を引き取る。そして小説は、次のような忍月の詠嘆とともに閉じられるのである。「ア、流暢の弁舌より寧ろ好んで世人に聞かれし彼の訥りも最早聞く能はざるこそ憾みなれ」。

「村」という空間においては、鬼五郎の「訥」は、まぎれもなくかれ自身の発話行為であった。そうしたかれの発話は、「都市」において徹底的に否定される。「弁舌」がものをいう世界においては、かれの「訥」は、もはやひとつの言語とはみなされず、その結果、かれは言葉を失った存在となったのである。そのかれが、「軍隊」のなかで、ふたたび言葉を回復する。しかしながら、そこで回復された言葉は、けっして「村」でしゃべられていた、かれ自身の言葉と同じものではありえない。では、分隊を指揮するとき、もしくは「大日本万歳」を大呼するとき、鬼五郎は、いったい誰の言葉をしゃべっていたのであろうか。この点に関して、かれが戦死した上官になりきることによって最終的に「吃音」を克服したと見なされていることは興味深い。では、戦死した上官の名によって代表されている立場とはいったい何か。それは、戦場においてもっとも純粋なかたちであらわれた、「国家」の利益にほかならない。別言すれば、鬼五郎は、みずからの立場を、「国家」と完全に同一化することではじめて、「爽快なる小気味よき大音」を発することができたのである。

忍月のこの小品は、発話という行為と、その発話をおこなう主体の立場性とのあいだに存在する密接な関係について、われわれの考察をうながす。[*18] そもそも発話という実践的行為は、単に話し手の客観的な発声能力のみに依存するものではなく、話し手の立場性とも密接な関係を持つ。われわれは、話すという行為をおこなう場合、つねに「誰か」として話しているのであり、そうした主体の位置の意識的・無意識的な了解なくしては、そもそも話すという行為自体が成立しえないのである。鬼五郎が、「村」の外部で話せないのは、かれが「都市」という空間の内部に、みずからの占めるべき場所を見つけることができないからであった。そしてかれが、「軍隊」という空間において新しく言葉を獲得しえたのは、「村」の自分と完全に決別し、「国家」という対象に、みずからの全人格を完全に従属せしめたその瞬間であった。だからこそ忍月は、この時の鬼五郎を、「この時のみは訥りにてあらざりしなり」と表現しなければならなかったのである。忍月のこうした観察は、「吃音」と「号令調声」という言語実践上の差異が、同時に、非国家的な主体と国家的な主体との距離でもありうることを示している。もしこの観察が正しければ、われわれは、この忍月のプロットを逆向きにたどり直すこともできるはずである。すなわち、「吃る」という行為それ自体のなかに、「軍隊」の言葉をしゃべることへの、さらには「国家」という主体にみずからを同一化することへの、根元的な拒絶を読みとることである。

4　名古屋幼年学校の八三五日

陸軍士官を父に持ち、後に陸軍中将まで昇進した山田保永を叔父に持つ「軍人一家」に育った大杉栄が、「未来の陸軍元帥」を夢に、陸軍幼年学校進学の途を選んだのは、きわめて自然な選択であったように思える。二度目の入学試験に合格し、名古屋幼年学校に入学したのは、満一四歳の一八九九年九月一日。「不良少年」として鳴らしていた新発田中学を三年の中途で退学してのことであった。[*19] しかしながら、大杉少年は、「盲従」を第一とするこの生活の中で、「脳神経衰弱」になるまで追いつめられたすえに格闘事件を起こし、一九〇一年一一月一四日に退校となる。大杉が後年はじめて平民社を訪れ、「どうして社会主義にはいったか」と堺利彦に問われたとき、「軍人の家に生れ、軍人の間に育ち、軍人の学校に教へられて、軍人生活の虚偽と愚劣とを最も深く、感じてゐるところから、この社会主義のために一生を捧げたい」と答えたことはよく知られている。[*20] 名古屋幼年学校での生活は、逆説的にではあるが、社会主義者大杉を生み出す揺籃となった。

現在のところ、大杉の幼年学校時代に関しては、『自叙伝』以外の資料に基づいて論じたものはきわめて少ない。しかしながら、防衛庁防衛研究所図書館には、一八九七年の開校以来の『名古屋陸軍幼年学校歴史』（以下『歴史』と略記）が保存されており、大杉が在学した八三五日の生活を、学校側の視点からたどりなおすことができる。[*21] これらの史料にしたがえば、陸軍中央幼年学校条例および陸軍地方幼年学校条例が制定され、全国六ヵ所に陸軍地方幼年学校が創設されたのは、大杉が名古屋幼年学校に入学する三年前、一八九六年五月のことであった。「陸軍幼年学校の起源及沿革」において、『歴史』は、幼年学校を「将校団の補充所」と位置づけ、その教育上の特色として「軍人精神ノ涵養」を強調している。「抑将校の性格中最も重きを軍人精神となす。……故に軍人の教育に在りては該精神の涵養を以て主眼となさざるべからず。而して該精神の涵養は之を尋常中学校の教育に求むることを能はず」。この「軍人精神」の具体的内容を構成するのが天皇制イデオロギーであった。幼年学校創設時の「倫理科課目」は、「道徳の本源」を次のように説明する。「皇祖は我国の開祖にして我が祖先の君父なり。……忠君の実ありて始て孝子の名を得可し」。このような「宇内無比の国体」を有する日本の「特有の道徳」を強調する「特殊の教育」に、一般の学校と区別された幼年学校の存在理由が求められていたのであった。[*22]

一八九九年九月一日の第三期生入校名簿には、愛知県平民、半特待、大杉栄と記されている。特待とは「戦死者の孤児及び国家に功績ある者の児子」を意味していたが、半特待についてはとくに規定がない。将校の子弟がこれに該当したのであろうか。初年度被覆料、毎月納金は、自費生のそれぞれ三二円、六円に対して一二円、三円とかなり割安に設定されている。当時志願者の年齢制限は、一三年以上一六年未満となっており、同年度の志願者総数は二二二名であった。採用人員は各期五〇名。そのうち三一人が士族で平民は一九人。学歴別構成は、高等小学校在学二名、同卒一五名、中学一年二三名、二年八名、三年二名となっている。特待、半特待、自費の内訳はそれぞれ、二、八、四〇。これを語学別に二五名宛ての二班に区分した。当初ドイツ語を希望した大杉は、フランス語を割り当てられた。[*23] 同期生の県別構成をみると、愛知が圧倒的に多く二六名、以下、三重、六、静岡、三、岐阜、三、福島、四、石川、五、富山、二、その他一、となっている。服装については、創立当初は無帯剣であったが、明治三三年九月一日から帯剣することとなった。冬軍衣袴は濃紺ラシャ地、夏軍衣袴は白色小倉地の詰襟服とある（以上『歴史』より）。

一学年の授業週数は前期一四週、後期二三週であり、また科目は大きく教授科目と訓育科目とに分かれていた。教授科目としては、倫理（週一回、以下数字のみ記入）、国漢文（6）、外国語（6）、歴史（2）、地理（2）、数学（6）、博物（2）[*24]、図画（1）、習字（1）[*25]があった。訓育は、毎週三回行われていた。訓育科目は、その目的に「生徒の身体を錬修」し、「軍人の精神を涵養」するとある。[*26]『自叙伝』によれば、後述する遊泳のほかに、撃剣、器械体操、駆け足、フットボール、綱引などがおこなわれていた。大杉の回想によれば、二年夏の成績は、訓育が一番、学科は二番、操行は最下位であった。[*27]

幼年学校では、各学年に一人の士官が生徒監として付き、さらにそれを曹長一人と軍曹一人が班長として助け、生徒の監督にあたった。[*28]『自叙伝』に登場するこれらの士官、下士官のフルネームを、われわれは『歴史』から、明らかにしうる。かれらは、大杉にとっての味方と敵とにはっきりと二分されている。第三期生の受け持ちであった「吉田中尉」（八太郎）と班長の一人であった「河合曹長」（孝太郎）は、大杉をかわいがってくれた。しかし、この河合曹長が転任し（一九〇〇年三月九日）、かわりに、「なんとかというばかに長っ細い曹長」（宮本久麻治）がきたあたりから、下士官の大杉に対するマークがきびしくなりはじめる。それまでおとなしかった「稲熊軍曹」（十二郎）が「急に意地悪くなり出した」。[*29]大杉は、下士官の部屋に煙草を盗みに入ったところを稲熊に捕まり、あやうく退校になりかける。吉田中尉のとりなしで、事無きを得たものの、「それ以来軍曹や曹長の目は益々僕の上に鋭くなった」。[*30]

そして『自叙伝』名古屋幼年学校時代の最大の仇役が、第四期生付きの「北川大尉」（為吉）である。かれは、第一期生付きのころから「妙に」大杉を「憎んで」おり、ささいな理由をつけては小言を言い、外出止めにした。あるとき北川は、夕飯時に、今日の月は上弦か下弦かという質問を出し、大杉を指名した。「吃り」である大杉にとって、か行が一番禁物であるということを知った上での質問である。大杉は、「上弦でありません」と繰り返すほかはなかった。[*31]

大杉と学校側との摩擦は、一年の後期あたりから、徐々に顕著になり始める。この傾向は、かれを「仲間」として扱ってくれた第一期生が卒業して以降、いっそう顕著になっていった。一期生とともに、第二期生の左翼の寝室を襲ったり、「少年」をからかったりしていた大杉は、一期生の卒業後、第二期生から目をつけられ、しばしばリンチにあった。古参生への反抗が許されない幼年学校において、大杉は「気をつけの姿勢のまま」殴られるほかはなく、できることは、「ただ黙ってそいつを睨みつける事」だけであった。[*32] このような経験を通じて、軍隊生活に対する大杉の幻滅と不満は徐々に深められていった。

その爆発の最初の徴候は、内攻する形であらわれた。その発端となったのが、一九〇一年四月、第二年時の修学旅行である。このとき、「ほとんど毎晩の仕事であったように」第四期生の寝室を「仲間」とともに襲った大杉は、稲熊軍曹に見つかり、校長の「山本少佐」(悌三郎、後、少将)から、禁足三〇日の処分を受ける。大杉は、この処分にみずからも理由が分からないほどの大きな打撃をうけ、この期間を「殆んど黙想」して暮らす。[*33] この「黙想」の舞台となったのが、学校の前庭に作られた植物園であった。それは、総計八六〇坪という広大な敷地に、「エングレル氏」(Engler)分類にしたがって分類された植物を、扇状、円形、菊形、楕円形、亀甲形などの種々の形上の花壇に植え、それに「多少美術的の配置」をなしたものであった。大杉は、「この植物園の中を、小さな白い板のラテン語の学名や和名などを読みながら、歩き暮らした」。[*34]

一度は内に向かった大杉の煩悶は、やがて外に向かって噴出しはじめる。禁足処分後、「なんとなく憂鬱」なまま、卒業式(七月一〇日)、大野町での游泳演習(同月一三日より二週間)をやりすごし、夏期休業(七月二六日より八月三〇日まで)を終えて学校にもどった大杉を、「こんどは、兇暴な気持ちが襲ふて来た」。[*35] 下級生を脅し、下士官に反抗し、士官に敬礼もせず、無断で学科を休んで学校のあちこちをうろつきまわったあげく、軍医に「脳神経衰弱」と診断され、二週間の休暇を与えられた。休暇中は、大阪の叔父のところで気持ちよくすごしたものの、学校にかえるとまた、「直ぐ病気が出た」。[*36] 退校の直接の原因となった格闘事件は、このような精神状態のなかで発生した。

『歴史』によれば、その事件は以下のようにして起こった。一九〇一年一一月一九日夕食後、食堂にて三年生の日直荻洲立平（後、中将）が、全生徒に対し、二年生のうちに上級生に対し欠礼する者ありと、名指しで注意した。解散後、大杉栄ほか一二名の三年生は、忠告のみでは反省の望みなしとして、さきに指名されたものを殴打した。しかし、三年の菅谷龍平、中井正等は、殴打された者の多くが石川県出身者であることを、不公平でありまた同県の三年生にとって不快であると抗議、日夕点呼後、このような偏頗はないとする、愛知県出身の大杉、坂井徳太郎、森川稲彦らとの間に激論が交された。翌二〇日夕食後、舎外にて再び口論の末格闘となり、そのうち一名が「偶々所持したる洋刀を以て」大杉の「後頭部外二ヶ所」に刺し傷を加えた。

この事件に関しては、まず一一月二二日に、二年生を殴打した三年生一二名に対して、「下級生徒に対し友道を尽すの道を誤」ったとし、重譴責、罰席自習一週間の処分が下った。さらに同月二七日には、大杉と加害者を除く争闘に参加した生徒三名に対し、「平素の訓戒に戻り猥りに喧嘩争闘する科」で、重譴責、罰席自習二週間の処分が下された。最後に大杉と加害者には、一二月一四日、「品行不正にして屢々訓戒を加ふるも到底改悛の目途なきを以て陸軍地方幼年学校条例第二十条其二に依り」退校が言い渡された。『歴史』は、この事件を次のように総括する。

> 本件は前記の如く一時的感情の衝突にして固より年少者の軽挙妄動に過ぎず、……大杉等が狂暴厭うべき惨状を呈したるは一に当人等が強戻の性質に由りて両者の間に演出したる狂態なり、之を以て事件全体を軽重すべきものにあらずといえども爰に沿革史上一の汚点を印したるは深く痛嘆する所なりとす。

この言葉こそが、入校以来、八三五日の大杉の軍人生活に対して下された、最終的な評価となった。こうして大杉が陸軍幼年学校を退校になるのは、一九〇一年一二月、かれが一六歳のときのことである。このとき、かれの陸軍将校への夢は完全に断たれたのであった。

5　社会主義と「吃音」

幼年学校を退校となった大杉栄は、その後、一月ほどで上京し、受験勉強中心の一人暮らしを始める。それはかれにとって、「学校の先生からも遁れ父や母の目からも遁れ」た、「最初の自由な生活」であった。かれが最初に身をおいた牛込矢来町の下宿には、監督であり保証人である「大尉」がいたが、「これはごくお人好の老人で、一度でも僕の室をのぞきに来るでもなし、訓戒らしいことを云ふのでもなし、又僕の生活に就いて何に一つ聞いて見ると云ふのでもなかつた」[*37]。また、かれが、当時中学受験に備えて通った予備校の雰囲気は、「生徒が覚えようと覚えまいとそんな事にはちっとも構はずに、ただ其の教へることだけを教へて行けばいいと云ふ風」であり、「出席しようとしまいと教授時間中にはいって行かうと出て行かうと、居眠りしてゐようと話してゐようと、そんな事は先生には何んの関係もないやう」であった。こうした生活のなかで大杉は、「自由を楽しみながら、僕自身への責任である勉強にだけただ夢中になつてゐた」[*38]。

「吃音」が、「号令調声」という軍隊的実践との関係において構成されたものであったとすれば、軍隊からの解放はまた、「吃音」からの解放をも意味した。実際にこの時期、「吃音」に関する記述は大杉の『自叙伝』から姿を消す。この時期はまた、かれが、足尾鉱毒事件や『万朝報』紙上における幸徳秋水の論説を通じて、社会問題に対して徐々に目を開かれていく時期でもあった。そしてかれは、こうした環境のなかで、社会問題を親しい友人と議論しあうえで、何の不都合も感じてはいなかった。かれは、この時代、同じ下宿のすぐそばの室にいた、「三〇ぐらいの老学生」との間にくりひろげた論戦を、なつかしげに回想する。「彼れは議論好きだつた。そして僕のやうな子供をつかまへても議論ばかりしてゐた。僕も負けない気で、秋水の受売りか何んかで、盛んに泡を飛ばした」[*39]。「軍隊」の言葉を拒絶し、そして次なる人生の目標を求めて受験勉強に熱中していたこの時期、大杉は、もはや「吃音者」ではなかった。

その大杉が、ふたたび「吃音」を意識するようになるのは、社会主義運動との本格的な接触以後のことである。すでに太田雅夫らの研究にあるように、大杉がはじめて平民社を訪れたのは、一九〇四年三月のことである。[*40] このとき大杉は、当面の目標であった外国語学校入学こそ果たしていたものの、母の死去にともなう家庭環境の激変などで大きな精神的ストレスを感じていた。艱苦勉励のすえ入学した外国語学校の授業レベルは、かれの知的好奇心を満足させるにいたらず、かつては親しくしてくれた東京の親戚も、将校への道を踏み外したかれには冷たかった。このころ大杉は、東京での「自由」な暮らしのなかに、精神的な飢えとさびしさを感じはじめる。かれはこの時期、キリスト教の洗礼を受け、教会にも出入りするようになるが、そうした心の空白を埋めるまでには至らなかった。こうした精神的な彷徨のなかで、行き着いた場所のひとつが、平民社であった。前述のように、はじめて平民社の茶話会に訪れた大杉は、この席上、堺利彦と、その他の参加者に向かって、「社会主義のために一生を捧げたい」との決意を披露する。そして皮肉にも大杉が、幼年学校退学とともに解放されたはずの「吃音」と、ふたたび向かい合うのは、この社会主義という新しい人生の目的との関係においてであった。

ではなぜ、大杉は、この時期、ふたたび「吃音」を意識することになったのであろうか。それは当時の社会主義運動において、「演説」という実践が果たしていた重要な役割に由来する。山泉進も指摘しているように、初期社会主義の運動史は、「演説」という実践を抜きにして考えることはできない。[*41] 山泉の言葉を借りるならば、初期社会主義運動において、「演説表現」すなわち「「舌」の運動」は、「文章表現」、すなわち、メディアを利用し、読者を獲得し、影響力を行使する「「筆」の運動」にまさるともおとらない、重要な運動の推進力として位置づけられていた。安部磯雄、片山潜、西川光二郎、木下尚江、幸徳秋水、堺利彦ら、当時の社会主義のリーダーたちは、タイプこそ異なれ、いずれも「演説家」として知られていた。「演説」は、その人物の個性を示す指標と考えられており、リーダーたちの「演説振り」は、しばしば新聞紙上を賑わしていた。

また、社会主義者による「演説」論も多く書かれた。たとえば、初期社会主義者のうちでも雄弁家として知られた安部磯雄は、「自分の恩人は「演説」と「体育」であると常に語り、「演説」が人格の発達、品性の向上のために、「体育」が肉体の発達、健康の増進のためになる」と考えた。[*42] たしかに安部は一方で、「演説」において、もっとも重要なのは、その「思想」であり、「弁舌」は二次的な意味しかもちえないことを強調してもいた。しかし安部は他方で、「発声法」が重要な「演説」のファクターであり、日本においてはこの「発声法」を習う機会がないがゆえに雄弁家が育たないことを批判してもいたのである。[*43]「発声法」を前提とするこうした初期社会主義の「演説」文化が、当時の大杉にとって、ふたたび「吃音」という問題を強く意識せしめたであろうことは、想像に難くない。

大杉は、初期社会主義の「演説」文化のなかで、かつて幼年学校において感じたものと同質の緊張と疎外を、ふたたび味わうことになる。当時、社会主義運動に馳せ参じた青年たちは、議論に、演説にと、みずからの「雄弁」をふるうことに惜しみなく情熱を注いだ。当時多くの青年が、「演説」を聞くことによって社会主義者となったが、そのうちの幾人は、みずからの運動をもまた、「舌」によって開始しようとした。一九〇四年から一九〇五年にかけて、小田頼造、山口義三、荒畑勝三をはじめとする青年たちによって、「伝道行商」が試みられたことはよく知られている。これらの青年は、社会主義関係の書籍を売りさばく一方で、「路傍」や「大道」や談話会や茶話会の席上で、盛んに演説を試みた。そしてこの「伝道行商」は、『平民新聞』誌上でも、日本社会主義の発達に、「舌を以て」貢献した、特筆すべき活動という位置づけが与えられた。[*44] 一方、こうした同世代の「伝道行商」青年や、早稲田社会学会、早稲田大学雄弁会の学生たちのはなばなしい「舌」の活躍に比べて、大杉のこの時期の社会主義運動へのコミットメントは、きわめて限定的なものにとどまっている。一九〇四年の七月に、名古屋で『平民新聞』のチラシをまいたり、同志を集めて茶話会を催したり、一九〇五年三月には『直言』誌上で、「フランス語のできるのは社友の大杉君ばかり」と紹介されていることが目を引く程度である。

従来の研究は、この時期の大杉のこのような運動に対する距離のとりかたを、かれ自身の社会主義思想の未熟さや、陸軍大学への就職話の進展などに帰してきた。しかしながら、わたしはそこに、大杉の、当時の「演説」を中心とする社会主義文化に対する違和感を読み取りたい。後に盟友となる荒畑寒村は、当時の大杉を、次のように回想する。

後年の臆面なしに似ず、当時の彼はすこぶる無口な青年で、大勢の談論風発の間で彼はいつも黙々として、ただニコニコと微笑していた。これは彼がかなり酷い吃りだったからである。明治三十九年の春、彼が電車賃値上げ反対運動に関する兇徒嘯聚事件に連座検挙され、その夏に保釈出所して堺利彦氏の家に寄食していた頃は吃音矯正の楽石社に通って、「亀がカチカチ山で駈けっこをして脚気にかかって葛根湯をのんで」などと、一所懸命にカ行の発音を練習していた。[*45]

ここに記されているのは、発話に由来するコンプレックスに悩み、それを努力によって克服しようとする「吃音者」の姿にほかならない。「全く自由に、ただ僕の考へだけで思ふままに行動すればよかつた」生活から離れ、「雄弁」がリーダーの要件として自明視され、その成員が「雄弁」たらんことをめざして熱心に「舌の運動」を繰り広げているようなサークルに飛び込んだとき、大杉は、みずからの「吃音」を、ふたたび痛切に意識せざるをえなかった。

6　国語の誕生と「吃音」

初期社会主義運動における「演説」の多くが、激烈な政府批判であり、かれらの演説が、国家による過酷な弾圧の対象となったことは、ここで述べるまでもない。また、弁論という実践に内在する、「水平的説得」という形式や「主体的真理性」への希求が、明治後期という時代において、封建道徳や天皇制イデオロギーの批判として機能したことも事実である。この意味において、「演説」という実践が、抑圧に抵抗する「自由」の実践であったことは疑いえない。しかし同時に注目されるべきは、「演説」もまた「号令」と同じく、大杉栄の「吃音」を構成する重要な要素であったことである。「演説」に不可欠と考えられていた「発声法」の訓練が、実際には、特定の発話行為の強制でもあることは、軍隊における「号令調声」訓練の場合と同様であった。では、「演説」とはなにか。それは究極のところ、誰の、どのような言葉なのであろうか。

大杉も通った吃音矯正の楽石社社長、伊沢修二の生涯は、「演説」という実践に含まれる「自由」と「抑圧」の両義性を、象徴的に映し出すものである。伊沢の多岐にわたる活動の詳細は、かれ自身の自伝的記述やその他の研究文献に譲らねばならないが[*46]、ここでは、そうした伊沢の多様な活動を貫く柱として、「国民の言葉」への熱列な希求が存在したことを確認しておきたい。明治期に起こった重要な思想史上の事件として「国語」の誕生をあげることは、今日ではもはや常識の部類に属するといってよい[*47]。「現在日本で用いられている書きことばは、話ことばとまったく関係がなく、ほとんどが象形文字でできている。それは混乱した中国語が日本語に混ぜ合わされたものであり、すべての文字が中国起源である」と述べたのは、明治初年の森有礼であり[*48]、上級武士、下級武士、商人、農民との間の風俗の相違を述べ、「其風俗を異にするの証は、言語のなまりまでも相同じからざるものあり」と旧藩時代を回顧したのは福沢諭吉であった。[*49] こうした言語的混沌から出発し、「国字改良」から「言文一致」をへて、やがて「標準語」の制定にいたる明治の言語政策・思想の歴史は、近代国家を支えるにたる国民語、すなわち「国語」を創造する過程でもあった。そして伊沢は、この「国語」の誕生に、もっぱら音声言語の側面からコミットし、巨大な足跡を残した人物であった。

「国語」の誕生は、たしかに封建的な身分や地域に由来する言語的な差異を消去し、だれでもが参加できる巨大な公共空間を作りだした点において、たしかに「自由」の重要な前提条件をなした。しかしながら、同時にそれは、特定の発話行為が、国家の名の下に正当化され、他のあらゆる言語的実践を抑圧し、排除していく過程でもあった。明治後期における「演説」と「吃音」との緊張関係の分析によってあらわになるのは、「国語」誕生の背景に秘められた、その帝国主義的な権力性に他ならない。

「国語」の誕生に秘められた権力性の質を考察するに当たり、伊沢の「国語」教育の原点が、みずからの英語発音の矯正体験にあったことは示唆的である。伊沢は、一八七五年に、文部省から「師範学科取調」のため、米国に派遣され、一八七八年まで、ブリッジウォーター師範学校ならびにハーバード大学で学んだが、そのさい、すでに身についていたオランダ語なまりの英語の発音を矯正するのに大いに苦しんだ。そのさなかの一八七六年、フィラデルフィアで開催された米国独立百周年記念の博覧会に出向いたかれは、マサチューセッツ州教育部出品物の一つに、「一種奇妙な文字表」を見つけ、それが聾者に発音を教える文字だと知る。かれは、聾者にものが言えるように教えることが可能なら、普通人の発音矯正ができない道理はあるまいと考えて、直ちにその文字の発明者のグラハム・ベルを訪ねる。ベルは伊沢を大いに歓迎し、かれの発音矯正を指導した。[*50] これが伊沢と発音矯正事業との最初の出会いであった。

こののち、伊沢は、ある場合には、文部省書記官として「地方特有の発音の混合」の矯正法を指導し、[*51] また、ある場合には、台湾において、大本営付陸軍省雇員として、現地人の子弟に、日本語を教授した。[*52] こうした狭義の言語教育的実践に加え、かれの業績として有名な、唱歌の学校教育への導入を考えあわせてみるならば、かれの実践の重要な部分が、「正しい日本語」を音声的に確定し、それを普及させることに捧げられていたといってよいであろう。かれの場合、「正しい日本語」への希求は、もっぱら、「異」言語との接触によってもたらされた。英語圏で暮らし、官僚として地方を巡視し、さらに教育者として植民地に暮らすという経験そのものが、かれをして、「正しい日本語」なるものの必要性を認知せしめた。伊沢の生涯は、日本語の「正しい」発音を確定し、さらにその「正しい日本語」によって、日本各地の「方言訛音」や新領土における現地語を征服することに捧げられた。そしてそれは、それは非西洋圏の人々に「正しい英語」を教えることと、本質的に同種の実践として想定されていたのである。

こうした経歴をもつ伊沢が、その生涯の最後に乗り出した事業が、楽石社を基盤とする吃音矯正運動であった。明治後期において、かれの眼前に、いまだ征服されざる新領土として立ち現れたのが、「吃音」であったわけである。楽石社とはもともと、一九〇三年に設立された、「言語教育」機関に与えられた名称であった。当時の楽石社規程は、その活動の内容として、まず、「視話法」の伝習をあげ、さらにそれに基礎を置く七つの目標を列挙している。正しき日本語・正しき英語音・正しき清国語音・正しき台湾語音の伝習、方言の訛・吃音の矯正、聾者への発話指導がその内容である。[*53]

これを見るかぎり、楽石社の当初の目的は、「正しい発音」一般の研究・伝習にあり、「吃音」の矯正は、その副産物として考えられていたことが分かる。そして、明治後期という時代は、いまだにこの「正しき日本語音」なる観念の恣意性を、完全に払拭するにはいたらない時代であった。伊沢は、この「正しき日本語音」という観念を、次のように定義する。「我邦の言語には未だ標準音として確定したるものあらざれば如何なる語音を以て正しきものとす可きか疑問なきにあらざれども先づ我が国の首都たる東京の教育ある社会に普通行はる、所の語音を以て正しきものと認む可きは現今識者間に認許せられたる定説なり」[*54]。

この楽石社規程は、すでに考察した「国語」誕生の論理的プロセスを忠実に反映したものである。「吃音」の矯正が行われるためには、そもそもある言語的実践を「吃音」として規定することが必要であるが、その規定自体は、あくまでも「正しき日本語音」という基準との関係においてのみ可能となる。「東京の教育ある社会に普通に行はる、所の語音を以て正しきものと認む」という恣意的な断定があって、われわれは、それ以外の言語的実践を、「訛」として、もしくは「吃音」として、矯正の対象とすることができる。ここにおいて『楽石伊沢修二先生』の作者が、「日本に於ける吃音矯正と云ふ事業は、全く先生の発明で、従って吃音矯正と云ふ言葉も新しい」ものであると述べているのはきわめて興味深い[*55]。「吃音」という観念が、「正しき日本語音」との対比においてあらわれる概念である以上、「吃音矯正」というプログラムの「発明」は、「正しき日本語音」の創出に、決して先行することはできないからである。伊沢は、「正しき日本語音」を創出することによって、「吃音」とその「矯正」のプログラムをも同時に作り出した。この意味において、「吃音矯正」も「方言訛音」の矯正や、植民地における日本語教育と同様に、帝国主義的な権力性とけっして無縁ではありえなかった。この意味において初期社会主義の「演説」文化は、誕生間もないこの国語帝国主義を前提とし、むしろそれを拡大していくような実践でもあった。

ここで思い出されるべきは、大杉が楽石社で繰り返した「カ行」の発音練習と、アルジェリアの反植民地闘争の思想家として活躍したフランツ・ファノンが描き出す「R音」の発音練習をおこなう黒人との共通性である。ファノンは、「正しいフランス語」という観念が、植民地に対して有する権力性を、以下のように描写した。

フランスにやってきたとき、黒人は、「Rの音を呑み込んでしまう」マルチニック人という神話に反発する。この神話にひっかかって、これと正面から衝突するようになる、彼は、ただ単にRを巻舌で発音しようとするだけでなく、これを飾って言おうと腐心する。他人のどんなわずかな反応をもつかもうとし、自分の言葉に耳を傾け、あいにくの働きの鈍い器官の舌に業をにやし、部屋の中に閉じこもって、何時間も何時間も――朗読法に没頭しながら――本を読むようになる。[*56]

植民地状況で顕わになる言語そのものの他者性と暴力性は、「吃音」者である大杉にとって、すでになじみ深いものであった。

7 「国民」から「革命家」へ

しかしながら、社会主義運動に加えられる国家からの弾圧は、次第にその激しさを増していき、社会主義者から、「国民」の言葉を話す機会を奪っていった。松沢弘陽も指摘するように、平民社創立時までの初期社会主義者を規定していたものは、「アウトサイダー」というよりもむしろ、「国家体制の正当な継承者」という自己意識であり、労働組合主義や社会主義は、「亡国」の危険を伴う「社会問題」から、明治国家体制を「防衛―先制的予防―」するための根本的方策として考えられていた。[*57] この意味において、初期社会主義者たちは、少なくとも平民社の結成以前には、社会主義の言葉を、「国民」の言葉として語っていたのである。しかしながら、かれらは、平民社の結成以後、政府からの弾圧と、世論からの排斥に直面する。平民社の解散以後に進行した初期社会主義の分極化と転向のドラマは、一面で、「国民」から排斥されていった個々の社会主義者が、みずからの言葉を取り戻すためにその発話の位置を模索する過程で生じた主体的選択の産物でもあった。

幸徳秋水は、こうした過程のなかで、もっともラディカルに、「革命家」という立場を追い求めた。かれは、強まる国家権力の弾圧のなかで、直接行動派と議会政策派の対立が激しさを増していた一九〇七年一一月、九州の青年に対して次のような訴えを行っている。「僕は誠意をもて九州の青年諸君に告げる、吾人今日の時勢に後れざらんと欲せば、吾人は革命家たらざるを得ない、帝国主義の時代は最早去んとして居る、資本家制度も既に傾んとして居る、今日は実に革命の時代である」[*58]。ここには、平民社結成時の「演説」文化を特徴づけていた、「国民」と社会主義者との幸福な一致は存在しない。では「革命家」の言葉が、「国民」とは隔絶した発話の位置から発せられるほかはなかったとすれば、幸徳は、いったいいかなる場所から、みずからの言葉を語り出そうとしたのか。

僕は思ふ、日本に於て将来無政府主義の運動が絶無であると断言するは、余りに楽天に過ぐる者ではない歟、欧州の社会状態、資本労働の争闘が必然無政府主義を生せりとせば、是と同一なる日本の社会状態は亦同一の結果を生ずるのは当然ではない乎、僕は思ふ、若し日本に独逸派の社会民主主義の研究の必要ありとせば、亦無政府共産主義の研究も必要でなければならぬ、……此研究を積み此智識を得ざる者は、将来の社会的革命に立って何等のパートを働らくべき資格はない、時勢の進歩に伴はざる者である、因循である、鈍物である[*59]。

この文章において、幸徳は、聞き手である青年と努めて距離を置く発話の位置を選択している。話し手である幸徳と聞き手である青年の違いは、「時勢」を認識したものと、いまだ「時勢」を認識せざるものとの差異である。そして「時勢」認識の差異は、欧州と日本の社会主義をめぐる現実の差異として理解されている。こうした論理の背景には、きわめて普遍的・一元的な、歴史哲学が存在した。すなわち、「時勢」は、まず欧州で現実化し、それがやがては日本にも到来するものとして想定されていた。「時勢」が、すでに欧州において明らかになっている以上、それを認識するうえで必要なのは、欧州ですでに登場しているさまざまな「主義」を研究することである。「革命家」とは、そうした「主義」の研究を通じて、「時勢」をわがものとした人物のことである。「革命家」が、そこから日本に向かって運動の呼びかけをおこなうことを期待された場所とは、外国の「主義」のなかにあらわれた、「時勢」のなかに存在した。

当時運動に参加していた多くの青年が、こうした幸徳の立場に大きな共感を寄せた。そして大杉もまた、そうした青年の一人であった。楽石社に通い、「亀がカチカチ山で駈けっこをして脚気にかかって葛根湯をのんで」という練習を一所懸命繰り返していた大杉がしゃべろうとしていた言葉とは、こうした「主義」の言葉であった。それは同時に、欧州の理論や実際の研究を通じて、「国民」とは異なった場所に、「革命家」というみずからの主体性を確立する営みでもあった。大杉は、この時期、ひたすら「革命的」になることによって、みずからの言葉を獲得しようとした。

この時期のいくつかのエピソードからは、「革命的」なふるまいの実践を通じて、大杉が、運動の内部で、徐々に発言力を強めていく様子をうかがうことができる。たとえば、大杉は、一九〇六年四月、「電車事件」で入獄中に面会に来た父に対して、「父たるの権威を擁して、而して既に自覚に入れる児の思想に斧鉞を置かんとす、是れ実に至大至重の罪悪也。児たる我は、斯の如きの大罪を父に犯さしむるを絶対に拒む」と逆に説諭した[*60]。また、一九〇八年一月の「屋上演説事件」においては、堺利彦、山川均とともに、平民書房の二階から五〇〇人の聴衆に向かって「演説」をおこなっている[*61]。同年六月の「赤旗事件」では、荒畑寒村とともに、赤旗をふり、高らかに革命歌を歌った。さらにその裁判においては、法廷で、判決の言い渡しの直後に、被告席から「無政府党万歳！」を叫んでいる。『熊本評論』は、この時の大杉の面影を、次のように伝えている。「大杉栄君は、呵々大笑して居た。非常に感情の興奮する時、吾等は彼の此の哄笑を聞くのである[*62]」。この時期のこうしたエピソードには、「吃音者」としての大杉の姿を伝えるものはない。大杉は、この時期、「革命家」という発話の位置を得ることによって、みずからの「吃音」を「克服」していったかのように見える。

しかし、そうした努力が完全に実を結ぶ前に、大杉は、ふたたび言葉を失う。そこに介在したのは、国家権力による弾圧であった。大杉の「吃音」が昂進していくプロセスは、「赤旗事件」による禁固刑で、千葉監獄に収監されていた時期と重なっている。大杉の一九〇九年六月の堀保子宛書簡は、その過程を、次のように記している。

ただ月日の経つに従つて益々吃りの激しくなるのには閉口してゐる。此頃では殆んど半唖で、云ひたい事も云へないから何事も大がいは黙つて通す。これは入獄のたびに感ずるのだが、こんどは其の間の長いだけそれだけ其の度もひどいやうだ。不愉快不自由この上もない。[*63]

大杉から、「話す言葉」が奪われていくこの過程は、さらに、「大逆事件」により決定的な局面を迎える。大杉は、この事件を契機に、文字通り言葉を失うのである。大杉は、事件の検挙が始まった時点では、いまだ千葉の獄中にあった。その大杉が、一度だけ、幸徳とすれ違う。「大逆事件」の取調のために検事局へ呼び出され、東京監獄へ移送されていたときのことであった。その決定的な瞬間を、大杉は次のように回想する。

或日幸徳の通るのを見た。「おい秋水！　秋水！」と二三度声をかけて見たが、さう大きな声を出す訳にも行かず（何んと云ふ馬鹿な遠慮をしたものだらうと今では後悔してゐる）、それに幸徳は少々つんぼなので、知らん顔をして行つて了つた。とうとう満期の日が来た。意外なのを喜ぶ看守等に送られて、東京監獄の門を出た。そとでは六七人の仲間が待つてゐた。皆んな手を握り合つた。[*64]

大杉の出獄は、一九一〇年一一月二九日のことである。幸徳ほか一一名の死刑執行は、それからわずか二ヵ月後の翌年一月二四日のことであった。この期間を大杉は、文字通り、言葉を失った状態で過ごす。そのときの状態を、かれは、次のように回想する。

僕は出た日一日は盛んに獄中の事なぞのお饒舌をしたが、翌日からはまるで唖のやうになつて殆んど口がきけない。二年余りの間殆んど無言の行をしたせいか、出獄して不意に生活の変つた刺激のせいか、ともかくもとからの吃が急にひどくなつて、吃とも云へない程ひどい吃りになった。で、其後まる一ヶ月位は殆んど筆談で通した。[*65]

この時期の大杉の「失語」は、獄中における「無言の行」というような、外在的な要因のみに帰せられてはならない。大杉は、たしかに獄中では、声を持ち、それで幸徳の名を呼んだ。大杉の失語は、象徴的にいえば、この呼びかけが、幸徳に届かなかった時点から生じているのである。われわれはすでに、軍隊において一度言葉を失った大杉が、社会主義運動において再度言葉を獲得する過程を見てきた。その際大杉が獲得した言葉は、「主義」の言葉であり、それは「革命家」という発話の位置から発せられるべきものであった。大杉の場合、言葉の再獲得と「主義」の研究と「革命家」としての実践は、相互に切り離せない営みとして存在していた。そして大杉にとって、「革命家」という存在は、誰よりも幸徳によって代表されるものであった。幸徳の処刑は、大杉にとって、「革命家」という立場性そのものの消失を意味した。「大逆事件」によって最終的にあらわになったのは、「無政府主義」や「革命家」が、この国において、存在することすら許されないという過酷な現実であった。

8 「縊り残された者」の言葉

しかし、さほどの時間をおくことなく、大杉栄は、この地点から、新たな発話の試みをはじめる。かれは、一九一一年五月、浮田和民に宛てた書簡の冒頭に、次のように記した。

法学博士浮田和民先生足下。名も無き一介の貧書生たる僕は、此の文を草するに先つて先づ僕自身を自ら先生に紹介するの必要を感ずる。僕は、所謂彼の大逆事件の発生当時、此の事件を惹起した一大動機と称せられてゐる彼の赤旗事件に依つて千葉の牢獄に投ぜられてゐ、為めに遂に絞り殺さるるの運命を拾ひ得た日本無政府主義者の一人である。[*66]

大杉が、「春三月縊り残され花に舞ふ」という有名な句を詠んだのは、この書簡をしたためる二月ほど前のことであった。[*67]「縊り残され」た者。これが「大逆事件」以後に大杉が行き着いた、発話の位置であった。「軍隊」の言葉を拒絶し、「主義」の言葉を奪われた大杉が、三度目に追い求めた新しい言葉が、この「縊り残され」た者の言葉であった。「縊り残され」た者の言葉とは、本来的に、矛盾をはらんだ概念である。言葉が、常に「誰か」の言葉として発せられなければならないとすれば、その「誰か」たることを否定された者は、原理的に、言葉を発することができないからである。

言葉を発するという行為は、現実に存在するもののみに許された行為である。そして言葉を発するという行為は、現実そのものを構成していく実践でもある。現実からその存在を消された者が、それでも現実に働きかけるべく語り出そうとすれば、それは存在者の発話とは異なったものとならざるをえないであろう。第一にそれは、明瞭な言葉とはなりえない。発話の主体が、国家によって承認された「国民」や、「時勢」をわがものとした「主義者」とはことなって、確固とした主体の位置を持ち得ないからである。アイデンティティとは、現実に存在することを許された者にのみ与えられた特権である。第二にそれは、首尾一貫した理論性や体系性を持ち得ない。現実を生きる自分と、現実から消されたかれらの存在が交錯し、存在と言葉を奪われたものの記憶が、現実の社会において言葉を発する自分の存在への否定を生まずにはいないからである。こうした状況において、発せられる言葉は、必然的に、連続的・累積的であるよりも、断片的で、矛盾に満ちたものとならざるを得ないであろう。言葉を発する自分自身への懐疑が言葉を発することの原動力となっている限り、そこで発せられる言葉は、すでに発せられた言葉を裏切り、それ以前の自分の発話の位置を掘り崩していかざるをえないからである。

「縊り残され」た者の言葉が、実際に発せられるとすれば、それはいったいどのように発せられることになるのであろうか。みずからの言葉が奪われていることを知りながら、なおみずからの言葉を語ろうとするとき、言葉を発するという実践そのものが有する権力性を知りながら、なおその言語を発するという実践そのものによってその権力を揺るがそうとするとき、人は、必然的に口ごもらざるを得ないのではないか。その「凍える口」を、存在を奪われたものの立場へわが身を同一化させることによって、かろうじて押し広げたとき、そこから漏れ出る言葉の、もっとも自然な現象形態が、「吃音」であったのではないだろうか。「縊り残され」た者の言葉とは、「吃る」ことがもっとも自然であるような、ひとつの発話のあり方である。

わたしが、大杉の「自由」と呼びたいものは、黙ることと語ることの絶対的な二律背反を一身に引き受けることによって出現する、あらゆる固定化と同一化をまぬがれた、このような開放的な発話の場所のことである。こうした「自由」は、存在を否定された存在を我が身に引き受け、言葉ならざる言葉をしゃべろうとして口ごもるその瞬間に、かすかに立ち上る、あわい気配のようなものでしかありえない。しかしながら、その現実ならざる発話の場所は、実際には、世界のあらゆる現実へとつながりうる場所であった。国家が存在するかぎり、国家によってその存在を否定される者もまた、世界のあらゆる地域に存在したし、また現在も存在し続けているからである。

註

＊1　大杉栄・望月桂『漫文漫画』（『大杉全集』⑦。原著一九二二年）一五九頁。
＊2　逸見吉三『墓標なきアナキスト像』（三一書房、一九七六年）一〇九頁。
＊3　大沢正道『大杉栄研究』（法政大学出版会、一九七一年）。荻野正博『自由な空――大杉栄と明治の新発田』（新潟日報事業社出版部、一九八八年）。
＊4　松下芳男『幼き日の新発田』（榎本弘発行、一九八四年）。
＊5　鎌田慧『大杉栄――自由への疾走』（岩波書店、一九九七年）六五頁。
＊6　大杉、『自叙伝』（『大杉全集』⑥。原著一九二三年）一七三頁。
＊7　同右、二六〇頁。
＊8　同右、一三三頁。
＊9　同右、二六〇頁。
＊10　相沢浩二は、吃音が、いかなる意味においても、なんらかの実体的な素因に還元し得ないものであることを、次のように述べている。「ところで、科学的に考えて、今後どもりの器質的ないし身体的な原因なるものを発見しうる可能性についてはどうであろうか。……もしどもりの器質的原因というものが見つかるとすれば、それは……以下に述べるような効果を表わす働き方をするような器質的な条件でなければならない。……どもりでも全く同じどもり方をする人はふたりといない。ひとりのどもりの人でも、時により、時間により、週により、年により、そのどもり方を多少とも変えることができるし、訓練によって著明に変えることもできる。だとすれば、その器質的条件は、このように様式が変わるという結果を表わすような性質のものでなければならない」（相沢浩二『吃音学を超えて』弓立社、一九八〇年、九九頁）。
＊11　矢野武貞「「吃音」の発達論へ向けての断章」（相沢、前掲『吃音学を超えて』所収）三〇三頁。

＊12　大杉、前掲『自叙伝』。『大杉全集』⑥、一八一頁。

＊13　故伊沢修二先生記念事業会編集委員編『楽石伊沢修二先生』（『伝記叢書23　楽石自伝教界周遊前記・楽石伊沢修二先生』大空社、一九八八年。原著一九一九年）には、一九〇六年九月九日、矯正者一千名を記念しておこなわれた楽石社報告会に寄せられた書面の紹介がある。そこには、「吃音」に由来する苦しみと、それが「治癒」した喜びとが記されているが、その苦しみに関しては、徴兵や高等学校、海軍兵学校等の試験に関する経験と並んで、小学校をはじめとする学校体験をあげているものが目に付く。そのうち、印象的な記述を引用する。「僕が小学の門を潜ると、始めて吃音の不自由と、且人の嘲笑の如何に口惜きかを知った。多くの同輩は、屢僕に発言せしめて其吃るをまね、衆前で僕を嘲った」。「凡そ人生にありて、尤も幸福の折は、何時ぞと云はゞ何人も小学時代をあぐるを否まざるべし。……さるをあゝさるを、吃音の症癖に囚はれし我れにとりては、かくも楽しかるべき郷校の庭が、さながらに是よりぞ世の憂きを知る荊棘の庭とならんとは！」（同、二六三～二七六頁）。

＊14　大杉、前掲『自叙伝』、『大杉全集』⑥、一六九～一七〇頁。

＊15　広田照幸『陸軍将校の教育社会史――立身出世と天皇制』（世織書房、一九九七年）一九八頁。

＊16　大杉、前掲『自叙伝』、『大杉全集』⑥、二六〇頁。

＊17　石橋忍月『夏祓』（春陽堂、一八九五年）に収録。『石橋忍月全集』第一巻（八木書店、一九九五年）三一〇～三三三頁。

＊18　発話と主体の立場性との関係の考察に関しては、竹田青嗣『〈在日〉という根拠』（筑摩書房、一九九五年）、スピヴァク，ガヤトリ『サバルタンは語ることができるか』（みすず書房、一九九八年）、大澤真幸「ネーションとエスニシティ」（『民族・国家・エスニシティ』岩波書店、一九九六年）を参照。本章の考察は、とりわけ竹田の著作に、「吃音」を思想的な問題として考察する発想の多くを負っている。

＊19　大杉豊『日録・大杉栄伝』（社会評論社、二〇〇九年）一七頁。

＊20　大杉、前掲『自叙伝』、『大杉全集』⑥、三二一頁。

＊21　凡例によれば、この史料は、「日常生ずる事業中主なるものの成績其他万般の沿革等を網羅編録し後日の参考に供す」ためのものであり、副官が「毎年一二月に於て前学年度の分を記述し校長の閲覧に供す」ることになっていた。『歴史』の本稿に該当する部分を執筆した当時の副官は、山田孝太郎中尉である。なお引用に際しては、読みやすさを考慮し、カタカナをひらがなに直し、適宜句読点を加え、旧漢字も新字にあらためた。また、『歴史』には頁が付されていないので、以下、引用の際にも、とくに頁は記さなかった。

＊22　軍人精神と日本特有の道徳の涵養という幼年学校教育の目的は、さまざまな学校行事を通じて実践されていった。そのひとつが、招魂祭をめぐる諸活動であろう。大杉が入校まもない一八九九年一〇月二五日には、「當衛戍臨時招魂祭に付生徒に臨時教育を許し生徒監引率して軍隊と同時に参拝せしむ」とある。同様の記述は、一九〇〇年五月六日の項にもみえる。『自叙伝』は、「平壌占領記念日」のこととして、陸軍墓地を参拝したときの記憶を次のように記す。「彼等（学校の士官たち――引用者）は其の墓の一つ一つに就いて、其の当時の思出を話して聞かした。「これ等の忠勇な軍人の霊魂を慰めるためにも、吾々は是非とも報復のいくさを起こさなければならない。」士官等の結論は皆な、謂はゆる三国干渉の張本であるロシアに対する、此の弔ひ合戦の要求であつた。僕等はたぎるやうに血を沸かした」（『大杉全集』⑥、二四九頁）。また『自叙伝』の記述にはないが、大杉はこの時期に少なくとも三度、天皇および皇太子を見る機会をもっている。一度目は、明治天皇で、一九〇〇年四月二六、二七日と五月二、三日、神戸における観艦式臨御への往復であった。二度目は、皇太子嘉仁の結婚奉告のための関西巡啓に際してである。往路通過が、同年五月二四日、復路通過が、六月一〇日。そのすべてに「職員生徒一同奉迎送」とある。また、当時天皇は、「御真影」という形で幼年学校に浸透しつつあった。一八九九年一一月三日の記述にいう。「以前に於いても三大節には職員生徒をして御真影を拝し聖壽万歳を奉祝せしめきたるも今回よりは特に装置浄潔なる奉安室を備え之に御真影を安置することとし式場自から森厳荘重なるにいたれり」（以上『歴史』より）。一九〇一年三月一五日、幼年学校隣接の地方裁判所登記所から失火したさい、大杉が「非常な光栄」と心得て警護したのがこの御真影であった。また、同年二月一三日には、教育勅語の正本が下賜され、翌月二七日には勅語奉読式が行われている。

＊23　大杉、前掲『自叙伝』、『大杉全集』⑥、二四四頁。

＊24　平均の値。学年によって多少違いあり（『歴史』より）。

＊25　一年前期は2、二年後期以後は教授せず（『歴史』より）。

＊26　『歴史』より。

＊27　大杉、前掲『自叙伝』、『大杉全集』⑥、二六七頁。

＊28　同右、二五六頁。

＊29　同右。

＊30　同右、二五八頁。

＊31　同右、二五九〜二六〇頁。

＊32　同右、二五六頁。
＊33　同右、二六二〜二六三頁。
＊34　同右、二六四頁。また、前掲『歴史』も参照。
＊35　同右、二六八頁。
＊36　同右。
＊37　同右、二八四頁。
＊38　同右、二八五頁。
＊39　同右、二八九頁。なおこの「老学生」こと佐々木喜善に関しては、後藤彰信「大杉栄、佐々木喜善との交友と平民社参加の頃」（『初期社会主義研究』一六号、二〇〇三年）を参照。
＊40　大杉豊、前掲『日録・大杉栄伝』二四〜二五頁。
＊41　以下、初期社会主義運動と演説のかかわりに関しては、山泉進「日本社会主義演説の曙」（『初期社会主義研究』六号、一九九三年）を参照。
＊42　木村盛「安部磯雄伝」（『雄弁』一九三〇年一月号）。
＊43　中島気峥『演説活法――演説法名家談』（博文館、一九〇三年）。
＊44　「伝道行商」に関しては、太田雅夫『初期社会主義史の研究』（新泉社、一九九一年）、第二部、第四章参照。
＊45　荒畑寒村「大杉栄逸聞」（『荒畑寒村著作集5』平凡社、一九七六年）一九三頁。
＊46　例えば、伊沢修二君還暦祝賀会編『楽石自伝教界周遊前記』一九一二年、故伊沢修二先生記念事業会編集委員編『楽石伊沢修二先生』一九一九年（いずれも『楽石自伝教界周遊前記・楽石伊沢修二先生』大空社、一九八八年に収録）、上沼八郎『伊沢修二』（吉川弘文館、一九六二年）を参照。
＊47　例えば、イ・ヨンスク『「国語」という思想』（岩波書店、一九九六年）。
＊48　森有礼「ウィットニー宛書簡」（『翻訳の思想』岩波書店、一九九一年）三一七〜三一八頁。
＊49　福沢諭吉『旧藩情』（『福沢諭吉選集』一二巻、岩波書店、一九八一年。脱稿一八七七年）四九頁。
＊50　上沼、前掲『伊沢修二』五五〜八一頁。
＊51　同右、一一〇頁。

＊52　台湾において、伊沢は、「日本の良民となるためには教育が必要である旨を説き」、「子弟の修学を説諭し」、到着して三日目から「鉄砲玉の中で新教育を開始」し、自ら日本語の授業を受け持ったという。同右、二一三〜二一三頁。
＊53　前掲、『楽石伊沢修二先生』二四三〜二四八頁。
＊54　同右、二四五頁。ただし、読みやすさを考慮して、原文のカタカナをひらがなとした。
＊55　同右、二五〇頁。
＊56　ファノン，フランツ『黒い皮膚・白い仮面』（みすず書房、一九九八年）。原著 Fanon, F. (1952) *Peau noire, masques blancs*, Seuil.
＊57　松沢弘陽『日本社会主義の思想』（筑摩書房、一九七三年）特に二六〜四三頁の議論を参照。
＊58　幸徳秋水「九州青年と語る」（『熊本評論』一一号、一九〇七年一一月二〇日）。『幸徳秋水全集』⑥、三六八頁。
＊59　同右、三七二〜三七三頁。
＊60　堺利彦宛書簡一九〇六年四月、『大杉全集』別巻、三一頁。
＊61　大杉豊、前掲『日録・大杉栄伝』六一頁。
＊62　『熊本評論』（一九〇八年九月二〇日）。
＊63　堀保子宛書簡一九〇九年六月一七日、『大杉全集』別巻、八五頁。
＊64　大杉栄「獄中記」（『新小説』一九一九年二月一日）。『大杉全集』④、四〇七頁。
＊65　同右。
＊66　大杉栄「無政府主義の手段は果して非科学的乎」（浮田和民『思想善導の唯一手段は何か』文明協会、一九三一年所収）。『大杉全集』①、三〇八頁。
＊67　大杉豊、前掲『日録・大杉栄伝』八四頁。

第5章　無政府主義の遺伝子
——大杉栄における「科学」と「自由」——

社会主義は此の所謂物質的史観説に立脚して、社会進化の要素として経済的行程、工業技術的行程を過大視するの結果、彼の必然から自由への飛躍を、外的強迫から内的発意への創造を、単に到着点としてのみ強調して、等しく亦之れを出発点としなければならぬ事を忘れて了つた。[*1]

1　「科学的社会主義」への科学的批判

一九一四年、大杉栄は、「生の創造」と題する論説で、右のような「社会主義」批判を展開した。大杉は、一九一二年一〇月、「大逆事件」後の社会主義運動の「冬の時代」のただ中において、「徒に運動復興の機運を待つよりもむしろ進んでその時期をつくるべきだ」[*2]との積極姿勢から、雑誌『近代思想』を発刊した。それは「社会主義運動の復活を告げる呼び子であり、進軍ラッパ」[*3]と評されるほどの影響力を持ち、また大杉自身も、「一どきに彼の学問的薀蓄、文学的才能を発揮した感がある」[*4]と評されるほどの活発な評論活動を展開し、新進の評論家として世に認められるに至った。「生と云ふ事、生の拡充と云ふ事は、云ふまでもなく近代思想の基調である。近代思想のアルファでありオメガである」[*5]。あらゆる既成の価値に対し、あくまでも個人の「生の拡充」を最上位におくべきことを主張し、「新生活の創造、新社会の創造」のための積極的「反逆」を訴えた大杉の論説は、「美はただ乱調に在る。諧調は偽りである。真はただ乱調に在る」という一節とともに、今日広く知られるにいたっている。大杉の評論活動は、こののち、月刊『平民新聞』、『文明批評』、『労働運動』と続く一連の機関誌の発行、さらに『中央公論』、『早稲田文学』、『改造』等の諸雑誌を主要な活動舞台とした言論活動を中心に、一九二三年の彼の死にいたるまで続けられていく。彼の評論の対象は、文学論・芸術論をはじめ、近代思想史、労働運動論、哲学、倫理学、社会学、人類学、生物学、の多方面に及び、まさに「文明批評家」と呼ばれるにふさわしいものであった。[*6] そして、その多様な評論活動の根底を貫く太いモチーフのうちの一つが、右に引用した「生の創造」にみられるような、「個人」の「自由」を最大限に尊重する立場からおこなわれた、「社会主義」批判であった。

従来、このような大杉の「社会主義」批判に対しては、それをもっぱら大杉自身の「無政府主義的」な性格[*7]や「唯物」史観理解の不徹底に帰する理論的説明が行われている。たしかにこの時期、「唯物」史観を中核とする地道な「科学的社会主義」研究を重ねつつあった堺利彦、山川均、高畠素之らと比較するとき、「ここに一寸お断りをするが、僕は此の謂はゆる近世科学的社会主義者ではない」[*8]、「社会主義も大嫌ひだ」[*9]と宣言する大杉の「唯心」的・非合理主義的傾向は、覆いがたいように思われる。しかし、このことは、ただちに大杉が当時の「科学的社会主義」に対して、十分な関心を払わなかったということを意味するわけではない。客観的に見て「明日や明後日に山を下って、敵の戦線に逆襲を試みると云ふ企てもなく、またそれだけの実力もない」という情勢認識が妥当性を持っていた当時の社会主義陣営の内部において、「戦術の相違、軍略の差異、それらは今深く争ひだてをする必要はない」との常識論[*10]に逆らってまで、あえてこの時期に大杉が「社会主義」批判を展開したという事実は、逆に大杉の内部において、いかに当時の「科学的社会主義」が、みずからの行く手をはばむ大きな壁として意識されていたかということを示すものである。

本章は、この大杉の「科学的社会主義」批判に焦点を合わせることにより、明治から大正にいたる日本の社会主義思想の変容過程の一端を明らかにしようとするものである。その際、特に注目したいのが、明治社会主義ならびに大杉の思想における「科学」をめぐる認識とその変遷である。大杉の「科学」への関心が青年期に端を発し生涯を通じて変わらなかったことは、「科学」を主題とした多くの論説の執筆や、ダーウィンの『種の起源』、クロポトキンの『相互扶助論』、ファーブルの『昆虫記』等をはじめとする自然科学の名著の翻訳を、その死の直前にいたるまで活発に行なってきたことからもうかがえる。ではなぜこのように自然科学的な合理的思考様式になじんでいたはずの大杉が、当時の「科学」的社会主義を批判しなければならなかったのか。大杉の「科学的社会主義」批判の持つ意味は、当時の「科学的社会主義」と大杉の「科学」観との内実を比較することによってより明らかとなろう。また、このような大杉の「科学」論への着目は、たとえ間接的なものであれ、明治期において「社会主義」思想が持った意味と限界の一端を開示するものとなろう。

以下本章では、明治社会主義の形成と発展において、「科学」という概念がいかなる役割を演じたかを概観し、それが社会主義理論に対して有した意味を検討する。つづいて、大杉栄の「科学」論の独自性を検討し、それが当時の「科学的社会主義」の批判へと発展する思想的プロセスを検討する。明治社会主義の分析において、世代による差異が重要な意味を持つこと関しては、すでに松沢弘陽のすぐれた研究が存在する。本章では、「科学」と社会主義との関係に関して、世代ごとにその特質を整理し、さらに「後世代」に属する大杉が、その問題構成をどのように発展させていったかを分析する。大杉の「科学」論は、決定論をその本質の世界とする「科学」の世界にいかに人間の「自由」を読み込むかという、いわば近代思想史上のアポリアをめぐって展開されていった。大杉にとってこの問題は、単なる思弁上の問題ではなく、「科学的社会主義」の決定論的思考様式に、いかに個々人の主体性の倫理と論理をふきこむかという実践上の課題として考察された。そしてそれはまた、「冬の時代」とよばれる運動の後退期において、いかに「社会主義」への献身を維持しうるかという主体的な課題への応答でもあった。この「科学的社会主義」と「自由」のジレンマに直面したとき、「科学」を否定するのでもなく、また「自由」を切り詰めるのでもない、第三の道、すなわち明治社会主義の「科学」概念そのものを組み替えるという方法によって答えたのである。

2　明治社会主義における「科学」の問題

一九〇〇年代初頭より本格的にはじまる日本の社会主義の歴史を省みるとき、その内実が、担い手や価値意識の両面において多種多様な、一種の「星雲状態」にあったことは疑いえない。[*11] しかし、この多種多様な「社会主義」を、「科学」という概念を軸に整理し直してみることは可能であるかもしれない。少なくとも明治社会主義の「中心人物」の思想に焦点を合わせたとき、その表面的な多様性の背後で、かれらの意識を貫く大きな傾向が看取されるように思われる。ここではそれを「社会主義」の「科学」化と呼んでおきたい。

日本における「社会主義」の移入、啓蒙は、周知のように人道主義的熱情を原動力とするキリスト教徒を中心にしておこなわれた。もちろんこの種の人道主義は、あらゆる初期社会主義者にとって、その主義を奉ずる主要な動機でありつづけた。しかし、表面的には、時代が下るにつれて、この人道主義は「社会主義」の真理性を担保するものとしては後景に退いて行く。かわって前面に現れてくるのが「科学」である。しかしこの「科学」的真理は、必ずしも人道主義的真理と一致するものでなかったために、「社会主義」の「科学」化は、程度の差はあれ、ほとんどの初期社会主義者にとって何らかの内面的葛藤を引き起こすことになった。こうした「社会主義」の「科学」化に伴う潜在的葛藤は、明治三八年の『新紀元』、『直言』両誌上におけるキリスト教的「唯心」論的社会主義と、マルクス主義的「唯物」論的社会主義両派の争いとして表面化した。やがてこの対立は、「唯物」派が主導権を握る形で、一応の決着を見る。しかし、そこで問われた問題の本質は、ある場合にはイデオロギー対立という形態をとり、ある場合には一個人の内面的葛藤という形態をとって、その後の「社会主義」の歴史のなかで、くりかえし問われ続けていく。

(1) 前世代

明治期における「社会主義」の「科学」化の様相を、その担い手の「世代」との関係で、簡単に整理しておきたい。ここでは、松沢弘陽の研究にならい、明治社会主義の担い手を、「前世代」、「中心世代」、「後世代」の三世代にわけ[*12]、その特質を「科学」との関係において考察してみたい。明治社会主義における「前世代」とは、一八五七年頃からのほぼ一〇年間に生まれた世代であり、この世代から「日本において初めて社会主義を自己の信条とする人々」が誕生した[*13]。このうち、初期の明治社会主義運動において中心的な役割を演じたユニテリアン派のキリスト教社会主義者、村井知至、安部磯雄を例にとって、「科学」との関係を考えてみたい。

かれらの「社会主義」の特質は、何よりもそれが人道主義的なものであったということである。ここで人道主義という意味は、みずからの生活信条においても、「社会主義」の理論においても、「博愛」といった精神的価値が、「経済的平等」といった物質的な諸価値よりも優位しているということである。かれらの出身階層は、いずれも旧士族であり、幼少期においては漢学を中心とした伝統的教育環境のなかに育った。青年期にキリスト教に接近し、信仰を獲得する。その後アメリカ留学中に、キリスト教社会主義の思想と運動に接触し、「社会主義」に開眼するという経験を共有している。かれらは、キリスト教と社会主義の関係について、「社会主義は基督教の経済方面にして、基督教は社会主義の倫理的方面である[*14]」という幸福な調和を実感することが出来た。しかしそれは、「私共は生きんが為に食ふのであつて、食はんがために生きて居るのではない。結局私共には精神生活が目的であつて、物質生活は其手段に過ぎない[*15]」といった倫理主義的な人間観を基盤とした調和であった。かれらにとって「社会主義」とは、生産機関の国有と分配の公平をその内実とする「社会問題」の根本的な「解釈法」であった。そこでは、「社会主義」は、けっしてそれ自体としては価値化されず、常に精神的諸価値を実現する手段とみなされていた。すなわちかれらはもっぱら、「社会主義を精神的方面から見て居た」のである。[*16]

かれらの場合においても、「科学」的な精神と、自らの信仰との矛盾が全く意識化されなかったわけではない。しかし常に優位したのは、精神的なるものへの希求であった。安部はキリスト教へ接近するさいの自らの態度を、「人格修養のためには基督教を信ずるの外はない。所謂鹿を追ふ者は山を見ずといふ道理で、不可解なるドグマをも丸呑み」したと回想している。[*17]そこでの「科学」は、「科学の進歩と道徳思想の発達とは現社会に教ゆるに協同一致を以てすれども、悲しい哉現社会の組織は之を実行するに適せざるなり」[*18]という形で、現存社会制度の非合理性、さらに「社会問題」の「解釈法」としての「社会主義」の合理性を論証するにとどまり、その「科学」的精神が、自らの信仰に対して深刻な対決を迫った形跡は感じられない。当時の代表的な「科学」理論であった進化論に関しても、食物をめぐる生存競争が、倫理をめぐるより高次な精神的競争へと「進化」する科学的な裏づけとして、みずからの「人道主義」との調和が図られた。[*19]そしてかれらは、「社会主義」が、みずからの精神的価値に抵触すると感じられた場合には、運動の中心から比較的あっさりと退いていったのである。[*20]

(2) 中心世代

明治社会主義の「中心世代」とは、一八六七年から七六年頃までに生まれた世代をさす。木下尚江、堺利彦、幸徳秋水、河上清、田添鉄二、石川三四郎、西川光二郎ら、社会民主党の結成から平民社の活動において、日本社会主義史上中心的な役割を演じた人物がこれに該当する。幼少年期に自由民権論の影響を強く受けていることがこの世代の特徴であるが、その多くが旧士族層の出身であること、[*21]漢学中心の伝統的な教育環境の中で幼少期をおくったこと、キリスト教の影響が大きいこと等、[22]「前世代」と共通する特色も見られる。しかし、幸徳と堺の思想を「秋水の想を解剖すれば、科学素五、純文学素三、哲学素二、枯川の想を解剖すれば、純文学素六、科学素三、哲学素一」[23]と評した同時代人の言葉にあらわれているように、個人差はあるにしろ、この世代においては、「科学」が自らの思想の重要な構成要素として意識されはじめる。かれらを「社会主義」へと導いたパトスは、自由民権論、儒教的倫理、キリスト教的人道主義と多様であった。しかしかれらは、少なくとも「社会主義」の理論的説明としては、好むと好まざるとにかかわらず、「科学」なるものを意識せざるをえなかったのであり、またそのような「科学」との関係は、ポジティヴなものあれネガティヴなものであれ、彼らの生き方そのものに大きな影響を及ぼすものとなった。

この日本社会主義における「科学」の本格的導入の諸相を、幸徳秋水と片山潜の著述によって簡単に見ておきたい。ともに一九〇三年に出版され、明治社会主義の理論水準を示すといわれる幸徳の『社会主義神髄』と片山の『我社会主義』の画期性は、「前世代」のキリスト教的社会主義者たちが、「社会主義」をあくまでも「社会問題」を解決する手段として把握したのに対し、それを一種の歴史法則として把握し、その必然性を「科学」的に基礎づけようとした点に求められる。[24]幸徳が、今日の社会を救済する唯一の道として、生産機関の公有と分配の公平を骨子とする「社会主義革命」を主張したことは、安部らの「社会主義」論と共通性をもつ。しかし、幸徳はその「社会主義革命」の実現を、人間の倫理によってではなく、主として「最新の科学」理論たるマルクスの「歴史の物質的概念」に依拠することによって説いたのである。[25]現在の「資本家制度」における「富の生産・分配の方法」の進化・発達の結果は、必然的に「社会主義」に帰着する。これがかれが抱いた社会主義革命のイメージであった。この点に関しては片山の場合も、まったく同様である。一九五九年生まれで、世代的には「前世代」属する片山も、この時期において「これまでの精神的道徳宗教」を「精神的苦悩」を嘗めつつ放棄し、「唯物史観」を採用することによって、[26]「空想的社会主義」から「進化的社会主義即ち科学的社会主義」の立場に移行し、[27]「資本家制度の進化を追求し……斯の進化の結果社会主義になる」という社会主義革命の見通しを獲得するにいたった。[*28]

ここで問題となるのは、この世代によって「社会主義」の裏付けとして援用されていた「科学」なるものの意味内容である。幸徳にせよ片山にせよ、「社会主義」理論の根幹におかれていたのは、ダーウィンの生物進化論であった。かれらの理解においては、生物進化の法則は、「人間智能の及ぶ限りに於て、疑ふ可らざるの一大真理[*29]」としての位置づけを与えられ、マルクスの資本論は、「ダーウインの進化説を経済界に応用」したものと位置づけられていた。[*30]かれらのこのような論理構成に関して指摘しておきたいのは、「科学的社会主義」の「科学」性が、「社会」を構成する単位としての人間を生物一般に還元することによって獲得されていることである。このことは、「如何に高徳・潔白・温厚な人間も、貧乏にして食えなくなると、然り生死の境になると、豚も人間も区別はない」という認識から「唯物史観を獲得した」片山の場合にも、[*31]ダーウィンの理論の画期性を「人類も亦一種の動物に過ぎざること」を明らかにした点にもとめている幸徳の場合にもうかがうことができる。[*32]人間を「欲の動物」と規定し、その上で「経済進化」を説いた田添にも同じ傾向を見てよいであろう。[*33]こうして、人間をひとまず生物一般に還元することにより、人間を「科学」の対象として考察する視点が獲得される。ダーウィンの生物進化論の「社会」へのラディカルな適用は、このように人間の生物学的還元とともに行われたものであった。

かれら「中心世代」の「科学的社会主義」においては、こうして「社会」へ適用された生物進化の法則が、その科学法則としての仮説的性格を欠落させて、直ちに「千古不滅の真理」としての位置づけを与えられている。このような位置づけの理由としては、次のようなものが考えられる。まず、科学法則そのものの理解に、伝統思想が横滑りしていることである。これは、一方で、「社会主義革命」の基礎づけとして「科学」を援用しながら、他方で、例えば「革命は天也、人力に非ざる也[*34]」といった言葉に、「勢ひ」もしくは「天人感応」といった伝統的諸概念を影響を色濃く残している幸徳の議論に典型的に見られる。[*35]「科学」はこれらの伝統的諸概念と結びつくことにより、「進化論が、世界を貫く絶対的原理であるという理論信仰」[*36]を構成する。つぎに、物理法則の真理性が、無媒介に生物進化、社会進化の法則の真理性へと横滑りしていることである。これは、片山の「進化の原則は引力の原則の如く都てを犠牲に供して進行すべし」[*37]、田添の「即ち社会意識の資本的発展は、宇宙の引力に吸収せらる丶潮勢の如く、滔滔として社会進化の大極を指して、更に他の社会意識の資本的発展をなさんとす」[*38]という言葉に象徴的に示されている。ここでは、まず「引力の原則」、「宇宙の引力」という力学的法則の絶対性が無条件に措定されており、同じ「原則」という言葉に引きずられる形で生物進化、社会進化の法則の絶対性が担保されるという形になっている。以上のような二つの経路を経て、進化の「法則」とは、人間の力の及ばない一種の宿命であるかのような理解が成立する。

「社会主義革命」の実現も、このような性格をもった進化の「法則」に基礎づけられるがゆえに、運動の主体としての「社会主義者」の側の倫理と論理を欠いた、極めて楽観的なものとなる。片山は、「一度資本家制度が封建制度を破壊せし如く、社会主義の制度が資本家制度を破壊して之に代らんなり。是れ社会の順序なり、進歩なり、経済社会の大勢なり。殆んど人為を以て逆ふ可からず」[*39]といい、幸徳は、「社会主義的大革命の実行あるのみ。而して是れ実に科学の命令する所、歴史の要求する所、進化的理法の必然の帰趣にして、吾人の避けんと欲して避く可らざる所にあらずや」と主張する。[*40]ここでは、このような彼らの「科学的社会主義」の論理構成の特質を、後の大杉の言葉にならって、「定命論」的と表現しておくこととする。

幸徳や片山の「社会主義」が、このような理論構成をとったことは、決して彼らが「社会主義」の実践において、人間の主体性を軽視していたことを意味するものではない。むしろ、幸徳の場合には、漢学的修養の精華としての儒教的経世家としてのエートスが、片山の場合には、自らの生活のなかから紡ぎ出されてきた労働の倫理が、その「社会主義」の本質に位置していることは疑いない。しかし人間を生物に還元し、さらにそれを絶対的真理としての「進化の法則」に組み込むかれらの「科学的社会主義」は、理論上人間の精神的なるものの特権性を承認しえないのであり、このような論理構成が、従来の人間の精神的価値を何よりも重視した人道主義的「社会主義」に対し、大きな挑戦を迫るものとなった。

キリスト教社会主義者、木下尚江にとって、この「社会主義」の「科学」化は、「社会主義を棄てる乎。基督教を棄てる乎」の「試験問題」[*41]として受け取られた。これは、木下自身の心境の変化というよりも、「必ず（神を）捨てさせて見せる」[*42]という幸徳の言葉に象徴されるように、基本的には「科学的社会主義」の側からの挑戦としておこなわれたものであった。木下は、一九〇五年一一月創刊の『新紀元』において、幸徳や堺ら「マルクス主義的唯物論的」な「物欲を以て物欲を倒」す革命とは異なった、「物欲の覇者を倒して至愛なる神の王国を建設せんと欲する」革命を主張してゆく。[*43]しかしこのような試みは、結局「基督教なるものと社会主義なるものとを二個対等の異物と理解し」た、「偽善者」、「二心の佞臣」、「多淫の娼婦」であるとの自覚に帰着し、[*44]「僕今諸君を離れて独り行く」決意を表明するにいたる。[*45]このような木下の離脱の背景には、「社会主義若くは無政府主義が何故に不健全の思想なりやと云ふならば、我等は「人格の無視」と云ふ一語を断言するに躊躇しない。而して「人格無視」は社会主義若くは無政府主義の特産物では無く、近世思想則ち物質主義、科学主義……の通有的根本疾病だ」[*46]という「科学」批判があった。こうして木下は、一九〇六年一一月に「自ら「新紀元社」を埋葬」し、運動から離脱するが、これは同時に、日本社会主義運動史における、「科学」的なるものと「精神」的なるものの対立・分極化の過程を象徴的に示す事件であった。

一九〇五年には「唯物」派の機関誌『光』の発行人としてキリスト教的社会主義に対して論陣を張った西川光二郎も、一九〇八年七月からおよそ二年に及ぶ千葉監獄での獄中生活で、精神的なるものの価値を再発見していく。西川が、獄中での「鉄窓ノ下静思ノ結果」見いだしたものは、「精神ノ改善修養」の重要性であった。[*47]このような精神的なるものの再発見は、必然的にそれを排除することによって成立した「科学的社会主義」への批判に直結する。「絶対他力の信仰と、唯物論者の安心とは、全く同一である、其の異なる所は、仏に委かすと云ふと、運命のまゝに云ふとの違ひであって、要するに言葉の違ひに過ぎない……。私は此の二つの考え方とは違つて、意志の自由を信ずる一人である、或程度までは人間に自由がある、自分の努力で自己の生涯を高尚ならしめ得る自由がある、と信ずる一人である」[*48]、西川が見いだした「社会主義の非」とは、それが人間の精神的な「自由」と一致しないという事実であった。こうして西川は、一九一〇年『心懐語』を上梓、「社会主義」を批判し運動からの離脱を宣言する。西川の離脱もまた、当時の「社会主義」がみずからを「科学」化するにあたって支払わざるをえなかった代償の大きさを示している。

(3) 後世代

明治社会主義における「前世代」の思想的原風景をキリスト教に、「中心世代」のそれを自由民権思想に求めることができるとするならば、一八七七年から八七年の間に誕生した「後世代」のそれは、「科学」に求めることができるかもしれない。明治社会主義の「後世代」には、山川均、高畠素之、荒畑寒村をはじめ、本章の対象たる大杉栄が属している。かれらにおいては、その出身階層も、旧士族層はもちろん、商人、軍人階層と多様化する。伝統的な漢学教育の影響は前二世代と比較した場合軽微である。キリスト教とも接触をもつが、その影響も高畠の場合を除いて表層的である。かれらは、青年期に「中心世代」の「社会主義」に触れ、その影響で「社会主義者」となり、一九〇七年ごろから日本の社会主義運動の中心的位置を占めはじめる。かれらはいずれも、幼少期に「物理学者」を志望した山川[*49]、鯨が獣であるという「真理の宣伝」に共鳴しない父を軽蔑した荒畑[*50]、青年期に「進化論」の影響を大きくうけた大杉や高畠[*51]の例が示しているように、「科学」的思考方法の洗礼を受けている。彼らは、この「科学」に対するみずみずしい感受性を生涯にわたってもち続け、「社会主義者」となって以後も、「科学」に関する翻訳や論文を活発に発表し続けて行く。

かれら「後世代」と「社会主義」との関係もまた、この「科学」に対する思い入れをぬきにして考えることはできない。彼ら「後世代」の社会主義運動に対する原動力となったものも、やはり前二世代と共通する一種の人道主義的熱情であった。しかし、かれらはその献身の対象を選択するにあたり、それが十分に「科学」的であるかどうかを確認せずにはおられなかったのである。[*52] かれら「後世代」に対する幸徳秋水の圧倒的な思想的影響力も、このような文脈において理解することができる。幸徳の多用する「科学」なるものの内容が、実は非常に曖昧で、伝統思想の影響を大きく蒙っていたことは前述した。しかし「後世代」たちは、「社会主義」を、たとえそのように不十分なものであっても、「科学」に基礎づけようとする幸徳の姿勢そのものに大きな共感を寄せていったのである。

この同じ心性は、一九〇七年における直接行動派と議会政策派の分派対立においても確認しうる。従来この対立は、ゼネラル・ストライキによる社会革命を主張する幸徳と、あくまでも議会を通じた運動の重要性を訴えた田添、片山との社会主義運動上の戦術をめぐる対立として理解されてきた。しかし、この対立が、一面では「科学的社会主義」の内部における「進化」と「革命」をめぐる「科学」論争の形態をとっていたことは注目されてよい。対立の当初から田添は、「社会改革に志す人々の往々陥り易き短所は、社会の革命を以て、一活劇の下に実現し得るとふ思想である、……これ全く現代社会主義の生命たる、社会の史的進化、社会の有機的発達、社会の進化的革命を知らざるものである。然り非科学的思想である」[*53]と主張し、「自然は飛躍しない」といった伝統的な進化論理解に依拠する形で幸徳の直接行動論を批判していった。これに対し幸徳は、「其進歩改新の小段落が改良或は改革で、大段落が革命と名けられる」[*54]と主張し、「革命」に「『自然は飛躍しない』ことを前提とする進化論の枠内における最大限の区分」[*55]としての意味づけを与えることによって応じたのである。[*56]

この論争の決着において重要な役割を演じたのは、両者のイメージであったように思われる。この論争の途上において、荒畑寒村は、議会政策派たる田添の裏側に「宗教家」のイメージを見たと記している。[*57] キリスト教徒として「社会主義」に接近した田添ならびに片山と、「唯物」論者中江兆民の弟子として知られていた幸徳との間で行われた論争を「科学」というフィルターを基準として「後世代」が見たとき、その勝敗はおのずから明かであった。かれらの多くは、単にそれが、政策的により過激であるというだけでなく、より「科学」であると感じられたがゆえに、幸徳の理論を支持したのである。

かれら後世代の「社会主義」が、幸徳の思想的影響を受けたものだとするならば、それはまた、幸徳の「科学」論が持っていた問題点をもかれらが引きついでいったということを意味する。さらにいうならば、「後世代」は、幸徳のような儒教的エートスも、片山のような労働体験も、みずからのものとしてはほとんど持たなかったから、精神的なるものの否定もしくは欠落といった「科学的社会主義」の帰結を、より純粋な形で継承することになった。しかし、社会主義運動そのものが、「大逆事件」を頂点とする徹底的な弾圧をこうむった「冬の時代」において、「社会主義」の旗を守り通そうとすることは、それ自体高度に「精神的」な行為であった。精神的なるものの否定の上に築き上げられた「科学的社会主義」と、自らが「社会主義者」であるという高度に「精神的」な選択は、どのように調和せしめられるのか。これが、「冬の時代」という一つの時代状況が、「後世代」に対して課した共通の思想的課題であった。一九一二年の『近代思想』発刊以後における大杉の思想的実践もまた、このような思想的課題に対するもっとも早くかつもっとも徹底した回答の一つとして位置づけることができるものである。

3　大杉栄の読書リスト

大杉栄が、「脳神経衰弱」に起因する格闘事件で、名古屋の陸軍幼年学校を退校になったのち、外国語学校進学を決意して上京したのは、一九〇二年一月のことであった。以後、一九一二年の『近代思想』にいたるまで、年齢でいえば、一八歳から二七歳までの時期に、大杉は、「社会主義」と出会い、さらに新進の評論家・活動家として活躍するにいたる思想的基盤を練り上げて行った。たしかに、この時期の大杉は、いまだ「無名の貧書生」たる時期であるから、大杉自身の手になる論説はきわめて少ない。しかし、大杉は、勉学に関してはきちょうめんな一面を持ち、『自叙伝』や回想、書簡に、読んだ書籍の題名や感想を比較的丁寧に書き残している。またこの時期かれは、通算三年半の獄中生活を経験しており、その獄中から書籍の差入れを求めた手紙も参考となる。これらの記述を手がかりに、かれが当時読んだ本、または読もうとした本のリストを作成することができる。[*58] 以下の分析では、大杉が書いたテクストだけではなく、大杉が当時読んだと推定される著作や論文にもあたり、その読書傾向からかれの当時の問題意識を推定することを試みる。もちろん、このような推定にはそもそも研究の方法論として大きな制約が付随する。まず、実際に読んだか、またどこまで読んだかを確定する証拠が存在しない。つぎに、翻訳が何ヵ国語かで出ている場合、何語で書かれた版を読んだのかが推定しにくい。さらに同一言語でも、複数の版が存在する場合、どの版を読んだのかが推定しにくい。最後に、記述が断片的である場合、正確な著者や題名の推定が困難となる場合がある。[*59] 以下に示す大杉の読書リストも、書誌学的調査に基くものではなく、あくまでも現在利用可能なデータベースと、大杉のテクストをつき合わせることで得られる名目的なリストにすぎない。しかし、従来このような方向からの研究がほとんど存在しないこともあり、資料の乏しい大杉の思想形成期に実証的な光を当てる一つの方法として、また明治末期の青年が生きた言説空間を追体験するための手がかりとして、可能な限りこのリストを活用することにしたい。

(1) 「社会」学から「社会主義」へ――一九〇二年一月から一九〇四年三月――

上京後間もない時期において、大杉栄の社会的な意識をかき立てたものは、足尾鉱毒事件と幸徳秋水の論説であった。前者に関しては、同じ下宿に住んでいた早稲田の学生が谷中村鉱毒問題大演説会に向かう光景に感銘をうけたこと、後者に関しては安いという理由だけでとった『万朝報』の幸徳の非軍国主義に感動したことが、それぞれ『自叙伝』のなかに一九〇二年頃のこととして印象的に語られている。ここでは、それらに加え、第三の要因としてあげられている「社会学」の影響に注目したい。『自叙伝』によれば、この時期大杉は、同じ下宿にいた社会学専攻の早大生の影響で社会学関係の書物を読み始めたという。大杉は、その学生に、「社会学」という耳なれない学問を、「国家」やその下にある諸「制度」が、「どんな風にして生れて、そしてどんな風に発達して来たか」を調べる学問であると説明され、そんな面白そうな学問をしている学生をうらやましがったと回想している。[*60]

この学生の影響で、この時期読んだと推定されるのは次のものである（かっこ内に、推定の根拠とした大杉自身の記述を記す。推定が困難なもの、推定の必要を感じなかったものは＊を付す。以下、読書リストに関しては同じ表記方法をとる）。

遠藤隆吉『社会学』早稲田大学出版部、一九〇〇年（「たぶん早稲田からでた遠藤隆吉の社会学」）

フェアーバンクス原著、十時弥訳述『社会学』博文館、一九〇〇年（「博文館からでた十時何とかという人の社会学」）

金子馬治述『最近心理学』東京専門学校、出版年月日不明（「金子馬治の最近心理学」）

＊「同じ早稲田からでている哲学の講義のようないろんなもの」

Le Bon, G. (1895), *Psychologie des foules*, F. Alcan.（「仏文のルボン著『民衆心理』」）

矢野龍渓『新社会』大日本図書、一九〇二年（「矢野竜渓の『新社会』[*61]」）

幼年学校退校の汚名返上に燃えた大杉は、当時の友人から村上浪六の『当世五人男』の登場人物、倉橋幸蔵になぞらえられるほどの「謹厳着実[*62]」な受験勉強の末、一九〇三年七月、外国語学校仏語科に入学を果たす。大杉は、この前年に母を亡くし、当時精神的な拠り所を求めて海老名弾正の本郷教会で洗礼をうけるなどしていた。外国語学校での学生生活も、フランス語のレベルの低さに対する不満から、大杉の心を満たすにはいたらなかったようである。[*63] この精神的な空白を埋めるかのように、この時期、大杉は徐々に「社会主義」に接近してゆく。大杉の「社会主義」への接近は、日露開戦を目前に控え、海老名が主戦論の立場を明確に打ち出していくのに対して、幸徳秋水と堺利彦が、あくまでも非戦論の立場を貫き、『万朝報』を退社し、週刊『平民新聞』を創刊するにいたって決定的なものとなった。また著作の面では、次の二冊が社会主義への接近を決定的に動機づけたものとして回想されている。

幸徳秋水『社会主義神髄』朝報社、一九〇三年（「幸徳の『社会主義神髄』」）
丘浅次郎『進化論講話』開成館、一九〇四年（「丘博士（浅次郎）の『進化論講話』」[*64]）

こうして、大杉が旗上げ後間もない平民社へ足を運び、社会主義運動と直接の関係を持ったのは、一九〇四年三月の雪の降る晩のことであった。

以上が、上京から社会主義運動に接触するにいたるまでの大杉の生活の素描である。この時期の大杉に関して注目すべき第一の点は、大杉が「社会学」を経由して「社会主義」へ接近していることである。当時の代表的な「社会問題」であった足尾鉱毒事件と、同じく代表的な社会主義者であった幸徳秋水の影響で社会主義へ接近するというパターンは、当時の社会主義青年としてまずは標準的なものといえる。しかしその際大杉は、「社会問題」の「問題」よりも、それを生み出す「社会」の諸制度の生成や発展に多く関心をひかれていたように思われる。

ここで注目すべきは、大杉が当時読んだと推定される著作において、「社会学」の「学問」としての新しさが、もっぱら方法論的な問題として提示されていたことである。その中心的な主張が、方法論的な「個人主義」と対置される意味での全体論的アプローチの主張であった。十時の前掲書においては、「社会は実に合成せる全体」として把握され、その「社会」をとらえるために、従来の「社会哲学」があまりに「注意を個人に集中せしめたこと」が批判されていた。[*65]遠藤の書においても、社会学の分析対象たる「社会力」が、一個人の「精神力」と「量的」にではなく「性質上」異なることが強調されていた。[*66]また、ルボンの書も、「個人」の意識的行為にかわって「群衆」の無意識的行動に現代の特徴をみようとしたものあった。[*67]「社会主義」という言葉も、このような方法論的問題との関連で登場する。十時の書においては、社会の構成単位に関する学説を、「個人」に求めるものと「社会的団体」にもとめるものとの「二門」に分かち、前者を「個人主義」、後者を「社会主義」と説明していた。[*68]遠藤も「社会化」と「個化」という両契機に言及した文脈のなかで、前者を「社会主義」、後者を「個人主義」として説明していた。[*69]はっきりと社会主義的主張を展開している矢野の『新社会』においては、「社会主義」は「個人主義」との対比において「社会全衆の利益を主とすべきもの」と定義されていた。[*70]大杉が、「社会主義」という言葉に出会ったのは、まず「社会」の科学的な認識にかかわる方法論的な文脈のなかで、「個人主義」との対比においてであったのである。

大杉の「社会」の科学的な認識に対する興味は、社会主義運動への接近の過程からもうかがうことができる。大杉が、「社会主義」への接近をうながしたものとして、丘浅次郎の『進化論講話』をあげていることは興味深い。なぜなら、丘はこの書において、「進化論」の立場からする社会主義批判を展開していたからである。丘の社会主義批判は、「人種間の競争に勝つためには人種内の個人間競争が必要」という立場から、社会主義の「突飛な改革論」、すなわち「貧困」の問題に対する平等主義的な「政策」に向けられている。[*71]しかし、大杉は、このような意図をもって書かれた丘の著作を、逆に「社会主義」に接近するための橋渡しとして読んだ。大杉はいう。「すべてのものは変化すると云ふ此の進化論は、まだ僕の心の中に大きな権威として残つてゐたいろんな社会制度の改変を叫ぶ、社会主義の主張の中へ非常にはいり易くさせた」。[*72]

こうした大杉の読みを可能にしたものは、丘の著作を貫通している進化論的方法論への関心であった。丘は、この書で、「真の開化」を進めるには「先づ自然に於ける人間の位置を考へ、人間とは如何なるものであるかを実験的方法によって公平に研究し、其結果に従うて制度を改良するの外はない」として社会理論における科学的認識の重要性を主張している。丘はいう。「新しい真理を見出すまでに知力の進んで来た人間の社会を前代からの遺物とも見做すべき旧制度で纏めて行くことは、甚だ無理である。新しい真理が発見になつた場合には、寧ろ速に其真理に従うて改めて行く方が遥に利益が多い」。[*73] 大杉はのちに「丘博士の生物学的人生社会論を論ず」という論文を発表し、丘の『進化論講話』を批判するにいたる。[*74] しかしその批判の要点は、社会主義批判という丘の結論そのものにではなく、むしろ丘自身が、人類の将来に関して、みずからが主張する科学的な経験主義を正しく適用していないという方法論上の矛盾に向けられたものであった。

こうした科学的思考の重要性はまた、幸徳の『社会主義神髄』においてもはっきりと主張されていた。幸徳もまた、社会の進化を生物の組織の進化とのアナロジーで把握し、「革命」を進化の「大段落」をくぎるものとして捉え、そして、「社会主義的大革命」の実行を、「科学の命令する所」、「歴史の要求する所」、「進化的理法の必然の帰趣」と位置づけ、「社会主義者」の役目をその「進化の大勢」を誘導する「産婆」と表現していたからである。[*75] 大杉が、このように結論において異なる丘と幸徳の著作を同時期に読み、それを等しく「社会主義」への接近への糧としたという事実は、この時期の彼の「社会主義」に対する関心のありようを示している。大杉が、当時の「社会主義」に求めたものは、具体的な「政策」というよりもその科学的な「方法」であった。このことは、当時の多くの社会主義者が、「社会問題」の「問題」の側面、すなわち「貧困」の原因とその解決を求めて「社会主義」に接近していったなかで、注目に値する特質といえる。[*76]

(2) 反軍思想の爆発——一九〇四年三月から一九〇七年五月まで——

「社会主義」を「科学的真理」として説明する幸徳秋水の論理構成は、従来の主として自由民権思想やキリスト教的信仰を基礎とした人道主義的熱情を原動力として「社会主義」に接近する層に加え、「社会問題」に触発された「社会」意識を軸に、「社会学」の周辺に集まっていた新たな層をも「社会主義」に引きつけていった。学生の社会主義運動への接近は、そうした現象の明確なあらわれであった。大杉栄のみならず、当時平民社と接触を持っていた学生は多い。[*77] 大杉は、一九〇四年七月以降、このような「学生社会主義者」の一人として、週刊『平民新聞』をはじめとする社会主義運動の機関誌に登場し、「仏蘭西語の出来るのは社友の大杉君ばかり」[*78]と評せられた語学能力を駆使として、社会主義運動の内部で、次第に重きをなしていった。

かれはこれ以後、一九〇六年三月の入獄までに四本の論説を社会主義運動の諸機関誌に載せている。しかしこの時期の論説を特徴づけているのは、「科学」に対する関心というよりも、むしろみずからの経験に裏打ちされた、烈しい反軍思想である。この時期の論説のうち、「社会主義と愛国心」、「之を命令するものに発砲せよ」は、現体制下における社会主義者の防衛戦争への参加を拒絶し、「戦時一揆」を起こすことを主張した、フランス社会党のギュスタフ・エルベ（Gustave Hervé）の説の紹介に当てられている。[*79] また、第二インターナショナルの運動と歴史を書いた「万国社会党大会略史」[*80]においても、戦争抑止の方法として、「Strike と Boycott」を説いたドメラ・ニウエンヒュイス（Ferdinand Domela Nieuwehuis）らの活動に大きな関心が払われている。この時期、かれの心をとらえたのは、欧米の社会主義の運動論のうち、これらの「もっとも極端にして大胆な」反軍思想であった。この時期、かれの社会主義運動への参加の内発的要因をなしていた第一のものは、かれ自身を、「脳神経衰弱」になるまで苦しめた幼年学校時代の経験に基づく、生理的な反軍感情であり、大杉が当時の社会主義運動に求めていたものも、一つにはこの「反軍」という感情の爆発を許してくれる場であった。

しかしながら、その激烈な「反軍思想」とは対照的に、大杉の当時の社会主義運動に対する姿勢には、ある種のためらいが見られる。大杉は『続獄中記』のなかで、外国語学校入学当時は外交官を夢み、また一九〇五年七月に外国語学校を卒業してからも、「旧師であり且つ陸軍でのフランス語のオソリテイであつた某陸軍教授」に陸軍大学への就職を頼みにいったと回想している。[*81] この大杉の依頼が、どの程度現実的なものであったかを確かめる術はない。しかし、大杉とほぼ同時期に、平民社と接触を持っていた学生社会主義者である永井柳太郎や山田金市郎が、のちに代議士となっていること、[*82] また、大杉とともに平民社に出入りしていた外国語学校生もやはり東洋汽船に就職している事実等から推察すれば、[*83] 大杉が、卒業後なにかしらの職を得て、運動から離脱していく可能性もまた、十分に想定可能であった。

大杉は、当時無口な青年で、金ボタンの制服を着て、髪を油でかためていたため、「大ハイ」と呼ばれていた。三谷太一郎は、大正社会主義者のメルクマールとして、「学校体系からのデクラッセであり、従ってアカデミズムの機構から疎外されたインテリ」であることを挙げ、堺利彦や山川均、高畠素之、荒畑寒村らとともに、幼年学校中退という経歴をもつ大杉もそこに含めている。[*84] しかし、外国語学校入学を果たした大杉の場合、少なくとも初の入獄まで、かれを規定していた意識は、この服装に端的に現れているような一種の「エリート」意識であり、それに比例して、「社会主義」への献身の度合いも「デクラッセ」たる同志たちに比して弱かったように思われる。

大杉は、一九〇六年三月の電車賃値上げ反対運動において兇徒聚集罪に問われ、約三ヵ月間の獄中生活を余儀なくされた。この事件はかれにとって、「余程進行してゐる」就職の話をふいにし、[*85] 社会における「デクラッセ」として生きてゆくことを運命づけた点で、決定的なものとなった。またこの時期注目すべきは、かれが本格的に無政府主義の著作に取り組み始めている点である。かれはこの時期、獄中から、エスペラントとドイツ語の勉強に取り組んでいることを伝えてきている。また、かれがこの時期読んでいた著作には、以下のものがあった。

Feuerbach, L.（1881）*The essence of Christianity*, K Paul Trench.（「フオイエルバハの『宗教論』」）
Albert, C.（1899）*L'Amour libre*, P.V. Stock.（「アルベエルの『自由恋愛論』」）
Bakounine, M.（1907）*Oeuvres, tome 1*, P.V. Stock.（「バクニン全集」）
＊「トルストイの小説集[86]」

アルベールは、フランスのアナキストである。この著作において、アルベールは、愛を、「二人の新しい人間を創造するもの[87]」と位置づけたのち、それを十全に開花させるための社会的条件として、「自由共産社会」の実現を説いている。この著作は、同年末に大杉が書いた「予の想望する自由恋愛」、「動物の恋愛」という論説の種本となったと思われる。[88] バクーニン全集は、幸徳がアメリカから贈ったとされるもので、年代からいってフランス語版であろう。大杉の書簡に、当時渡米中の幸徳が、サンフランシスコ大地震で死亡したとの誤報をうけ、獄中で「抱いて、一晩泣き明かした」と記述があることでよく知られている。[89] フランス語版のバクーニン全集は、全部で六巻あるが、一九〇六年時点では第一巻しか出版されていない。この第一巻には、"Fédéralisme - socialisme ét antithéologisme" "Dieu et l'État" "Lettres sur le patriotisme" の三論文が収録されている。

さらにこの時期、『社会主義研究』に大杉訳で、クロポトキンの「青年に訴ふ」が掲載されることが予告されている[90]ことからみて、大杉がクロポトキンの著作に親しんでいたことも推定される。しかしこの時期の大杉からは、無政府主義と社会主義との区別にさほど拘泥している様子はうかがえない。かれは、出獄直後の論稿、「エンゲルス逸話」において、ポール・ラファルグ（Paul Lafargue）に依拠しつつ、エンゲルスに対する親愛の情を語っている。[91] また、同時期の「ベーベル伝」においては、「幸多き独逸社会党」の「二大天才」としてマルクス、エンゲルスの名をあげる一方、無政府主義の雄であるプルードンを、「保守的思想に染毒された同業組合の親方」とこき下ろしている。[92]

大杉は、この入獄を契機に、その言動を一気に過激化させていった。かれは、「電車事件」の直後、面会にきて「社会党に加盟せるを叱責」した父に対し、「革命の猛火は、先づ家庭に点火せらるるによりて始めて其の端緒を開く」と反論し、また前述した「幸徳死す」との誤報に対しては、幸徳を殺した日本のブルジョワジーに対して、「狂気の如くになツて復讐を計る」決意を披瀝し、自分の刑期については、「どうせ食ふなら重罪の方が面白い」と開き直り、「社会革命党万歳！　資本家制度寂滅！」と記した。[*93] 社会主義運動の機関誌であった『光』にフランスの『ラナルシー』（*L'Anarchie*）から刺激的な論文「新兵諸君に与う」を訳載し、[*94] さらにそれが新聞紙条例違反に問われたため出廷した裁判所では、「裁判長に食ってかか」り、「最も直截に大胆な答弁をし、傍聴者に手に汗を握らしめ」た。[*95] ちなみに、当時のかれの座右の銘が「pan destraction」であったという事実は、この時期の大杉の意識のあり方を明瞭に示している。[*96]

周知のようにこの時期、アメリカから帰国した幸徳の「直接行動論」の提唱を契機として、日本の社会主義運動は分裂の時期を迎えていた。過激化し、さらに無政府主義への接近を始めつつあった大杉が、従来の「議会政策」にかわりゼネストによる革命を主張した幸徳の「直接行動論」に、熱烈な賛意を表明したことは当然であった。大杉は、「直接行動論」を日本社会党の運動方針として採用すべきことを始めて直截に説いた幸徳の「与が思想の変化」が発表されるや、直ちに日刊『平民新聞』紙上に「欧州社会党運動の大勢」を連載し、欧米各国の社会党運動が「平和的運動より革命的運動」へと方向を転じつつあることを指摘した。そこで大杉は、幸徳を日本におけるその代表者として位置づけ、「予も亦、予の革命的社会主義の立場より、議会政策は寧ろ社会革命の気勢を弱むるものなりとし、而して労働者の直接行動によらざれば、到底社会革命を全うし得可らずと信ずるに至れり」と述べ、幸徳の「直接行動論」に熱烈な賛意を示した。[*97]

この時期以降、大杉は幸徳と歩調を合わせるようにして、クロポトキンの読解を中心にして、無政府主義への理解を深めていく。日刊『平民新聞』にのせた「『ル・レヴォルテ』発刊の記」[*98]は、クロポトキンの自叙伝の一節の翻訳であるし、『家庭雑誌』の「四ツの道徳」[*99]は、同じくクロポトキン著『社会進化における無政府主義の位置』からの翻案であろう。同年三月には、一年遅れでようやく懸案であった「青年に訴ふ」が発表される[*100]（新聞紙条例違反で起訴）。同月の「僕は医者だ」[*101]もこの「青年に訴ふ」から着想を得たものと推定される。また上司小剣から、クロポトキンの代表作 *La Conquête du pain* を入手したのもこの時期である。[*102]

(3)「無政府主義」と自然科学——一九〇七年五月から一九〇八年八月まで——

大杉栄は「青年に訴ふ」の新聞紙条例違反により、一九〇七年五月より一一月まで、巣鴨監獄に入獄する（「新兵諸君に与ふ」事件の服役期間を含む）。大杉はこの期間、「アナキズムとイタリア語」の研究に没頭する。この期間、大杉の獄中書簡に見られる著作は、以下のようなものである。

Kropotkin, P.（1892）*La Conquête du pain*, Tresse & Stock.（『コンクェト・デユ・パン』、『パンの略取』、*La Conquet du pain*）

Kropotokin, P.（1902）*Mutual aid. a factor of evolution*, Heinemann.（「クロポトキンの『相互扶助』」）

Reclus, E.（1902）*L'Évolution, la révolution et l'idéal anarchique*, P.V. Stock.（「ルクリユスの『進化と革命とアナルキズムの理想』」）

Grave, J.（1902）*L'Anarchie, son but, ses moyens*, P.V. Stock.（「クラーウの『アナルキズムの目的と其の実行方法』」）

レオ・ドウヰチ著、幸徳秋水訳『神愁鬼哭』隆文館、一九〇七年（「ドヰツチエの『神愁鬼哭』」）

久米邦武『日本古代史』早稲田大学出版部、一九〇五年（「早稲田の『日本古代史』」）

Tcherkesoff, W.（1902）*Pages of socialist history: teachings and acts of social democracy*, C. B. Cooper.（「チエルコソ 「『社会主義史の数頁』」）

Kropotkin, P.（1898）*Anarchist morality*, Free Society.（「クロポトキン『無政府主義の倫理』」）

Kropotkin, P.（1896）*L'Anarchie, sa philosophie, son ideal*, P.V. Stock.

Kropotkin, P.（1898）*Anarchism: its philosophy and ideal*, Free Society.（「クロポトキン『無政府主義概論』」）

Kropotkin, P.（1900）*Anarchist communism: its basis and principles*, Freedom.（『無政府主義と共産主義』」）

Kropotkin, P.（1901）*L'Organization de la vindicte appelee justice*, Temps Nouveaux.（「クロポトキン『裁判と称する復讐制度』」）

Malatesta, E.（1892）*Anarchy*, Freedom Press.（「マラテスタ『無政府』」）

Roller, A.（1905）*The social general strike*, Debating Club.（「ロラー『総同盟罷工』」）

Nieuwenhuis, D.（1901）*Le Militarisme et l'attitude des anarchistes et socialistes révolutionnaires*, Temps Nouveaux.（「ニユーエンヒユイス『非軍備主義』」）

Zola, E.（1877）*L'Assommoir*, G. Charpentier.（「ゾラ『アソンモアル』」）

Malato, C.（1897）*Philosophie de l'anarchie*, P.V. Stock.（「アラトウ『無政府主義の哲学』」）

＊「『老子』、『荘子』、『家庭雑誌』、『日本エスペラント』」

Kropotkin. P.（1899）*Memories of a revolutionist*, Houghton Mifflin Company.（「クロの『自伝』[*103]」）

大杉の入獄中、直接行動派と議会政策派の対立は、一層激化した。八月に議会政策派の片山潜、西川光二郎、田添鉄二らが社会主義同志会を結成するや、直接行動派は金曜講演会を開始しこれに対抗する。一一月に出獄した大杉は、荒畑寒村や山川均らとならんで、直接行動派の有力なメンバーの一人となる。一方当局の弾圧も激化し、翌一九〇八年一月、本郷弓町平民書房での演説が、治安警察法違反に問われ、大杉は再び同年三月二六日に至るまで、三度目の獄中生活を余儀なくされる。大杉が、この期間、獄中から差し入れを求めた書籍は、以下の通りである。

Kropotokin, P.（1885）*Paroles d'un révolté*, C. Marpon et E. Flammarion.（「クロポトキンの『謀反人の言葉』」）
Gorky, M.（1908）*Comrades*, Hodder & Stoughton.（「ゴルキイの『同志』」）
Nieuwenhuis, D.（1897）*Le Socialisme en danger*, P. V. Stock.（「Le Socialisme en Danger」）
Malato, C.（1894）*De la Commune à l'anarchie*, P. V. Stock.（「De la Commune a l'Anarchie」）
＊「ノヴイコーの本」
Irving, W.（1877）*Skizzenbuch*, P. Reclam.（「スケツチブツク（アアビングの、独訳）」）
Molière（1904）*L'Avare*, Hachette.（「Avere（吝嗇爺）」）*104

以上のような読書リストからうかがえるのは、この時期大杉が、社会主義から無政府主義への思想的転向を、ほぼ完了しているようにみえることである。大杉は一九〇六年の初頭からアナーキズムの著作に親しみはじめ、この時期には、その読書傾向は、ほぼ無政府主義一辺倒となるに至った。クロポトキンの影響については、すでに多くの指摘があるが、読書リストからは、大杉が、それ以外の無政府主義者の著作にも広くふれながら、その思想を形成していったことがうかがえる。ここで注目すべきは、それらの著作において、「無政府主義」の立場からする「社会主義」批判がはっきりとしたかたちで展開されていたことである。その中心的な論点が「権威」にたいする「個人」の「自由」の強調であった。例えば、グラーブは、「権威の徒」たる社会主義者が政治に乗り出して行くのに対し、「自由の徒」

たる無政府主義者は、個人の自由な発展に基づく組織形成を主張し、権威の破壊を望むものだと主張する。[*105] マラトーは、カール・マルクスの教義の「革命の宿命性」に対し、「人間の行為が有力な要因」であることを強調した。[*106] 同じくチェルケソフも「社会民主主義」の「非行動の教理」・「宿命論」ならびに、「科学的方法」としての帰納法と対立する「弁証法」に対して異議を唱えていた。[*107] またニューエンヒュイスも、社会主義運動内部の対立を、「権威主義者とリベルテール」の対立であるとし、「権威主義」を「人間の人間に対する支配」であるがゆえに退ける。[*108] マラテスタは、「権威主義的社会主義」を、それが発意を少数者に限定するが故に生産力を減少せしめることになると批判する。[*109] このような「自由」を強調する立場からの思想的な「社会主義」批判は、いまだ無政府主義と社会主義との区別が曖昧であった当時の初期社会主義運動において、大杉がみずからの思想的立場を確立する契機となったはずである。

さらに注目すべきは、大杉がこの時期、「無政府主義」を、それを基礎づける科学的方法論との関係で把握し始めていたことである。大杉は、一九〇七年九月の幸徳宛書簡で、上記の諸著作の読後感を、次のように述べていた。

此の頃読書をするのに、甚だ面白い事がある。本を読む。バクウニン、クロポトキン、ルクリユス、マラテスタ、其他どのアナキストでも、先づ巻頭には天文を述べてゐる。次に動植物を説いてゐる。そして最後に人生社会の事を論じてゐる。……そして僕は、僕の自然に対する知識の甚だ薄いのに、毎度毎度恥ぢ入る。これから大いに此の自然を研究して見ようと思ふ。読めば読むほど考へれば考へるほど、どうしても、此の自然は論理だ、論理は自然の中に完全に実現せられてゐる。そして此の論理は、自然の発展たる人生社会の中にも、同じく又完全に実現せられねばならぬ、などと、今更ながらひどく自然に感服している。但し僕のここにいふ自然は、普通に人のいふミスチツクな、パンテイスチツクな、サブスタンシエルな意味のそれとは全く違ふ。兄に対して此の弁解をするのは失礼だから止す。[*110]

そもそも前述した大杉のクロポトキンへの傾倒の背景には、「科学的研究法に忠実」という評価が存在していた。[*111] 読書リストを基に、この書簡の記述に当てはまるものを探せば、クロポトキンの *L'Anarchie: sa philosophie, son ideal* がそれにあたろう。クロポトキンは、この書の冒頭で、近年生じた「宇宙諸事実の考え方の根本的修正」をのべ、天文学、物理学、動物学、生理学、心理学における根本的変化に言及し、無政府主義をこのような「進化」のなかに位置づけることを試みている。[*112] さらに、エリゼ・ルクリュも *L'Évolution, la révolution et l'idéal anarchique* において、進化を「宇宙から人間にいたる無限の運動」として説明し、革命を「進化のごくささいな一部に過ぎない」と位置づけている。[*113] 前述のバクーニン全集の〝Antithéologisme〟のなかには、「自然的なものは論理的であり、そして論理的なものは現実の世界において実現するかもしくはされなければならない。文字どおりにいう自然においても、その後の発展においても、すなわち、人間社会の自然な歴史のなかにおいても」、「この自然という語によって、われわれは、ミスチックなパンテチックな、もしくはサブスタンシャルな何かを意味しようとしているのではなく、ただ単に後のできごとを生み出してゆく実在の存在や事実や方法の総和とをさすのである」という一節があり、[*114] 大杉の書簡との対応関係は明かである。さらにこの一節を含む〝Antithéologisme〟そのものが、「合理的科学性と社会主義の伝播」によって「民衆の宗教からの解放」をめざすことを意図したものであり、バクーニンの著作のなかでも科学的合理性に留意したものであった。その他、グラーブの書においても、「無政府主義は科学的基礎を有する理想」であることが強調されているし、[*115] マラトウも人類の進化を論じるにあたり、まず惑星の形成から筆を起こしている。[*116] 若干の誇張はあるものの、大杉のいうように、当時の無政府主義の書物が、多く自然科学をみずからの社会理論の例証として用いていたことは事実である。大杉は、この時期、無政府主義のこうした自然科学的な側面に強く惹かれていた。

(4)「大杉社会学」の構想――一九〇八年三月から一九一〇年一一月――

一九〇八年三月、巣鴨監獄より出獄した大杉栄は、同年四月一四日より、早稲田大学文科高等予科に入学する。しかし、六月二二日、すぐさま赤旗事件を引き起こし、三度目の獄中生活を余儀なくされる（早稲田大学はその翌日に除籍[*117]）。思想家としての大杉を決定づけたものが、この一九〇八年六月からおよそ二年半にもおよぶ赤旗事件による獄中生活にあったことはかれ自身も認めるところであった。かれはこの獄中生活を次のように回想している。「実際僕は、最後に千葉監獄を出た時、始めて自分が稍々真人間らしくなつた事を感じた。世間の何処に出ても、唯一者としての僕を、遠慮なく発揮する事が出来るようになつた事を感じた」[*118]。

この時期の大杉に関して興味深いのは、「無政府主義」から離脱し、「社会学」へ回帰する動きを見せていることである。大杉は、後にこの時期に生じたみずからの思想的変革について、次のように回想している。

僕がクロポトキン大明神でおさまつてゐたのはもう十年も十五年も昔しの事だ。……僕は此のクロかぶれの為めに、どれ程僕の知識的発達に、と共に僕の全人格的発達にも、利益を享けたか知れないが、それと同時に又どれほど損害を蒙つたか知れない。そして其の損害に気がついたのは、漸く年二十七の時の、千葉監獄の独房の中であつた。それ以来僕はクロの書物には一切目を触れなかつた。クロのばかりぢやない。一切の無政府主義文書から出来るだけ遠ざかる事に定めた。そしてただ手当り次第に、範囲にも順序にも全くお構ひなしに、尤も主としては社会学と生物学との、諸学者に親しんでゐた[*119]。

大杉は、またこの時期の父宛の書簡において、「生物学と人類学と社会学との此の三新科学の相互の関係」の研究に力を注ぎたいと述べている[*120]。大沢正道は、この時期の大杉のこの決意をとらえ、それを「大杉社会学」の構想と表現している。[*121]

また、この時期の大杉の決意は、差し入れを求める著作のリストからも裏付けることができる。赤旗事件時の獄中書簡に出てくる書名は、和文はもちろん、英、仏、独、露、伊、エスペラントの数種におよび、その内容も、きわめて多岐にわたる。すべての原書名を特定するのは難しい。が、現在作成しえたリストは、次の通りである。[*122]

Michaelis, R.（1890）*Ein Blick in die Zukunft : eine Antwort auf: Ein Rückblick von Edward Bellamy*, Reclaim.（「Ein Blick in die Zukunft」）

Boethius（1893）*Die Tröstungen der Philosophie*. Reclaim.（「Boetius, Die Tröftungen der Philosphie」）

Kennan, G.（1890）*Siberien!*. Cronbach.（「ケナンの著シビリーン」）

Kennan, G.（1892）*Russische Gef ängnisse*. Reclaim.（「ルシツシェ・ゲフエングニツセ」）

Kennan, G.（1891）*Zeltleben in Sibirien und Abenteuer bei den Korjäken und anderen Stämmen Kamtshatkas und Nordaslens.* Cronbach.（「ツェルトレーペン・イン・シビリーン」）

＊「ハイネの作全部」、「ゲーテとシルレルの二人の作全部」。「ル・ムーブマン・ソシアリスト（イタリイ語）」

Corneille, Pierre（1902）*Oeuvres de P. Corneille*, Garnier.（「仏文の Corneille 全集一冊」）

Molière（1873）*Oeuvres de Molière*, Hachette et cie.（「Moliere 全集三冊（合本して）」）

＊「ドイツ文学史」、「英文学史」、「支那文学史」

Grabowski. A.（1904）*Kondukanto de l'interparolado kaj korespondado, kun aldonita Antologio internacia*, Hachette.（「Kondukanto de l'interparolado kaj Korespondado（エス語会話）」）

Sieroszewski. W.（1907）*La fundo de l' mizero*, Hackette.（「La Fundo de L'mizero（悲惨の谷）」）

Xavier de Maistre（1906）*Vojaĝo interne de mia ĉambro*, Hackette.（「Vojaĝo interne de mia ĉambro（室内旅行）」）

Beaufront, L.（1906）*Esperantaj prozaĵoj*, Hachette.（「エスペランタユ・プロザゾエ」）

＊「トルストイ」、「イプセン」、「太平記」

＊『早稲田文学』、『帝国文学』、『新天地』

島村瀧太郎『近代文芸之研究』早稲田大学出版部、一九〇九年（「抱月の近代文学研究」）

三宅雪嶺『宇宙』政教社、一九〇九年（「三宅博士の宇宙」）

早稲田文学社『文芸百科全書』隆文館、一九〇九年（「『文芸百科全書』」）

＊「イタリイ文でレスプブリカ（イタリイ史）」

Ward, L.（1903）*Pure sociology*, Macmillan.（「ウオド著ソシオロジー」）

Haeckel, E.（1880）*History of creation*, D. Appleton and Company.（「ヘツケル著人類史」）

Rousseau, J.（1883）*Émile*, Garnier.（「ルツソオ著エミル（教育学、仏文）」）

Lemaître, J.（1906）*Diversajoj rakontoj*, Hachette.（「Diversajoj（エス文集）」）

＊「横田から高山博士の著書を持っているだけ」

＊「横田から大西博士の著作を持っているだけ」

Scott-James, R. A.（1908）*Modernism and romance*, John Lane.（「『早稲田文学』の一月号にあったモダーニズム・エンド・ローマンス（近代文学）の原書」）

金井延『社会経済学』金港堂書籍、一九〇五年（「金井延著、社会経済学」）

福田徳三『経済学研究』同文館、一九〇七年（「福田徳三著、経済学研究」）

＊英文、「言語学、生理学（いづれも理化学叢書）」、「科学と革命（平民社科学叢書）」

Stephens, W.（1908）*French novelists of to-day*, Lane.（「ワイニフンド・ステイブン著、仏蘭西小説家」）

Labriola, A.（1897）*Essais sur la conception matérialiste de l'histoire*, V. Giard & E. Brière.（仏文、「ラブリオラ著、唯物史観」）

Sombart, W.（1906）*Das Proletariat. Bilder und Studien*, M Rütten und Loening.（独文、「ゾンバルト著、労働問題」）

＊露文、「トルストイ作民話」

＊仏文、「経済学序説」、「宗教と哲学」

Ely, R.（1901）*Outlines of economics*, Macmillan.（「イリー著、経済学概論」）

Morgan, L.（1877）*Ancient society*, MacMillan.（「モルガン著古代史」）

Lewis, A.（1908）*Evolution, social and organic*, Charles H. Kerr & Company.（「個人の進歩と社会の進歩」）

＊「ロシア史」

＊「ストリー・オブ・ゼ・ヒユーマン・マシン（機械的心理学）」

＊「帝国文学の本」、「現代評論の合本」

Dietzgen, J.（1906）*The positive outcome of philosophy*, Charles H. Kerr & Company.（「デイツゲン哲学」）

Shaw, B.（1908）*The quintessence of Ibsenism*, Brentano's.（「イブセン文学神髄」）

Sinclair, U.（1906）*The jungle*, W. Heinemann.（「ジヤングル」）

London, J.（1905）*War of the classes*, Grosse.（「ジヤツク・ロンドン著ワー・オブ・クラツセズ」）

Shaw, B.（1907）*Dramatic opinions and essays with an apology*, Archibald Constable & Co.（バーナード・ショー作ドラマ）

Büchner, L.（1904）*Kraft und Stoff*, T. Thomas.（「ビユヒネル著物質と精力」）

Dawson, W.（1909）*The evolution of modern Germany*, T. Fisher Unwin.（「ドーソン著近代思想史」）

相馬御風訳『ゴーリキー集――短編六種』博文館、一九〇九年（「ゴルキイ短編集」）

＊「近代政治史」、「ゴルキイ平原」

＊伊文、「プロプリエタ」（経済学）、「フォンヂユリア（哲学の基礎）」、「ロヂカ（論理学）」

Reclus, E.（1891）*Primitive folk: studies in comparative ethnology*, Scribner & Welford.（「ルクリユス著プリミチフ」）

Hale, E.（1905）*Dramatists of to-day: Rostand, Hauptmann, Sudermann, Pinero, Shaw, Phillips, Maeterlinck*, Holt.（「ドラマチスト」）

Boyesen, H.（1895）*Essays on Scandinavian literature*, C. Scribner's sons.（「スカンヂネビアン（北欧文学）」）

Rappoport, C.（1903）*La philosophie de l'histoire comme science de l'évolution*, G. Jacques.（仏文、「ラポポルト著、歴史哲学」）

Novicow, J.（1897）*L'Avenir de la Race Blanche*. F. Alcan.（「ノビコオ著、人種論」）

Ward, L.（1903）*Pure sociology: a treatise on the origin and spontaneous development of society*, Macmilan.（「ウオドのピユア・ソシオロジイ」）

Ward, L.（1893）*Psychic factors of civilization*, Ginn & Company.（「サイキカル・フアクタアス」）

Giddings, F.（1896）*The principles of sociology*, Macmillan.（「ギディングスのプリンシプル・オブ・ソシオロジー」）

物集高見『修訂日本文明史略』大日本図書、一九〇二年（「物集博士の日本文明論」）

長岡半太郎『ラヂウムと電気物質観』大日本図書、一九〇六年（「長岡博士のラヂユウムと電気物質観」）

鳥居竜蔵『人種学』大日本図書、一九〇四年（「鳥居氏の人種学」）

平塚忠之助『物理学輓近の発展』大日本図書、一九〇八年（「平塚学士の物理学輓近の発展」）

シヂュウキック，ヘンリー『倫理学説批判』大日本図書、一八九八年（「シヂユキツクの倫理学説批判」）

高桑駒吉『印度五千年史』大日本図書、一九〇八年（「高桑博士の印度五千年史」）
奥村信太郎『通俗文学汎論』博文館、一八九八年（「博文館の通俗百科全書中の文学論」）
＊「物理学汎論」
福田徳三『国民経済原論』大倉書店、一九一〇年（「（福田）氏の国民経済学」）
エリー、ウヰックワー共著『経済学提要』実業之日本社、一九〇九年（「イリスの経済学提要」）
マーシャル、アルフレット『経済原論』早稲田大学出版部、一九〇八年（「早稲田のマアシヤル経済学」）
＊「コンラッドの国民経済学」
草野俊助述『生物学』早稲田大学出版部、一九〇九年（「早稲田の講義録中の生物学」）
『大日本時代史』全一一巻、一九〇七年~九年（「早稲田の時代史」）
Turgenev, I.（1888）*Записки охотника*, ТИП. Гпазунова.（「露は猟人日記」）
＊「独ゲーテ文集」
Darwin, C.（1909）*The voyage of the Beagle*, P. F. Collier.（「ダアキン航海記」）
Dyer, H.（1895）*The evolution of industry*, Macmilan.（「産業進化論[*123]」）

この時期の読書リストについて興味深いのは、差し入れを求める書のなかから、無政府主義の関連書が、姿を消し、かわって社会科学、自然科学の専門書が急増していることである。リストに基づいて大杉のいう生物学と人類学と社会学との相互関係の内実を推定すれば、「生物学と人類学」が、「社会学」の基礎学科としての位置づけを与えられていたということになろう。前述の著作のうち、「生物学」に関していえば、ルイスの「個人の進歩と社会の進歩」は、「ダーウィンの自然選択説」、「ワイズマンの遺伝説」、「デ・フリースの突然変異説」、「クロポトキンの相互扶助説」等の生物学上の理論が、社会理論に与える影響について論じたものであった。[*124] また「人類学」に関していえば、ギディングスの書が、「社会の起源」を、「母系法」、「父系法」、「氏族」、「クラン」、「部族」等の人類学的概念を駆使しつつ説明している。[*125] さらにウォードの書も、「社会秩序」の形成過程を、同じく「人類学」的に説明した後、もっぱらグンプロビッツやラッツェンホーファーの「人種闘争説」に依拠しつつその展開過程を論じている。[*126] 大杉の「生物学と人類学」をはじめとする自然科学・社会科学への関心が、これらの「社会学」的な著作に触発されたものであるとするならば、この時期の「大杉社会学」への志向は、「社会学」から「社会主義」をへて「無政府主義」へと思想的変遷を重ねてきた大杉に伏在していた「社会」の「科学」的認識に対する関心の全面的な開花として位置づけることができる。

さらに大杉のこのような新たな指向性のめばえは、従来の社会主義運動や無政府主義運動からの一定の離脱の意識を伴ったものであった。大杉は後にこの時期を、「学者になつてみようかと云ふ馬鹿げた考へを大切にしていた時期」と回想している。[*127] この回想の背景にあるのは、大沢正道も指摘するように、一種の「転向」の意識であろう。[*128] 急進的な「直接行動論」者として「無政府主義」の著作を読みあさっていた時期においても、大杉には、「無政府主義」を根底で基礎づける「科学」への関心が伏在していた。しかし、それは、あくまでも「無政府主義」を基礎づけるものとしての「科学」への関心であった。この関係は、この時点に至って逆転する。「大杉社会学」の構想とは、「科学」そのものの研究を通じた、新しい社会理論形成の宣言であり、それは必然的に既成の「社会主義」や「無政府主義」に対する批判へと行きつかざるをえないものであった。

大杉にとって、赤旗事件による獄中生活は、「社会」認識の客観的方法についての関心を高め、「大杉社会学」構想のための母胎となった。しかしそれはまた、みずからの主観に対する深い省察のはじまりでもあった。この点に関して、大杉が赤旗事件時の獄中生活を、次のように回想していることは興味深い。「僕は、僕の牢獄生活に対して、神の与へた試練、み恵み、と云ふやうな一種の宗教的な敬虔な感念を抱いた」[*129]。大杉は、前述のように海老名弾正の本郷教会ときわめて短期間接触をもった以外、徹底した無神論者であり、宗教とは無縁の人間であった。しかし、「科学」への沈潜に加えて、赤旗事件時の獄中生活を特徴づける第二の要素は、一種宗教的な色彩を伴った内省的な自己凝視である。例えば大杉は、千葉監獄のある日のできごとのことを次のように回想している。

千葉での或日であつた。……突然一疋のトンボが窓からはいつて来た。……僕は此のトンボを飼つて置くつもりだつた。……僕はトンボの羽根を本の間に挟んでおさへて置いて、自分の手元にある一番丈夫そうな片の、帯の糸を抜き始めた。其の糸きれを長く結んでトンボをゆはへて置くひもを作らうと思つたのだ。……もう大ぶ糸も抜いたと思ふ頃に、ふと、電気にでも打たれたかのようにぞつと身慄ひがして来た。そして僕はふと立ちあがりながら、其のトンボの羽根を持つて、急いで窓の下へ行つて、それをそとへ放してやつた[*130]。

一種の啓示的ともいえる体験の記述である。大杉は、この「電気にでもうたれた感じ」の直接の原因を、「俺は捕まえられているんだ」という「ほんのちよつとした閃き」に帰している。そしてその時の自分の心理を省みて次のように述べている。

其後僕は、いつも此の事を思ひ出すたびに、僕の其の時のセンテイメンタリズムを笑ふ。しかし又翻つては思ふ。僕のセンテイメンタリズムこそは本当の人間の心ではあるまいか。そして僕は、此の本当の人間の心を、囚はれ人であつたばかりに、自分のからだの中に本当に見る事が出来たのではあるまいか[*131]。

大杉は、監獄生活を「極めて狭い自然と極めて狭い人間との間に、其の情的生活を満足させなければならない」が故に、「とかくに主観に傾きがちの、頗る暗示を受けやすい」場、もしくは「本当に血の滴るやうな深刻な内面生活」が可能となる場であると述べている。[*132] ここにみられる「センテイメンタリズム」「本当の人間の心」「主観」「内面生活」といった諸要素はこれまで一貫して「科学」的合理性を追及してきたかに見える大杉の思想形成のプロセスにおいて、この時期初めて前面にあらわれてくる新しい要素である。獄中生活という一種の極限状況の中で、虚無や絶望と対峙しつつ練り上げられたこの「実存」としての自己の意識が、『近代思想』期に全面的に展開されるにいたる大杉の「個人主義」の母胎となった。

ここで芽生えた「主観」主義的傾向は、具体的には「文芸」、とりわけ文芸評論に対する関心の高まりとして検証される。一つには千葉監獄が「文学書に対してはすこぶる寛大な態度」をとっていたこともあり、この時期、かれが差し入れをもとめた書籍リストの中に文芸書の割合が急増している。それらのうちで、とりわけ目を引くのが、『早稲田文学』、もしくはそれに関係する著作への関心である。赤旗事件時の獄中書簡からは、この時期大杉が、『早稲田文学』を手がかりとしながら、「主観」とか「個人主義」といった諸要素について思索を深めていった様子がうかがわれる。読書リストに登場する著作と『早稲田文学』との関係をたどれば、以下のようになる。一九〇九年の『早稲田文学』一月号において、服部嘉香が *Modernism and Romance* を訳載するや、その原書の差し入れを同年六月に要求し、翌一九一〇年の『早稲田文学』一月号において、生方敏郎が、「綱島梁川論」を書き、「梁川文集の一編『心理と人生』」について言及し、さらに本間久雄が「高山樗牛論」を書き、高山の個人主義＝ニーチェ主義について論ずるや、同年六月の書簡で、「樗牛全集の一、二、三」と「梁川の文集」の差し入れを求めるといった具合である。[*133] 当時『早稲田文学』の中心人物であった島村抱月の『近代文芸之研究』や早稲田文学社から出版された『文芸百科全書』に関しては、その入手が待ちきれないかのような催促の記述を何度も繰り返している。

当時の『早稲田文学』が、自然主義運動の中心たる地位を占めていたことは論を待たない。日本における自然主義が、文学運動であると同時に、日露戦争以後の「一つの時代精神」であり、「人生観、世界観上の変革の意味をも伴う思想運動」でもあったことは、今日文学史家によって指摘されているところである。[*134] この自然主義の大きな特徴の一つが、その「強烈な主我意識」であった。例えば、当時『早稲田文学』による新進の評論家であり、後に『近代思想』誌上において、大杉の論敵となる相馬御風においては、自然主義とは、類型論的には、「『我』の分裂せる活動をおいて『全き我』『真の我』の覚醒し活動せんとする要求」にもとづく「我」の側面に重点を置いた「物我」の統一として、歴史的には、「写実主義」と「情緒主義」の「自覚的」な総合の産物として、説明されていた。[*135] 論者によって多少の色彩の違いはあるものの、この相馬の「我」を中心においた自然主義論が、『早稲田文学』全体の自然主義論の主導線となっていた。

こうした『早稲田文学』派の自然主義論は、大杉と西欧の個人主義哲学を結ぶ媒介となったように思われる。ここで注目したいのが、大杉が差し入れをもとめた『樗牛全集』の第二巻に収録されている論説「文明批評家としての文学者」である。樗牛のこの論説は、日本の文壇にニーチェを紹介した先駆的論文として知られており、「時代の精神を代表し若しくは批評し若しくは是に反抗し、文明の進路に率先して億兆の師表たらむを期する」「文明批評家としてのニーチェが偉大なる人格」を高く評価するものであった。[*136]「文明批評」という言葉は、この後の大杉のお気に入りの言葉となり、『近代思想』誌上での、相馬の著作の書評のなかで使用され、[*137] さらには、一九一七年に自ら創刊した雑誌の題名ともなった。社会主義との関連でいえば、樗牛のこの論説は、大杉の読書リストに登場する多くの社会学、社会主義、無政府主義の諸著作において――とりわけクロポトキンにおいては、「形而上学的であり平等の感情に背いている」[*138] として――厳しく批判されていたニーチェの思想を正面から取り上げ、高く評価するものであったことが注目される。

4 「無政府主義の手段は果たして非科学的乎」と無政府主義への「再転向」

赤旗事件での二年半にもおよぶ獄中生活を終え、ほぼ半年が経過しようとしていた一九一一年五月四日、大杉栄は当時雑誌『太陽』主幹であった浮田和民にあてて、一編の論文を書いた。「大逆事件」の処刑からは、ほぼ四ヵ月が経過した時期のことである。この論文が、一九三一年、浮田によって再評価され、その著者『思想善導の唯一手段は何か?』において紹介されることになる「無政府主義の手段は果して非科学的乎」である。[*139] 浮田は、この時期、一九二九年四月の共産党員の大量検挙事件を背景に、リベラリズムの立場から、政府による思想弾圧を批判する論陣を張っていた。そしてかれは、大杉の死後八年が経過したのちに、政府の弾圧が、思想善導の手段たりえないことを論証する一例として、当時発表の必要を認めず「筐底に蔵めていた」この論文の公表にふみ切ったのである。

大杉のこの論説は、直接的には、浮田が『太陽』に掲載した論説「社会主義及び無政府主義に対する憲政上の疑義其二」を批判をするために書かれた。浮田のこの論文の主眼は、社会主義と無政府主義、さらに理論的無政府主義と犯罪的無政府主義との思想的・歴史的な区別を弁証し、社会主義、さらには理論的なレベルにとどまる無政府主義が少しも危険なものではないことを示すことによって、「大逆事件」以後の当局の激烈な思想政策の誤りを指摘することにあった。[*140] 大杉の論説は、このような浮田の問題意識そのものは十分に諒としつつも、浮田が下した社会主義と無政府主義の区別に、「絞り殺さるゝの運命を拾ひ得た日本無政府主義者の一人」として、理論的批判を試みたものであった。それは、また「大逆事件」以後、全く発言の機会を失われていた無政府主義の存在証明としての意味を持つものであった。

太古の個人意識なき自由政治が専制政治となり、次いで此の専制政治が立憲政治となり、而して更に此の立憲政治が漸次個人意識ある自由政治に進みつつあることは、正に人類社会に於ける政治上の一大傾向である。又太古の個人意識なき共産制が私産制となり、次いで此の私産制が集産制となり、而して更に此の集産制が漸次個人意識ある共産制に進みつつある事は、正に人類社会に於ける経済上の一大傾向である。そして無政府主義は此の二大傾向の増進に努力するものにすぎない。[*141]

この論説は、その結論部分を、幸徳がクロポトキンとならぶ無政府主義者として高く評価したエリゼ・ルクリュの著作からとっていること[*142]、さらにここで展開されている無政府主義の実現を社会進化の「傾向」の帰結としてとらえる革命観が、革命をあくまでも「社会進化の大段落を表示する言葉」としてとらえた幸徳の思想と本質的に共通していることから考えて、幸徳の無政府主義思想の影響を色濃く感じさせるものとなっている。すでに見たように、大杉は、赤旗事件時の獄中で、無政府主義からの「転向」の動きを示し始めていた。しかしこの論説を読む限り、その出獄から半年も経たないこの時点で大杉は、無政府主義へと「再転向」したことになる。大杉は、幸徳や、従来の無政府主義思想の影響から抜け出て、「社会学」や「個人主義」を手がかりとしつつ自律的な思想形成への第一歩を踏み出そうとしたその瞬間に、「大逆事件」によって、それまで幸徳が背負ってきた「日本無政府主義」の看板を引き継ぎ背負ってゆく責任を担わされたことになる。

しかしながらこの論説には、獄中における思索により方向づけられた、新しい思想への萌芽も見られる。まず、大杉は、この論説のなかで、無政府主義を、「個人主義の魂と社会主義の才」を化合した「大調和主義」であると位置づけている。[*143] ここでいう「個人主義の魂と社会主義の才」の調和という問題構成そのものは、千葉監獄における思索を経て登場しうる、新しい意識の象徴であった。さらに大杉が、浮田が依拠する「狭義のダーウィニズム」を批判するにあたり、「クロポトキンの相互扶助説」とならんで、「ワイズマンの遺伝説」、「デ・フリースの突然変異説」に言及している点も注目される。この論説を、二〇年後に再読した浮田は、「彼れ其人は実に天下の奇才であつた」と評価し、「若し彼をして世に善処する幸運を得させたならば、少なくとも学才を以て社会に多大の貢献をなしたであらう」とその非業の死を悼んだのである。[*144]

この時期芽生えた、「社会学」や「個人主義」への関心は、「無政府主義」者としての大杉にとっては、そのいずれもが自己否定につながりかねない危険な要素であった。「大逆事件」は大杉に、これらの異質な要素を再び「無政府主義」に統合するという困難な課題を背負わせることになった。この困難な課題への回答が、『近代思想』誌上で展開されることになる「社会的個人主義」であったと考えることができる。以後、大杉の「社会的個人主義」は、「社会学」と「個人主義」と「無政府主義者」としてのアイデンティティという三つの要素のあやういバランスの上に展開してゆく。大杉の論説「無政府主義の手段は果たして非科学的乎」は、大杉の生涯を通じて続く、この思想的課題への挑戦の第一歩としての位置づけを与えられるべきものである。

5 『物質非不滅論』と物理学的世界像の転換

「定命論」的「社会主義」は、社会主義運動が順調に拡大し続けていくかに見えた平民社時代の初期において、大きな求心力と動員力を発揮した。社会主義運動の拡大という事実そのものが、「社会主義」の「科学」的な正しさを裏打ちしているように思われたからである。しかし、弾圧の強化によって運動そのものが行き詰まったとき、「定命論」的思考様式のもつ問題性は露呈する。運動の挫折という事実そのものが、「社会主義」の理論的破綻として意識されるからである。このような「冬の時代」の中において、なお「社会主義」を奉じ続けるには、運動の挫折を「社会主義」理論の誤りとしてではなく、情勢認識の誤りとして位置づける必要があった。すなわち、社会主義社会の必然的実現を説く「科学的社会主義」の理論そのものは有効であり続けるが、日本の現状は、未だそのような「進化」の段階に達していないという理解である。しかしこの場合、少なくとも現時点における社会主義運動の非有効性が、「科学」的に論証される結果となる。こうして運動の拡大期においては大きな扇動性を発揮した「科学的社会主義」は、運動が壊滅状態にあった「冬の時代」においては、「徒に運動復興の機運を待つ」待機主義[*145]へと転化する。「冬の時代」において運動の再生をはかろうとする「後世代」にとって、かつてみずからを社会主義運動へと駆り立てた「進化の理法」への信仰が、今度は逆に最大の桎梏として意識されてくる。ここに「冬の時代」において「後世代」が直面した最大のジレンマが存在した。

以上のような文脈をふまえるとき、雑誌『近代思想』に掲載された大杉自身の最初の本格的な論説が、「近代科学の傾向」と題する一種の「科学」論であったという事実は興味深い。この論説の目的は、「近代科学の傾向」すなわち、近年の自然科学上の新知見が、社会科学上の諸理念に対しても大きな影響を及ぼす事実を指摘したものであった。この論説のなかで、近年の自然科学上の新知見として例証されている第一のものは天文学である。大杉はここで、天動説から地動説への天文学上の知識の変化が、西欧の哲学史や社会思想史に大きな影響を与えた過去の事実を指摘した後、それと同様な変化が現在進行しつつある事実に注意を促す。一言でいえば、それは「一八世紀の終りから一九世紀の始め」にかけて全盛時代を誇った「ニュートン説」的世界像の崩壊である。

大杉はここで、その理論的意味を「法則」にたいする見方の変化として解説している。大杉はいう。歴史的に見て、自然界における「調和とか又は秩序」の原因としてまず最初に措定されたのが、「創造主」の存在であった。「けれどもやがて此の思想が法則と云ふ概念に変わって来た」。しかしその場合「法則」は、「物や現象の上に幾段と優れた、そして其等のものを指揮し命令して行く、何か別なもの」として意識されていたのである。「けれども最近科学の潮流は更に其の道を転じかけて来た」。「宇宙にはもはや只一個の支配力と云ふやうなものはない。プレエスタブリシドの法則はない。プレコンシーヴドの調和はない」。このように大杉は「最近科学の概念」から物理法則の絶対性の否定という観点を抽出していった。[*146]

この論説は、実のところ、クロポトキンの「新しき時代」と題する著作の前半部分の抄訳である。「新しき時代」は、石川三四郎の訳で『クロポトキン全集』第一巻に収められている。石川の解説によれば、この論説は、ロンドンにおける講演の原稿として書かれ、一八九四年に出版された。[*147] これをさかのぼること二年前の一八九二年から、クロポトキンは、イギリスの総合雑誌 *The Nineteenth Century* に、「最新科学」"Recent Science" という論説を連載し始めていた。[*148] クロポトキンは、その後約一〇年にわたり、この雑誌において、およそあらゆる自然科学的な最新理論に対する批評を書き続けてゆく。

一八九二年五月号のクロポトキンの「最新科学」は、「若い生気と希望の息吹が、現代の天文学的仕事を刺激しつつある。最古の科学である天文学は、若々しさを取り戻した」という言葉とともに始められている。このなかで、クロポトキンは、近年の天文学のめざましい発展の原因として、分光器と写真の天文学的研究への利用をあげている。具体的な例としては、アンドロメダ星雲の写真撮影や、星のスペクトルを利用したドップラー効果による星の進行方向の分析、太陽の紫外線分析があげられている。大杉の論説にいう「科学」上の変動は、ここにいう分光器や写真といった新しい技術を利用した星間物質 "nebulous matter" や光の研究の発展を指し示すものであった。また同じ号には、ヘルツの実験がとりあげられ、「電気、磁気、光、放射熱の間の関係を確認したのみならず、物質の構造やエネルギーの伝達に関する考察に大きな刺激を与えた」と評されており、さらにマクスウェルの「光と電気を同一視する仮説」の正当性が述べられている。[*149] 大杉の論説の種本となったクロポトキンの『新しき時代』は、この「最新科学」を執筆するための地道な自然科学諸分野における最新研究のフォロー・アップという作業の上に成り立ったものであり、そこには、後に量子力学や相対性理論として体系化され、古典物理学の体系を掘り崩すことになる各種の基礎実験に対して、大きな関心が寄せられていた。

大杉が、クロポトキンの『新しき時代』とは別に、その基礎作業となった *The Nineteenth Century* を実際に読んでいたのかどうかは、今のところ判然としない。むしろ問題は、大杉自身がこの二〇世紀初頭の混沌とした「科学」をめぐる状況をどのような形で受けとめていたのかという点に求められる。この問題を考察する上で注目したいのが、大杉の手になる唯一の物理学的著作の翻訳、ギュスタヴ・ルボンの『物質非不滅論』である。大杉の序文によれば、本書の第一篇は、一九〇七年六月、ベルギーにおけるルボンの講演筆記、第二篇は、ソルボンヌ大学教授の手になるルボンの著作の紹介、第三篇は、ルボンの主著、『物質の進化』の第一篇『物質新論』の翻訳である。[*150] 大杉がこれらの諸論文を訳出することになった経緯は不明であるが、大杉が、以前から『群衆心理』の著者としてのルボンにはなじみがあったことは確かである。[*151]

大杉は、本書の序において、著者のルボンとその研究の意義について次のように記している。まず、著者のルボンは、「群衆心理学」の権威としてのみ日本に知られているが、社会心理学は博士の「余技」であり、その「本業」は物理化学である。そのルボンが、「本業」たる自然科学において、「全科学の根底を再築する一大発見」をなした。それが「原子の解体と原子内エネルギーとの発見であった[*152]」。

この著作のなかで、ルボンは自らの「発見」を七つの根本原則にまとめている。その要点は、以下のようなものであった。

1　物質は原子の不断の解体によって、徐々に消滅する。

2　物質が非物質化された所産は、物体（重さをはかることができる）とエーテル（重さをはかることができない）との中間物を形成する。物体とエーテルとの二元論は廃棄される。
3　物質は原子内エネルギイの巨大な貯蔵所である。
4　宇宙の力の大部分は、この原子内エネルギーから発生する。
5　力と物質は、同一物のことなる形式にすぎない。
6　物質はたえずエネルギーに変わってゆく。
7　進化の法則は、生物同様原子にも適用される。[*153]

わたしには、このルボンの著作そのものを物理学史の文脈上に位置づける準備はない。しかし少なくとも大杉の「科学」論との関係でいえば、ここにいう「ルボンの発見」が大杉に対して、クロポトキンの『新しき時代』とともに、古典物理学的世界像の崩壊をヴィヴィッドに示唆したということは想定しうる。大杉は、この「発見」の「科学」論上のインパクトの大きさを、次のように記している。「そして此の発見は、物質の不滅と云ふ所謂永遠の基礎の上に置かれた科学の建物を、其の根底から顛覆すると同時に、又哲学上に於ても、物質と力との二元、可秤物と不可秤物の二元を打破し、而して猶工業の上にも、今や将に未曾有の一大革命を来さしめんとする[*154]」。

ルボンの説においては、確かに今日のわれわれの目から見るならば荒唐無稽に思えるようなエーテル一元論や元素進化説が主張されている。しかしながら、大杉はこのルボンの著作が提示した二〇世紀の新しい物理学的世界像の中に、従来の「科学の建物」の完全な転覆と、それにともなう哲学上の「一大革命」の可能性を見いだしたのであった。ラザフォードやキュリーをはじめとする「放射能物体」の研究の進捗を背景としつつ[*155]、この著作でルボンが提出した「元素進化説」は、ニュートンの力学体系を相対化することに関しては、十分な効果を有するものであった。「エネルギー保存の原則が、既にそれに加へられた打撃によつて等しく破壊されたとすれば、もう世界の何物も永遠のものではなくなるのだ」[156]。このように見てくるならば、『物質非不滅論』の翻訳とそれに伴う研究は、「近代科学の傾向」において暗示的に述べられていた一九世紀後半から二〇世紀初頭にかけての科学革命の意義を再確認する意義をもったといえる。大杉もまた、この『物質非不滅論』の翻訳を通じ、一部はクロポトキンや他の日本の自然科学者たちとも独立した形で[157]、この「科学」におけるパラダイム・チェンジの様相を、かなりの程度まで具体的に感得していたと考えてよいのではないか。

6 「創造的進化」と遺伝子への着目

大杉栄が、二〇世紀における物理学の発展のうちに、力学的法則の絶対性というニュートン的世界像の崩壊を看取していたとすれば、かれが生物学の発展のうちに見いだしていたのは、それまでの進化論の根幹をなしていた「個体」概念そのものの解体であった。大杉が、一九一一年五月の「無政府主義の手段は果たして非科学的乎」において、浮田の通俗的な進化論理解を批判するにあたり、「ワイズマンの遺伝説」、「デ・フリースの突然変異説」、「クロポトキンの相互扶助説」に言及していたことは前述した。ここで重要なのは、大杉が、それら生物学上の新学説の意義を、単なる事実レベルの発見としてではなく、むしろ「個体」から「遺伝子」への認識論的パラダイムの転換として、意味づけていたことである。この論説において大杉は、ワイズマンの理論の意義が、獲得形質の遺伝を否定し、「原始生物のジャームプラズムに対する周囲の影響、胎内に在るジャームプラズムに対する周囲の刺激、及び受胎の際のジャームプラズムの結合に依つて新しき変種が出来ると云ふ説」を唱えた点にあると主張した。すなわち大杉は、旧来の遺伝説が、ある形質を獲得する「個体」の活動に注目していたのに対し、新しい遺伝説の関心が、その「個体」を構成する Germplasm に移っていることを、はっきりととらえていたのである。大杉は、この新しい遺伝子生物学というパラダイムが、「平凡なる進化の程順論を破壊する」ド・フリースの学説と、「狭義なる生存競争論を打破する」クロポトキンの学説とともに、無政府主義の科学的裏付けとなりうることを、以下のように主張していた。

既に人類の原始ジヤームプラズムは相互扶助の大感情を持つてゐる。余す所は只社会革命の前及び際に於けるジヤームプラズムと其の周囲の如何に在る。そして此のジヤームプラズムと其の周囲の如何とは、其の社会の最大の傾向を観破して、此の傾向の増進に努力するを示す。*158

大杉が、みずからの「主義」の正当性を、生物学的な進化論に基礎づけようとしたことは、幸徳や、他の同世代の社会主義者と同様であった。大杉の場合、異なっていたのは、その進化論を基礎づける生物学の認識論的パラダイムである。幸徳や多くの同時代人が、人間を「生物」一般に還元することで、みずからの理論の科学性を弁証しようと試みていたのに対し、大杉の心をとらえていたのは、人間という「個体」を、Germplasm（遺伝子）のレベルからとらえ直そうとする新しい認識論であった。大杉はのちにこの差異を、「個体」に基礎をおく認識論と、「芽」に基礎をおく認識論の対比として整理している。

第一概念は、科学の目的を動物習性の研究に向けて、種属の変化を其の個体が生存してゐる周囲の諸条件の結果として観る、一進化論に導いた。此の進化論に拠ると、個体が変化の主であつて、芽即ち生殖細胞は祖先が得た新しき性質を子孫に移すただの機関に過ぎなくなる。……之れに反して植物経済の産んだ種属の第二概念は、個体の習性と云ふ事よりも芽から芽への経過を科学の目的とした。そして自然淘汰と雌雄淘汰とによつて個体が適応の上に大なる役目を勤めると云ふダーキン説を橋渡として、遂に芽が変化の主であつて、個体は此の芽の容器に過ぎないと云ふ新ダーキン説に到着した。[*159]

従来の研究において大杉は、ある場合には、「唯物的歴史観」の経済構造による一元的決定論に対し、「個人」の「自我」の内部に存在する「生」の本質の非決定性を強調した唯心論的・二元論的な個人主義思想家として、位置づけられてきた。[*160]しかし、遺伝子レベルにおいて「生命」を把握しようとする大杉のアプローチは、必然的に、「個体」の概念そのものをも解体せずにはおかない。ここから、「個体」という概念を、主体として見るのではなく、遺伝子レベルでの進化が発生する「場」とみなす新たな視座が開かれる。さらにそうした視座は、「個体」を構成していくさまざまなイデオロギー的実践への着目へと展開していく。

大杉にとって、こうした遺伝子生物学への着目が、ベルクソンの「生の哲学」を受容するための媒介となった。大杉の進化論についての論説には、大きく分けて二つの相異なる哲学が混在している。クロポトキンの「相互扶助論」とベルクソンの「創造的進化論」がそれである。大杉は、社会主義運動に接近した直後に、「クロポトキン大明神」と自嘲的に回想するほどクロポトキンに傾倒し、[*161]それ以後も『一革命家の思い出』、『相互扶助論』の翻訳を始めとして、その生涯を通じて、日本におけるクロポトキンの最も主要な紹介者の一人であり続けた。

大杉によれば、クロポトキンの「相互扶助論」的進化論は、ダーウィン以降、あまりにも「狭義の生存競争」（生存競争を個体間の闘争として理解する立場）のみが強調されてきた生物進化論に対し、「広義の生存競争」（生存競争を種の間の闘争として理解する立場）の立場から、種の内部に働く「相互扶助」を進化の原動力として提示することによって、「ダアキン説の迷行の訂正」をはかろうとしたものであった。[*162]このようなクロポトキンの「相互扶助論」は、明治期においてすでに社会主義者の間にかなり一般化しており、[*163]かれらに、階級の存在を「優者」と「劣者」になぞらえて説明し「自由競争」の否定は、競争による社会の「進化」を否定するものであるとするエリート主義的な社会進化論に対抗するための「科学」的な論拠を与え続けてきた。大杉のクロポトキンの紹介も、基本的にはこの明治社会主義以来の論理を踏襲したものであった。

ちなみに大杉は、すでに明治期において、社会主義運動の機関誌紙に、「『ル・レヴォルテ』発刊の記」、「四ツの道徳」、「自由合意」等のクロポトキンの著作からの抄訳を掲載している。大杉は、一九一六年、ダーウィンの『種の起源』を新潮社より翻訳出版するが、その場合にも、一方でダーウィニズムを「あれほどの熱心と鋭い観察と真摯な態度とをもって、しかもほとんど憶説を設けないですべてが確実な事実の収集の下に確立された」理論として高く評価しつつも、その「生存競争」の概念に対し、「相互扶助」の事実を、「ただ一言」つけ加えることを忘れなかった。[*164] 同じく一九一五年の「動物界の相互扶助」においては、トライチュケやベルンハーディーの社会進化論に対し、クロポトキンに依拠しつつ、「個体間の相互扶助がその相互闘争よりも遥かに主要なものである」ことを示そうとした。[*165] また、一九一七年の「人類史上の伝統主義」においては、クロポトキンの『相互扶助論』を、「ダアヰン説の迷行の訂正であると共に、又人類史の迷行を指摘して其の本来の伝統に復帰せしめんとする一大計画」として説明している。[*166] このようなクロポトキンの「相互扶助論」の位置づけは、一九二〇年の「クロポトキン総序」まで引き継がれている。そこでかれは、『相互扶助論』に、「クロのいろんな著述の中でも恐らくは彼れがもっとも骨を折つた、そして其の無政府主義論の科学的根本基礎をつくつたものである」という位置づけを与えていた。[*167]

しかしながら、『近代思想』発刊以後の論説においては、ベルクソンの「創造的進化論」に依拠するかたちで、明治期における「相互扶助論」的進化論理解からの新たな展開が見られる。明治期において機械論的な進化論理解の立場に立っていたかに見える大杉は、大正期において、ベルクソンの「活躍」(＝エラン・ヴァイタル)という概念に依拠することにより、「進化」の概念そのものを、法則によって決定されるものから、自由で創造的なものへととらえ直そうとした。

ベルクソンの所謂「活躍」とは、一榴弾が爆発して、それが又粉々の榴弾になるのと同じ意味のものである。「生とは傾向である。そして傾向の本質は、ただ其の生長と云ふ事実のみによつて、其の跳躍の分れる種々の方面を創造しつつ、束の形になつて発達する事である」。……「生の進化の前には、将来の門が大きく開かれてゐる。生の進化は、発意的運動によつて、目的なくして生ずる創造である」。……「一般生命は易動性其者である」[*168]。

こうして生命の本質が、不動性を本質とする物質と区別された「易動性」に求められる以上、生命の現象をとらえる方法も、物質をとらえる方法としての「科学」の外に、それと対立する形で定立されざるを得ないことになる。ここで大杉は、明治社会主義的な「唯物論」に見られる一元論とは異質な、ベルクソンの方法論的な二元論に出会うことになる。

ベルクソンは、科学的決定論によつて、厳密に予見し得る系統的、機械的の進歩の外に、それと対立する、過去は知れるが将来の全く予見され得ない、生きた自由自在な創造的進化があると云ふ。……科学と形而上学、理知と直覚、進歩と進化、決定と創造、固定と流動、量と質、これが真我と仮我との二つの自我によって現はれる、相対立する観念である[*169]。

以上のような生気論と方法論的な二元論を根幹とする「創造的進化」の理念は、従来の「科学的社会主義」の理念とは異質なものであった。このことは、ベルクソンの哲学が、ほかならぬクロポトキン自身によって厳しく批判されていることからも明かである[*170]。同じく日本の同時代の社会主義者にも、ベルクソンははなはだ不人気であった。堺利彦は「胡麻塩頭」[*171]において、高畠素之は「Dummes Geschwätz」[*172]において、山川均は「唯物論者の見たるベルクソン」[*173]において、それぞれベルクソン哲学の非「科学」性を攻撃している。これに対し大杉は、登場しつつあった遺伝子生物学に関する知識を媒介にすることによって、他の「科学的社会主義者」たちが形而上学的として退けたベルクソンの哲学を、「科学」的裏づけをもつものとして受容することができたのである。

7 「個性の完成」と遺伝子の流れ

大杉栄によっておこなわれたルボンの『物質非不滅論』の翻訳、ならびにベルクソンの「創造的進化」の精力的な紹介は、それぞれ物理学、生物学の世界において、「法則」という概念の絶対性を否認し、そこに不確定性や偶発性を読み込もうとする営為として遂行された。それを動機づけていたのは、ひたすら「時期を待つ」という同時代の「科学的社会主義」の戦略に対する不満であった。大杉は、当時の「科学的社会主義」の最大の問題を、現時点での「革命」の不可能性を、唯物史観の歴史法則に基礎づけようとする「定命論」的思考様式に見いだし、それを乗り越えようとした。ここで重要なのは、ここで大杉が、そうした「科学的社会主義」の批判を、「科学」の否定ではなく、むしろ「科学」の発展そのもののうちにあらわれているパラダイム・シフトに基礎づけるかたちでおこなおうとしたことである。二〇世紀の自然科学によってクローズアップされた不確定性や偶発性という概念そのもののうちに、大杉は、主体と社会の飛躍的な進化、すなわち「革命」の可能性を基礎づけようとしたのである。この意味において、大杉の無政府主義と「科学的社会主義」との関係を、唯心論と唯物論の対立とみなす常識的な見解はミスリーディングであるといえる。なぜなら、大杉はむしろその対立を、それぞれの主義が依拠する「科学」の差異、すなわち二〇世紀的な科学パラダイムと一九世紀的なそれとの対立として、意味づけようとしていたからである。

大杉は生命を、三つのレベルにおいて把握しようと試みていた。すなわち、個体としての生に加え、遺伝子としての生と種としての生である。これは別言すれば、死という現象も、これら三つのレベルに対応するかたちで重層的に把握されていたことを意味する。そして大杉は、個体の死という現象のうちに、種としての生の連続を保証する、遺伝子の連続した流れを見ていた。遺伝子生物学は、大杉に、個体の死をこえて連続する種としての生というイメージをもたらしたのであり、それは結局のところ、みずからの死を予感せざるをえないような苛酷な弾圧に抗して、なお運動に献身し続けていったかれ自身の生き方を支える最後の形而上学ともなっていた。

「個」としての生と「種」としての生という視座を対比的に打ち出した大杉のテクストとして、一九一九年の論説、「生物学から観た個性の完成」をあげることができる。[*174] このテクストは、「個性の完成」へと向かう「生命の運動の方向」を論じたものであるが、ここでその「個性の完成」とは、生物が「外界およびその影響」から「独立」しようとする傾向として定義されている。生物は、まず、そのからだを大きくすることによって、次に、そのからだの構造を複雑にすることによって、最後に、知覚や記憶や推理などの脳髄の働きを発達させることによって、外界およびその影響からの独立をなしとげようとする。しかし、こうした個体として「個性の完成」をめざす生命の運動は、その個体の死という絶対的な限界により、中断を余儀なくされる。「個体」としての生から、「原形質」の生という別種のありかたが抽出されるのは、この死という概念を契機としてのことである。

大杉はいう。「此の死と云ふ一つの言葉の中には、二つの違つた概念が含まれてゐる。即ち、生きた原形質が生きた原形質としての存在を絶つた時の実質の死と、其の実質を含んだ個体の死とがそれだ」[*175]。ここでいう「原形質」について、大杉は以下のように説明する。「元来原形質は非常な自己調整力を持つてゐる。その種の特性になつてゐる個体の構造方法は、原形質の或る塊りの中に現にそして明らかに存在してゐる」[*176]。それが、従来の論説では、germplasm として、もしくは「芽」として言及されていたところの、今日でいう遺伝子を意味していることは明らかであろう。そして「個体」の死という概念は、「生殖」という概念を媒介することにより、遺伝子の連続を意味する「種」としての生という概念へと転生していく。「個体は或る限られた時間しか生存しない。しかし其の或る何物かが永久無限に持続して行く。それは一個の個体其者ではなく、其の個体の種類即ち種である」[*177]。「種」としての生という概念は、「個体」の生が、一度遺伝子へと解体されるという手続きをへて生み出された、別種の生命概念である。そしてそこに立ちあらわれるのは、多様な個性を持った生命が、共同しつつ、みずからの死を乗り越えて、その遺伝情報を未来へと伝えようとする鮮烈なイメージであった。

即ち各個体は種と云ふ全体及び其の作用の継続を続けさせる為めに皆んな一緒になって働くのだ。そして、こんどこそは、其の持続性が永久に亘つて行く。……個体が其の種の他の個体から生れ出たものであると同じく、種も亦生物の他の種から生れ出たものである。そして又有らゆる生物は、別々に離れて生活し別々に違つた個性を持ちつつも、やはり同じ実質の原形質が手出しこそしない、しかしなかなか頑強な無機物の世界に侵入して攻略して前へ前へと進んでいく、ただ一つの連続した流れの一部分に過ぎないのだ。すべてのものは連続してゐる。[*178]

継続されるべきは、「個体」ではなく、種としての生に刻まれた情報である。そして無政府主義の革命理論が、そうした遺伝情報に生じる「進化」のイメージをなぞるものである限り、たとえ大杉という「個体」が斃れたにせよ、第二、第三の無政府主義者が、違った場所で、違った個性として、繰り返し登場することになろう。たしかに一九二三年九月の物理的な瞬間に、大杉栄という個体の生命は絶たれた。しかしながら、かれを突き動かしていた無政府主義の遺伝子は、その後も異なる個体のうちに発現し、その作用を、歴史のうちに刻み続けている。

註

＊1　大杉栄「生の創造」（『近代思想』二巻四号、一九一四年一月号）。『大杉全集』②、一六一頁。
＊2　荒畑寒村『寒村自伝』上巻（岩波書店、一九七四年）三四六頁。
＊3　近藤憲二『一無政府主義者の回想』（平凡社、一九六五年）一六頁。
＊4　荒畑、前掲『寒村自伝』三四九頁。
＊5　大杉栄「生の拡充」（『近代思想』一巻一〇号、一九一七年七月号）。『大杉全集』②、一二七頁。
＊6　荒畑寒村「文明批評家大杉栄」（『文明批評』復刻版、不二出版、一九八六年所収）一頁。
＊7　荒畑寒村「大杉栄私見」（大沢正道『大杉栄研究』法政大学出版会、一九七一年所収）一頁。
＊8　大杉栄「丘博士の生物学的人生社会論を論ず」（『中央公論』一九一七年五月号）。『大杉全集』④、七五頁。
＊9　大杉栄「僕は精神が好きだ」（『文明批評』一九一八年二月号）。『大杉全集』④、二〇三頁。
＊10　堺利彦「小さき旗上」（『新社会』第二巻一号、一九一五年九月）。『堺全集』④、一八五頁。
＊11　松沢弘陽『日本社会主義の思想』（筑摩書房、一九七三年）一一頁。
＊12　同右、一一〜一八頁。
＊13　同右、一一頁。
＊14　村井知至『蛙の一生』（警醒社書店、一九二七年）一二六頁。
＊15　安部磯雄『社会主義者となるまで』（明善社、一九四七年）一九九頁。
＊16　同右。
＊17　同右、九二頁。
＊18　安部磯雄『社会問題解釈法』（東京専門学校出版部、一九〇一年）四三九頁。
＊19　「近代の生物学者は動植物界に於ても、啻生存競争をなし居るのみにあらず、其裏面には尤も高美なる他愛競争なる者あるを証するにあらずや、……此事実は動植物界に於ける生存競争以外の尤も美妙なる進化法として最近の生物学者が吾人に教ゆる所なり」（村井知至『社会主義』法政大学歴史学研究会編、一九五七年。原著一八九九年、二八頁）。
＊20　安部の平民社の社会主義運動からの離脱の大きな契機の一つが、当時平民社に出入りしていた延岡為子、松岡文子と平民社の中心人物であった堺利彦、西川光二郎の結婚という男女間のモラルをめぐる問題であったという事実は象徴的である。この結婚は、

キリスト教的社会主義者にとっては、「唯物論」的「社会主義」の「極めて自由なる主義」の帰結であるかのごとく受け取られたのであり、「厳格なる男女観」を堅持する安部にとっては、実際運動から遠ざかるに十分な動機をあたえるものであった。なお、この平民社における恋愛問題に関しては、太田雅夫『初期社会主義史の研究』（新泉社、一九九一年）二六九～二七二頁。

＊21　このうち例外は、幸徳と石川と西川であり、いずれも比較的富裕な商家・農家の出身である。

＊22　このうち例外は、幸徳と堺であるが、その堺にしても、「何かの機会があったら、わたしも他の多くの青年と同じく、少なくとも一時は、殊勝なクリスチャンになっていただろうとさえ考えられる」というほどの影響は受けていた（堺利彦『堺利彦伝』原著一九二六年。『堺全集』⑥、七六頁）。

＊23　伊藤銀月「枯川と秋水」（週刊『平民新聞』一号、一九〇三年一一月一五日）。『幸徳全集』別巻①、三七五頁。

＊24　以上のような「前世代」から「中心世代」にかけての「社会主義」の理論的発展に関する透徹した理解を与えるものとして、山泉進「明治期『社会主義』における進化論の理論形成的機能」（『早稲田政治公法研究』第五号、一九七六年）参照。

＊25　幸徳秋水「ダーキンとマルクス」（週刊『平民新聞』第四七号、一九〇四年一〇月二日）。『幸徳全集』⑧、二八九、二九四頁。

＊26　片山潜『わが回想』（徳間書店、一九六七年）一〇五～一〇六頁。

＊27　片山潜『我社会主義』（岸本英太郎編『片山潜・田添鉄二集』青木書店、一九五五年。原著一九〇三年）一一一頁。

＊28　同右、一一七頁。

＊29　幸徳秋水「人類と生存競争」（週刊『平民新聞』第一二号、一九〇四年一月三一日）。『幸徳全集』⑤、七三頁。

＊30　片山、前掲『我社会主義』七二頁。

＊31　片山、『わが回想』（徳間書店、一九六七年）一〇五～一〇六頁。

＊32　幸徳、前掲「ダーキンとマルクス」、『幸徳全集』⑧、二九〇頁。

＊33　田添鉄二『経済進化論』（太田雅夫編『明治社会主義資料叢書5』新泉社、一九七二年。原著一九〇四年）七五頁。

＊34　幸徳秋水『社会主義神髄』（『幸徳全集』④。原著一九〇三年）五一二頁。

＊35　坂本多加雄『市場・道徳・秩序』（創文社、一九九一年）一八五頁。

＊36　村上陽一郎『日本人と近代科学』（新陽社、一九八〇年）一六三頁。

＊37　片山、前掲『我社会主義』一一八頁。

＊38　田添、前掲『経済進化論』一四〇頁。

＊39　片山、前掲『我社会主義』五八頁。
＊40　幸徳、前掲『社会主義神髄』。『幸徳全集』④、五一八頁。
＊41　木下尚江「『基督教抹殺論』を読む―早稲田雄弁会にての演説―」（武田清子編『木下尚江集』筑摩書房、一九七五年所収）三五三頁。
＊42　木下尚江『神・人間・自由』（武田、前掲『木下尚江集』所収。原著一九三四年）三六三頁。
＊43　木下尚江「日本国民の使命」（『新紀元』第一号、一九〇五年一一月）。
＊44　木下尚江「慚謝の辞」（『新紀元』終巻号、一九〇六年一一月）。
＊45　木下尚江「旧友諸君に告ぐ」（『新紀元』第一二号、一九〇六年一〇月）。
＊46　木下尚江、前掲「『基督教抹殺論』を読む」。武田、前掲『木下尚江集』三五八頁。
＊47　田中英夫『西川光二郎小伝』（みすず書房、一九九〇年）二七一頁。
＊48　西川光二郎「一筆啓上」（堺利彦『売文集』復刻版、不二出版、一九八五年。原著一九一二年）七七～七八頁。
＊49　山川菊栄・向坂逸郎編『山川均自伝』（岩波書店、一九六一年）一三三頁。
＊50　荒畑、前掲『寒村自伝』四六頁。
＊51　田中真人『高畠素之』（現代評論社、一九七八年）二五頁。
＊52　かれら「後世代」が社会主義運動に接近する共通の大きな契機となった週刊『平民新聞』誌上の投書欄で、「社会主義は進化論と矛盾するのではないか」といった主旨の質問が、繰り返し問われていることは、この意味で象徴的である。『平民新聞』の「読者と記者」欄の分析については、太田、前掲『初期社会主義史の研究』五七〇～六〇八頁を参照。
＊53　田添鉄二「議会政策論」下（日刊『平民新聞』第二五号、一九〇七年二月一五日）。
＊54　幸徳秋水「獄中から三弁護人宛の陳弁書」。『幸徳全集』⑥、五三一頁。
＊55　山泉、前掲「明治期「社会主義」における進化論の理論形成的機能」。
＊56　当時、「後世代」の間に、キュヴィエやド・フリースの紹介とともに、進化論が「漸化説から激化説」へ向かいつつあるという理解が一般化しつつあった形跡があり、幸徳のこのような進化論の位置づけが、より新しい理論として好意的に受け取られた可能性がある。進化論の変遷についての論説は、後述する大杉のもののほかに、高畠の「科学と進化」（『近代思想』第一巻三号、一九一二年一二月）がある。

＊57　荒畑、前掲『寒村自伝』二三九頁。
＊58　また本章においては、欧米の社会主義運動の諸機関誌（大杉も当然読み、特に運動論のレベルで大きな影響を受けていたと考えられる）に関しては全く取り扱うことができなかった。欧米の社会主義運動の諸機関誌と日本の初期社会主義者との関係を取り扱った研究として、西川正雄『初期社会主義運動と万国社会党』（未来社、一九八五年）がある。
＊59　なお本章で読書リスト中の文献の内容を検討するにあたり、原著が閲覧困難な場合には、大杉が読んだ時代以後に出版された版や翻訳も利用した場合がある。
＊60　大杉栄『自叙伝』（改造社、一九二三年）。『大杉全集』⑥、二九〇頁。
＊61　同右、二九〇、三一三頁。
＊62　同右、三一二頁。ちなみに、この小説中における倉橋幸蔵の性格は、次のようなものである。「行状おのづから兄分に立ちて万事の用意も深ければ、一家自炊の出納取捨より監督指揮の任に当たり……」（村上浪六『当世五人男（上巻）』青木嵩山堂、一八九六年、三一頁）。
＊63　大杉は、入学後一ヵ月で「卒業の時には、本科卒業として出すと云ふ約束で全科目撰修の選科生として、二年へ進級」した（大杉、前掲『自叙伝』、『大杉全集』⑥、一八〇頁）。現在東京外国語大学に保存されている大杉の学籍簿によれば、この約束は果たされなかったもようで、大杉は結局選科生として卒業している。ちなみ成績は三人中一位である。また、外国語学校時代の大杉の横顔を伝える数少ない資料の一つである野村胡堂の『胡堂百話』では、大杉はいつも「頭のよさを自負」していたと回想されている（野村胡堂『胡堂百話』中央公論社、一九八一年。原著一九五九年、三五頁）。なお東京外国語大学所蔵資料の閲覧にあたっては、成田龍一氏のご協力を得た。記して感謝したい。
＊64　大杉、前掲『自叙伝』、『大杉全集』⑥、三一三、三一九頁。
＊65　十時、前掲『社会学』一二頁。
＊66　遠藤、前掲『社会学』第二章　第一節。
＊67　ル・ボン，ギュスターヴ、桜井成夫訳『群衆心理』（岡倉書房、一九四二年）著者序文。
＊68　十時、前掲『社会学』二四七頁。
＊69　遠藤、前掲『社会学』七七頁。
＊70　矢野、前掲『新社会』二五七頁。

＊71　丘浅次郎『進化論講話』（東京開成館、一九〇四年）七七六頁。
＊72　大杉、前掲『自叙伝』。『大杉全集』⑥、三一四頁。
＊73　丘、前掲『進化論講話』、七九八、八〇〇頁。
＊74　大杉栄「丘博士の生物学的人生社会論を論ず」（『中央公論』五月号、一九一七年五月一日）。『大杉全集』④。
＊75　幸徳、前掲『社会主義神髄』。『幸徳全集』④、五一二、五一八頁。
＊76　週刊『平民新聞』と『直言』の投書欄である「予は如何にして社会主義者となりし乎」においても、社会主義者にさせた原因として「貧者・弱者への同情」、「貧乏」、「家の没落」等「貧困」に関するものが、一五二中三一という高い頻度を見せている（中村勝範「明治社会主義意識の形成」（『法学研究』四一巻七号、二九頁）。
＊77　その象徴的存在ともいえるのが、早稲田社会学会である。足尾鉱毒運動の衝撃を受けて、社会主義の研究を目的とし、安部磯雄を会長とし、菊池茂、白柳武司、永井柳太郎、松岡悟、山田金市郎、安成貞雄、吉田璣らによって結成された早稲田社会学会の活動は、『平民新聞』誌上でも報告され、これらメンバーの名も、しばしば誌上に登場する。早稲田社会学会については、斉藤英子「足尾鉱毒学生運動の学生たち」（『初期社会主義研究』三号）参照。
＊78　堺利彦「平民社より」（『直言』二巻四号、一九〇五年二月二六日）。
＊79　「社会主義と愛国心」（『直言』二巻二九～三二号、一九〇五年八～九月）。「之を命令する者に発砲せよ」（『光』一巻八号、一九〇六年三月）。『大杉全集』①、五～一三、一七～三一頁。
＊80　「万国社会党大会略史」（『社会主義研究』一号、一九〇六年三月）。『大杉全集』①、三二～五九頁。
＊81　大杉栄「続獄中記」（『新小説』四月号、一九一九年四月一日）。『大杉全集』④、四二三頁。なお、このときの就職依頼の手紙も残っている（「安藤忠義宛・一九〇五年五月一八日」『大杉全集』別巻、二六～二七頁）。
＊82　早稲田社会学会の学生たちについては、斉藤、前掲「足尾鉱毒学生運動の学生たち」を参照。
＊83　幸徳の「平民日記」によれば、大杉は当初、外国語学校生スペイン語の長谷川、イタリー語の森本とともに、仏語の大杉と呼ばれていたとある（週刊『平民新聞』五二号、一九〇四年一一月六日）。東京外国語学校の資料によれば、当時長谷川長和（茨城）、森本栄亮（高知）という学生が、当時それぞれスペイン語科、イタリー語科に在籍しているので、幸徳の記事は、この二人をさすものと考えられる。このうち長谷川は、東洋汽船会社に就職した模様である。森本についてはわからない。以上『東京外国語学校一覧』一九〇三年版、六〇～六一頁、一九〇五年版、九九頁。

＊84　三谷太一郎、『大正デモクラシー論』（中央公論社、一九七四年）五二頁。
＊85　大杉、前掲「続獄中記」。『大杉全集』④、二二六頁。
＊86　『大杉全集』別巻、三二一～三二三頁。
＊87　Albert. C. (1899) *L'Amour libre*, P.V. Stock., p.28.
＊88　「動物の恋愛」（『家庭雑誌』五巻一号、一九〇六年一一月）、「予の想望する自由恋愛」（『家庭雑誌』五巻二号、一九〇六年一二月）。『大杉全集』①、九二～九四、一〇一～一〇三頁。
＊89　『大杉全集』別巻、三四頁。
＊90　『社会主義研究』第一号の次号予告記事と同二号の「由分社より」参照。
＊91　大杉栄「エンゲルス逸話」（『社会主義研究』五号、一九〇六年八月）。『大杉全集』①、七八～八七頁。
＊92　大杉栄「ベーベル伝」（『社会主義研究』五号、一九〇六年八月）。『大杉全集』①、七二～七七頁。
＊93　『大杉全集』別巻、三二、三三～三四、三八頁。
＊94　大杉栄「新兵諸君に与ふ」（『光』一巻二八号、一九〇六年一一月二五日）。『大杉全集』①、九五～九七頁。
＊95　「珍しからぬ吾党の裁判」（『光』一巻三〇号、一九〇六年一二月一五日）、「新兵事件控訴公判」（日刊『平民新聞』六七号、一九〇七年四月五日）。
＊96　「社会主義者の座右銘」（『光』一巻三一号、一九〇六年一二月二五日）。『大杉全集』①、一〇四頁。
＊97　大杉栄「欧州社会党運動の大勢」（日刊『平民新聞』一七～二二号、一九〇七年二月六～一二日）。『大杉全集』①、一四一頁。
＊98　大杉栄「『ル・レヴォルテ』発刊の記」（日刊『平民新聞』一号、一九〇七年一月一五日）。『大杉全集』①、一一一～一一八頁。
＊99　大杉栄「四ツの道徳」（『家庭雑誌』五巻四号、一九〇七年二月）。『大杉全集』①、一二〇頁。
＊100　大杉栄「青年に訴ふ」（日刊『平民新聞』四三、四五～四七、五〇～五六、五九、六〇、六二、六三号、一九〇七年三月八～三一日）。『大杉全集』①、一四九～一八〇頁。
＊101　大杉栄「僕は医者だ」（『簡易生活』、一九〇七年四月）。『大杉全集』①、一九四～一九五頁。
＊102　『大杉全集』別巻、三八頁。
＊103　同右、三八、四二、四四、四八頁。
＊104　同右、五五、五九～六一、七六頁。

*105 Grave, J. (1902) *L'Anarchie, son but, ses moyens*, P.V. Stock., p.47-8.

*106 Marato, C. (1897) *Philosophie de l'anarchie*, P.V. Stock., p.221.

*107 Tcherkesoff, W. (1902) *Pages of socialist history*, C.B. Cooper., Intoroduction.

*108 Nieuwenhuis, D. (1897) *Le Socialisme en danger*, P.V. Stock., pp.115-116.

*109 Malatesta, E. (1892) *Anarchy*, Freedom Press., p.22.

*110 「幸徳秋水宛・一九〇七年九月一六日」『大杉全集』別巻、四七頁。

*111 『大杉全集』別巻、五五頁。

*112 Kropotkin, P. (1898) *Anarchism : Its philosopie and ideal*, J. Turner.

*113 Reclus, E. (1902) *L'Évolution, la révolution et l'idéal. anarchique*, P.V. Stock., p.1.

*114 Bakounine, M. (1907) *Oeuvres tome 1*, P.V. Stock., pp.80, 91.

*115 Grave, op.cit., p.2.

*116 Marato, op.cit., p.174.

*117 早稲田大学には、当時の大杉の学籍簿が保存されている。資料の閲覧に際しては、同大学の協力を得た。

*118 大杉、前掲「続獄中記」。『大杉全集』④、四二四頁。

*119 大杉栄「クロポトキン総序」（『改造』一九二〇年五月）。『大杉全集』⑤、一一〇頁。

*120 「大杉東宛・一九〇八年一一月一一日」。『大杉全集』別巻、七三頁。

*121 大沢正道『大杉栄研究』（法政大学出版局、一九七一年）六〇〜六三頁。

*122 なお、大沢、前掲『大杉栄研究』六四〜六六頁にも、大まかなリストがある。

*123 『大杉全集』別巻、八〇〜八二、八四、八七、九三、一〇三、一〇七〜一〇八、一一一〜一一二、一一四〜一一五、一一七〜一一八、一二〇頁。

*124 Lewis, A. (1908) *Evolution, social and organic*, charles H. Kerr & Company., chapter 4, 5, 6.

*125 Giddings, H. (1896) *Principles of sociology*, Macmillan., book 3, chapter 3.

*126 Ward, F. (1903) *Pure sociology*, Macmillan., chapter 10.

*127 大杉、前掲「クロポトキン総序」。『大杉全集』⑤、一一〇頁。

＊128 大沢、前掲『大杉栄研究』五九頁。
＊129 大杉、前掲「続獄中記」。『大杉全集』④、四二四頁。
＊130 同右、四三一頁。
＊131 同右、四三三頁。
＊132 同右、四二一、四二五頁。
＊133 『大杉全集』別巻、八七、一〇三、一〇七、一一八頁。
＊134 吉田精一『自然主義研究』（桜楓社、一九八一年）五頁。
＊135 相馬御風「自然主義に因みて」（『早稲田文学』一九〇七年六月号）、同「文芸上主客両体の融合」（『早稲田文学』一九〇七年一〇月号）。
＊136 高山樗牛「文明批評家としての文学者」（『樗牛全集第二巻』、博文館、一九〇五年）八二六、八二八、八三一頁参照。
＊137 大杉「新刊紹介」（『近代思想』一九一二年一二月号）。『大杉全集』②、二五七頁。
＊138 クロポトキン「近代科学とアナーキズム」（猪木正道・勝田吉太郎編『プルードン・バクーニン・クロポトキン』中央公論社、一九八〇年）五二八頁。
＊139 大杉栄「無政府主義の手段は果して非科学的乎」（浮田和民『思想善導の唯一手段は何か』文明協会、一九三一年）。『大杉全集』①、三〇八～三一八頁。
＊140 浮田和民「社会主義及び無政府主義に対する憲政上の疑義　其一」（『太陽』一七巻四号、一九一一年三月）参照。
＊141 大杉、前掲「無政府主義の手段は果たして非科学的乎」。『大杉全集』①、三一四頁。
＊142 同右、三一八頁。
＊143 同右、三一〇頁。
＊144 浮田和民『思想善導の唯一手段は何か』（文明協会、一九三一年）一～二頁。
＊145 荒畑、前掲『寒村自伝』三四六頁。
＊146 以上、大杉栄「近代科学の傾向」（『近代思想』一九一二年一一月号）。『大杉全集』②、一八～二一頁。
＊147 石川三四郎訳「新らしき時代」（『クロポトキン全集』第一巻、春陽堂、一九二九年所収）二頁。
＊148 この論説担当の前任者は、当時世界的な生物学者として名声を博しており、またクロポトキンの主要な論敵でもあったトマス・

ハクスリーである。

＊149　以上、Kropotokin. P.（1892）"Recent Science", *The Nineteenth Century*, May 1892, pp. 743-761. ちなみに物理学以外の分野に関するクロポトキンの批評の一例をあげる（かっこのなかに対応する論説が掲載された *The Nineteenth Century* の号数のみを記す）。化学に関するものとしては、メンデレーエフの元素周期表、分子内部における原子の運動の研究、気体の運動理論等について言及がなされている（August 1892）。生物学については、シュワンによる細胞の発見から、原形質へと問題の関心の中心が移ってきた様子、細胞内部の核分裂の研究についての紹介やワイズマン、ド・フリース等の遺伝理論の紹介がある（May, December, 1892）。心理学に対応するパートでは、脳の構造の研究として、脳や神経の内部で起こる科学的、物理的変化の紹介が行われている（July 1897）。

＊150　山泉進「書誌解題」。『大杉全集』⑧、五二一～五二二頁。

＊151　大杉、前掲『自叙伝』。『大杉全集』⑥、二九一頁。

＊152　大杉、前掲『物質非不滅論』。『大杉全集』⑧、八七頁。

＊153　同右、一三九～一四〇頁。

＊154　同右、八七～八八頁。

＊155　同右、一四九～一五四頁。

＊156　同右、一四八～一四九頁。

＊157　またこの時代は、日本物理学史上においても、まさに激動の時代であったことを想起したい。一九〇五年に発表されたアインシュタインの特殊相対性理論は、一九一〇年の暮れ、当時ヨーロッパにいた長岡半太郎によって手紙で紹介されたといわれる。その相対性理論がもたらした衝撃は、一九一二年になると桑木彧雄や田辺元等の著作において徐々に世に問われつつあった（以上、辻哲夫『日本の科学思想』中央公論社、一九七三年、第十章）。また、ルボンの著作において中心的な論点となっているラジウム等の放射性元素の研究は、明治末年から長岡半太郎によって行われており、大杉自身もまた、長岡の著作に興味を示していた（「堀保子宛・一九一〇年六月一六日」。『大杉全集』別巻、一一七頁）。

＊158　大杉、前掲「無政府主義の手段は果たして非科学的乎」。『大杉全集』①、三一四頁。

＊159　大杉栄「創造的進化」（『近代思想』一巻七号、一九一三年四月）。『大杉全集』②、八三～八四頁。

＊160　代表的なものとして、荻野富士夫『初期社会主義思想論』（不二出版、一九九三年）第一〇章、第一二章参照。

＊161 大杉、前掲「クロポトキン総序」。『大杉全集』⑤、一一〇頁。
＊162 大杉栄「人類史上の伝統主義」（『新小説』一九一七年一〇月）。『大杉全集』④、一三一頁。
＊163 丘浅次郎の『進化論講話』中の「社会主義」批判に答えるかたちで、生物の進化は、生存競争ばかりでなく「生存共同」の恩恵に浴するものとし、「社会主義」とダーウィニズムは矛盾しないことを主張した幸徳の前掲「人類と生存競争」は、その典型的な例である。また、前述した村井、安部の著作にも同様の記述が見られる。
＊164 大杉栄「『種の起源』に就いて」（『新潮』一九一四年一二月）。『大杉全集』③、五一頁。
＊165 大杉栄「動物界の相互扶助」（『新小説』一九一五年九月）。『大杉全集』③、一五二頁。
＊166 大杉、前掲「人類史上の伝統主義」（『新小説』一九一七年一〇月）。『大杉全集』④、一三三頁。
＊167 大杉栄「近世科学と無政府主義」（『改造』一九二〇年七月）。『大杉全集』⑤、一七三頁。
＊168 大杉、前掲「創造的進化」。『大杉全集』②、八五〜八六頁。
＊169 大杉栄「ベルクソンとソレル」（『早稲田文学』一九一六年一月）。『大杉全集』③、三四三〜三四四頁。
＊170 クロポトキン、前掲『近代科学とアナーキズム』、（『クロポトキン全集』第八巻、一九二八年）五五頁。
＊171 堺利彦「胡麻塩頭」（『近代思想』一九一四年九月号）。
＊172 高畠素之「Dummes Geshwätz」（『へちまの花』二号、一九一四年二月）。
＊173 山川均「唯物論者の見たるベルクソン」（『新社会』二巻七号、一九一六年三月）。
＊174 本論説の種本となったのは、大杉自身が記しているように、Huxley, J. (1912) *The individual in the animal kingdom*, Cambridge である。大杉がここで行なっている議論は、基本的にこのテクストの第一章に出そろっている。
＊175 大杉栄「生物学から観た個性の完成」（『新公論』一九一九年四月）。『大杉全集』④、二九五頁。
＊176 同右、二九六頁。
＊177 同右、二九七頁。
＊178 同右、二九八頁。

第6章　労働運動と反植民地闘争のあいだ
──「アナ・ボル」論争の脱構築──

1　「アナ・ボル論争」再見

一九二三年九月一六日、関東大震災による混乱がさめやらぬなか、大杉栄は伊藤野枝ならびに甥の橘宗一とともに憲兵隊により拘束されその後虐殺された。死後、その机の引き出しの中から発見された書きかけの原稿は、次のように書き出されていた。

ごく親しい同志とのほかには殆んど誰れにも知らせないで、ちようど自由連合主義と中央集権主義との争ひが始まつたばかりの忙がしいさなかに、突然姿をかくして半年あまりも音沙汰もしなかつた罪を、先づ許してくれ。今となつては殆んどもう云ひわけをする必要もなくなつたやうだが、とにかく事が非常に急だつたのだ。そして殆んど絶対的に秘密を保たれなければならなかつたのだ。[*1]

ここでいう「自由連合主義と中央集権主義との争い」とは、一九二二年九月の「日本労働組合総連合」の創立大会において明るみになった、労働組合運動の組織論をめぐる対立を意味している。この論争は通常「アナ・ボル」論争と呼ばれ、日本のマルクス主義が、それまで大きな影響力を有していたアナルコ・サンジカリズムを排除し、ヘゲモニーを確立する契機となった事件として知られている。しかしながら、この絶筆は、マルクシズムからの批判により、アナーキズムの理論的根拠が問題化されたまさにその時期に、大杉が、みずからの意志で日本における論争の戦線を離脱したことを示している。「アナ・ボル論争」とは、実際のところ、一方の主役であるはずの大杉が不在のうちに進行した一場のドラマであったわけである。

大杉自身の記述によれば、フランスのアナーキスト、コロメルより、ベルリンで開催予定の国際無政府主義者大会の招待状を受けとったのは、一九二二年一一月二〇日のことであった。大杉は、その時の心境を死後出版された『日本脱出記』において、次のように記している。

たとへ短い一時とは云へ、日本を去るのは今は実に惜しい。又、殆んど寝食を忘れる位に忙がしい同志を置き去りにして出るのも実に忍びない。しかし、日本の事は日本の事で、僕がゐようとゐまいと、勿論皆んなが全力を尽してやつて行くのだ。そして僕は僕で、外国の同志との、しかもこんどこそは本当の同志の無政府主義者との、交渉の機会が与へられたのだ。行かう。僕は即座にさう決心するほかはなかつた。[*2]

そして『日本脱出記』は、大杉の「戦線離脱」が、けっして単なる偶然や衝動的決断の結果ではないことを伝えている。国際無政府主義者大会に出席するため、大杉がまず向かったのは上海であった。大杉は、その理由を、次のように説明している。「僕がこんど此の上海に寄つたのは、ベルリンの大会で××××××××××が組織されるのと同時に、僕等にとつてはそれよりももつと必要な×××××××の組織を謀らうと思つたからでもあつた」[*3]。前半の伏せ字に、国際無政府主義者大会を意味する用語が入るとすれば、後半のそれは、極東無政府主義者を意味する文言が入るはずである。[*4] 大杉にとって、ある意味偶然に届けられた前者への招待状は、長年考え続けていた後者の目的を実現するための好機として受けとられた。そして大杉は上海に、およそ二週間あまり滞在し、当地の無政府主義者たちと会合を重ねた。偽造旅券を用いて、フランス・リヨンにある中仏大学へ留学するという名目で、偽造のヴィザを獲得したのも、かれら中国人同志の協力の賜物であった。[*5]

このときの大杉の上海行きは二度目であった。その時点からさかのぼること二年あまりの一九二〇年一〇月に、大杉は、コミンテルンによって上海で開催された極東社会主義者会議に出席し、一月ほど滞在している。コミンテルンと日本との直接の接点となったこの会議の顛末を、大杉は、『日本脱出記』において回想のかたちで紹介している。大杉は、この席上で、コミンテルンで極東問題を担当するヴォイチンスキーをはじめ、コミンテルンの密使として大杉に接触した李増林、李東輝（大韓民国臨時政府軍務局長）、陳独秀（中国共産党初代総書記）、呂運亨（大韓民国臨時政府外交次長）ら、中国、朝鮮の共産主義者、民族主義者らと接触し、議論を重ねた。[*6] 大杉は、この時の会議の模様を次のように回想している。

> 其の会議はいつも僕とT（ヴォイチンスキー——引用者）との議論で終つた。……僕は、当時日本の社会主義同盟に加はつてゐた事実の通り、無政府主義者と共産主義者との提携の可能を信じ、又其の必要をも感じてゐたが、各々の異なつた主義者の思想や行動の自由は十分に尊重しなければならないと思つてゐた。で、無政府主義者としての僕は、極東共産党同盟に加はる事も出来ず、又国際共産党同盟の第三インタナシヨナルに加はる事も出来なかつた。[*7]

このとき大杉が感じた、「第三インターナショナル」への違和感が、かれをして、「極東無政府主義者」の組織化の必要性を感じせしめた主要な原因であったと推測される。しかしながら、この「脱出」には、こうした無政府主義者の組織化という実践目的のほかに、調査目的とでも呼ぶべきものが存在した。それがマフノ運動への関心である。マフノ運動とは、ロシア革命直後のウクライナで展開された、ネストル・マフノ（Nestor Ivanovych Makhno 1889-1934）を指導者とする民衆運動である。マフノは、ウクライナ南部に農民の子として生まれた。一九〇五年の第一次ロシア革命を契機に、無政府共産主義者の名称を使い、富裕な商人への襲撃を開始するが、一九〇八年に逮捕され、一九一〇年の軍事裁判で懲役二〇年の判決を受けた。一九一七年の二月革命で釈放されたのち、一九一八年ドイツ軍占領下のウクライナでパルチザン部隊を組織し、一九二一年まで続く内戦において軍事指導者として活躍した。マフノは、ウクライナ民族派のペトリューラ軍、白衛軍のデニーキン、ヴラーンゲリ軍との戦闘においては、ボリシェビキと協力し、ロシア革命の防衛に努めたが、ソビエト政権の強権的な政策に対しては、徹底した批判と抵抗を貫いた。この対立は、一九二〇年から二一年にかけて、マフノ軍とソビエト軍との凄惨な戦闘に発展し、ソビエトを追われたマフノは、パリへ亡命し客死した。[*8]

こうしたマフノ運動に対して、ボリシェビキは、ウクライナ農村の政治的混乱に乗じて権力を奪取したクラーク（富農）による反革命的性格をもった運動であると規定し、一九二〇年一一月には、農産物の強制的徴発に抵抗し、赤軍の支配下に入ることを拒絶するマフノとその全軍を「ソヴィエト共和国と革命の敵」と宣言するにいたった。一方マフノも、一九一九年一月の「宣言」において、マフノ運動が、「ブルジョワ＝地主権力」と「ボリシェビキ＝共産党的独裁」の双方に対するウクライナ勤労者の抵抗であることを明確化し、ボリシェビキの秘密警察、党委員会、強制機関や訓練制度を否定するとともに、労働者の表現、出版、集会、結社等の自由に対するいかなる制約も反革命であると宣言した。和田春樹は、赤軍、白軍、ウクライナ共和国軍に加え、ドイツ、オーストリア、ポーランドなどの外国の軍隊も入り乱れる内戦期ウクライナにおけるマフノ軍の運動のなかに、「農民革命の最初の成果を防衛し、さらに深化させるための農民軍としての性格」を見いだしている。[*9]
「アナ・ボル論争」の途上における大杉の戦線離脱、ならびに極東無政府主義者の組織化やマフノ運動への強い関心は、従来アナ・ボル論争とよばれてきた問題の本質を、よりグローバルな視座から照射することを可能にする。従来は、工場労働者の組織化の方法をめぐる対立と考えられてきたこの論争を、革命におけるプロレタリアートと農民、都市と農村との関係をめぐる対立のあわられとして、再考察する必要が生じてくるからである。従来の研究において、大杉と堺利彦、山川均ら「正統派マルクス主義」との対立は、もっぱら大杉の個人主義的な性向とその冒険主義的な運動論の問題として意味づけられてきた。しかしながらわたしは、「アナ・ボル論争」で顕在化した大杉と「マルクス派」との対立を、資本主義の構造的把握の理論的次元に存在した認識論上の差異に求めたい。「マルクス派」が依拠していた階級闘争に立脚する「唯物的歴史観」においては、生産の高度化のただなかにある労働者と、国家による生産物の収奪に直面する農民は、それぞれ異なる歴史的発展段階に属するものとして区別されることになる。しかしながら大杉は、種族闘争に立脚する「征服史観」に依拠することで、この二つの局面に共通する暴力的な収奪の過程に関心を寄せた。日本の工場とウクライナの農村を横断する大杉の関心は、こうした収奪に対する抵抗の二つの戦線が、現在という時間のうちに同時的に存在している事実に向けられていた。山川の「中央集権主義」が、一国的かつ単線的な歴史発展論に依拠しているのに対し、大杉の関心は、不均等に発展するグローバルな資本主義の実相に向けられていた。
本章は、「アナ・ボル論争」へのコミットメントにおいて象徴的に示された大杉の運動論の意味を、堺利彦、山川均といった当時のマルクス主義「正統派」の「唯物的歴史観」に対する批判とその後の展開のうちに探ろうとする試みである。大杉の「正統派マルクス主義」に対する批判は、すでに雑誌『近代思想』に掲載された諸論説において明確なかたちを取り始めていた。そしてそれは具体的には、堺利彦とのあいだの、「唯物的歴史観」をめぐる論争として展開されていったのである。両者のあいだで焦点となったのは、「時間」をめぐる運動論的な認識の差異である。「冬の時代」のただなかで、当時第二インターナショナルの指導的立場にあったカウツキーの代弁者をもって任じていた堺利彦は、「唯物的歴史観」に基礎づけられた歴史認識をもとに、「時機を待つ」待機主義的な運動論を主張していた。それに対し大杉は、みずからの「生の哲学」に依拠することで、現在における「革命」の可能性に道を開くとともに、「革命」の意味を変容させることにより答えようとした。大杉と堺の「唯物的歴史観」をめぐるこの時期の論争は、のちに山川とのあいだで展開される「アナ・ボル論争」の前史をなすものである。そこで問われたものは、資本主義の発展を、一国的・単線的なものとしてではなく、グローバルかつ重層的なものとして把握するための空間的な認識論とそれに立脚した新しい運動論であった。

2　堺利彦の「唯物的歴史観」

「少し深く物を考へて居ると、結局は皆『自由』と『必然』との争ひに帰着して了ふ様な心地がする」[*10]。明治後期以来、社会主義運動の中心にあり、大逆事件を辛うじて生き延びた堺利彦は、雑誌『近代思想』誌上に、おそらくは、新進気鋭の評論家としてこの雑誌を成功に導きつつあった年少の友人、大杉栄への違和感を多分に意識しつつ、このような文章をよせた。大杉とその盟友荒畑寒村は、「大逆事件」後の社会主義運動の「冬の時代」において、「徒らに運動復興の機運を待つよりも、むしろ進んでその時機をつくるべき」[*11]との決意から、堺の反対を押しきるかたちで、雑誌『近代思想』を創刊した。大杉は、こうした運動の再開を危ぶむ堺の「待機主義」的な姿勢を、単にその個人的性格や情勢判断の問題としてではなく、堺が立脚する「社会主義」の理論的問題として批判した。堺が正しく認識していたように、大杉の「社会主義」批判は、「自由」と「必然」、別言すれば、社会主義理論における主体性の問題をめぐって展開されていたのである。大杉が『近代思想』誌上で展開した「社会主義」批判は、「進んでその時期をつくる」というみずからの主体的実践の妥当性を、「社会主義」の「唯物的歴史観」に対抗して基礎付けようとする理論的営為であった。

明治末期から大正初期にかけての「社会主義」の特質は、それが、従来の「志士」的なエートスやキリスト教的な「博愛」の精神から独立して、[*12]唯物史観（当時の言葉でいえば「唯物的歴史観」）と一体不可分のものとして論じられはじめた点にある。そしてこの分野における重要な貢献は、もっぱら、堺利彦によってなしとげられていった。堺は、一九一二年一月『国民雑誌』において、「唯物的歴史観」のタイトルのもとに、マルクスの『経済学批評』（*Zur Kritik der Politischen Oekonomie*）の抄訳を発表した。ここにおいて堺は、『経済学批評』をもって、「マルクス自身の筆に成りたる、唯物的歴史観の最も正確なる唯一の要領記」であるとの位置づけを与えている。[*13]このテクストは、堺が、「マルクス派の一小代表者として、マルクス、エンゲルスの自己の言葉そのままによって……唯物的歴史観を紹介」することを試みんとしたものであった。[*14]

大正初期における堺の「社会主義」の理論的水準を示す仕事として、一九一三年に刊行された訳述書、『社会主義倫理学』を挙げることができる。この訳述書は、Karl Kautsky, *Ethik und Materialistische Geschichtsauffassung* の翻訳に、前述の『経済学批評』の抄訳を、「唯物的歴史要領記」と改題・改訂したものを付録として加えたものであった。[*15]堺は、その序文に、本書の意義を次のように記す。「哲学界には空漠にして頑冥なる唯心論が跋扈し、文芸界には不徹底にして神秘的なる本能主義が流行し、教育界及び宗教界には浅薄俗悪を極めたる偽善道徳が唱道せらるゝの今日、斯くの如き明晰透徹なる唯物的倫理観を以て、其の暗昧を照し、其の愚蒙を啓き、其の虚偽を剔抉するは、訳者の実に痛快至極とする所である」。[*16]また、その付録では、マルクス主義の「唯物的歴史観」が、以下のように紹介されていた。

人間が社会的に其の衣食住を生産するには、知らず知らずの間、必然的に或種の関係を作る。其の関係は即ち其の社会に於ける物質的生産力の発達程度に相応する生産関係である。此の生産関係の総和が社会の経済的構造即ち真実の基礎を為す者で、此の基礎の上に、法律的及び政治的の上建築（Überbau, Superstructure）が組立てられ、又之れに相応して或種の社会的自覚が生ずる事になる。……人の自覚に依つて其の生活法が定まるのではなく、其の反対に人の社会的生活に依つて其の自覚が定まるのである。[*17]

『社会主義倫理学』において、そうした「生産関係」の分析にあたり、決定的な重要性を与えられた概念が「階級闘争」であった。堺＝カウツキーは、この概念を、あくまでも、歴史的「事実」として、次のように説明する。[*18]

以後経済上の発達が進むに連れて、社会は次第に分裂して来た。そして人間社会に於ける生存競争の、最も主要なる、最も広く久しく行はるゝ形式は、即ち階級闘争と為つて了つた。……殊に階級闘争に依つて最も著しく社会的本能を強める者は、被掠奪、被圧政の地位にあって、そして今や将に新に興隆せんとする階級である。……彼等は彼等の間に其の分配を争ふべき財産をも特権をも有して居らぬ。そこで此の分配物が少なければ少きだけ、此の反抗階級は只自己等同輩の力に依頼するの外はなく、其の共同の敵に対していよ〳〵益々団結の臍を堅め、従つて同階級の者に対する同情同感が増大する事となる。[*19]

ここにおいて特徴的なのは、「階級闘争」の主体である「反抗階級」が、社会の経済構造において占める位置によって、十分な同一性をあらかじめ与えられた存在として描き出されていることである。「階級闘争」が、社会の経済構造によってもたらされる「必然」であり、またその「主体」たる「反抗階級」が、すでに明確なアイデンティティを備えた「実体」であるならば、社会主義者の実践は、その経験を体系化し一般化することに集約されることになる。ここに堺が考えるところの、マルクス主義の「科学」性が存在した。堺はそれを次のように表現していた。

社会主義の科学は只、社会発達の法則を研究し、平民階級の運動の為に必然の傾向と目的とを指示する者である。……科学は只必然の事実を認める者である。尤も、科学と雖も、将来斯くあるべしと予言する事は出来る。然しそれは只事物必然の傾向を看取した結果である。科学は決して現象界に認められたる必然以外に、斯くあるべし、斯くあらざる可らずと云ふ指示を下す事は出来ぬ。[*20]

ここにのべられている科学論のもっとも顕著な特色は、それが徹頭徹尾、一九世紀的な実証的・経験的な知の営為として位置づけられている点である。ここにおいて、「社会主義の科学」の主要な任務は、経験主義的な自然科学と同一の意味において、すなわち、「事実を認める」ことに求められている。このことはまた「社会主義の科学」が対象とする「生産関係」が、自然科学が対象とする「事物」と同じレベルで、すなわち、きわめて実体的なレベルにおいて措定されていることを意味している。『社会主義倫理学』における「科学」は、現象的に隠されている意味や構造を明るみに出すための主体的な介入ではなく、万人に観察可能な経験の体系化・一般化を意味していた。

堺の「待機主義」は、このような「科学的社会主義」が、「冬の時代」という社会主義運動の「危機」と接触する地点で析出した。社会主義社会実現の必然を説く「社会主義」と、運動の壊滅という眼前の事実との不一致に直面した堺は、その「危機」を、「社会主義」の「理論」にではなく、むしろ「現実」の側へ押しやることで乗り越えようと試みた。眼前の「危機」を、「社会主義」を否定しないかたちで回収する方法は、日本の「現実」が、いまだに社会主義社会実現の段階に達していないことを「科学的」に説明することによって可能となる。したがって、運動が壊滅状態にある現在、社会主義者になしうることは、運動の再建に積極的に乗り出すことではなく、社会主義革命の機が熟するのを待つ、もしくはそのための準備をすることに限定される。

堺は、一九一四年に大杉と荒畑が『近代思想』を廃刊し、より実践的な運動の機関紙たることをめざして創刊した新雑誌、月刊『平民新聞』に、「戦後はどうなる」と題する論説を掲載した。本論説において堺は、第一次世界大戦後のヨーロッパにおける社会主義運動の発展について、若干の見通しを述べたのち、日本の社会主義運動について次のように述べる。「然し以上は欧州の事である。日本の運動が欧州の形勢に影響せられるは無論であるけれども、日本ではまだ一足飛にそこまで進む訳に行かぬ。其前に是非とも予備運動の必要がある」[*21]。堺はこの「予備運動」として、第一に普通選挙運動を、第二に労働者団結自由の運動を上げる。ここにおいては、社会主義者による革命的社会運動への創造的介入の可能性は、ヨーロッパとの比較における日本の後進性により、あらかじめ排除されている。堺はこの稿を、「僕は大抵の場合、将来に対して楽天観を抱いて居る」と結ぶ。堺の楽天は、究極的にはみずからが立脚する「唯物的歴史観」そのものの楽天性に通じるものであった。

3 「征服史観」の理論的射程

大杉は、堺の『社会主義倫理学』出版後、直ちに『近代思想』誌上で、次のような批判を展開した。

此の唯物的史観説は、マルクス自身も云つてゐるが如く、歴史の一導線《ライトファデン》である。しかも最も主要なる一導線である。此の条件でゐる間、此の史観説も甚だ有力なものであるが、それを外れるとすこぶる滑稽なものになつて了ふ。そして兎角社会主義者の間には、此の誇張者が多い。……「人の自覚に依つて其の生活法が定まるのでなく、其の反対に、人の社会生活に依つて自覚が定まるのである。」けれども此の自覚が社会的生活の上に反動する事も亦大きい。[*22]

大杉が、堺の「唯物的歴史観」に感じた最大の違和感は、それが、歴史の発展における社会的な生産関係の重要性を強調するあまり、個人の創造的な政治的介入の可能性を排除する結果を生み出しているという点にあった。堺の「待機主義」が、その「唯物的歴史観」の論理的帰結であるかぎり、問題は、単に運動論上の戦術的差異にとどまらなかった。大杉がみずからの「自覚」とそれに基づく「社会」への働きかけの戦術的有効性を主張するためには、堺＝カウツキー的な「唯物的歴史観」そのものを批判的に乗り越えることが必要であった。

大杉は、当時、雑誌『近代思想』誌上で、さかんにベルクソンやニーチェ、シュティルナーらの「剛強な個人主義哲学」に依拠した評論活動を展開していた。こうした諸論説は、のちに『生の闘争』という単行本にまとめられ、そこで展開された大杉の思想は、「生の哲学」と総称されることになる。大杉の「生の哲学」は、端的にいえば、非決定をその本質とする「生」のはたらきを個々人の内部に実体的に措定することによって、「唯物的歴史観」の決定論を突破しようとするものであった。大杉は、「唯物的歴史観」の決定論のなかに、「未知数」としての「生」を読み込むことにより、個々人の主体的な「努力」が意味をもちうる空間を、「社会主義」理論に再導入することを試みたのである。

ここで重要なのは大杉が、みずからの「生の哲学」を基礎づける歴史哲学として、堺の「唯物史観」とは異質な「征服史観」を採用していたことである。大杉は、「征服の事実」と題された論説において、グンプロヴィッツやラッツェンホーファーの種族闘争に依拠しながら、征服と闘争による社会の創生と発展を次のように要約する。「歴史は複雑だ。けれども其の複雑を一貫する単純はある。たとへば征服の形式はいろいろある。しかし古今を通じて、一切の社会には、必ず其の両極に、征服者の階級と被征服者の階級とが控へてゐる」[*23]。

大杉のテクストにおいては、近代における階級対立も、基本的にはこうした「征服史観」の延長線上で理解されていた。こうした「征服の事実」は、一面で、「生の拡充」のあらわれとしての「人類同士の闘争と利用」の結果にほかならない。しかし大杉は同時に、こうした「征服の事実」そのものが「生」の自由なはたらきを通じて瓦解する必然性を、次のように説明していた。

> こゝに於てか、生が生きて行く為めには、かの征服の事実に対する憎悪が生ぜねばならぬ。憎悪が更に反逆を生ぜねばならぬ。新生活の要求が起きねばならぬ。人の上に人の権威を戴かない、自我が自我を主宰する、自由生活の要求が起らねばならぬ。果して少数者の間に殊に被征服者中の少数者の間に、この感情と、この思想と、この意志とが起つて来た[*24]。

ここにおいて「反逆」は、けっして生産関係の矛盾より必然的に生ずる「自然」現象としてとらえられてはいない。それはむしろ、みずからに対する「生」の抑圧を敏感に感知する少数者の運動として展開されざるをえないものと意味づけられている。

「唯物的歴史観」に対して「征服史観」が対置されることの理論的意味は、以下の二つの次元において考察しうる。その一点目は、現在の「階級闘争」の局面に、過去の種族闘争とも共通する暴力的収奪のプロセスが重ね合わされることである。その二点目は、闘争の主要な敵対性のポイントが、異なる階級のあいだから、階級を構成する個々人の主体の内部へと移動することである。その結果大杉は、「生」の自由なはたらきを抑圧している最大の障害として、

「奴隷根性」というイデオロギーを析出せしめることに成功した。

主人に喜ばれる、主人に盲従する、主人を崇拝する。これが全社会組織の暴力と恐怖との上に築かれた、原始時代からホンの近代に至るまでの、殆んど唯一の大道徳律であつたのである。……政府の形式を変へたり、憲法の条文を改めたりするのは、何でもない仕事である。けれども過去数万年或は数十万年の間、吾々人類の脳髄に刻み込まれた此の奴隷根性を消え去らしめる事は、中々に容易な事業ぢやない。けれども真に吾々が自由人たらんが為めには、どうしても此の事業は完成しなければならぬ。*25

「唯物的歴史観」においては、経済的・政治的局面に限定されていた闘争のポイントが、大杉の「征服史観」においては、「奴隷根性」というイデオロギーと真に自由人たろうとする「自我」との闘争として、主体の内面のレベルに移動せしめられている。こうした敵対性のポイントの移動により、日本の社会理論において、イデオロギーと主体性の問題が、社会変革における重要な課題としてクローズアップされる理論的経路が開かれたのである。

4 「自我」の解放と「自我」からの解放

堺は、こうした大杉との対立を、あくまでも「社会」主義と「個人」主義の対立として意味づけようとした。堺は、一九一四年の論説「大杉君と僕」において、大杉とみずからの思想的立場の差異をイデオロギー的な鳥瞰図をもちいつつ説明することを試みている。そこでは、現代社会における思想的立場が、個人主義から国家主義、国家社会主義、社会主義、共産主義、無政府共産主義をへて、個人的無政府主義にいたる思想的偏差のスペクトルとして提示されている。そこで堺はみずからを、社会主義、共産主義のサブカテゴリーである「マルクス派」、「正統派」の系譜に位置づけ、大杉を、無政府共産主義の日本における代表として、それと対比させたのち、その思想的特色を、以下のように説明した。

僕がもし保護色を取るとすれば、一歩右隣に退却して国家社会主義に行くより外はない。しかし退却はイヤである。そこでやむをえず沈黙している次第である。しからば大杉君の立場はどうかというに、これは一歩左隣に前進して個人的無政府主義に行けばよい。そこに文芸の中立地がある。[*26]

こうした堺の大杉論は、現在にいたるまで、大杉に対する思想的評価の原型をなしている。大杉を評価する側も、批判する側も、大杉の思想的特質をその「個人主義」の強さに求める点においては、共通していたからである。しかしながら、わたしは、大杉の思想的特質を、「個人主義」というタームで表現することはミスリーディングであると考える。大杉の「征服史観」は、一方で、闘争における「個人」の発意の重要性を強調するものでありながら、他方で、「個人」の身体レベルにまで浸潤する「他者」の規律訓練権力の働きを強調するものであったからである。その結果、かれの「生の哲学」は、「自我」の解放を主張するというよりも、むしろ「自我」の解体もしくは「自我」からの解放を志向するものとなった。

たとえば大杉は、一九一五年の論説「自我の棄脱」において、「自我」と「革命」との関係をめぐる考察を、次のような観察からはじめている。

兵隊のあとについて歩いて行く。ひとりでに足並が兵隊のそれと揃ふ。兵隊の足並は、素よりそれ自身無意識的なのであるが、吾々の足並をそれと揃はすやうに強制する。……そして遂に吾々は、強制された足並を、自分の本来の足並だと思ふやうになる。吾々が自分の自我――自分の思想、感情、若しくは本能――だと思つてゐる大部分は、実に飛んでもない他人の自我である。他人が無意識的に若しくは意識的に、吾々の上に強制した他人の自我である。[*27]

大杉は、現代社会における支配の意味を、「他人の自我」が、軍隊の行進のような規律訓練権力の日常的実践を通じて、主体の「生理状態」のレベルにまで浸潤している状態として把握した。したがって、そうした支配への抵抗もまた、「自我」の解放としてではなく、むしろ「自我」からの解放として構想されなければならなかった。それはあたかも「百合の皮」をむくように、「ついにわれわれの自我そのものの何にもなくなるまで、その皮を一枚一枚棄脱して行」く実践であると表現された。「このゼロに達した時に、そしてそこから更に新しく出発した時に、はじめてわれわれの自我は、皮でない実ばかりの本当の生長を遂げていく」と大杉は主張した。

わたしは、こうした大杉の主張を、堺のように反マルクス主義的であると一蹴することはできない。それは何よりもマルクスその人が、大量生産の開始にともなう工場労働の質的な変容に着目し、それを兵営に類比する記述を残しているからである。それはたとえば、『資本論』における以下の箇所に、明瞭にあらわれている。

労働者が労働手段の均一な運行に技術的に支配され、労働母体が男女を含めたさまざまな年齢の個人から独自に構成されるようになると、そこには兵営のような規律が生じ、それが発展してついには完全な工場体制が形成されるにいたる。……オートマティック工場がかかえる主たる困難は、……労働における不規則な習慣を人びとにやめさせ、巨大オートマティック装置の変化なき規則性に彼らを一体化させるために必要な規律を作り出すことにあった。[28]

ここでマルクスが描き出した工場の風景が、いわゆるフォーディズムと総称される新しい労務管理システムの特徴を捉えており、それがまた労働力の資本のもとへの「実質的包摂」という段階を画するものであることに関しては、すでに多くの論者の指摘がある。規律訓練に着目した大杉の資本主義論は、マルクスその人の観察とも十分に響き合うものを有していた。そして大杉は、このフォーディズム段階の労働者の身体を、単に規律訓練権力の効果としてではなく、同時にそれに対する闘争や抵抗の場として問題化することを試みた。歴史的な経済法則を通じて、資本主義に敵対的な階級（＝主体）が形成され、それが資本主義的な支配に対して抵抗を行うわけではない。むしろ主体は、支配に対する抵抗によって形成される敵対性のポイントとして理解されるべきものである。大杉の場合、こうした資本主義的生産様式における規律訓練権力の機能への着目は、そこに生きる主体の構築性を意識させる効果をもたらした。そして大杉は、第一次世界大戦後の日本における労働運動の勃興のなかに、労働者という主体を構築するイデオロギーの働きと、それへの抵抗を通じて主体そのものの更新をめざす革命運動との相反する二つの力学の交錯を見定めていたのである。

5　「労働」の解放と「労働」からの解放

「冬の時代」において、「唯物的歴史観」をめぐる堺利彦との論争は、第一次世界大戦後の労働運動の高揚期において、労働組合の組織論をめぐる山川均との論争へと発展していった。「自我」を革命の主体としてでなく、革命の現場として問題化した大杉は、労働組合もまた革命運動の主体としてでなく、その現場として把握した。大杉は、一九一九年の論説「労働運動の精神」において、労働運動の目的が、「賃金の増加と労働時間の短縮」という「生物的要求」をこえた「人間的要求」を含むものであることを、次のように主張した。

労働者の生活の直接決定条件たる、賃銀と労働時間との多寡は、全く資本家によつて決められる。工場内の衛生設備もさうだ。其他、職工雇入れや解雇の権力も、職工に対する賞罰の権力も、原料や機械などに就いての生産技術上の権力も、生産物即ち商品の値段を決める権力も、又工業経営上の権力も、総て皆な資本家が握つてゐる。僕等は、此の専制君主たる資本家に対しての絶対的服従の生活、奴隷の生活から、僕等自身を解放したいのだ。自分自身の生活、自主自治の生活を得たいのだ。自分で、自分の生活、自分の運命を決定したいのだ。少なくとも其の決定に与かりたいのだ。[*29]

大杉にとって本質的であったのは、労働の現場において、人間性の獲得への欲望が、現実に存在しているという事実であった。大杉にとって、「革命」とは、「いま・ここ」における支配への人間的抵抗を通して、労働組合を「労働者みずから作り出して行こうとする将来社会の一萌芽」に変えていく営みにほかならなかった。大杉はそれを、「労働運動と云ふ此の白紙の大きな本の中に、其の運動によつて、一字一字、一行一行、一枚一枚づつ書き入れて行く」プロセスであると表現した。[*30]

こうした大杉の労働運動論の思想的含意は、のちの山川均との「アナ・ボル論争」においても、十分に汲み尽くされたとはいいがたい、なぜなら、山川らは「マルクス派」は、みずからと大杉ら「サンジカリスト」との差異を、もっぱら革命の「方法」をめぐる次元に限定し、論争をあくまでもその枠内で展開していたからである。山川をはじめとするいわゆるボル派が、当時の労働運動に大きな影響力を有していた大杉らのアナルコ・サンジカリズムに対して提起したのは、「政治」と「国家」をめぐる革命の方法論であった。山川は、一九二二年の論説において、日本の社会主義運動の歴史をふりかえり、次のような批判を行った。

おそらく日本の社会主義者ほど、明白に資本主義の撤廃という最後の目標をのみ見つめていたものはない。けれどもこの最後の目標を見つめていたために、かえってこの目標にむかって前進することを忘れていた。国家はブルジョアの支配の道具であるとして見れば、無産階級が国家に何ごとを要求してみてもつまらない！　政府は資本家階級の委員会であるとしてみれば、その政府の政治をつかまえて、かれこれいってみたところでつまらない！　資本制度の存続するかぎりは、部分的の改善を得たところでつまらない！　いっさいのものをえるか、しからざればなんにもいらぬ。いやしくも革命以外の、いっさいの当面の問題はつまらない！　これが過去二〇年間に於ける、われわれ社会主義者の態度であった。[*31]

こうした情勢認識に立ち、山川が提起したのが、「無産階級運動の方向転換」であった。それは、「少数ではあるが、真実にまた徹底的に資本主義の精神的支配から独立して、純粋な無産階級的の思想と見解との上に立った労働階級の前衛」が、「徹底し純化した思想を携えて、はるかの後方に残されている大衆の中に、再び引き返して来ること」と表現された。

現在では、この論争の背後で、日本共産党創設の準備運動が本格化していたことが知られている。コミンテルンとの接触を媒介とし、労働運動への具体的な関与のあり方が実践的課題として浮上するなか、活動家のあいだでは、無政府主義と共産主義との理論的対立が次第に先鋭化していった。ここで重要なのは、この時点におけるアナーキズムとマルクス主義の対立が、けっして革命運動における共産党による指導の必要性という戦略論の次元にとどまるものではなく、むしろ「革命」そのものの内実にまで及ぶ射程を有していたことである。山川は、資本主義の問題点を、もっぱら分配の不平等という見地から問題化した。そこにおいて「革命」は、少数者たる前衛が「大衆」を動かすことにより「国家」権力を奪取し、資本主義の搾取関係を廃絶することにより公正な分配を実現することに求められていた。そしてその際の前衛の政治指導は、資本主義の成立と発展という「歴史法則」を把握しているという「事実」により正当化された。山川の革命論は、あくまでも資本主義によってもたらされた生産力の発展とともにもたらされるべきものであった。

ここで山川が、資本主義の生産様式そのものについて、むしろ肯定的な評価を下していたことは重要である。山川は、広義の資本主義を、「今日の進歩した生産の技術と編制」として定義する。そのうえでかれは、それを、「人間の歴史における最も有効な生産の方法」であり、「最小の労苦によって最大の生活資料を生産する方法」であり、「自然に対する奴隷の位地から、初めて人間を解放したもの」として、その歴史的意義を高く評価していた[*32]。しかしながら現実の資本主義のもとでは、このような「生産の技術と編制」は、もっぱら「資本の所有者が労働階級を搾取する手段として」利用されている。その結果、この「搾取関係」が、資本主義の名で呼ばれていることになったのである。こうした広義と狭義の分類に基づき、山川は資本主義について次のように結論する。「かような生産の技術と編制の上の進歩と、これを利用している搾取関係との二つのものを総合したものを、広い意味での資本主義と名づけるとしたならば、労働階級が現に反対し、また反対すべきものは、ただ資本主義の搾取関係であって、資本主義の生産力、ないしは生産の機能ではない[*33]」。

大杉が、山川ら当時のマルクス主義者に提起した問題は、けっして労働運動の組織論上の次元にとどまるものではなかった。山川が、資本主義の問題の本質を、新しい労働の編制の潜勢力が、現存社会の「搾取」構造によって阻害されている状況に見いだし、その解決を、分配の不平等を是正することにより、その潜勢力を全面的に開化させること、すなわち「労働の解放」に求めていたのに対し、大杉は、その新しい労働そのものが、資本主義社会における支配機構そのものであると主張していたからである。したがって、大杉の場合、資本主義への抵抗は、労働そのものの批判と抵抗を伴わざるをえないものであった。山川ら当時の「正統派マルクス主義」が、労働組合を革命を実行する主体として強化する方法を主題としたのに対し、大杉は、労働組合を「革命」が遂行されるべき主要な現場とみなしていたのである。

大杉は、「労働」を通じての「革命」を主張する「正統派マルクス主義」に対し、「労働」からの解放を「革命」とみなす「労働運動の哲学」をもって対抗した。「労働」からの解放を主張するかれの「労働運動の哲学」は、「自我」からの解放を主張するその「生の哲学」と表裏一体の関係にあった。それは同時に大杉が、資本主義への抵抗に対する関心を、日本国内における労働運動の現場から、グローバルに展開する反植民地闘争の現場へと拡大させていくための導きの糸となったのである。

6 「形式的包摂」と「実質的包摂」のあいだ

山川が「唯物的歴史観」に依拠することで、日本の労働運動の進化を段階論的に把握したとすれば、大杉は「征服史観」に依拠することで、資本主義革命と社会主義革命を貫いて継続する暴力的収奪のプロセスを問題化した。ここで重要なのは、大杉がその「征服史観」を考察するにあたり、植民地という「空間」に注目していたことである。すなわち堺・山川の「唯物的歴史観」と大杉の「征服史観」との理論的対立は、一面で、資本主義に対する抵抗の主要な局面を、そのグローバルな地形図のどこに定位して考察するかという方法論上の対立を含意していた。堺・山川が、資本の高度化が進展する日本社会の内部から、「革命」の可能性を考えようとしたのに対し、大杉の視線が捉えていたのは、資本主義への暴力的な包摂が進行する植民地の風景とそこに生きる人間の生のかたちであった。

大杉の植民地に対する関心を示す論説としては、一九一五年の「事実と解釈」をあげることができる。この論説において大杉は、「東洋の各植民地に頻々として起こる、暴動的反逆」の事実を、検閲を考慮しつつ淡々と紹介していく。それは「インドの革命熱」の象徴としてのラホール事件の記述にはじまる。ついで、シンガポールにおけるインド兵の反乱事件、ベトナムにおける反仏暴動が紹介され、さらには、台湾における抗日武装蜂起である西来庵事件の顛末と、朝鮮における反日運動の歴史がたどられる。そして大杉はこうしたアジアにおける反植民地主義闘争の歴史的意味を次のように要約している。

植民地は、征服の事実を、最も赤裸々に語る処である。征服者が一切の権利と利益とを壟断し、被征服者が一切の義務と犠牲とを負担する。有史以前からのそして又種々なる形式の下に今日まで連続し来たつた、一大事実の縮図を示す処である。従つて植民地に於ける此の征服の事実及びそれに対する反逆の事実を研究する事は、直ちに人類社会史の基調を闡明する事となる。[*34]

こうした大杉の植民地主義への関心は、フランスへの密航時の体験を綴った『日本脱出記』においても、遺憾なく発揮されていた。大杉は、このテクストに、上海からフランスまで、航海の途上に立ち寄った植民地の印象を丁寧に記している。その際とりわけ印象的なのは、植民地を舞台に展開されるさまざまな暴力とその重なり合いに対する大杉の鋭敏な感受性である。同乗したポーランドの若いピアニストの中国人に対する差別。それを糾弾するロシア人によっておこなわれるユダヤ人差別。植民地ばかりを一八年渡り歩いた末、はした金で除隊となるフランスのラッパ手。そうした植民地軍人の手により、ひそかに殺されてゆくベトナムの原住民たち。「生徒には絶対に漢字を教えない」ことを自慢するサイゴンの小学校教諭。フランスへの留学後、教員や下級官吏に「させられる」「みこみのありそうな」ベトナム人の子供たち。外国人に使われている人々が、その同国人に対して示す軽蔑。マレーやジャワやスマトラで、中国人やインド人や原住民の苦力の、「そのやせ細った裸のからだ」に加えられる暴力。そして、ときに現地人から、その「主人ども」にいずこからともなく向けられる復讐の毒矢や銃弾……。[*35]

そして大杉は、この植民地的混沌を、メトロポールのただ中に、すなわちパリのベルヴィル通りに、そして日本の浅草に、見いだしていくのである。大杉はそうした植民地的混沌を、理論により抽象化するのでなく、感覚による過剰性の描写を通じて、写し取ろうとした。

パリに着いた晩、夕飯を食ひに、宿からそとへ出て見て驚いた。其の辺はまるで浅草なのだ。しかも日本の浅草よりも、もつともつと下劣な浅草なのだ。貧民窟で、淫売窟で、そしてドンチヤンドンチヤンの見世物窟だ。軒なみに汚ないレストランとキヤフエとホテルとがあつて、人道には小舎がけの見世物と玉転がしや鉄砲やの屋台店が立ちならんでゐる。……そこへうぢようぢよと、日本人よりも顔も風もきたないやうな人間が、ちよつと歩けない程に寄つて来る。実際僕はヨオロツパへ来たと云ふよりも寧ろ、どこかの野蛮国へ行つたやうな気がした。[*36]

ここで大杉がおこなったのは、植民地と本国との認識論的布置を逆転させることであった。植民地は、けっして本国の付帯現象として、あるいは正常なモデルからの逸脱として、測られるべき場所ではない。むしろ植民地こそが、現代社会の支配権力の常態を示す空間である。したがって、それに対する革命の意味と可能性もまた、植民地という場において試されねばならないのである。

そして大杉のマフノ運動への関心も、こうした植民地主義的な暴力的収奪の展開とそれに対する抵抗への関心の延長線上に位置づけることができる。


ヨオロツパへ行つたら先づ第一に調べて見たいと思つてゐたプログラムの中に、無政府主義将軍と云ふちよつと皮肉なあだ名をとつたネストル・マフノの、謂はゆるマフノヰチナ（マフノ運動）の問題があつた。

ロシア革命が産んだいろんな出来事の中で、僕が一番心を動かされたのは、此のマフノヰチナであつた。そして此の運動の研究こそ、ロシア革命が僕等に与へる事の出来る、一番大きな教訓を齎らすものぢやあるまいかと思った。

僕のごく短かかつたフランス滞在中の仕事は、殆んど此の問題の材料を集める事に集中された。[*37]

そしてこの時期の大杉が、情報の不足に悩みながらも、マフノ運動に関して、以下のような理解に到達していたことは注目される。

マフノヰチナとは、要するに、ロシア革命を僕等の云ふ本当の意味の社会革命に導かうとした。ウクライナの農民の本能的な運動である。マフノヰチナは、極力反革命軍や外国の侵入軍と戦つてロシア革命其者を防護しつつ、同時に又民衆の上に或る革命綱領を強制する謂はゆる革命政府とも、戦つて、飽くまでも民衆自身の創造的運動でなければならない社会革命其者をも防護しようとした。マフノヰチナは、全く自主自治な自由ソヰエトの平和な組織者であると共に、其の自由を侵さうとする有らゆる敵に対する勇敢なパルテイザンであつた。そして無政府主義者ネストル・マフノは此のマフノヰチナの最も有力な代表者であつたのだ。[*38]

大杉が、ロシア革命最大の教訓とみなしたのは、ボリシェビキ革命そのものではなく、それへの抵抗によって特徴づけられる「革命」の力学と展開であった。大杉にとって、マフノ運動とは何かを問うことは、ボリシェビキ革命そのものの本質を問うことと繋がっていた。そして大杉が、エマ・ゴールドマンやアレクサンダー・バークマンら、実際にロシア入りした無政府主義社会らの通信に依拠しつつ、ボリシェビキによって当時推進されつつあった「新経済政策」の展開に深い関心を寄せていたことは重要である。その際大杉がとりわけ注目したのは、この過程のただなかで行われた農民に対する食糧の強制徴発であった。大杉は、「新経済政策」の歴史的意義を、ロシアに「大仕掛の産業と、それに伴ふ労働の搾取と、商業主義と、世界貿易」によって特徴づけられる「強烈な資本主義」をもたらしたことに求めた。大杉は、そのプロセスを、「暴行と極端な残忍とによつて特徴づけられた、峻烈な方法」により、[*39]「国家資本主義」を実現するプロセスであったと説明している。[*40]

大杉のこうしたロシア革命批判を、単純に反マルクス主義的であるとみなすことはできない。なぜなら、マルクスその人が、資本主義が生成する途上における暴力的収奪の役割を強調していたからである。ロシア革命の途上で、農民の生活に加えられた国家暴力の意味を考えるうえで、マルクスが「原初的（本源的）蓄積」と呼んだ歴史過程の分析を想起することは有益であろう。マルクスによれば、産業資本家が成立するためには、貨幣資本が産業資本へと変貌することを妨げている前近代的な諸制度（農村においては封建制度、都会ではギルド制）が解体される必要がある。そしてかれは、その解体過程において、暴力が果たす役割を、以下のように描き出していた。

アメリカにおいて金銀資源の産地が発見され、原住民が抹殺され、あるいは奴隷化され、鉱山に閉じ込められ、さらには、東インドの征服と搾取が始まり、アフリカが黒い肌の人びとを駆り出す狩猟場に変貌すると、それとともに資本制的生産様式の曙が広がりだした。こうした牧歌的なプロセスこそが、原初的蓄積の主要な契機なのである。……暴力は、古い社会が新しい社会を孕んでいるときにはいつの場合にもその産婆役である。暴力自身が潜在的な経済的パワーなのである。[*41]

ここで重要なのは、ボリシェビキが、当時マフノ運動を、ウクライナの「遅れた」農村の状態に規定された、クラーク（富農）による反革命運動として意味づけていたことである。[*42] そもそもボリシェビキは、ロシア革命における農民の役割に関しては、きわめて限定的な評価を与えていたに過ぎなかった。例えばトロツキーは、一九二四年のコミンテルン第四回大会において、以下のように述べていた。「われわれは、農民が動揺する大衆であり、全体として独立の役割を果たす能力はないし、ましてや指導的な革命的役割を果たすことはできないということをはっきり知っていた」。[*43] ここにおいて強調されていたのは、「農民を社会主義経済の全般的システムの中に編入するための土台」として、農業を市場化し機械化することの重要性である。

自由市場がなければ、農民は経済のなかで自分たちの場所を見いだすことができず、生産の改善や拡大のための刺激を失う。国営企業を強力に発展させて、農民と農業とに必要な一切のものを供給することができてはじめて、農民を社会主義経済の一般的なシステムの中に編入するための土台が準備されるだろう。技術的には、この課題は、電化の助けによって解決されるだろう。そして電化は、農村生活の後進性と農民の野蛮な孤立状態と農村生活の愚昧さに致命的な打撃をあたえるだろう。[*44]

大杉ら、当時の無政府主義者がロシア革命の展開のうちに看取したのは、マルクスが資本主義の生成期に見いだした本源的蓄積のプロセスそのものであった。かれらは、そうした認識に基づき、ロシア革命を、資本主義に対する革命ではなく、資本主義を生成させる歴史的プロセスとして把握したのである。ボリシェビキによる農村への強制徴発と、ならびにマフノに代表されるような、それに対する抵抗運動への苛酷な弾圧は、社会主義経済システム（すなわち大杉のいうところの「国家資本主義」システム）の成立においても、資本主義の本源的蓄積の場合と同じく、暴力が「産婆役」とならねばならなかった事情を示していた。

7 「戦線」の向こう側

大杉が、国際無政府主義者大会に出席するため、日本を離れたのは一九二二年一二月のことであった。しかしながら、かれは、大会のたび重なる延期により、大会そのものへの出席がかなわないまま、パリ郊外の公園で、メーデーの演説をおこない逮捕された。[*45] その後国外追放の処分を下された大杉が、日本に帰国したのは、一九二三年七月、震災の二ヵ月ほど前のことであった。大杉の生涯最後のプロジェクトとなったのが、この国際アナーキスト大会への出席であり、マフノ運動へのコミットメントであったわけである。「アナ・ボル論争」に直面していた大杉の前には、ふたつの対照的な風景が広がっていた。それはひとつは、資本主義的な「生産の技術と編制」の高度化にさらされつつあった日本の労働運動の現場であり、またいまひとつは、ボリシェビキにより資本主義的な「生産の技術と編制」のうちに包摂されつつあったウクライナ農民の抵抗の現場であった。大杉の「日本脱出」は、この二つの戦線を横断するかれ自身の思索の軌跡であった。

大杉の「アナ・ボル論争」へのコミットメントには、「正統派マルクス主義」との論争を通じて練り上げられてきたかれ自身の社会理論が象徴的に示されている。それはしばしばその批判者から大杉に投げつけられたような、個人主義、神秘主義、非合理主義といったレッテルで汲み尽くされるものではなく、むしろ「正統派マルクス主義」による資本主義認識を、時間と空間の両面からくみかえることを試みたものであった。しかし重要なのは、そうした大杉の社会理論のユニークさを単に強調することではなく、そのユニークな社会理論が、現実の社会とどのように切り結び、またすれ違ったかを、現在の視座から再確認することである。その意味で、大杉の革命論に深い共感をよせつつも、その敗北を予言せざるをえなかった同時代人の存在は、看過できない重要性をもっている。

プロレタリア詩人、根岸正吉の「織工」は、大杉の労働運動論が有していた政治的意味を、文学作品の形で表現した稀有な作品である。「大杉栄氏に呈す」との副題を付せられたこの作品で、根岸は、大杉の思想を体現したかに思われる一労働者の運命を描くことで、当時の先進的な労働者が直面しなければならなかった運命の苛酷さを描こうとした。

「織工」は、「躯幹偉大に筋骨たくましく色浅黒き」生まれながらの労働者を主人公とする。かれは誰よりも織機の扱いに熟達した「真の技術者」であったが、長年の労働により視力を失い、保繕工となることを余儀なくされた。しかしかれは、視力の不足を聴力で補い、機会の不調を察知することで、なお労働者としての技能を維持する一方、労働運動のオーガナイザーとしてもすぐれた能力を示す。根岸は歌う。「彼は無知な労働者よ。何も知らず。されど彼は知る。労働者は「力」なる事を。如何なる強敵をも引き倒さねば止まぬ「力」なる事を」。さらに根岸は、かれの活躍を、次のように歌う。「都に来たりては闘い田舎に隠れてはたくらみ幾度もよく戦ひよく勝てり又よく破れたり」。

しかし主人公の運命は、東京における大ストライキに敗れて以後暗転する。経営者はかれを恐れ、官憲はかれを圧迫し、かれの居場所は、田舎にも都会にもなくなった。根岸は歌う。「技術者、彼、「力」なる労働者、彼、両手をポケットに突っ込みし儘、街々をさまよひ歩く。何を索めてや、何を訪ねてや[*46]」。

根岸が大杉の思想とその運命を歌った詩を発表したその同じ年に、ロシアの国民詩人とも称されるエセーニンが、マフノ運動とその運命を暗示する詩を創作していたことは興味深い。一九二〇年三月に、ハリコフに旅行したエセーニンは、マフノ運動について詳しく情報を得る機会をもち、以後マフノならびにそこに体現されたロシアにおける農民革命の運命を主題とする一連の作品を発表していく。[*47] 根岸の「織工」と同じく、エセーニンによってとらえられたマフノのイメージも、滅びへの予兆に満たされたものであった。「ソロカウスト」すなわち弔歌と題された作品のなかで、エセーニンは、マフノを次のように歌っていた。[*48]

見たことある？
湖　もやのかげを
草原を
鉄の鼻息も荒く
鋳物の足で奔る列車を？

それに追いすがり
広い草原を
死にもの狂いの競馬みたいに
かぼそい脚を　頭にくっつくほど　蹴上げて
たてがみの朱い仔馬がすっ飛ぶのを？

かわいい　かわいい　おばかちゃん、ばかね！
どこまで　おまえさん追ってくつもり？
おまえ　いったい　知らないのかい？
鋼鉄の騎馬――それがもう　生き馬を負かしちゃったんだってことを？
非力な野には　おまえさん　いくら走ったって　もう　あのむかしは還らない

和田春樹が論ずるように、エセーニンが、この「たてがみの朱い仔馬」に「マフノの相貌」を見ていたとするならば、その「生き馬」を負かした「鋼鉄の騎馬」とは、機械化と合理化を推し進めるボリシェビキ革命を暗示していることになる。詩人の直観は、「ウクライナの民衆の本能的自衛にもとづく革命的一揆」を、資本主義の発展法則の前に敗北を運命づけられた運動と見なしていたのである。[*49]

一九二〇年代初頭、大杉が日本の工場に見ていたものが、資本主義の高度化にともなう暴力であったとすれば、ウクライナの農村にかれの目を向けさせたものは、資本主義化そのものの暴力に対する関心であった。大杉の「アナ・ボル論争」途上での戦線離脱の読解を通じて明らかとなるのは、資本主義の高度化にともなう暴力は、つねに資本主義化の暴力そのものと併存するという事実である。

こんにちわれわれの眼前に展開するグローバル化した資本主義は、「脱領域化し再領域化する」その運動のプロセスを加速化させている。低コストでの生産を求める資本は、かつての「第三世界」に高度な生産拠点を建設する一方、空洞化するメトロポールでは、システムから排除された新しい「スラム」が生み出されつつある。[*50]資本主義化の暴力は、資本主義の高度化にともなう暴力と混じり合い、大杉が立ち続けた二つの戦線は、われわれの眼前にも、より縮約されたかたちでひろがっている。必要とされているのは、依然として抵抗のための詩学である。大杉の同時代を生きた二人の詩人は、異なる抵抗を試み敗れ去った人びとへの「弔歌」を残した。こうした無数の「弔歌」の重なりの果てに、資本主義そのものの「弔歌」を歌うことができるのか、こんにち、われわれの想像力が問われている。

註

＊1　大杉栄「同志諸君へ」。『大杉全集』⑦、三六九頁。
＊2　大杉栄「日本脱出記」(『改造』一九二三年七月)。『大杉全集』⑦、二六二頁。
＊3　大杉、前掲「日本脱出記」。『大杉全集』⑦、二六五頁。
＊4　大杉豊『日録・大杉栄伝』(社会評論社、二〇〇九年) 四三一～四三三頁。
＊5　同右、四三三～四三四頁。
＊6　同右、三四一頁。大杉とコミンテルンの関係については、山泉進「大杉栄、コミンテルンに遭遇す」(『初期社会主義研究』一五号、二〇〇二年)、山内昭人『在外日本人社会主義者と初期コミンテルン』(ミネルヴァ書房、二〇〇九年)、黒川伊織『帝国に抗する社会運動』(有志舎、二〇一四年)。
＊7　大杉、前掲「日本脱出記」。『大杉全集』⑦、二五七頁。
＊8　アルシノフ，ピョートル『マフノ運動史　一九一八―一九二一――ウクライナの反乱・革命の死と希望』(社会評論社、二〇〇三年)、和田春樹『農民革命の世界――エセーニンとマフノ』(岩波書店、一九七八年)。
＊9　和田、前掲『農民革命の世界』一七二頁。
＊10　堺利彦「胡麻塩頭」(『近代思想』二巻一号、一九一三年一〇月)。
＊11　荒畑寒村『寒村自伝』上巻(岩波書店、一九七四年) 三四六頁。
＊12　山泉進「社会主義と博愛の精神(安部磯雄)」(早稲田大学社会科学研究所日本近代思想部会編『近代日本と早稲田の思想群像I』早稲田大学出版部、一九八一年) 参照。
＊13　堺利彦「唯物的歴史観」(『国民雑誌』三巻二号、一九一二年一月一五日)。『堺全集』④、一一三頁。
＊14　同右、『堺全集』④、一一〇頁。
＊15　訳者の序文によれば、このテクストは、英訳からの抄訳(一九一二年、断続的に『新仏教』に連載)を、ドイツ語版によって増

補改訂、全訳化したものである。なお堺が用いた英語・ドイツ語のテクストの版に関しては、初期社会主義研究会編「堺利彦著書目録（稿）」（『初期社会主義研究』第一〇号）を参照のこと。
＊16　堺利彦訳『社会主義倫理学』（丙午出版社、一九一三年）「訳者の序」一頁。
＊17　同右、二六九～二七〇頁。
＊18　ポスト・マルクス主義の立場からの優れたカウツキー批判として、ラクラウ，エルネスト、ムフ，シャンタル『民主主義の革命』（筑摩書房、二〇一二年）を参照。本章は、マルクス主義理論におけるカウツキーの位置づけについて、認識の多くを、この著書に負っている。
＊19　堺、前掲『社会主義倫理学』二一七～二一九頁。
＊20　同右、二五七～二五八頁。
＊21　堺利彦「戦後はどうなる」（月刊『平民新聞』第一号、一九一四年一〇月一五日）。
＊22　大杉栄「新刊紹介——社会主義倫理学」（『近代思想』一巻六号、一九一三年三月）。『大杉全集』②、二六五～六頁。
＊23　大杉栄「征服の事実」（『近代思想』一巻九号、一九一三年六月）。『大杉全集』②、一〇七頁。
＊24　大杉栄「生の拡充」（『近代思想』一巻一〇号、一九一三年七月）。『大杉全集』②、一三〇頁。
＊25　大杉栄「奴隷根性論」（『近代思想』一巻五号、一九一三年二月）。『大杉全集』②、六四頁。
＊26　堺利彦「大杉君と僕」（『近代思想』二巻一一・一二号、一九一四年九月）。『堺全集』④、九〇頁。
＊27　大杉栄「自我の棄脱」（『新潮』一九一五年一月）。『大杉全集』③、一二八頁。
＊28　マルクス『資本論』第一巻（下）（筑摩書房、二〇〇五年）八一頁。
＊29　大杉栄「労働運動の精神」（『労働運動』一次一号、一九一九年一〇月六日）。『大杉全集』⑤、九頁。
＊30　大杉栄「社会的理想論」（『労働運動』一次六号、一九二〇年六月一日）。『大杉全集』⑤、一八三頁。
＊31　山川均「無産階級運動の方向転換」（『前衛』七・八合併号、一九二二年）。『山川全集』④、三三九頁。
＊32　山川均「合同主義と自由連合主義」（一九二二年一月稿）。『山川全集』⑤、一二一頁。
＊33　同右、一二二～一二三頁。
＊34　大杉栄「事実と解釈」（『近代思想』三巻二号、一九一五年二月）。『大杉全集』③、二三四頁。
＊35　大杉栄「外遊雑話」（大杉栄『日本脱出記』一九二三年一〇月）。『大杉全集』⑦、三五五～三六一頁。

＊36 同右、三六七〜三六八頁。
＊37 大杉栄「無政府主義将軍　ネストル・マフノ」(『改造』一九二三年九月)。『大杉全集』⑦、二一五頁。
＊38 同右、二一七頁。
＊39 大杉栄「クロポトキンを想う」(『改造』一九二二年七月)。『大杉全集』⑦、三八三頁。
＊40 大杉栄「労農ロシアの最近労働事情」(『労働運動』三次七号、一九二二年九月一〇日)。『大杉全集』⑦、七八頁。
＊41 前掲、マルクス『資本論』、五五六〜五五七頁。
＊42 Trotsky. L. (1920) "What is the meaning of Makno's coming over to the side of the soviet power?", http://marxists.anu.edu.au/archive/trotsky/1920/military/ch69.htm
＊43 トロツキー，レオン「ソヴィエト・ロシアの新経済政策と世界革命の展望（コミンテルン第四回大会報告）」(トロツキー，レオン『社会主義と市場経済』大村書店、一九九二年）一三頁。
＊44 同右、二八頁。
＊45 田中ひかる「大杉栄が出席できなかったアナーキスト国際会議」一〜三(『初期社会主義研究』一七〜一九号、二〇〇四〜二〇〇六年)。
＊46 根岸正吉・伊藤公敬『どんぞこで歌ふ』(日本評論社、一九二〇年）一七〜二三頁。
＊47 セルゲイ・アレクサンドロヴィッチ・エセーニンは、一八九五年九月二一日、リャザン県コンスタンチノヴォに農民として生まれた。地元の師範予科学校を卒業後、一九一二年からモスクワで働きはじめる。書店や印刷会社で働き生計を立てながら、民衆出身の独学作家・詩人のサークルと接触を持ち、詩を書きはじめた。一九一五年にペテルブルグへ移住し、一九一六年に最初の詩集を出版し、「生粋の農民詩人として首都の文学サロンの寵児」となった。一九一七年のロシア革命の勃発後、農民王国の到来の可能性を予兆したエセーニンは、ボリシェヴィキへの接近を試みるも、プロレトクリトの純粋プロレタリア主義に幻滅し、一九一九年に創設された、イマジニストの中心的詩人として活躍する。以上、和田春樹『農民革命の世界』(岩波書店、一九七八年)。
＊48 内村剛介訳『エセーニン詩集』(弥生書房、一九六八年）一四〜一五頁。
＊49 和田、前掲『農民革命の世界』一九三頁。
＊50 ネグリ，アントニオ、ハート，マイケル『帝国』(以文社、二〇〇三年）五頁。

第Ⅲ部　時間地図

第7章　社会主義と文体
——堺利彦と幸徳秋水の「言文一致」をめぐって——

1　文体と社会主義

平民社を創設し、初期社会主義運動の中心を形成した堺利彦と幸徳秋水は、ともに「文章家」としても知られた。以下に掲げるのは、かれらの文章に対する同時代人の評言である。「堺さんの文章を読むと、いかにもすらすらと、いわんとするところを尽している。およそ達意の文章とはこんなものだろうかと思わせる。苦心のあとなどというものは、露ほどもない」[*1]。「秋水の文は魚河岸の夕に似たり、曰く尖新」[*2]。「秋水の筆は極めて垢抜けして簡明であると共に、多くの皮肉があつた」[*3]。またかれらの「文章家」としての評価は、かれらの社会主義者としての評価と不可分のものでもあった。たとえば、以下の文章は、一九〇三年に出版された幸徳秋水の『社会主義神髄』に対して寄せられた書評の一部である。「能文の士として、社会主義の熱心家として、名声一代に高き幸徳秋水氏、其の得意の題目を捉へ来りて、得意の筆を揮ふたるもの、此書の価値知るべきなり」[*4]。「幸徳秋水頃日社会主義神髄を著はす、文章雄健にして次序整正、而かも叙学簡明にして意義透徹す、誠に之れ近来の好著なり」[*5]。幸徳の『社会主義神髄』というテクストは、その社会主義に関する「内容」よりも、まずその「文章」の力によって、同時代の読者の関心を集めていたのであった。

堺と幸徳は、単にすぐれた文章を書くという行為のみによって「文章家」であったわけではない。かれらはまた、文章を書くという営為に対して、きわめて自覚的・反省的でもあった。このことは両者が、文章の書き方を主題とする著作や論説を残していることからうかがえる。堺には、一九〇一年出版の『言文一致普通文』と、一九一五年出版の『文章速達法』というふたつの著書に加え、いくつかの公刊された文章論がある。また、幸徳も、一九〇一年に雑誌『新文』に「言文一致と新聞紙」、一九〇七年に雑誌『文章世界』に、「論文の三要件」を発表するなど、いくつかの特徴ある文章論を残している。[*6] ここで注目されるべきは、かれら自身の文体とその社会主義思想とのあいだに存在する一定の対応関係である。かれらの「言文一致」運動へのコミットメントと、それにともなう文体の変化は、その社会主義思想への接近と併行するかたちで進められていった。

堺の場合、「言文一致」運動へのコミットメントは、社会主義運動へのコミットメントを先導するように進められた。[*7] たとえばかれが社会主義に接触する以前の大阪在住の時代（一八八九年夏から一八九五年九月）に、浪華文学会の同人雑誌等に執筆した小説・評論・随筆などには、かれ自身その影響を自認する、[*8] 硯友社風の文語体が採用されていた。その後、『少年世界』（一八九五年一月創刊）に、例外的に子供向けの口語文のテクストを残しているものの、[*9] 一八九九年に『万朝報』に入社するまでのテクストは、その多くが、文語体で書かれている。[*10]『万朝報』入社後も、堺は、その文章の多くを文語体で書いており、言文一致体をやや本格的に採用しはじめるのは、一九〇〇年半ば以降のことであった。[*11] また、部分的に残された堺の日記からは、かれが、翌年一九〇一年四月三〇日を境として、日記の文体を言文一致体にあらためたことが知られる。[*12] このようにみてくるならば、一九〇一年七月という、『言文一致普通文』の発行年月日は、特別の重要性を帯びてくる。このテクストは、単なる言文一致文作成のためのハウツー本であるにとどまらず、堺自身がみずからの文体の確立を宣言した一種のマニフェストでもあったからである。

同じく幸徳も、社会主義者としての自覚を深めていく時期に、「言文一致」運動に深くコミットした。かれは、一九〇一年、雑誌『新文』に「言文一致と新聞紙」を発表し、「我等は全国の新聞紙に向つて、挙つて言文一致の文章に改められんことを希望」すると述べ[*13]、言文一致論者としての名のりをあげた。この論説で幸徳は、現在の新聞における文体の混乱を以下のように批判する。「今日程文体の多種に渉つて乱雑な時代は少ない、夫れが尽く一枚の新聞に現はれて居る、一枚の新聞を総て読み得やうとすれば、漢文にも和文にも洋文直訳体にも雅俗折衷体にも尽く通じて居なければならぬ、随分厄介な話ではない歟[*14]」。そこで幸徳が、その無秩序状態を収拾する手段として提案するのが、言文一致体による文体の統一である。すなわち、もし言文一致体で新聞の紙面を統一することができれば、新聞紙の読者は、「二倍し三倍し」、またその社会における効果も「二倍し三倍し」することになり、それは新聞紙自身の大きな利益となるであろう。さらに読者にとっても、「言文一致となれば、其費す脳力と時間の半分乃至大部分を省減する」ことになるであろう。したがって、「新聞紙の言文一致といふのは、明らかに多数読者の希望」でもあるというのである[*15]。このような論拠に立脚し、幸徳は、「我より進んで可及的に速やかに言文一致を採用するの方針に出る」ことを強く主張し、自らもまたその実践を試みることを宣言したのであった。

これらのテクストが発表された一九〇一年は、日本の社会主義の歴史において、画期的な年であった。日本最初の社会主義結社、社会民主党が結成されたのはこの年であり、幸徳は、その創立メンバーとなった。また、かれの最初の著作であり、また代表作ともなった『帝国主義』が出版されたのもこの年であった。また、堺は、社会民主党の創立メンバーでこそなかったものの、当時、それへの入党を志すほどには、社会主義運動に接近していた[*16]。幸徳の「言文一致」は、その社会主義への接近と深化とともに実践されたのであり、堺の「言文一致」体の確立は、その「社会主義者」としての主体の確立と同時に行なわれたのである。

本章で試みられるのは、堺利彦と幸徳秋水の「言文一致」運動へのコミットメントとかれらの「社会主義」との間に存在する関係性の分析である。これまで「言文一致」運動に関しては、もっぱらナショナリズム論の見地から、多くのすぐれた業績が積みかさねられてきた。その多くは、ベネディクト・アンダーソンの「出版資本主義」に立脚した「想像の共同体」としてのナショナリズムという問題設定に触発されながら、「言文一致」運動に、日本版俗語ナショナリズムのあらわれを見いだし、その意義と特色を明らかにしようとするものであった。これに対し、言文一致運動と社会主義との関係については、これまでほとんどその意味が探求されることはなかった。それはこれまでの研究者が、社会主義者の文体に、その思想内容を伝達するための外在的なメディア以上の意味を与えてこなかったからである。堺や幸徳が、言文一致運動へコミットした事実はこれまでも知られてはいたが、それらはもっぱら、「社会主義運動以外」の文化的活動として意味づけられてきたにすぎない。[*17] 文体と社会主義のあいだには、いまだ探求を待つ研究の空隙が存在している。

ここで興味深いのは、堺と幸徳の「言文一致」への姿勢の違いである。両者は、ほぼ同時期に、「言文一致」運動にコミットし、ともにみずからの執筆活動を、「言文一致」に統一すべきことを決意した。しかしながら、堺が、『言文一致普通文』の出版をもって、みずからの文体のマニフェストとし、それ以後一貫して同じ文体を貫いたのに対し、幸徳は、その後もみずからの文体を統一することなく、その死に至るまで、多様な文体を用いつつ、執筆を続けた。同時期にともに「言文一致」に接近した二人のうち、堺が文体の統一に成功し、幸徳が成功しなかったことは、きわめて興味深い事実である。本章では、両者の間に存在するこうした文体上の差異の由来を、かれらの文章論を対比的に読むことによって明らかにすることを試みる。それはまた必然的に、かれらの「社会主義」そのものの差異に対して、従来とは異なる角度から、光をあてる試みともなるはずである。

2　「国民」言語の希求——堺利彦の「言文一致」——

「廿世紀の第一年、即ち明治三十四年において、日本の社会が正に機運に向つてゐる所の、尤も大なる改良事業は と問はゞ、必ず先ず『言文一致』と答へねばなるまい」[*18]。堺利彦は、その著『言文一致普通文』を、このような文章とともに書き起こしている。堺は、「言文一致」をつぎのように定義する。「『言文一致』とは言と文とを一致せしめるので、必ずしも文を言に一致せしめるのではない。換言すれば、文を言に近づかしめ、言を文に近づかしめ、双方から歩みあはせて一致せしめるのである」[*19]。堺にとっての「言文一致」とは、単に話し言葉を書き言葉へと移植するにとどまるものではなかった。堺の言葉を借りれば、それは、「『言文一致』の文章は其のまゝ口に上せて演説となり、演説の筆記は其のまゝ『言文一致』の文章とな」るような、新たな「整頓完備せる言語」の創出であった[*20]。

堺のこうした「整頓完備せる言語」への希求は、一面で、それ以前のみずからの文体の否定をともなうものであった。堺は、一九〇一年八月の論説「言文一致事業と小説家」において、かつてみずからも大きな影響をうけた尾崎紅葉の文体を、言文一致に害毒を流すものとして、徹底的に批判している。その批判の要点は、紅葉とその一派が、その用字法において、「怪しげな漢字漢語を弄ふ」という点にあった[*21]。堺によればそれは、「小廝」と書いて「こもの」と読ませたり、「閑話休題」と書いて「それはさておき」と読ませる「馬琴大家以来の流弊で、歴史つきの厄介物である」。堺は、この論説で、その「見本」として、「那《ああ》も恁《かう》も思って」「そりゃ何有《なあに》、お互の事だ」など、紅葉の手になる二九の具体例をあげている。さらに堺は、紅葉に、こうした文体を採用せしめるに至った理由として、以下のような推定を行っている。第一、日本語だけでは十分に意を尽くせないところがあるので、漢字漢語を借りてその不足を補う。第二、かなばかり続いてはよみにくい。第三、耳から入るばかりでは漢字が足りないから、目からも読者を感じさせねばならない、それにはかなではおもしろくない。第四、日本語と漢語（あるいは漢字）とぴったり意味が合うのを選んでおけば、耳と目両方からはいる感じが調和して、特別な一種の美感を与える。第五、日本語と漢語（あるいは漢字）と音が似通い、意味もほぼ同じなのを選んで並べておけば、一種謎のような趣味がある、第六、無学者はかなばかり読み、学者はかなと漢字とをあわせて読み、人々にその力に応じて趣味を感じさせる。第七、あまり広く知られぬ東京の方言の意味を漢字で知らせる……。しかしながら堺は、結局のところ、こうした理由により成立した紅葉の文体に、「辟易する」というまでの嫌悪感をあらわにし、それを否定したのである。

ここにおいて注目すべきは、堺が、紅葉の文体の特質を、用字法という目から入る要素において、文章の美を追求する戦略であると位置づけている点である。堺の批判は、こうした視覚的な文飾が、必然的に、複数の意味を産出してしまうという点にあった。堺は、紅葉の文体を、そこで用いられている漢語の「多さ」のゆえに批判しているのではない。堺自身、「いかにもチラリと見て、それで意味の美く分かるのは漢字に限る」ことは、十分に認めていた。問題は、紅葉が、漢語の目から入る要素と耳から入る要素の関係に介入し、その透明であるべき関係を混乱させ、「振仮名が無くては読めぬ文章、即ち注釈付でなければ分からぬ文章、二様に書かねば意の十分に通ぜぬ文章」を生み出し、「日本文の困難、錯雑、不規律」を悪化させているという点にある。たしかに堺は、漢語を「目からの感じ」と「耳からの感じ」に分解し、それをふたたび独特の方法で節合する紅葉の文体を、「如何にも一種の美である」と評価する。しかし堺は同時に、そうした紅葉の文章の美学的要素が、読者に対して、「謎のような趣味」や、「人々にその力に応じて趣味を感じさせる」という多元的・重層的効果を生み出す源泉であることをも理解していた。紅葉の戦略は、書かれた内容とは別に、書き言葉そのものが有する美学的要素によって、さまざまな「趣味」を生み出す。こうした「趣味」は、文章の書き手にとって、コントロール不可能なものであり、読み手に応じて乱反射し、複数の意味を作り出す。堺が「錯雑・不規律」の名のもとに抑圧しようと試みたものは、複数の意味を重層的に産出するこうした「書き言葉」の機能そのものであった。

これに対し堺がめざしたものは、「耳で聞いて分かる文章」であった。堺はいう。「言文一致の盛んに行はれる今日、言文一致を盛んに行ふ小説家達が、漢字の増加を計り、耳で聞くを目的とせぬ文章を作り、ルビがなければ読めぬ文章を作り、和漢あひのこの文章を作るを見て、窃に慨嘆に堪へぬ次第である」[*22]。この場合、「耳で聞いて分かる」とは、書き手と読み手との直接的なコミュニケーションを意味している。話し手の聞き手のあいだの関係は、書き手と読み手の関係よりも、「用字」という媒介を経ないがゆえに、より直接的である。書き手と読み手の関係が、このような話し手と聞き手の直接的な関係をモデルとして構築されるかぎり、「書き言葉」自体がもたらす多様な意味の産出は、徹底して抑圧されねばならない。文章は、あたかも話し手と聞き手のあいだに存在はするものの、通常決してその存在が意識されることのない空気のように、無色透明な存在とならなければならないのである。堺のいう「整頓完備せる言語」とは、書き言葉の美学的要素が徹底して排除されるところに成立する透明で直接的な単一の「声」に他ならなかった。堺は、そうした言語を創出することにより、書き手と読み手のあいだに、透明で直接的な関係そのものを構築しようとしたのである。

堺の「整頓完備せる言語」の希求は、かれが正岡子規の「写生文」に対して示した大きな関心からも読み取ることができる。堺は、『万朝報』紙上で担当した多くの文芸評論において、『ほとゝぎす』とそこにおいて展開された子規の文学的活動に対し、賛辞を贈り続けてきた。堺の子規の文学活動に対する共感は多岐にわたるが、その中で、特に興味深いのが、写生文をめぐるものである。例えば、堺は、『ほとゝぎす』誌上の「写実の小品文」を賞し、つぎのように述べる。「近来多くの欧米の情景を写し出だすはことに妙、洋行みやげの大々著述は世間にたくさんあれど、これら小品文のごとく真に欧米の生活を吾人に感知せしめる者は一もない。それに、客観客観と努めて写しながら、諸同人のいずれにも共通してあるらしき、上品な、質朴な、滑稽な、淡白な、温和な、同情の深い主観が、自然に文中に現われているところがはなはだゆかしい」[23]。ここにおいて、堺自身の文章観が、明確に露呈している。堺にとって文章とは、なによりもまず「客観」を「写し出す」べきものであった。子規の「写し出す」文章は、紅葉の「目から」感じさせる文章と決定的に対立する。「写し出す」文において重要なのは、写し出される「客観」と写し出す「主観」であり、文そのものは、あたかも「主観」と「客観」のあいだの空間のように、透明なものであることが要請される。こうした「主観」と「客観」の二元論的な認識論的構図において文の問題が把握される限り、紅葉流の書き言葉に付随するさまざまな美学的要素は、「主観」と「客観」とのあいだに存在し、「写実」という直接で透明な関係を汚染するノイズとして、排除の対象とならざるをえないものであった。堺が言文一致によってめざした「整頓完備せる言語」とは、結局のところ、「書き言葉」としてのあらゆる文飾を排除したところに成立する、「客観」と「主観」との透明な関係そのものであった。

こうした主観客観図式の成立が、近代的な認識論を特徴づける重要なメルクマールであったことは疑いえない[24]。認識論的な次元でいえば、堺の「言文一致」への関心とコミットメントは、かれ自身の「近代」への志向を示しているに過ぎないことになる。しかしながら、堺の場合、こうした近代的な認識論への移行が、新しい言語の創出を通じた、書き手と読み手のあいだの新しい人間関係の構築という実践的なプログラムを伴っていたことが重要である。その結果、言文一致という堺の近代化に向けた認識論的プロジェクトは、近代国民国家の形成という実践的プロジェクトと密接な関係を有することになった。「整頓完備せる言語」の創出により、「読み手」と「書き手」の直接で透明な関係を作り出そうとする堺の「言文一致」は、「整頓完備」した「日本語」の創出により、直接で透明な関係に立脚する「日本」という共同体を作り出そうとする欲望の表出にほかならなかったからである。堺のそうした「国民主義」的志向は、かれが紅葉に対して与えた、「日本語の独立及びその進化を妨げる」という批判や、「文には成るべく全国に通ずべき標準語を撰んでもらひたい」という注文からもうかがうことができる[25]。それはまた、堺の絶賛する子規が、陸羯南の主宰する『日本』と、密接な関係を持ち続けていたことの理由でもあった。

こうした堺の「言文一致」は、一面で、ベネディクト・アンダーソンがナショナリズムの「文化的根源」と呼んだ、国民国家形成期における認識論的変動の意味と性格とをはっきり示している。アンダーソンによれば、「国民とはイメージとして心に描かれた想像の政治共同体である」[*26]。アンダーソンが、国民を想像されたものと述べる理由は、国民を構成する人々の大多数が、実際には、お互いに知ることも、会うことも、聞くこともないにもかかわらず、お互いに同胞であると意識しているという点にある。逆にいえば、国民とは、こうした想像を可能とする認識論的技術的発展を待って出現した、きわめて新しいタイプの共同体である。堺の「言文一致」もまた、こうした新しいタイプの共同体を創出するための技術的実践の試みとして考えることができる。堺は、現在の文体が、読み手のさまざまな属性によってさまざまな意味を発生させ、その結果、すべての読者のあいだに、「お互いに同胞である」という意識の発生を妨げる主要な原因となっていることを正確に見抜いていた。堺の「言文一致」は、「整頓完備」した「日本語」の創出により、「実際には、お互いに知ることも、会うことも、聞くこともない」人々の間に、透明で直接的な関係を生み出すことで、そうした共同体意識の創出を可能ならしめようとする試みであった。

3 「手紙」とナショナリズム

堺の「言文一致」へのコミットメントは、他のあらゆる俗語運動の場合と同じく、ナショナリズム的な認識論に立脚していた。「言文一致」論者としての堺のユニークさは、むしろその具体的な戦略論の次元に求められるべきである。ここで興味深いのが、『言文一致普通文』において、堺が、「整頓完備せる言語」を創出すべき分野として、「手紙」というジャンルを特定し、そこでの実践を重視していたことである。一見したところ、堺が、「手紙」を重視した理由は、単なる便宜性以上のものではないかのように思われる。かれはいう。「何人でも是非書かねばならぬといふ文章は手紙であります。手紙ほど普通な文章はない。又手紙ほど必要な文章はない。著者は『言文一致』の文章を少しも早く手紙に及ぼしたいと思ふ」[*27]。しかし、堺が、手紙というジャンルを特定した理由には、単に「言文一致」の普及上の利便性にとどまらないものがあった。堺のつぎの説明は、かれが「手紙」の改革という「文学」的プロジェクトに込めた「政治」的意図を示してあまりあるものである。

> 凡そ徳川時代の風俗の今日まで尤も多く保存せられてゐるものは蓋し手紙の文であらう。我々日本人は維新の革命を経て、シルクハットをかぶり、フロックコートを着し、汽車に乗り、牛肉を食ひながら、手紙の文面だけは、一筆啓上、左様然らば、益《ます》々御健勝、貴殿其方《そのほう》、拙者爰許《せっしゃここもと》、奉存《ぞんじたてまつり》、御座候、恐惶《きょうこう》謹言と並べ立てて、丁髷《ちょんまげ》、裃《かみしも》、両刀、其の外を連想せしめる次第である。抽象的に之を言へば、憲法治下の立派な人民でありながら、手紙の上には卑屈、畏縮、阿諛、追従等の奴隷的語気が充満してゐる。それでなければ、尊大、横柄、高慢等の専制貴族的語気が現はれてゐる。小供の手紙が老人の言草のやうであつたり、夫婦間の手紙が初対面の口上のやうであつたりするのも、皆おなじ訳から来るのである。我々は何時までこんな馬鹿げた手紙を書いてゐるのか。それと気が付いたら早速に止めてしまつて、此の「言文一致」を採用すべきである。[*28]

この手紙論は、前述した紅葉批判の延長線上にある。維新革命を経て文明化し、いまや憲法治下の立派な人民となった「我々日本人」のあいだには、個人と個人との透明で直接的な関係が成立しているはずである。しかしながら、現在、この個人と個人とを媒介する「手紙」の文面には、その用字法において、あやしげな「漢字漢語」が弄ばれている。こうした用語は、なによりもヴィジュアルなイメージとして、前近代的な関係性を喚起する。現在横行している手紙の文面は、透明で直接的であるべき「日本人」同士の関係を、「卑屈、畏縮、阿諛、追従等の奴隷的語気」や「尊大、横柄、高慢等の専制貴族的語気」によって著しく汚染しているのである。手紙の変革は、結局のところ、その手紙をやりとりする人間同士の想像された関係の変革へと帰着する。言文一致の手紙は、個々の人間関係から、封建的な遺物を取り去り、それを透明で対等な関係性に置き直すことにより、「日本」という新しい共同体を想像可能にする一つの技術であった。

堺は、こうした新しい関係が、まず「家庭」で実現されるべきであると考えた。堺は、『言文一致普通文』の文例を、「親しき間の手紙」からはじめる。そこには一六の文例が収められているが、そのうち、最初の九つが家族・親戚のあいだで交わされた手紙である。これらの文例は、書き手として、大阪の出張先から留守宅の妻へ手紙を書く夫や、海外留学中の夫へ手紙を書く妻、国元の妻へ東京への滞在の延長を知らせる夫や、許婚との結婚を故郷の父に断る息子などを想定している。文例はどれも、近況やみずからの感情を、率直に綴っており、書き手と読み手との親密で対等な関係を、きわめて巧妙に写し出している。堺のこうした文例は、山田美妙によって激賞されたほか、その他の多くの書評において好評を博した。[*29] しかしこうした文例の「成功」を、単に言文一致体という形式にのみ還元するとすれば、それはミスリーディングとなろう。この文例の新しさは、単に文章の斬新さではなく、むしろそうした文章によって写し出された対等で親密な人間関係そのものの新しさによるところが大きいからである。そして、その人間関係の新しさは、堺自身が文章に求めた「写し出す」という機能をはるかに逸脱する射程を有するものであった。

こうした文例のうち、「二十世紀の少年からおぢさんへ」と題された文章を取り上げてみよう。それは「弁吉」という少年から「おぢさん」へ宛てられた、以下のような手紙であった。

おぢさん、僕はこれから言文一致で手紙をあげますよ、此の間僕の先生が、御座候だの可有之だのといふ手紙の文は、二十世紀の少年に不似合だと云つたから、それで僕は断然旧弊の手紙をよしてしまつたのです、うまいでせうおぢさん、僕の言文一致は、

僕は昨日ペスをつれて高崎川に游ぎに行つたのです、おぢさんはペスを知つてゐましたつけね、知つていますとも知つていますとも、そら何時か、僕がまだ東京に居た時、黒田さんの処から小さな奴を貰つて来て、だん〳〵それを育てゝやつて、とう〳〵汽車にのせて此処まで連れて来た奴ですもの、ペスはよく游ぎますぜおぢさん、高崎川の一番深い処が丁度僕の肩まであるのです。ペスの奴、背が立たないものだから、一生懸命に游いで僕について来るのです、かわいゝぢやありませんかねえおぢさん、

おゝ忘れてゐた。此の間はおぢさん鉛筆だのペンだの筆だの送つて下さつて有がたう、僕の学校で僕ぐらゐ鉛筆を沢山持つてゐる者はありやしない、

もうよさう、おぢさん左様なら、

八月三日　　弁吉

富田のおぢさん[*30]

この文例では、「おぢさん」と「弁吉」という年長者と年少者のあいだに想定しうるあらゆる権力関係が、みごとなまでに消去されている。たしかに「弁吉」は、鉛筆やペンを送ってもらったことにより、年長者たる「おぢさん」に物質的な負債を負う。しかしその引け目は、「弁吉」の「二十世紀の少年」という自負により、完全に清算されているのである。「おぢさん」の現在所有する物質的富は、「弁吉」の未来の可能性によって、釣り合いがはかられているのである。その結果、二人の間には、透明で直接的な関係が成立している。「弁吉」が「おぢさん」に手紙を書いているのは、鉛筆やペンをもらったからという物質的理由でも、親戚だからという形式的理由でもない。この対等な

二人の人間は、お互いがお互いを思いやる親密な感情のみによって結びついている。美妙は、こうした堺の文例を批評し、それを「語は短くして情は深い」と表現した。[*31] 堺は、短い「語」で、すなわち、通常の手紙の書き言葉に付随するあらゆる形式的・美学的要素を刈り込むことによって、「弁吉」と「おぢさん」とのあいだの深い「情」を「写し出す」ことに成功したのである。

4　投企としての社会主義

ところで、この文例に登場する「弁吉」とはいったい誰なのか。かれに鉛筆とペンをあたえた「おぢさん」とは、何者であろうか。「二十世紀の少年」という「弁吉」の肩書きは、こうした新しい人間関係の構築が、将来において実現されるべき未完のプロジェクトであるという堺の認識を暗示している。そもそも、この文例にあらわれているような対等で親密な人間関係が、このテクストが書かれた明治三〇年代の日本に、どれほど現実に存在していたであろうか。堺が、言文一致の手紙のモデルとなる家庭を設定するにあたり、社用で出張したり、海外へ留学するというかたちで、空間の異化を図らねばならなかった理由はそこにある。堺自身、みずからが理想とする人間関係が、当時の日本の現実の家庭のうちに見いだし難いことを、十分に自覚していた。堺の文例は、けっして現実の家庭を「写し出し」たものではない。むしろ将来において成立すべき理想の「中等階級」の家庭像を先取的に描き出したものであった。堺にとって、「言文一致」の手紙は、そうした家庭において成立すべき、いまだ存在しない対等で親密な人間関係を想像可能なものとする方法であった。

「弁吉」とは誰か。この名前は、一九〇二年、堺がエミール・ゾラ Zola, Emile の『多産』*Fécondité* から翻案し、発表した小説、「子孫繁盛の話」において、再び登場する。「子孫繁盛の話」は、「仏蘭西」の「巴里の近在の三多摩と云ふ野原」に入植した風間周之助と妻鞠尾が、勤勉な労働と夫婦の助け合いにより、七男五女を育て上げ、富を貯え、ついには一家一族三百人以上を集め「金剛石婚式」を開くまでの物語であるが、「弁吉」は、この物語に、周之助と鞠尾の末っ子として登場する。「弁吉」は、この「金剛石婚式」の時、既に四三歳であったが、「多産」を旨とする風間一族のなかでは例外的に独身で、「只何となく将来を夢みて」いる人物である。[*32] その「弁吉」は、「金剛石婚式」のお祝いにアフリカから駆けつけた一族の一人から、「アフリカの新天地の美」と「旧世界の事物の小にして且つ愚なる」ことを説き聞かされ、ついにアフリカ行きを決意する。「弁吉」とは、「子孫繁昌の話」において、「旧世界」には適応できず、「新天地」をめざして旅だって行く人物の名であった。

こうしたゾラの翻案小説における「弁吉」の性格規定は、『言文一致普通文』に登場する「弁吉」少年の「住処」についても、一定の暗示を与えてくれる。堺は、この時期、「子孫繁盛の話」に続き、「百年後の新社会」（エドワード・ベラミー Bellamy, Edward *Looking Backward* の抄訳）、「理想郷」（ウィリアム・モリス Morris, William *News From Noawhese* の抄訳）と、社会主義的なユートピア小説を立て続けに翻訳していく。これらの翻訳小説において印象的なのは、堺の簡潔な文体が、資本主義の悪影響が排除された時点で成立するであろう、透明で対等な人間関係を生き生きと描き出している点である。例えば、「百年後の新社会」は、一八八七年からタイムスリップしてきた主人公が、紀元二〇〇〇年の住人たる「博士」の案内で未来社会を見聞する物語であるが、そこおいて、ある少年と紳士との関係は、次のように描かれている。「そこに給仕の少年がはいって来た。給仕とはいへ、人品のある、相応の教育を受けたらしい容貌である。医士は何やら云ひつける、少年は一々承知して引き下がる、其の様子を見るに、云ひつける方でも向ふを軽蔑するやうな風は無く、云ひつけられる方でも別段に恐縮するやうな所は無い」。主人公は、こうした「給仕」と「医士」との関係をいぶかる。紀元二〇〇〇年の世界の住人たる「医士」は、それに対しこのように答える。「総て我々の働くのは、此の国民の為にするのですから、給仕であらうが、何であらうが、少しも恥づる所は無いのです。……今日はアノ少年が私の為に給仕をするが明日は私がアノ少年の為に診察をするかも知れません。そんな事に貴いも賤しいも在つたものではない」[*33]。この「少年」と「医士」との関係は、『言文一致普通文』における「弁吉」と「おぢさん」の関係を髣髴とさせる。「百年後の新社会」は、「国家社会主義」の実現により、貨幣というものが消滅した社会である。人々は、ありあまるほどの需要品をことごとく国庫から直接に分配され、ただ、「名誉及び他人の感謝」という奨励によってのみ労働する。この結果、「少年」と「医士」の間には、年齢や富や社会的地位に由来するあらゆる差別が消去され、透明で対等な関係が成立している。両者を結びつけているのは、対等な互恵的関係に立脚した同じ「国民」としての共同体意識である。「弁吉」とは、結局のところ、この「百年後の新社会」にふさわしい少年ではなかったか。

『言文一致普通文』の「親しき間の手紙」は、「社会主義」が実現した後に成立するべき国民同士の関係を写し出したものであった。このことは、堺の、「言文一致」というプロジェクトには、ナショナリズムという周知の目的とともに、「社会主義」というプログラムもまたあらかじめ組み込まれていたことになる。堺にとって、「言文一致」とは、いまだ存在しない透明で対等な関係に立脚する「社会」という新しい共同体を、想像可能なものとするプロジェクトとして展開された。この意味において「言文一致」は、この時期における堺の主要な問題関心を占めていた、家庭改良と国民国家の形成と社会主義の実現という三つの異なるプロジェクトに対する共通の解答たりえるものであった。一九〇四年四月の論説「社会と家庭」は、堺の「社会主義」がその初発の地点でもっていた、「家庭改良」との密接な関係を明瞭に示している。この論説において、堺は、「社会」と「家庭」とを、同じタイプの関係によって構築されるべき、同種の共同体と見なしていたからである。

社会とは何ぞや、人の共同生活がすなわち社会である。家庭とは何ぞや、人の安んじて生活する所がすなわち家庭である。人が安んじて生活するにはぜひとも多数が共同せねばならず、多数が共同するのはすなわち安んじて生活せんがためである。されば家庭も社会もその目的は同じであつて、家庭はすなわち小なる社会、社会はすなわち大なる家庭である。[*34]

われわれはすでに、堺の「言文一致」というプロジェクトが、現実の人間関係に存在するさまざまな封建的なノイズを除去し、透明で対等な関係に立脚した「家庭」という新しい共同体を想像する試みであることをみてきた。堺の「社会主義」も、こうしたロジックの延長線上にある。もっとも、この場合、「社会」という共同体の想像を困難なものとしている主要なノイズは、「家庭」の場合におけるそれのような伝統的な封建主義ではなく、資本主義という新しい制度によってもたらされるさまざまな害毒である。「しかるに、社会の組織が複雑となるにつれて、あるいは階級制度、あるいは資本制度の国家となり、社会はその人民全体の共同生活ではなくて、少数なるある一部の人のわがままを働く所となった。それと同時に、家庭もまたその影響を受けて、家庭はその家庭全体の安んじて生活する所ではなく、ただその主人一人の威張って暮す所となった[*35]」。しかしながら、主要なノイズの出所は異なっても、そうしたノイズが除去されたところに成立すべきものが、透明で対等な関係に立脚した新しい共同体であることは、「家庭」も「社会」も同様である。「家庭」と「社会」が、同型の共同体として措定される時、「社会主義」もまた、「家庭改良」の延長線上に構想されることになる。

かくのごとく、社会も家庭も共にその目的にたがったものとなっているが、比較的、そのいずれが理想に近きかと言えば、それは社会では無くて家庭である。請う今の社会を見よ。今の社会の現象は、ことごとくこれ権勢利禄の争奪ではないか。それに比ぶれば、家庭の中には義理あり人情あり、はるかによく共同生活の本義にかなっている。ゆえに、この社会の中に家庭のあるのは、暗黒の中に光明の輝くがごとく、濁流の下に清泉のわくがごときものである。……社会主義の主張する所は、畢竟、善良なる家庭に行わるるがごとき共同生活を、社会全般に行ないたいというのである。男子は多く外にあって繁劇なる事務に従い、女子は多く内にあって家事を勤め、老人は老人、小児は小児、みなそれぞれの才力に応じたる労働をなし、しこうしてめいめいの必要に応じて公平なる分配をなし、常に相愛し相助けて生涯を送る、これがすなわち善良なる家庭の生活であつて、社会主義の主張は実にこの外に無いのである。[*36]

堺が想像した「社会」という共同体は、理想主義的でユートピア的であったといえる。しかし、それは堺の「社会主義」が、決して実践的な意味を持ち得なかったということを意味するわけではない。堺は、そうした理想的な共同体を、まず「家庭」において実現しようと試みた。そしてそうした目標を実現するための実践的なプログラムが「言文一致」であった。「言文一致」の手紙で媒介されるような、透明で対等な人間関係をまず、「家庭」において実現し、さらにそうした「家庭」で「社会」全体を埋め尽くしていくことにより、透明で平等な関係に立脚するより大きな国民「共同体」を作り上げていくことが可能となる。堺の「社会主義」は、「言文一致」を通じた「家庭改良」という実践的プログラムと接合されることにより、具体的な戦略性を有するものとなっていた。

しかしながら他方で、堺の「社会主義」が、「言文一致」によって貫かれていたということは、それがナショナリズムの境界を必然的に抱え込むものであったことを示している。たしかに堺は、「社会」という共同体を、決して「国民国家」に限定しているわけではない。「将来の社会は、一国家にせよ、全世界にせよ、すべてこの家庭のごとき組合にならねばならぬ[*37]」。しかし、こうした「相愛し、相譲」る人間関係の構築が、「言文一致」というプログラムで構想されているかぎり、こうした関係の変革が及ぶ範囲は、「日本語」が通用する範囲に限定される。「言文一致」の変革のプランに立脚するかぎり、「家庭」から「一国家」へと理想的な関係を推し進めていくことはできても、それを「全世界」へと拡張する論理を堺の「社会主義」は持ちえなかった。したがって、その運動の主体も、あくまでもナショナルな水準に求めざるをえない。堺にとって、「社会主義」の理想を「全世界」へ広める「主体」は、決して「個人」や「家庭」やさまざまな「集団」ではなく、あくまでも「日本国民」でなければならなかった。

社会主義が本来的に有する普遍主義的志向と、当時の堺が抱いていた「国語的社会主義」とのあいだには、解きがたい緊張関係が存在していた。ここではそのあらわれを、堺の一九〇三年の論説「人種的反感」を例にとり、確認しておきたい。堺が、この論説で試みたのは、西洋帝国主義列強の黄色人種差別を批判しつつ、同時に、アジアの近隣諸国民やアイヌや被差別部落民に対する「日本人の態度」の差別性を告発することであった。

> あるいは四海兄弟と言い、あるいは博愛人道と言う。勝ち誇りたる欧米白人には真にこれらの語を解すること難かるべし。吾人は信ず、苦労人たる日本人種のごときにして、初めて真にこれらの語を解するをうべし。日本人たる者、もし白人の人種的偏見を憎み、その人種的反感に苦しまば、すなわち深く内に省み、わが偏見を去り、わが反感を捨て、真に純潔なる人類同胞の思想をこの日本の地より発生せしめんことを期すべきなり。[*38]

たしかに、堺のこうした「人種的反感」に対する怒りは、平等で対等な関係の構築をめざす「社会主義」の延長線上に位置している。しかしながら、それはまた、きわめて「国民主義」的なものでもあった。なぜならそれは、「日本国内に於ける劣敗人種」を、日本国民に同化するという手続を通じて可能となるものであったからである。アイヌや被差別部落民に対するかれの「同情の涙」は、「彼らもまた日本国民なり。彼らもまた同胞人類なり」という形で、一度「日本国民」へと統合されてはじめて、「人類」という理想へとつながりえたのである。「全世界」において成立すべきは、あくまでも「国民」と「国民」とのあいだの透明で直接的な関係であった。「国民」内部の言語的・文化的差異は、堺の国民主義的「社会主義」のもとでは、種々の経済的不平等ともども、平準化されるべき対象であった。こうして「社会主義」によって内部的な差異を抹消された理想的な「国民」という共同体は、やがて、その外部に、理想的な人間関係構築のスペースを求めて膨張を開始することになる。「日本にも北海道やら、台湾やら、其外、支那、朝鮮、南洋、布哇、アメリカ、到る処に新天地が横たはつて居る。周之助、鞠尾、彦六、弁吉のような勇者は無いか知らん」[*39]。堺が、『子孫繁盛の話』の最後に付け加えたこの一文は、堺の初発の「社会主義」に組み込まれた、「国語的帝国主義」の論理をも暴露して余りあるものである。

5　空間化された時間――幸徳秋水の「乱雑」な「文体」――

「能文家」として知られた幸徳秋水はまた、多様な文体で文章を書いた人でもあった。ここで興味深いのは、かれ自身、そうした多様な文体の並存に批判的で、少なくとも一度は真剣に、言文一致体によるその文体の統一を試みたことである。かれは、すでに前述したように、一九〇一年の論説「言文一致と新聞紙」において、現在の新聞を彩っている文体の乱雑さを嘆き、「我より進んで可及的に速やかに言文一致を採用するの方針に出る」ことを読者に向けて宣言した。しかしながらこの論説の発表ののちも、幸徳の文体は、依然として多様であり続けた。いわばかれの文体は、こうしたかれの意図そのものを裏切り続けていくのである。そもそも幸徳には、こうした言文一致をめぐる公約違反の前科があった。かれには、この「言文一致と新聞紙」を執筆する以前に、すでに一度、言文一致体による文体の統一を試み、それに失敗した経験があったからである。幸徳は、次のようにその経験を振り返る。「予は去明治三十一年の八月頃から翌年春頃まで、「万朝報」の社説に言文一致を試みた。併し之は予の文章の拙なのと、前に言つたやうな困難の為めに、急に成功しないと考へて見合せた」[*40]。

堺の社会主義論にとって、かくも重要な意味をもった言文一致の実践に、幸徳が結局のところ失敗し続けたのはなぜであろうか。わたしは、その理由を、幸徳の社会認識が有していた、堺の近代的な文章論とは異質な、時間と空間をめぐる独特な認識の構造に求めたい。すなわち幸徳の社会認識には、多様な文体の並存を許容するのみならず、それを必然化していくような契機が存在していた。それは結局のところ、堺がその社会主義の基盤に据えた主観と客観との透明な関係という近代的認識論そのものを批判する射程を有するものであった。堺の目に映った世紀転換期の「日本」は、いまだ封建道徳に由来するさまざまな身分意識を脱しえず、また、すでに資本主義の発展により階級対立の危険にさらされた、分裂せる共同体であった。堺は、「文体の統一」により、こうした複数の時間が共存する状態を表象のレベルにおいて排除し、そこに国民共同体の単一な時間をもたらそうとした。これに対し、幸徳がみずからを定位させ続けたのは、時代を異にする複数の文化が対立しつつ共存する錯雑した現実そのものであった。その錯雑した現実に対する鋭敏な感受性が、「整頓完備せる言語」への違和感を生ぜしめた。錯雑した現実を錯雑したまま写し取ろうとしたとき、錯雑した文体もまた呼びだされざるをえなかったのである。

幸徳の文章論を特徴づけている認識論の特異性は、たとえば以下のような一節において露呈している。幸徳は、「言文一致」体の採用を宣言したその同じ論説において、描かれる対象と文体との関係を、以下のような事例をもって説明していた。

奈良平安の恋は宜しく三十一文字で写すべし、耶蘇会堂の恋は宜しく新体詩で写すべし、深川吉原の恋は端唄で写すべしで、若し三十一文字で耶蘇堂の恋を歌つたならば、牧師か冠束帯をして居るかとも思はれる、其時代を写すには其時代の言文を一致し調和した文章でなければ、多数を合点せしむることは困難である。[*41]

ここにあらわれているのは、文体を決定する最終的要因が、書く主体の側にではなく、むしろ書かれる対象の側に存在するという認識である。幸徳が、「時代」という言葉を、単に時間軸によってのみ分節化されるのではなく、「耶蘇会堂」や「深川吉原」という空間性において把握していることは興味深い。ここで示されているのは、たとえ同じ明治後期という時代に属しているにせよ、「耶蘇会堂」と「深川吉原」では、異なる時間が流れているという認識である。すなわち「時代」とは、物理的な時間の単一の流れというよりも、むしろ多様な空間における人間関係や文化のあり方の差異にかかわる概念として把握されている。その限りにおいて、「社会」は、必然的にその内部に、多様で複数の「時代」を抱え込むことになる。その多様で複数の「時代」が、それを写すべき文体を決定するとすれば、その文体もまた、必然的に多様で複数にならざるをえないのである。

幸徳はまた、「翻訳」という実践においても、異なる文体の併存を積極的に肯定した。幸徳はいう。「一篇の文章の中でも、言文一致で訳したい所と、漢文調が能く適する所と、雅俗折衷体の方が訳し易い所と、色々あるので、若し将来、言文一致を土台として、之を程よく直訳趣味、漢文調、国語調を調和し得たる文体が出来たならば、翻訳は大にラクになるだらうと思はれる」[*42]。幸徳は、たとえ将来「言文一致」が実現したとしても、そこに成立するのは、けっして画一的な単一の文体ではなく、多様な揺らぎをともなったスタイルにならざるをえないことを予見していた。わたしは、幸徳のこの言明を、単にかれの個人的な美意識の表現としてでなく、むしろ幸徳にとって本質的な、社会認識の型を示したものとして考えたい。すなわち、「一篇の文章の中でも、言文一致で訳したい所と、漢文調が能く適する所と、雅俗折衷体の方が訳し易い所と、色々ある」理由は、現代社会の内部に、「直訳趣味」が適する空間や、「漢文調」が適する空間や、「国語調」が適する空間が並存しているからである。明治日本の文体が、「多種に渉つて乱雑」な根本的理由は、その社会そのものが、「多種に渉つて乱雑」な関係性を内包していることにある。私は、幸徳がみずからの文体の統一に失敗した根本的な原因を、こうした異なる「時代」が併存する明治後期の日本の社会の現実に対しての、鋭敏な感受性のうちに求めたい。

6 「魔酔」する文

一九〇七年に『文章世界』に掲載された「論文の三要件」には、文体と主体の関係についての幸徳の考えが、比較的明瞭に示されている。この論説で興味深いのは、幸徳秋水が、文章の本質を、「写生文」として、すなわち単なるコミュニケーションの手段に求めた堺とは対照的に、むしろ魔術的な力とでも表現し得るような次元においてとらえていることである。幸徳は、この論説で、みずからがその文章に求めたものを、次のように表現した。

論文の能事は、単に読者を説服した丈けでは不可ぬ、更に感奮させねばならぬ、同情せしめた丈けでは済まぬ、寧ろ魔酔せしめねばならなぬ、称賛せしめた丈けでは未だし、遂に同化するに至らねばならぬ、……論文の理想も亦読者の眼中に最早紙なく文字なく、我を忘れて直ちに作者と一体となるの時に在らねばならぬ。[*43]

ここで述べられている文章観は、コミュニケーションの道具という近代的な言語論の地平をこえて、太古から存在した呪術的な実践の領域に届いている。幸徳にとって、文章を書くとは、作者が、その読者に向けて、みずからに同化せよという「呪い」をかける行為に均しいものとして認識されていた。そして文章の呪術的要素を強調する幸徳の認識は、そうした呪術的要素を生み出しうる作家の呪術師的素養の検討へと向けられていった。そこで幸徳が強調するのが、作者自身の強い「信念」に立脚した「精神の充実」である。幸徳は主張する。「此文章を以て読者を説服し感化せずんば已まずてふ決心も亦固くなければならぬ[*44]」。文がもつ魔術的な力を十全に発揮させるためには、まず作者が、「其主張せんとする意見議論」に対して、十分に強い信念を持つことが必要とされるのである。
また幸徳は、作者と文の関係を、製作を行う主体と、それによって生みだされる客体という固定化した関係ではなく、きわめて流動的で錯綜した相互依存的関係性のうちにとらえていた。幸徳は、この錯綜する流動的な作者と文との関係についての認識を、以下のようなエピソードによって示そうとした。

僕は曾て宗教界の名家某君の文章を読み、其霊火に打たれ其神韻に酔うて感奮措かざること屢次であつた、而して其人に接するに及んで甚しく失望した、此の如き人にして彼が如きの文を作り得る乎と疑つた、併し是は不思議でも何でもなかつた、彼は平生容易く書くことを得なかつた、其信念の薄くして其決心の弱きが為めに書くことを得ないで、常に苦辛煩悶して居る状は目も当てられなかつた。而も一たび其信念決心を鞏固ならしむるべき、思想を得るや、猛然として机に向つた、此時の彼は全く平生と異なつて、真に敬虔真率高尚偉大なる人物となるのである、彼の頭脳は神の霊を以て充て居る、そして其文の感化力は実に較著なるものであつた。世人は彼れの人物と文とを比較して偽善者と罵るものもあつた、併し彼は偽善者でも何でもない彼れが文を作るの時は正に尊敬すべき偉人であるのだ[*45]。

幸徳はここで、作者とそれによって生み出されたテクストとのあいだの関係を問題化している。この一節の前段で述べられた、テクストのなかの作者と実際の作者との乖離という現象は、常識の範囲に属する平凡な経験の一齣に過ぎない。むしろ書くことと実際におこなっていることが一致することの方がまれであり、であるからこそわれわれは、作者の「言行一致」を評価する一方で、その乖離の程度が著しい場合、かれを偽善者として批判の対象とするのである。興味深いのが、かれが「併し」以降で行っている転倒である。すなわち、われわれは通常、文について考える場合、まず、その文の背後に作者という主体を想定する。さらにその主体の内部に、思想なるものを想定し、そして文とは、作者が、自らの内面に浮かんだその思想を伝達するために生みだした、一個の生産物であるかのように理解する。しかし、ここにあらわされた作者と思想と文との関係は、そうした常識とは異なっている。そこでは、まず、思想と主体の関係が転倒している。ここにおいて思想は、作者の主体に属するものではなく、むしろその外部から、作者や読者という主体を、「打」ったり、「酔」わせたりするものとして理解されているからである。さらに作者と文章の関係も転倒している。作者の主体性が、生産物としての文を生みだすのではない。むしろ文を書くという実践そのものが、作者の主体を構成していく重要な契機として把握されているのである。作者が、読者を酔わせる文章を作りうるためには、まず作者自身が、その文章の魔力によって取り憑かれていなければならないのである。

表　幸徳の社説と文体の揺らぎ

文体	日付	タイトル
口語	1898.8.29	国民、内閣に負く乎、内閣、国民に負く乎
口語	1898.9.8	何ぞ全廃せざる
口語	1898.9.22	不詳の現象
文語	1898.9.24-10.1	平和会議の賛同　一～六
口語	1898.10.6	御信任
口語	1898.11.8	山縣内閣を歓迎す
文語	1898.11.18-19	社会腐敗の原因と其救治　上・下
文語	1898.12.31	歳晩慨言
文語	1899.1.7	松の内の国民
文語	1899.1.10	所謂内閣改造
文語	1899.1.13	非政治論
文語	1899.1.15	選挙法改正案
口語	1899.1.20	憐れなる労働者
口語	1899.1.24-27	べ卿の四国同盟論　一～三
口語	1899.3.15	伊太利の要求

7　重層的な時間と重層的な主体

文章が「時代」を写すのではなく、「時代」が文章を決定する。そして作者は、その決定された文章に憑かれることにより、書き手としての主体性を獲得・構築していく。こうした認識に立つ幸徳にとって、文体は、そこに盛られた内容以上に、決定的な重要性を持つものであった。したがってわれわれは、幸徳の思想を検討するにあたり、テクストの内容に劣らぬほどの重要性を、テクストの文体に認める必要がある。幸徳が用いた文体が、かれが写そうとしていた「時間」の一部であり、それはまた、その「時間」を生きるもしくは生きようとするかれ自身の主体性の一部でもあったと考えられるからである。この意味において、幸徳が「言文一致」体による社説の執筆を試み、そして失敗したと回想している「明治三十一年の八月頃から翌年春頃まで」の『万朝報』の社説は、慎重な検討に値するテクスト群となる。

幸徳が『万朝報』紙上に、言文一致体の社説を掲載したのは、一八九八年八月二九日の、「国民、内閣に負く乎、内閣、国民に負く乎」からであった。その後こうした言文一致体の社説は、断続的に執筆され、翌年三月一五日の「伊太利の要求」をもって終了する。こののち幸徳の社説は、再び以前の漢文調の文体に復帰することになる。「国民、内閣に負く乎、内閣、国民に負く乎」から「伊太利の要求」までのほぼ半年間が、幸徳にとって言文一致体による文体の統一を試みた、いわば試行期間であったと考えてよい。この間幸徳は、『万朝報』紙上に、計一一五本の社説を掲載しているが、そのうちの八本が言文一致体で書かれている。さらにこれらの社説を詳細に見ていくと、前半は、基本的に口語による執筆が行われ、途中から文語にもどり、終盤になってもう一度口語へもどるという「揺れ」が存在することに気づく。その「揺れ」を、具体的に示せば、前頁のような一覧表ができあがる。

このように見てくると文体の切り替えの契機となった二つの論説が目に付く。すなわち、「平和会議の賛同」を除いて、基本的に口語で社説を書き進めていた幸徳は、「社会腐敗の原因と其救治」を書くに当たり、文体を文語体に変更した。そして以後文語で書き進めるが、「憐れなる労働者」を書くにおよび、再び文体を口語体に変更する。では、これら二つの論説には、そうした文体の変化を必然ならしめるような、どのような契機が存在したのであろうか。

「社会腐敗の原因と其救治」に関していえば、そこに盛られた「仁人義士」という言葉が、口語体を拒絶し、漢語調の文語体を呼び寄せたと考えられる。この論説において幸徳は、現代日本が直面している危機的状況を、「近時我国民が政治的に社会的に将た経済的に、其道義と信用は全く地を掃ふて、殆ど腐敗堕落の極点に達し」ていると表現し、その究極の原因を、「腐敗堕落者其者の罪たるよりも、寧ろ彼等をして其此に陥るの已むなきに至らしめたる社会現時の制度組織の罪に座すること」に求めた[*46]。こうした社会認識のもと、徹底した社会改革の必要性が主張されるが、そこで幸徳が、そのための具体的な運動の担い手として想定した主体が「仁人義士」であった。幸徳はいう。「這様の大破壊大改造は真に国家民人の為に謀るの仁人義人に非ずんば能くすべきに非ず[*47]」。問題の本質を、社会の制度組織の「腐敗堕落」に求め、その変革の担い手を「仁人義人」に求めてゆくこの論説は、のちに『社会主義神髄』などで本格的に展開される、幸徳の社会主義論のプロトタイプを示しているといえる。

興味深いのは、「言文一致」体による文体の統一を試みていた幸徳が、みずからのこの「社会主義」的な主張を、「言文一致」体によっては書けなかったことである。いわば、この論説の文体そのものが、この時期の幸徳の「時代」認識と、その時代に即応した社会主義論の象徴的表現となっている。かれがここにおいて、「仁人義士」という前時代的な主体を呼び出さざるをえなかったのは、かれが生きていた明治後期という「時代」の中に、「社会主義」運動の具体的な担い手を見いだすことができなかったからである。明治後期は、資本主義が生みだすさまざまな弊害が十分に耳目を集める対象として認知されながら、それを克服すべき主体として想定されたプロレタリアートという階級が、いまだ十分な成熟をみるには至らない時代であった。社会進化論にその多くを負う明治社会主義は、一般的にいって、革命運動の主体に関する考察は希薄であったが、それはまた、後発資本主義国家としてひたすら富国強兵政策を推進してきた「時代」のなかで、労働者という階級そのものがいまだ形成途上にあった明治後期の日本の現実の忠実な反映でもあったのである。いずれにせよ、そこで呼び出された「仁人義士」という前近代的主体は、明らかに「言文一致」体によって描写されるべき近代社会のあり方とは不整合であった。したがって幸徳は、運動の主体を「仁人義士」に求める限り、その「社会主義」論を、漢文調で書かざるを得なかったのである。

この論説とは対照的に、その二月後に執筆された「憐れなる労働者」では、そこで描かれた「労働者」の「将来」が、言文一致体という「近代的」な文体を呼び寄せたと考えられる。幸徳は、この論説において、鉄工組合員の集会が、警察により解散を命ぜられた事件について論評を加えている。幸徳は、この集会の目的を、「組合創立一週年の祝祭」であり、「彼等職工が平生汗を流し膏を絞つて得た所の、僅かの金銭の一部を割て、其組合の平和なる進歩発達を互ひに祝し合ふと言ふに過ぎなかつた」と説明する。それにもかかわらず、この平和な催しに加えられた弾圧を、以下のように告発するのである。「夫を警官は治安に妨害ありと認めて、彼等憐れなる職工が涙を揮つて情を陳ずるのも、頑として聴入れないで解散を命じた、彼等が旬日の苦心と費用と準備とを尽く水泡に帰して仕舞つたのである」。さらに幸徳の筆は、この事件をとりまく一般の国民に及んでゆく。かれは、一般の国民が、労働者に対して「冷淡」であり、この事件を、「恰も対岸の火事」であるが如く見なしている現状を、「良好な労働組合の組織は、実に焦眉の急である」という立場から、「尤も憂ふべきこと」として批判した[*48]。

たしかにこの論説に登場する「労働者」は、そのタイトルが明らかにしているように、社会革命の重責を担う主体というよりも、むしろ同情の対象となるべき社会的弱者として位置づけられている。しかしこうした労働者をめぐるいわばささいな事件を、幸徳が、「言文一致」体で描いた、もしくは「言文一致」体でしか描けなかったことは重要であろう。なぜならそれは、幸徳がこの事件のなかに、未来へとつながる「時代」性を読みとっていたことを示しているからである。幸徳は、この論説で、労働者を、将来の日本社会を担うべき中心的アクターとしての位置づけを与えている。「我国が将来商工業国として立つのに於て、職工は実に其骨髄である、枢軸である」[*49]。幸徳は、眼前の「憐れな」労働者の姿に、「将来」の社会の中枢を担う「職工」の姿を透視した。「労働者」が、単に現在の弱者にとどまるものでなく、また「将来」の社会の中枢を担うべき存在であるかぎり、それを描き出す文体もまた、そうした「将来」を映し出すものでなければならない。「言文一致」体というこの論説の文体そのものが、幸徳が眼前の労働者のなかに見ようとしていた「時代」の方向性を明瞭に示していた。

たしかに幸徳は、その初期の「社会主義」論において、その運動の主体を「志士仁人」というアナクロニスティックな概念に求めざるを得なかった。しかし私は、その原因を、幸徳という人格の「前近代性」や「エリート意識」に帰することはミスリーディングであると考える。「社会主義」論を漢語調でしか書けなかった幸徳はまた、眼前の労働者と警察の衝突を、「言文一致」体でしか表現できない人物であった。「社会腐敗の原因と其救治」を書いている幸徳は、疑いなく前時代的な「志士仁人」という主体を生きていた。しかしこの事実は、「憐れなる労働者」を書いていた幸徳が、労働運動家として、来るべき新しい「時代」を生きていたということと、決して矛盾するものではなかった。「社会主義」が、前近代から近代へという単線的な発展的時間概念に依拠するかぎり、さまざまな非同時的時間が渦を巻き衝突し合っていた極東の後発資本主義国家の社会的現実を、完全にとらえることはできなかったであろう。わたしは、幸徳における多様な文体の並存の理由を、明治後期において、「社会主義」が直面した、そのような重層的な時間経験そのもののうちに求めたい。幸徳が究極的に信じたものは、「現実」を説明する「社会主義」の理論であるよりも、「現実」を構成し変革していく文の力であった。こうした文の力を信じ、また逆にその力に深く憑かれることによって、幸徳は、「社会主義」の理論をこえる「現実」認識を、文体それ自体の多様性において表現したのである。

8　「死刑の前」、「死刑のあと」

若き日の幸徳の日記の次の一節は、文という魔に取り憑かれた人間の悩みと苦しみを、あますところなく表現している。[*50]

予か必要より読書をなさず、慰みの為にのみ読書をなすは何時に至るも変らざる可し、予は無論か丶る無益の読書に光陰を費やすまじと我と我身を戒むる事度々なれど、是も一種の病なれば如何にも諦め付かざるなり、現に日々六時間余は新聞雑志に消費し居るなり、……猶何時迄もかくて過きなは其行末は如何にあるべき、実に覚束なき前途哉。[*51]

齢一九、中江兆民学僕時代に患ったこの「病」から、幸徳は、一生解放されることがなかった。幸徳は、この「病」を遠ざけるのではなく、むしろこの「病」に徹底して浸りきることによって、この「病」がもつ魔力を我がものとする道を選んだ。かれの文章は、のちに多くの、とりわけ若い読者を「魔酔」することになったが、それゆえにまた、かれの文章は、国家によって恐れられ、その弾圧の対象ともなったのである。こうした過程において、かれ自身の人格もまた、自身が書く文と一体化していった。「大逆事件」の獄中においても、幸徳は膨大な量の文章を書き続けた。それはあたかも、かれの人格が、文を離れては存在せず、むしろ逆に、文を書くという行為においてのみ、その人格の存在が確証されうると、かれ自身が深く信じているかのようであった。かれの絶筆となった「死刑の前」は、こうした幸徳の文に対する態度を、もっとも明瞭に示しているテクストである。幸徳がこの文章の執筆に着手したのが、一九一一年の正月、すなわち、その死刑執行のほぼ三週間前であった。ちなみに、この時点で既に、「大逆事件」の被告全員に対する死刑求刑は行われている。そして奇妙なことに、この「死刑の前」は、このいわばせっぱつまった生と死の瀬戸際で構想されたにもかかわらず、あまりにもゆったりとした時間の流れのうちにあった。

その残された目次のメモには、次のように記されている。

死刑の前　（腹案）

第一章　死生
第二章　運命
第三章　道徳―罪悪　意志自由の問題
第四章　半生の回顧
第五章　獄中の生活[*52]

幸徳はどの程度真剣に、この作品の完成を期していたのであろうか。残された時間を考慮に入れれば、この計画は、あまりにも本格的な構成を備えすぎていたように思われる。果たせるかな幸徳は、この計画のうち、第一章を書き終えた時点で死刑の時を迎えた。しかし幸徳が残したその文章からは、その完成を急いだ形跡は認められない。第一章の筆は、時に親しい友人の言葉を書き留め、時に聖賢の死生観に及び、時に歴史に遊び、時にみずからの人生を回顧しながら、悠々と進んでいく。

もしもこの文が、そもそもその完成を期せずに書かれていたとすれば、それはもはや、何かを誰かに伝達するための手段ではなかったことになろう。この文章では、幸徳自身の死生観が、みずからの人生に対する深い諦念とともに語られている。しかしわたしは、そうした文の「内容」よりも、幸徳が、この期に及んで、その後何ヵ月もしくは何年もかけなければ完成がおぼつかないような内容をもつ、執筆の計画に着手したという「事実」から、幸徳の最後の思想性を読みとりたい。文を書き続ける限り、幸徳という人格は存在し続ける。たとえ幸徳の肉体を拘禁しても、幸徳という主体は、そこで生みだされる文のなかで生き続けてゆく。天皇制国家の権力にとって、幸徳のもつそうした文の魔力を無化できない以上、その文章が発散する危険極まりない力を制圧する唯一の方法は、その魔力の源となる幸徳の肉体を、物理的に抹殺することでしかなかった。

今や即ち其時である、是れ私の運命である、以下少しく私の運命観を語りたいと思ふ。[*53]

「死刑の前」はこのような、中途半端きわまりない一句によって閉じられている。この唐突な終わりそのものが、天皇制国家の権力が、幸徳の文の魔力をどれほど危険視したかの証左であり、その意味で、かれらの幸徳に対する思想的敗北の記念碑となっている。そしてこの記念碑を生みだしたものこそ、その死に至るまで、文の魔力を徹底して生き抜いた、幸徳の揺るぎない生のあり方であった。

一方、堺は、『言文一致普通文』の出版から一四年が経過した一九一五年、『文章速達法』と題する文章論を再び世に問うた。『文章速達法』には、もはや前著のように「言文一致」を啓蒙する字句はなく、それはこの十数年のあいだに「言文一致」が、新しい国民語として定着したことを示していた。文体がもはや問題にならないだけ、『文章速達法』は、より多くのページを、具体的な作文法にあてている。その意味において、『文章速達法』は、『言文一致普通文』よりもはるかに実践的な参考書となっている。しかし、そうした表面上の差異にもかかわらず、文そのものに対する堺の態度は、この両テキストにおいて一貫している。例えば本書の第六章は手紙文の書き方にあてられているが、その前半は、『言文一致普通文』の文章がそのまま採録されている。文章とは「客観」をそのまま写し出すべきものとする「写生文」以来の認識も不変である。「或人は斯う云つた。文章を書くのは写真を写すと同じ事である。目はレンズで、脳髄は種板である。筆で字を書くのは、其の種板を現像するのであると[*54]」。

よい文章の具体例として、文例が挙げられていることも『文章速達法』と『言文一致普通文』の共通点である。そして『文章速達法』の文例として最後に挙げられているものが、「丸い顔」と「暮春の古服」と題された、堺自身の手になる二つの記事である。「『神戸、夢野』と云ふ処書が既に何か人に物を思はせる力を持つて居る。『小松春子』

と云ふ名が又如何にも柔しい、しほらしい感じを人に与へる」。「丸い顔」はこのように書き出されている。そしてそれは、「春子さんは今後まだ幾年、二月に一度の手紙を待つのだらう」という文章で閉じられる。[*55] 一方、「暮春の古服」が写し出すのは、次のような風景である。

近森君の老父母の居る処は、まだ此処から一里半も奥の方だと聞いて、残念ながら行く事は見合せた。菊ちゃんも其処で育てられて居るとの事。学校の成績は大抵甲で、模範生とやら云ふ者になつて居る由。菊ちゃんの顔だけは是非チヨツト見たいとも思つたが、然し又、見ねば見ぬ所に趣きもあると思つた。彼処の彼の山の突き出た処の麓に、朋友の遺子が祖父母に育てられて、成績優等で学校に通つて居るかと、遠方から打眺めて想像するのも、亦一つの風情であつた。近森君の墓も矢張り其処に在るので、参詣は止にした。……高屋から帰つて電報を打つて置いたから、今夜は繁子さんが此処まで来て呉れるだらう。繁子さんは兎にかく今里方に帰つて居る。是も自然の成行だらう。[*56]

いずれも、堺が、一九一一年三月から五月にかけて行なった、「大逆事件」被告の遺家族慰問旅行の際の紀行文である。[*57]「丸い顔」は、無期懲役で、当時長崎監獄へ収監されていた小松丑治の家族を、「暮春の古服」は、岡山の高屋に、処刑された森近運平の遺族を訪ねたときの文章である。『文章速達法』は、その文章論の連続性にもかかわらず、『言文一致普通文』とは、やはり異なったテクストとなっている。『文章速達法』において、堺は、不機嫌そうに、次のように繰り返す。「文章は教へられるものでない、自分で工夫するより外はない」[*58]。「自分の考へた事、感じた事、知て居る事を、其侭に書き現はすのが最も善き作文の方法である。故に別段考へた事もなく、別段感じた事もなく、別段知つて居る事もない場合には、文章を書くべきでない」[*59]。堺の文章は、透明で対等な関係に立脚した新しい共同体に生きる、「二十世紀の少年」を写し出すものとして生み出された。しかしながら、その一四年後に、それが実際に写し出したものは、国家の組織的暴力により引き裂かれた、いくつかの「家庭」の断片であった。

註

＊1 山川均「文章人としての堺さんの一面」(『東京朝日新聞』一九三三年一月二五日)。『山川全集』⑫、一〇四頁。
＊2 伊藤銀月「枯川と秋水」(週刊『平民新聞』一号、一九〇三年一一月一五日)。『幸徳全集』別巻①、三七五頁。
＊3 松井廣吉『四十五年記者生活』(博文館、一九二九年)。『幸徳全集』別巻①、三七〇頁。
＊4 『幸徳全集』別巻②、一三三頁。
＊5 小笠原誉至夫「社会主義神髄を読む」(『評論之評論』五九号、一九〇三年七月二〇日)。『幸徳全集』別巻②、二四七頁。
＊6 幸徳秋水「論文の三要件」(『文章世界』二巻一一号、一九〇七年一〇月一日)。『幸徳全集』⑥、三四六〜三五四頁。
＊7 以下の叙述は、堺の文体や文体論についての先行研究として、山本正秀『言文一致の歴史論考』(桜楓社、一九七一年)に多くを負う。とりわけ同書の一四章、堺枯川の言文一致活動は、当該の主題にとって、ほとんど唯一の本格的研究であり続けている。
＊8 堺は、一八八九年初春に、東京遊学に「失敗」し、帰国するが、その際の記述に、「紅葉の『二人比丘尼』をただ一冊持って帰国した」とある(堺利彦『堺利彦伝』改造社、一九二六年)。『堺全集』⑥、八〇頁。
＊9 山本、前掲『言文一致の歴史論考』二五八頁。
＊10 同右、二五九頁。
＊11 同右、二六一頁。
＊12 同右、二六二頁。
＊13 幸徳秋水「言文一致と新聞紙」(『新文』一巻二号、一九〇三年五月二〇日)。『幸徳全集』③、三九一頁。
＊14 同右、三九四頁。
＊15 同右、三九二頁。
＊16 「三十歳記」の明治三十四年五月二〇日の条に、「片山潜、木下尚江、河上清、幸徳伝次郎等が社会民主党といふを組織した、予も入党する筈であったが、今日内務大臣から結社を禁止せられた」とある。『堺全集』①、三六五頁。

＊17　白柳秀湖『歴史と人間』（千倉書房、一九三六年）四七四～四八八頁。
＊18　堺利彦『言文一致普通文』（言文社、一九〇一年七月）。『堺全集』①、四九七頁。
＊19　同右。『堺全集』①、五〇〇頁。
＊20　同右。
＊21　堺利彦「言文一致事業と小説家」（『新文』第一巻第四号、一九〇一年八月、山本、前掲『言文一致の歴史論考』所収）五四二～五四五頁。
＊22　同右、五四五頁。
＊23　堺利彦「十九行評論」（『万朝報』一九〇二年三月二六日）。『堺全集』①、一六五～一六六頁。
＊24　柄谷行人『日本近代文学の起源』（岩波書店、二〇〇八年。初版一九八〇年）は、言文一致という文体の問題を、思想的に考察した先駆的業績である。本稿は、この柄谷の業績に、問題構成上の発想の多くを負っている。
＊25　堺、前掲「言文一致事業と小説家」、五四五頁
＊26　アンダーソン，ベネディクト『定本　想像の共同体』（書籍工房早山、二〇〇七年）二四頁。
＊27　堺、前掲『言文一致普通文』。『堺全集』①、五〇一頁。
＊28　同右、五〇二頁。
＊29　山本、前掲『言文一致の歴史論考』二七八～二八一頁。
＊30　堺、前掲『言文一致普通文』。『堺全集』①、五〇九頁。
＊31　山田美妙「よろず文学」（『万朝報』一九〇一年七月一五日）。山本、前掲『言文一致の歴史論考』二七九～二八〇頁。
＊32　堺利彦「子孫繁盛の話」（内外出版協会、一九〇二年）。旧版『堺全集』②、五八九頁。
＊33　堺利彦「百年後の新社会」（『家庭雑誌』第六号、一九〇三年九月二日）。旧版『堺全集』②、四八一頁。
＊34　堺利彦「社会と家庭」（『万朝報』一九〇三年四月二九日）。『堺全集』①、二六四頁。
＊35　同右。
＊36　同右、二六四～二六五頁。
＊37　堺利彦『家庭の新風味　第六編家庭の教育』（内外出版協会、一九〇二年九月）。『堺全集』②、一六一頁。
＊38　堺利彦「人種的反感」（『万朝報』一九〇三年七月二八日）。『堺全集』①、二八〇頁。

＊39　堺、前掲『子孫繁昌の話』。旧版『堺全集』②、五九一頁。
＊40　幸徳、前掲「言文一致と新聞紙」。『幸徳全集』③、三九六頁。
＊41　同右、三九三頁。
＊42　幸徳数水「翻訳の苦心」（『文章世界』三巻四号、一九〇八年三月一五日）。『幸徳全集』⑥、四四七頁。
＊43　幸徳秋水「論文の三要件」（『文章世界』二巻一一号、一九〇七年一〇月一日）。『幸徳全集』⑥、三四七頁。
＊44　同右、三四八頁。
＊45　同右、三四八～三四九頁。
＊46　幸徳秋水「社会腐敗の原因と其救治」上（『万朝報』一八九八年一一月一八日）。『幸徳全集』②、一五〇頁。
＊47　幸徳秋水「社会腐敗の原因と其救治」下（『万朝報』一八九八年一一月一九日）。『幸徳全集』②、一五五頁。
＊48　幸徳秋水「憐なる労働者」（『万朝報』一八九九年一月二〇日）。『幸徳全集』③、一七〇～一七二頁。
＊49　同右、一七二頁。
＊50　思想形成期の幸徳秋水の読書体験とその意味については、木村直恵『〈青年〉の誕生――明治日本における政治的実践の転換』（新曜社、一九九八年）を参照。
＊51　幸徳秋水「後のかたみ」（明治二二年四月）。『幸徳全集』⑨、一九頁。
＊52　幸徳秋水「死刑の前」。『幸徳全集』⑥、五四二頁。
＊53　同右、五六〇頁。
＊54　堺利彦『文章速達法』（実業之世界社、一九一五年）一三九頁。
＊55　同右、二三〇～二三三頁。
＊56　同右、二三九～二四二頁。
＊57　この旅行の詳細については、山泉進「「冬の時代」の若葉、青葉の旅――堺利彦の「大逆事件」遺家族訪問旅行」（『初期社会主義研究』八号、一九九五年）に詳しい。また、黒岩比佐子『パンとペン』（講談社、二〇一〇年）序章も参照。
＊58　堺、前掲『文章速達法』一頁。
＊59　同右、一一頁。

第8章　歌が滅びるとき
――石川啄木における「時間の政治」――

1　平等と時間

「格差」社会をめぐる近年の論争は、平等をめぐる問題が、そこで暮らす人々の時間に関する主観的な意識と密接な関連をもつことについて、あらためて注目をうながした。周知のように、日本社会における所得や資産の分布の不均等の評価をめぐっては、現在も活発な論争が繰り広げられており、その程度や原因に関しても、専門家のあいだで意見が分かれている。しかしながら、現在の日本を不平等社会と認定するか否かの論争において、その参加者の多くが、単に「階層」や「地域」といった空間的な次元だけでなく、「現在」や「将来」といった時間にかかわる次元に関しても発言を行っていることは注目されてよい。例えば、社会学者山田昌弘は、現代日本における格差を、単なる所得の量的な差異の拡大ではなく、「将来に希望がもてる人と将来に絶望している人」とのあいだの新しい質的な分断の進行として特徴づけ、それを「希望格差社会」と呼んだ。[*1] これに対し、経済学者大竹文雄も、一方で、統計上にあらわれた所得格差の主要な原因をもっぱら人口の高齢化に帰しながら、他方で、「将来」の所得格差の拡大に対する不安の高まりに言及している。[*2] 平等や格差といった問題が、単なる客観的なデータでなく、そこで暮らす人々にとっての認識の問題でもある以上、こうした時間をめぐる考察は不可避となる。なぜなら、現実の評価は、つねに過去と未来をむすぶ生涯の見通しと密接な関連を有しているからである。

ここにおいて重要なのは、こうした個人の将来に対する見通しが、社会の基本構造と密接な関連をもっていることにあらためて思いをめぐらせることであろう。たとえば、現代正義論の第一人者であるジョン・ロールズは、「公正としての正義」の中心的な課題として、市民の全生涯にわたる「見込み」をとりあげ、個々の市民が所属する社会の基本原理是正のための中心的な主題として設定した。[*3] ロールズは、市民間に存在する人生の見込みについての格差が、主として当事者の出身社会階層、才能ならびにその才能を育てる教育の機会、経験される運や不運などの「偶発事」によって生ずるものと想定する。そしてその不平等を規制する社会的な原理として、社会的・経済的不平等が、社会のなかで最も不利な状況にある構成員にとって最大の利益になるという条件（格差原理）を導出したのである。ここでロールズは、個人的・主観的な人生の見通しが、社会的・客観的な構成物でもあるという認識を示している。それはかれが、社会を、自由で平等な市民によって構成される生産的な協働のシステムとみなしているからである。市民は、そうした社会のなかに生まれ落ち、通常、その基本構造の内部で全生涯を送ると想定されている。したがって、市民個々人に関する偶発的な属性や事件のみならず、社会構成の基本原理もまた、その成員の人生の見通しに甚大な影響を及ぼしうるし、またそうあるべきことが前提とされているのである。

しかしながら、ロールズをはじめ、希望格差を問題視する論者の多くが、格差そのものの是正でなく、むしろ適正な規模の格差の創出に向かっていることは注目されなければならない。その理由は、社会における生産が、分業というシステムを通じて営まれることに由来する。社会的協働が、多様な生産活動の相互依存関係によってもたらされる以上、人生に対する多様な見込みは、社会全体の多様な生産活動のための不可欠の条件とみなされることになる。そこにおいて、不平等の規制によってめざされているのは、成員すべてに平等な希望を与えることではなく、むしろ適切な希望格差を創出することにほかならない。[*4] その際、どのような格差が適切であるかの判断の基準は、結局のところ、当該社会の安定性の見通しに依存している。すなわち、生産の協働システムとしての社会の安定的な再生産に悲観的な見通しが抱かれるとき、個々人が抱く現在の不平等感も、将来の是正の見通しが欠如しているがゆえに、許容しがたい水準へと押しやられていくことになる。この意味において、社会の安定的な再生産は、希望格差を論ずる際の基本的条件を構成している。

こうした考察は、平等と時間をめぐる常識的な思考を反転させる。通常われわれは、現在における個人間の不平等が、社会に対する将来の期待を失わせる原因であると見なす。しかしながら実際には、社会の未来に対する期待が失われているがゆえに、現在の不平等が許容できないレベルとして前景化されるのである。たとえば、前述の山田は、現代日本における希望喪失の現状を示すデータとして、「自分の生活」の将来に対する悲観的な見通しの増加とならび、「日本社会」の将来に対する悲観的見通しの拡大を挙げている。[*5] ここに露呈しているのは、社会の将来に対する期待の喪失すなわち「リスク化」が、現在の格差をめぐる危機意識を誘発するという時間と平等との認識論的な関係性である。

ここで重要なのは、こうした社会のリスク化が、けっして日本に限られるものでなく、むしろ世界の多くの地域で共有される問題となっていることである。[*6] 冷戦の終結が、自由民主主義体制の最終的な勝利を言祝ぐ「歴史の終わり」論を生み出したのは、一九八〇年代の後半のことであった。[*7] しかしながら、それ以後進展したネオリベラルと総称される政治経済制度の世界的展開や、とりわけ九・一一以降の「テロリズム」に対する永久戦争の布告は、「歴史の終わり」が、真の自由の実現ではなく、むしろリスクに満たされた日常生活の無限延長であったことを人々に実感せしめた。[*8]「歴史の終わり」は、共産主義とそれの対抗イデオロギーであった西側の近代化論がともに共有していた、希望ある「未来の終わり」であった。リスク化の要因が、経済のグローバル化の進展や「テロリズム」の拡大といった世界情勢の変動に求められる以上、「未来」に対する悲観的感情の蔓延も、グローバルなものとならざるをえない。

こうした歴史意識の変化は、どのように平等をめぐる社会原理の編成に影響を及ぼすのか。ニューレフトの思想家であるピーター・オズボーンは、時間の経験をめぐって展開された近代の諸議論を、社会的実践の時間的な構造へ働きかける「時間の政治」として問題化し、その思想史的考察の主題とした。[*9] こうした「時間の政治」の前提をなすのは、社会の矛盾と不均等に関するマルクス主義的洞察である。ロールズらリベラリストが、社会の協働原理の歴史的展開を考察の外におき、時間と社会との関係をもっぱら外在的なものとして議論したのに対し、マルクス主義の思想的伝統は、社会構成体と時間の関係について、特別な関心が払われるべきことを主張してきた。その際、とりわけ重要なのは、「重層的決定」という概念に含意された、生産様式の複数性についての指摘である。ルイ・アルチュセールは、「すべての具体的な社会構成体が一つの支配的生産様式に従属する」というマルクス主義の古典的洞察に対し、あらゆる社会構成体においてつねに複数の生産様式が存在し、ある生産様式が「消滅しつつある、あるいは構成されつつある諸様式に対して実際に支配を及ぼしている」事実の重要性を強調した。[*10] この意味において社会は、個々の成員にとって、けっして同質的な時間経験を与えるものでなく、むしろ多様な生産様式に貫かれた複数の時間経験の束として経験される。「時間の政治」とは、しばしば相矛盾するこれらの複数の生きられた時間経験に対し介入を試みる実践として定義される。こうしたオズボーンの考察は、こんにちにおける平等の考察が、必然的に「時間の政治」たらざるをえないことに、あらためて注目を促す。「歴史の終わり」という時間意識の内部で、平等な未来を構想することはいかにして可能となるのか。それは同時に、これまで積み重ねられてきた平等に関する思想的営為を、「時間の政治」という見地から再考する必要を示唆するものでもある。[*11]

2　国家の時間、社会主義の時間

日本の政治思想史を繙いてみるとき、そこに平等や時間を主題として論じた多くの思想家やテクストを見出しうる。しかしながら、平等と時間を内在的に結び付いた主題として最初に設定した功績は、明治後期に活躍した一群の初期社会主義者たちにもとめられよう。本章で扱う初期社会主義としては、およそ一八九〇年代後半から一九二〇年代前半までに登場した、広い意味での社会主義を標榜する言説の総称を想定している。松沢弘陽が指摘するように、一八九〇年代は、日本国内において、明治国家機構の組織化が進み、また資本主義的な都市化・産業化が進展した政治的・社会的変動の画期であった。[*12] こうした変動に応じて、様々な「問題」が新たに発見され、また定義し直された。そこでは、労働問題や都市問題などの資本主義的産業化のもたらす諸問題、刑政改革や風俗改良などの「社会改良」の対象となる諸問題、農村や家庭における封建的な人間関係、金権政治の横行といった政治腐敗など多様な領域が「社会問題」と総称され、その解決が模索された。安部磯雄や片山潜、幸徳秋水らをはじめとする明治社会主義の中心人物たちは、そうした多様な社会問題が、富の不平等をもたらす「社会組織」に由来することを示し、さらにそれを社会的・歴史的に把握するための理論的枠組みを提供した人々であった。

明治社会主義者の時間意識の質をめぐっては、従来の研究において、もっぱらその抽象性・形式性が批判的検討の対象とされてきた。[*13] かれらは、現代社会の主要な問題を、生産と分配のあいだの組織的な矛盾に求めた。現代社会においては、生産が協働的・社会的に行われているにもかかわらず、生産手段が資本家によって独占されているために、その分配に関して、著しい不平等が生じている。こうした不正義を根本的に是正する手段として、生産手段の社会全体による公有が主張されたのである。ここで重要なのは、こうした新しい社会原理への移行の見通しが、「進化」

の名の下に、一種の歴史的必然として語られていたことであった。[*14] 松沢は、こうしたかれらの進化概念が、生物体の形態進化を基礎とした概念であって、その結果、有機的な、飛躍・停滞・退行・逸脱のない、連続的「成育」の観念と、新しくより価値の高いものが不可避的にまた不断に有力になっていくという「大勢」への依存傾向を伴っていたことを指摘した。[*15]

しかしながら、こうした明治社会主義の時間概念は、日本に特有の現象であるよりも、むしろ進歩という概念一般に共通する問題として解釈されるべきであろう。ここではそれを、ヴァルター・ベンヤミンの「均質で空虚な時間」という概念と、ベネディクト・アンダーソンによるそのナショナリズム分析への応用を参照することによって、確認しておきたい。周知のように、ベンヤミンは、ファシズムの危機に抗しうる理論構築をめざして、同時代の社会民主主義の理論と実践を批判的に検討するにあたり、それが「現に生じている事態に意を払わず、教条的にみずからの有効性を主張するような、そうした進歩概念」に規定されていることに注意をうながした。[*16] ここで批判の対象とされた「進歩概念」とは、第一に「(たんに人類のもつ技能や知識の進歩だけではない) 人類そのものの進歩」であり、第二に「(人類が無限に完全化しうるという観念に照応する) 完結することのない進歩」であり、第三に「(自動的なものとして直線なり螺旋なりの軌跡をえがく連続的な) 本質的に停止することのない進歩」である。ベンヤミンは、このような「歴史のなかで人類が進歩するという観念」そのものが、「歴史が均質で空虚な時間をたどって連続的に進行するという観念」によって支えられたものであると主張し、こうした歴史進行の観念そのものに対する批判の必要性を訴えた。これに対しアンダーソンは、この「均質で空虚な時間」が、ナショナリズムの台頭と発展のための必要条件であったことを示した。[*17] ベンヤミンが批判した「進歩」の主語を、「人類」から「民族」に入れかえてみれば、それはただちにナショナリズムの主張そのものとなりうるからである。明治社会主義における「進化」概念の抽象性は、産業構造の遅れや文化的伝統といった日本的特質に由来するというよりも、むしろそれが、ナショナリズムや社会民主主義など他の近代思想と同じく、「歴史が均質で空虚な時間をたどって連続的に進行するという観念」に立脚していたことに求められるべきである。

明治社会主義者のこうした抽象的な時間感覚が、国民国家としての大日本帝国の具体的な成長と発展のイメージにより補完されていたことは重要である。このことは、かれらが社会主義社会の実現を、大日本帝国の健全な発展として構想したことのうちに明瞭にあらわれている。松沢は、明治社会主義者が、さまざまな「社会問題」のうちに、明治国家体制にとっての脅威、すなわち「亡国」の危険を見いだし、労働組合主義や社会主義を、その先制的予防のための根本的方策として位置づけていたことを指摘した[*18]。その意味において、かれらにとって社会主義は、その導入期において、けっしてナショナリズムと矛盾するものではなく、むしろその健全な発展をはかるための手段として位置づけられていたのである。こうした社会主義とナショナリズムとの共棲意識は、たとえば幸徳秋水が、社会主義は国体と矛盾しないと繰り返し主張していたことのうちに象徴的にあらわれている[*19]。かれらは、社会のアウトサイダーではなく、むしろ国家体制の正統な継承者を任じていたのであり、それはまた、自由民権運動という国民的運動を経て社会主義に逢着するというかれらの多くが共有した思想遍歴にも反映していた[*20]。

3　無政府の時間

こうしたナショナリズムと社会主義の共存は、日露戦争に対する反戦運動を契機とする政府の弾圧の強化により急速に失われてゆく。こうした状況下において、運動にとどまった少数の社会主義者たちは、国家の時間とは質的に異なる対抗的な時間を構想するという新しい課題に直面することとなった。幸徳のいわゆる無政府主義への「転向」もまた、こうした思想的課題に対するひとつの回答にほかならないものであった。幸徳の思想的転機が、一九〇五年の政府の弾圧による入獄経験とそれに続くアメリカへの「亡命」（同年一一月〜翌年五月）であったことはよく知られている。[*21] そしてその際幸徳自身が、一九〇六年四月のサンフランシスコ大地震に際会した経験に言及しているのは興味深い。マグニチュード7・8に達したこの地震と、それに続く火災の結果、サンフランシスコの全市は灰燼に帰した。およそ三〇〇〇の人命が失われ、四五万の全人口のうち、二〇万人が家を失い、その損失額は、五億ドルに上ったと推定されている。この大災害を、現地で体験した幸徳は、次のような興味深いレポートを日本の同志に送っている。

> 予は桑港今回の大変災に就て有益なる実験を得た、夫れは外でもない、去る十八日以来、桑港全市は全く無政府的共産制（Anarchist Communism）の状態に在る。商業は総て閉止、郵便、鉄道、汽船（付近への）総て無賃、食料は毎日救助委員より頒与する、食料の運搬や、病人負傷者の収容介抱や、焼跡の片付や、避難所の造営や、総て壮丁が義務的に働く、買ふと云つても商品が無いので金銭は全く無用のものとなつた。財産私有は全く消滅した……[*22]。

当時幸徳は、クロポトキンを中心とする無政府主義関連書籍の読解や、アメリカにおける無政府主義者、ロシア革命党員との濃密な接触を経て、無政府主義への理論的関心を深めつつあった。クロポトキンは、その理想とする無政府共産主義を「個人の絶対の自由を認めて、何等の強権をも容さず、人間を駆つて労働せしむべき強制の必要なき社会」と表現した。[*23] 幸徳にとって、サンフランシスコ大地震は、この無政府共産という社会原理を具体的にイメージするための重要なインスピレーションとなった。そこで幸徳が発見したのは、資本主義的社会秩序の瓦解により姿をあらわした、「相互扶助」という別種の社会原理の存在であった。

クロポトキンの社会理論としての特色は、無政府共産という社会の理想状態を、進化の果てに到達されるべき将来の目標としてでなく、いま、ここにおいて現実に働いている別種の現実として取り出した点にある。クロポトキンは、人類社会の基礎を「連帯」の本能にもとめ、その主著である『相互扶助論』において、その具体的なあらわれを、「科学的」に実証することを試みた。そこにおいて引証されている実例は、社会的本能に優れた動物の習性から、「野蛮人」や「蒙昧人」の生活や「中世都市」における諸実践、さらには現代社会における鉄道、郵便、電信、学術などの国際的連合組織の発展にまで及んでいる。[*24] 通常こうした「相互扶助」的な実践は、「略奪から生まれた」国家の強圧的な支配によって、歴史の表面から覆い隠されているが、民衆の生活の現場では、つねに力強く息づいており、人類の真の意味での進歩を促してきた。このようにクロポトキンにおいて、時間は、いわば二重化されて存在する。一方には、テクノロジーの発達によって特徴づけられる進化の時間があり、その基底には「相互扶助」という不変の実践がある。ここにおいて社会革命は、社会進化の極点という将来の見通しとしてではなく、むしろ「相互扶助」という人類的（生物的）な本能への回帰として意味づけられていた。

こうした無政府の時間の発見は、明治社会主義が前提としていた「均質で空虚な」進歩的時間概念に、一定の裂け目をいれるものであった。クロポトキンにおいて、無政府主義の可能性は、一般の民衆が、この二重の時間を、現在ともに生きているという事実のうちに求められる。その際革命運動もまた、来るべき未来のための準備ではなく、現在の資本主義的な生活の下に折りたたまれている「相互扶助」の潜勢力を、いま、ここにおいて、露呈する努力として位置づけなおされた。周知のように幸徳は、アメリカからの帰国後、革命運動の手段としての「議会政策」を放棄し、労働者の直接行動（＝ゼネラル・ストライキ）を主張した。[*25] 幸徳にとって、ゼネラル・ストライキは、資本主義的な時間の流れを中断し、無政府共産の本能的実践を現出せしめるための、地震に代替しうる人為的手段であった。

社会主義運動が労働運動との具体的な接触をいまだ持ちえないでいた明治末年の状況下において、こうした幸徳の直接行動論が、必然的に観念的なものにとどまらざるをえなかったことは事実である。しかしながら、ここで思い起こされるべきは、一九世紀後半において、アナーキズムが有していた影響力の世界的拡がりである。ベネディクト・アンダーソンは、当時マルクス派の社会主義の影響力が、工業化した西ヨーロッパ世界に限定されていたのに対し、アナーキズムの影響力が、移民のネットワークを介して世界中に及んでいたことを指摘した。[*26] 幸徳の「転向」も、そうした世界史的文脈の一環としてとらえ直される必要がある。当時アナーキズムが有していた影響力の理由としては、クロポトキンの説く「相互扶助」的共同体の理念が、マルクスが前提とした資本主義社会のもとでの画一化されたプロレタリアの生活よりも、当時の人類の大多数にとって、はるかに生きられた経験に近いものであったことがあげられる。当時の正統派マルクス主義が想定した資本主義が、基本的に世界システムの「中心」においてのみ可能であるような均質な時間を前提にしていたのに対し、いまだ農村社会の共同体的生活様式を色濃く残存させたまま、世界資本主義的な秩序へと組み込まれていった「周縁」に生きる大多数の人々にとって、資本主義的な個人の時間と伝統的な共同体の時間をともに生きる「二重生活」こそが生きられた現実の姿であった。日本においてもまた、アナーキズムは、一九二〇年代の半ばの時期まで、労働運動、社会運動の理論と実践の双方に、大きな影響力を与え続けたのである。

4　石川啄木の「社会主義」

幸徳の直接行動論は、「大逆事件」をその頂点とする政府の大弾圧の引き金となり、明治末年に日本の社会主義運動は壊滅的な打撃を蒙ることになる。以後日本の社会主義運動は、第一次世界大戦後の労働運動の高揚期まで、「冬の時代」と呼ばれる逼塞の時間を経験することとなった。しかしながら、この運動の停滞期はまた、社会主義運動の内部での世代交代の時期でもあった。松沢は、明治社会主義の中心人物たちが展開した社会主義の運動によって社会的関心に目覚め、大正期において言論と運動の指導者として登場する人物群を「後世代」と呼び、山川均や北一輝、大杉栄や石川啄木、高畠素之や荒畑寒村といった一八八〇年代生まれの社会主義者をその代表とした。[*27] 理論的な見地から興味深いのは、かれらが、いわゆる日露戦後の世代と呼ばれる新しい思想傾向の担い手でもあったことである。たしかに、青年世代の自己主張が時代批判を伴って登場し、さまざまな「青年論と世代論」が生み出されてゆくということは、明治二〇年代にまでさかのぼって確認しうる現象であった。[*28] しかしとりわけ日露戦後に登場した世代の場合は、それ以前の世代との断絶の意識がきわめて著しいケースとして、同時代人からこんにちの歴史家にいたるまで、大きな注目を浴びてきた。

たとえば、岡義武は、日露戦争の終結から第一次世界戦争勃発にいたる時期の顕著な思想史的特色のひとつを、青年層における「個」の意識の顕著な発展と、それに付随する国家意識の減退に見いだしている。[*29] 岡は、この世代に顕著なこうした思想傾向の原因として、日露戦争の勝利により、民族的な独立の確保という国家的目標が達成されたこと、ならびに日露戦争を契機として産業革命が進展し、資本主義的な文明とイデオロギーが拡大、浸透したことの二点をあげている。岡の秀逸な描写に従えば、日露戦後の青年とは、「家名」を世に挙げ、「郷党の誉れ」を飾ることをめざした従来の「立身出世」に代わり、自己一身の富の獲得を目標とする「成功」により多く心を奪われた世代であった。またかれらは、「粗野」で「剛健」な従来の「書生気質」とは対照的な「官能耽溺」のライフスタイルにより、「星菫党」と揶揄された人々であった。さらにかれらは、国事を論じて「悲歌慷慨」した往年の青年とは異なって、個人的、社会的な問題に「懐疑、煩悶」した人々であった。

こうした世代間の断絶を強調する視座は、「後世代」による明治社会主義の継承という問題に、ひとつのパズルを提供する。明治社会主義の中心世代を駆り立てていた根源的な危機意識が、大日本帝国というナショナルな共同体の崩壊の予兆にあったとすれば、「個」の意識によって貫かれた「後世代」たちは、その社会主義をどのようなものとして受容し、それをどのように組みかえていったのか。ロシア革命に先立つこの時代、かれらが引証しうる社会主義の正統な理論のモデルはいまだに確固としたかたちでは存在しなかった。「後世代」の社会主義者は、こうした時代状況のなかで、「個」と「社会」の連関をめぐるさまざまな理論的冒険を試みることとなった。「後世代」による明治社会主義の継承を検討することは、そこで試みられた理論的冒険の幅と深さを確定する試みにほかならない。そして石川啄木の「社会主義」も、そうした後世代によるもっとも挑戦的な試みとして評価しうるものである。

しかしながら、啄木の「社会主義」という問題を設定するためには、いくつかの注釈が必要となる。周知のように、もっぱら歌人、詩人として知られたこの思想家が、貧窮のうちに二七歳の若さでこの世を去ったのは、一九一二年のことであった。たしかにかれがその晩年、「大逆事件」に衝撃を受け、その真実を明らかにするためのさまざまな努力をおこなったこと、そして社会主義や無政府主義関連の書籍を収集し耽読したこと、さらにそうしたみずからの思想を「社会主義」という用語で規定していたことなどが、これまでの研究において確認されている。[*30] しかしながら啄木自身は、けっしてその「社会主義」の内容に関して、体系立った記述を残さなかった。したがって、実証主義的見地からすれば、啄木の「社会主義」なるものも、結局のところ、そうした断片的記述の集積以上のものではない。

それにもかかわらず、啄木の「社会主義」の内容をめぐっては、死後直後からこんにちにいたるまで、多くの人びとが論争を繰り広げてきた。むしろ驚くべきは、こうした主題に関して、これまでよせられた人びとの関心の高さであろう。[*31] このトピックが、かくも大きな関心を集めてきた理由は、人々が、啄木と「社会主義」の関係に、大きな謎と可能性を同時に見いだしてきたからであろう。卑近な日常生活に、繊細な自己意識をもって対峙したこの詩人が、一体いかなる意味でグランド・セオリーの徒であるはずの「社会主義」者たりえたのか。人々は、この問いを模索することを通じ、それぞれの時代の「社会主義」を反省し、その内容を豊かにするための手がかりを探ってきたのである。

啄木が、鮮烈な自意識によって貫かれた多くの短歌を残したことは広く知られており、その代表的なものは、こんにち広く愛唱されるに至っている。ここでの問題は、そうしたかれの自意識が、どのように構成され、そこにどのような特質が認められるかということにある。こうした見地から、そのテクストを読みかえすとき、かれの作品に刻印された特有の時間感覚が浮かび上がる。こうした自己意識と時間感覚との密接な連関は、たとえば、かれが生前残した評論のうち、代表的なもののひとつとされる「時代閉塞の現状」というテクストのうちにも、明瞭なかたちであらわれている。

啄木がこのテクストで試みたのは、当時の青年が直面していた思想問題の本質を、当時の時代思潮であった自然主義思想の批判的検討を通じて明らかにすることであった。ここで設定されたのは、当時の青年に顕著にみられた「内訌的、自滅的傾向」の「根本的原因」が、いったいどこに求められるべきかという問いであった。啄木は、その答えを、当時の青年の特徴であった「自己主張の強烈な欲求」と、かれらが直面しなければならなかった競争の激化と機会の不平等の昂進という社会的現実との乖離のうちにもとめている。啄木は、「今日の学生のすべてが其在学時代から奉職口の心配をしなければならなくな」っており、また「毎年何百といふ官私大学卒業生が、其半分は職を得かねて下宿屋にごろ〳〵してゐる」と述べる。そしてその外側では、さらに「彼等に何十倍、何百倍する多数の青年」が、「其教育を享ける権利を中途半端で奪はれてしま」い、「其生涯の勤勉努力を以てしても猶且三十円以上の月給を取る事が許されない」状況に置かれている。「無論彼等はそれに満足する筈がな」く、その結果、「かくて日本には今「遊民」といふ不思議な階級が漸次其数を増しつつ」ある。これはけっして都会にのみ限られた現象ではなく「今やどんな僻村へ行つても」そうした中学卒業者を「三人か五人」、数えることができるのである。[*32]

こうした啄木が描写する当時の青年の暮らしは、こんにちにいたってもなおその生々しさを失っていない。ここで興味深いのは、啄木が、こうした社会学的条件に由来する思想問題を、「時代閉塞」という時間的概念で把握していたことである。それまでとは異質な発想と行動様式を備えた新しい世代の登場は、知識人から政府当局者にいたるまで、当時多くの人々の関心を引き、その評価と対策をめぐってさまざまな議論が展開されていた。前述の岡の研究は、伝統的支配層の立場に立つ当時の知識人たちが、青年層における「懐疑・煩悶」を、「国家的忠誠心の減退あるいは国家への無関心の傾向」のあらわれとして憂慮したことを伝えている。[*33] かれらの多くは、そうした「懐疑・煩悶」を、一時的な「流行」や、あり余る閑暇の産物とし、もしくは当時の青年の意志薄弱や経験不足に由来するものと位置づけたうえで、「勤労、身体鍛錬、人格修養」といった具体的徳目や、世界における指導的民族としての活躍という新しい国家目標をこうした世代に提示することで、問題の解決をはかろうとした。これに対し、青年世代が示す新しい思想傾向に、深い理解と共感を示した進歩的論者も存在した。かれらは、当時問題とされた青年の「柔弱の風」や煩悶や自殺の傾向を、「新進の気運、自然の趨勢」に由来するある種の必要悪とみなし、そのなかから、次の時代の「新風俗、新気風」が誕生することに期待をつないでいたのである。

日露戦後青年の思想問題に対する評価と分析は、このように多様であった。しかしながら、その多様性にもかかわらず、これらの議論が一様に、ある種の進歩史観に依拠していたことは注目されなければならない。保守的な論者は民族の未来を、進歩的な論者は文明の進歩をそれぞれ基準に、現在の青年の問題を評価し分析した。ベンヤミンの表現をかりるならば、問題は、「均質で空虚な時間をたどって連続的に進行する」歴史のなかの一局面として理解されていたのである。そうした議論の見取り図のなかに位置づけることで、啄木の時間概念の特異さもまたあきらかとなる。啄木は、これらの発展論的な見解とは対照的に、問題の本質を、社会組織の「完成」に由来する「歴史の終わり」に見いだしていたからである。「我々青年を囲繞する空気は、今やもう少しも流動しなくなつた。強権の勢力は普く国内に行亘つてゐる。現代社会組織は其隅々まで発達している」[*34]。「時代閉塞」という問題設定は、競争と不平等に起因する思想問題の考察が、資本主義社会の完成による歴史の終わりという時間感覚と結びつくところで成立した。

社会組織の完成という見通しは、社会の進歩を前提とするあらゆる啓蒙的楽観主義を無効にする。さまざまな問題は、「必ずしも我々日本人の教化《カルチユア》の足らぬといふ点にばかり原因してはゐない、我々日本人が未だ欧羅巴的の社会生活に慣れ切つてゐないといふ点にばかり原因してはゐない」[*35]。かわって前景にあらわれるのは、競争と不平等に起因する煩悶に満ちたこの日常生活が、永遠に繰り返されるのではないかという陰鬱な見通しである。啄木は、この予感を、イロニーを込めて、次のように表現した。「今の諸々の美しい制度、美しい道徳をその儘長く我々の子孫に伝へる為には、何れだけの夥しい犠牲を作らねばならぬか」[*36]。さらに啄木は、こうした希望の喪失が、思想的なデカダンスや、過去に対するノスタルジーを呼び寄せることについても、きわめて自覚的であった。かれは、当時流行していた「元禄時代に対する回顧」のうちに、その具体的なあらわれを見いだした。「見よ、彼等の亡国的感情が、其祖先が一度遭遇した時代閉塞の状態に対する同感と思慕とによつて、如何に遺憾なく其美しさを発揮してゐるかを」[*37]。

「明日の考察！　これ実に我々が今日に於て為すべき唯一である、さうして又総てゞある」[*38]。啄木は、この評論の最終節で、このような宣言を行っている。しかしながら、「「未来」を奪はれたる現状」のなかで、どのようにして「明日の考察」が可能となるのかは、ひとつの大きな理論的挑戦というほかはない。それが可能となるのは、啄木のいう「今日」と「明日」が、進歩史観が前提とする「現在」と「未来」と、まったく異質な時間概念として把握されうるかぎりにおいてであろう。啄木の「社会主義」とは、「均質で空虚な」時間概念そのものを拒絶した「今日」においておぼろげに姿をあらわした「明日」の姿であった。

5　小説の時間、短歌の時間

啄木はその長からぬ生涯のうち、みずからの文学活動の主要なジャンルを大きく移動させた。その変遷を、かれ自身の回想を交えて概観すれば、以下のようなプロセスとなる。[*39] 啄木が、最初に世に知られたのは、雑誌『明星』派の詩人としてであった。啄木が、詩集『あこがれ』を出版したのは、一九〇五年、弱冠二〇歳のことである。盛岡中学を退学の後、「文学をもって身を立てるために」上京したものの挫折し、帰郷。そうした失意の日々のなか、郷里で書きつづった詩が、与謝野鉄幹や上田敏ら当時のオーソリティーから高い評価を受けたのである。しかしながら、このころからかれの経済生活は暗転し、一家の糊口をしのぐため、故郷渋民村の小学校の代用教員を皮切りに、函館、札幌、小樽、釧路において、代用教員や新聞社勤務などの職を転々とする日々を送る。しかしながら、こうした生活のなかでも、文学への思いは絶ちがたく、一九〇八年、「小生の文学的運命を極度まで試験する」との悲壮な覚悟をもって単身上京する。このとき啄木が、みずからの運命を托すジャンルとして選んだのは、小説であった。しかしながら、小説家として身を立てるという啄木の野心は、一年間の「苦しい努力の果て」に挫折する。そして啄木の短歌は、この小説の挫折に平行するように、大量に生み出されていった。

啄木のこうした文学遍歴にあって、小説を書くことと短歌を作ることが、二律背反的な実践として捉えられていたことは興味深い。小説を書きたいという啄木の積極的な希望は、そもそも詩の将来を有望なものとみなさないという否定的認識の裏面であった。それは散文と韻文とのあいだの自由度の差異に着目した、かれ自身の理論的検討の結果であった。「詩人」啄木は、自然主義思想の洗礼をうけた日露戦後の世代として、こんにち必要とされている詩のありかたを、「実人生と何等の間隔なき心持を以て歌ふ詩」でなければならないと規定した。そしてかれは、そのためにまず、詩を、用語や形式上の「煩瑣な手続き」から解放する必要があると考えていた。しかしながら、詩が、「本来或る制約」をもって成立する文学ジャンルである以上、「詩が真の自由を得」ることとは、「それが全く散文になつて了」うことを意味する。啄木にとって小説は、いわば詩の進化形態としてあり、小説こそが、もっとも現代的な文学のジャンルであるとを信じられた。[*40]

しかしながら皮肉にも、かれの「実人生と何等の間隔なき心持」の表現への希求は、小説ではなく、大量の短歌を生み出すという結果をもたらした。啄木は、この小説修業時代の生活を、次のように回想している。「その間に、私は四五百首の短歌を作つた。短歌！　あの短歌を作るといふ事は、言ふまでもなく叙上の心持と齟齬してゐる。然しそれには又それ相応の理由があつた。私は小説を書きたかつた。否、書くつもりであつた。又実際書いても見た。さうして遂に書けなかつた」[*41]。

当初啄木自身は、こうした小説と短歌との二律背反的関連について、小説を書けぬ現状への苛立ちが、一種の逃避行動として短歌の制作に向かわせるのだという自虐的な解釈を与えていた。[*42] しかしながらこうした認識は、いわば短歌の時間と呼ぶべきものの発見を通じて急速に改められていく。「短歌の時間」とは、「均質で空虚な」時間の流れを前提とする「小説の時間」とは対照的に、時間という概念を、個々人の具体的な生の次元におけるその都度その都度の「過去」からの構成としてとらえ直そうとする認識の枠組みである。啄木は、短歌という文学ジャンルを、そうした新しい時間認識にもっとも適合的な表現形態と位置づけることで、「明日の考察」への道のりを切り開いていった。

啄木が晩年に展開した短歌論は、まず時間の連続性という通俗的な概念を解体するところからはじめられている。「一時間は六十分で、一分は六十秒だよ。連続はしてゐるが初めから全体になつてゐるのではない」。そうした時間の微分化は、個人の自己性が、人生の統一的見通しによって支えられているという通俗的見解を批判にさらす。「人は誰でも、その時が過ぎてしまへば間もなく忘れるやうな、乃至は長く忘れずにゐるにしても、それを言ひ出すには余り接穂がなくてとうとう一生言ひ出さずにしまふといふやうな、内からか外からかの数限りなき感じを、後から後からと常に経験してゐる」。そして啄木は、短歌を、こうしたいわば些末な経験の断片をひとつひとつを形象化してゆくいとなみとして意味づける。「人は歌の形は小さくて不便だといふが、おれは小さいから却つて便利だと思つてゐる。さうぢやないか。……さうさ。一生に二度とは帰つて来ないいのちの一秒だ。おれはその一秒がいとしい。たゞ逃がしてやりたくない。それを現すには、形が小さくて、手間暇のいらない歌が一番便利なのだ[*43]」。

6　共同体の時間、植民地の時間

ここで啄木が展開した自己性と時間性の関係についての議論の位相を考えるうえで、マッキンタイアの「物語り的自己性」の議論は有益である。『美徳なき時代』の著作で知られるこの論客は、共同体主義の立場から、個人と歴史との関係について、次のような見解を述べている。「私が何であるかは、……私が相続しているものである。それは、現在の私にある程度まで現存している特定の過去である[*44]」。鹿島徹は、こうしたマッキンタイアの言明の核心を、「ひとがみずからの人生において「物語りを生き抜いている」」ことの認識のうちに求めている[*45]。「物語り」が「自己性」の基盤とされるのは、個々の行為の途上において、その行為の意味を自己と他者の双方に向けて説明してゆく営みが、「私とは何か」という問いへの回答を構成するものであるからだ。ここで重要なのは、そうした「意味」の説明の必要条件として、みずからのライフヒストリーと帰属諸集団の歴史というふたつの時間が前提とされていることである。このことはまた、「人格の同一性」が、帰属諸集団の歴史が共同的・集合的に生き生きと語り継がれているような「伝統」の内部においてはじめて可能となることを意味している。マッキンタイアは、そうした洞察を、「伝統への適切な感覚は、過去のおかげで現在役立てうるものとなった未来の諸可能性を把握することに発揮される」と表現した。[*46]

啄木の苦悩は、結局のところ、帰属諸集団からの徹底した疎外により、「人生に一貫性・統一性をもたせる物語り行為」が不可能となっている状態に由来するものであった。それは啄木が書き残した多くの苦悩のつぶやきのなかに、明瞭なかたちで刻まれている。

半生を旅から旅と渡り歩いて来た私の様な者には、種々の記憶が滅多矢鱈にこんがらがつてゐて、何か一つ思出さうとしても、緒が其方へ絡り、此方へ繋り、一しきり頭脳の中に混雑のあつた揚句は、何の為出かした事もなく彷徨いて来た自分の姿が歴々と目に浮んで、人に不義理をした事や、私の行く後々に起つた嘲笑の声——平生目に触れぬ処へソッと放棄かして忘れて置く事共が胸を衝いて出て来る。[*47]

啄木はいう。「さうだ。俺は不用な鍵の様な人間だ。何の穴へ持つて行つても適合らない！」[*48]。「「二重の生活」といふものに対する私の此倦厭の情は、どうしたら分明と人に解つて貰へるだろうか」[*49]。

ここで重要なことは、啄木が、こうした人格の統一の達成不可能性という悲劇を、自己一身に由来するものではなく、むしろ「時代」の産物として、社会的に把握していたことである。こうした認識は、たとえば農村から都市への「移住者」を問題化する啄木の視線のうちにも、はっきりと確認しうるものである。啄木は、晩年の評論において、近代文明の発展にともなう産業化が「日一日と都会と田園との間の溝渠を深くして来た」結果、「より良き生活の存在を信じて、それに達せむとする思慕」を抱き農村から都市へと移住する大量の人口が発生したことを論じている。[*50]しかしかれらは、「都会の何処の隅にもその意に適つた場所を見出すこと」ができず、「生涯の長い劇しい労苦と共に」田園に対する思慕を募らせながら、「冷たい都会の人情の中に死ぬ」。ここで啄木が述べているのは、田園にいて都会を思い、都会にいて田園を思うという「二重生活」が、産業社会の必然でもあり常態でもあるという認識であった。

さらにこの認識は、「植民地」の生活に関する啄木の観察にもあらわれていた。啄木において植民地は、共同体的な文化と伝統が欠けているがゆえに、資本主義的な「生活の根調」が、「あからさまに露出」した空間としてとらえられていた。[*51] こうした認識は、函館、札幌、小樽、釧路での生活を通じた「北方植民地の人情」の具体的観察により支えられていた。たとえば啄木は、小樽という都市の風俗を、次のように描き出す。「然り小樽人は歩行せず、常に疾駆す。小樽の生活競争の激甚なる事、殆んど白兵戦に似たり」[*52]。「お互ひが、雨を防ぎ、風を防ぎ、寒い冬を防ぎ、安らかに眠るべき「家」[*53]としての道徳や伝統が欠落した「植民地」の現在は、本国の未来の姿に重ね合わされていた。都市と農村、植民地と本国。啄木は、そのそれぞれに流れる時間と経験の不連続にきわめて敏感であった。さらにかれは、都会の多忙な日常生活そのものが、こうした異質な経験を寄せ集め、そこに統一的な生の連関を紡ぎ出す試みを不可能としている現状にも、自覚的なまなざしを向けていた。こうした意識的な視線は、みずからの日常でもあった新聞記者の生活の次のような描写のうちに鮮やかに示されている。

我々新聞記者の生活ほど慌しく、急がしいものは無い。誰かも言つた事だが、我々は常に一般人より一日づつ早く年を老つてゐる。人が今日といふところをば昨日と書く。明日といふべきところを今日と言ふ。朝起きて先づ我々の頭脳に上る問題は、如何に明日の新聞を作るべきかといふ事であつて、如何に其の一日を完成すべきかといふ事では無い。我々の生活は実にただ明日の準備である。そして決してそれ以上では無い。日が暮れて為事の終つた時、我々にはもう何も残つてゐない。我々の取り扱ふ事件は其の日、其の日に起つて来る事件で有つて、決して前から予期し、乃至は順序を立てて置くことを許さない。――春がさうして過ぎ、夏がさうして過ぎる、一年の間、我々は只人より一日先、一日先と駆けてゐるのだ。[*54]

そして現代において、こうした「完成」不能の意識は、新聞記者以外の多くの職業においても、多かれ少なかれ共有されねばならない感覚であった。啄木にとって、人格の統一の達成不可能性こそが、自己のライフヒストリーと帰属諸集団の歴史をつなぐ唯一の「物語り」であった。したがって啄木は、みずからの苦悩を、「我等」の問題として語った。「我等の人生は、今日既に最早到底統一することの出来ない程複雑な、支離滅裂なものになってゐる」[*55]。こうした人格の統一の達成不可能性を「物語る」ための表現形態を模索するなかで、啄木は、短歌というジャンルの新たな可能性を発見する。それは、「二重生活」のなかで断片化した自己が、「人格の同一性」を担保する物語りを欠いたまま試みられた、「社会」に対するコミットメントの表現であった。

啄木の短歌の本質を、伝統的な文学ジャンルとは断絶したきわめて近代的な表現手段と認定したのは、文芸評論家の福田恆存であった。福田はいう。「なるほど、啄木のなしとげた文学上の業績は、いくぶん否定的にいへば、いづれも粗雑で、未完成なものが多く、ことにその短歌にいたつてはそれがはなはだしく、それ自体として鑑賞にたへず、したがつてそれらに読者が深い感慨をこめうるためには、つねに当時の作者の生活上の事実を索引としなければならぬていのものなのである」[*56]。こうした辛辣な評価にもかかわらず、福田が啄木が試みた思想的プロジェクトに最大限の評価を与えたのは、かれが啄木の短歌を、伝統的な歌詠みの実践とはまったく異質な、カットバックとモンタージュによって構成される、一種の映像表現としてとらえたがゆえであった。福田は、啄木の歌を、「記憶のフィルム」に強烈な意識の光をあてることで、「そのひとこまひとこまを断続的、幻燈的に、前面のスクリーンのうへに投影せしめ」たものと解説する。そこには、「意味ありげで意味など」なく、したがって、「意味ほしげに読まぬがい、」。福田は、啄木によって短歌を通じて定着せしめられた日常の些事が、「些事であればあるほど」、「つねに自己の一挙手一投足の背後をじつと見まもつてゐた意識」のはたらきが際だつと述べる。そこでは、定着された場面よりも、定着する意識のはたらきそのものが前掲化され、「時間の経過そのもの」が、具体的な手触りをともなってとらえられる。福田によれば、啄木の短歌は、この「時間の経過そのもの」をとらえる意識の緊張において、「その前後に比を見ぬ独自なものとなってゐた」のである。

7 「明日」の考察

こうした福田の啄木解釈は、こんにちもなお新鮮であり続けている。しかしながら、ここでわたしが注目したいのは、「時間の経過そのもの」をとらえるこの啄木の意識が、同時に「自己性」の限界を超えて流れ出す広がりを備えていたことについてである。啄木が、短歌を通じて定着を試みたのは、その多くが人生の「意味」という見地からは、まったく不要なことがらであった。しかしながら、人の生活の現場では、そうした無意味な回想が、「内から外から」、常に経験として到来している。二度と帰ってこないいのちの一秒をいとおしむとは、そうした「きれぎれの回想」のすべてを、内・外の区別なく、平等に慈しむことを意味している。人格の統一の達成不可能性の認識は、他者の面影や回想が、自己の内部まで深く浸潤していることの確認でもあった。一瞬の時間をいとおしむことは、一見したところ自分と関係をもたないような、そうした他者の記憶や回想のすべてを、分け隔てなく平等に慈しむこととつながっている。啄木を苦しめた人格の統一不可能性は、ここにおいて、他者に対して開かれた新しい「自己性」のはじまりとして読みかえられた。

啄木にとって、短歌という実践は、「明日の考察」のはじまりにすぎなかった。啄木にあって、「己の為る事、言ふ事、考へる事に対して、それを為ながら、言ひながら、考へながら常に一々反省せずにゐられぬ心」は、「何事にまれ正面に其の問題に立向つて底の底まで究めようとせずにゐられぬ心、日毎々々自分自身からも世の中からも色々の不合理と矛盾とを発見して、さうして其の発見によって却て益自分自身の生活に不合理と矛盾とを深くして行く心」へとまっすぐに接続されていたからである。[*57] 現代社会において、日々到来する「事件」は、不意によみがえる「きれぎれの回想」のように、「前から予期し、乃至は順序を立てて置くことを許さない」性質のものである。記憶のなかから「放棄かして忘れて置く事」を拾い上げいつくしむ気持ちは、現代社会において発生する「事件」のひとつひとつを、「底の底まで究め」てゆく精神を励ましてゆく。そうした「事件」のひとつひとつに、「自分自身の生活」と「世の中」をつなぐ「不合理と矛盾」を発見し、それに対する徹底した調査と研究を遂げるとき、「最早到底統一することの出来ない程複雑な、支離滅裂な」われわれの現在は、「明日」の可能性が充満した「今日」としてあらわれることになる。「反省」が「探究」へと発展する地点から、「明日の考察」は開始される。

こうした「明日の考察」の具体的な実践を、われわれは啄木の「大逆事件」に対するコミットメントのうちに見いだすことができる。ここでいう事件へのコミットメントとは、以下のような啄木の一連の行動を意味している。啄木が、幸徳秋水らの「大逆事件」の報に接したのは、一九一〇年六月のことであった。明治四四年の日記には、「幸徳秋水等陰謀事件発覚し、予の思想に一大変革ありたり。これよりポツ〳〵社会主義に関する書籍雑誌を集む」という記述が見られる。[*58] 幸徳ら二六名の被告に判決が下され、そのうちの一二名に対し死刑の執行が行われたのは、翌年一九一一年一月のことであった。「事件」に対する厳しい報道管制がひかれるなか、啄木は、「事件」の真実に接近し、それを他者へ伝えるための果敢な挑戦を続けた。たとえばそれは、一九一〇年の秋の、「所謂今度の事」と題するエッセイの執筆とその公表の試みのうちにあらわれている。[*59] また翌年一月になると、友人の平出修弁護士を通じ、幸徳らに対する特別裁判に関する情報収集をおこない、幸徳が獄中より担当弁護士に送った「陳弁書」を筆写するにいたっている。さらに同月、「日本無政府主義者陰謀事件経過及び付帯現象」と題するノートを準備し、「事件」に関する『東京朝日』の新聞報道の記録をまとめてもいる。[*60] そして平出の自宅で、七〇〇〇枚一七冊に及ぶ特別裁判の書類の一部を閲覧したのも、この月のことであった。[*61]

啄木は、こうした独自の調査に基づいて、一九一一年五月から、「A LETTER FROM PRISON」と題されたノートの執筆を開始する。このテクストは、幸徳が担当弁護士に獄中から宛てた「陳弁書」の写しに、Editor's Note として啄木自身の解説を付したものであった。[*62] また、その翌月には、無政府主義者に対する深い同情と共感を吐露した長詩「はてしなき議論の後」を執筆した。[*63] これら「いわば公表のあてのない危険きわまる調査と執筆」は、余命一年を切った病魔との闘いのなかで、経済的な困窮にうちひしがれながら、成し遂げられていったのである。[*64]

「A LETTER FROM PRISON」の冒頭に記された次のような言葉は、こうした啄木の「社会主義」的実践が、その短歌的な実践の発展形態であったことを示している。「初めから終りまで全く秘密の裡に審理され、さうして遂に予期の如き……判決を下されたかの事件……の真相を暗示するものは、今や実にただこの零砕なる一篇の陳弁書あるのみである」。[*65]「国民の統一」という大義名分により抑圧されなければならなかった「零砕なる一篇の陳弁書」を拾い上げ、「事件」そのものにまで徹底した調査と研究を遂行し、その記録を後生のために準備するというこの驚くべき実践は、「人生の統一」にとってノイズでしかないような「回想」や「経験」を平等にいつくしむ短歌の精神において、はじめて可能となったものである。

またこうした啄木の「社会主義」の特質は、かれが残した記録の内容にも、ユニークな刻印を残している。啄木は、「事件」の記録を編むにあたり、その対象を、裁判資料や新聞報道といった公的な文書だけでなく、日常生活において遭遇した一般人の反応にまで広げていたからである。「所謂今度の事」においては、ビアホールで遭遇した三人の紳士の「事件」についての会話が、「A LETTER FROM PRISON」では、『東京朝日』の編集局において、三人の記者の間に巻き起こった論争と、電車のなかで小耳に挟んだ二人の大学生の批評が、それぞれ詳細に記録されている。

ここに登場する人物は、『東京朝日』の三人を除き、啄木にとっては見ず知らずの他人であり、またおそらくは二度と会うことのない人々である。かれらの「事件」に対する見解もけっして一様ではなく、むしろ被告に対する憎悪から共感までの、多様な質を有している。ここで啄木は、みずからそうした論争に参加することは自制しつつ、ひたすら耳をそばだてて、かれらの声を書き取ることに集中する。かくて「事件」の記録には、公的な記録と私的な会話が、オーソリティーの判断と市井人の感情が、区別なく平等に刻まれるにいたっている。

啄木が、こうした些末な日常会話をも記録にとどめたのは、かれがそこに「事件」の本質を読む可能性を見いだしていたからにほかならない。「所謂今度の事」というエッセイは、こうした「些事」に秘められた可能性を読み出してゆく啄木の精神のはたらきを、遺憾なく伝えている。このエッセイで、啄木が格別の興味を示したのは、三人の紳士による会話の内容ではなく、むしろかれらがそれを示すのに用いた表現であった。「そして今彼の三人の紳士が、日本開闢以来の新事実たる意味深き事件を、たゞ単に「今度の事」と言った。これも亦等しく言語活用の妙で無ければならぬ。「何と巧い言い方だらう!」私は快く冷々する玻璃盃を握つた儘、一人幽かに微笑んで見た[*66]」。

「今度の事」という表現が、いかなる意味において、「言語活用の妙」たりうるのか。当該の場面は、「今度の事」が「大逆事件」をさすということを、登場人物である三人の紳士と啄木が、暗黙のうちに了解していることを前提としている。そして啄木がこの事実に微笑んでみせるのは、この了解の成立のためには、さらに多くのことがらに対する了解が共有されていなければならないことに、かれ自身あらためて思いをいたしているからである。たとえば、「所謂今度の事」が「大逆事件」を意味しうるのは、その「事件」がけっして直截に語られるべきことがらでないという認識が、そこに居合わせたすべての人間によって共有されている限りにおいてである。これはまた、そうした認識を生じせしめる日本社会の現状や国家権力の機能についても、そこに居合わせた人間のあいだに、一定の理解が共有されていることを意味するものである。また、「日本開闢以来の」大事件であるべきものを、かくもあっさりと表現するこの用語は、「平生から皇室と縁故の薄い生活をしてゐるがゆえに」被告に対する憎悪を有してはいない多数の国民の心情、もしくは「この事件を頗る重大なる事件であると感じてゐたが、その何故に重大であるかの真の意味を理解するだけの智識的準備を欠いてゐ」一般人の理解力を、はっきりと示してもいるのである。啄木と三人の紳士は、意識的であれ無意識的であれ、日本社会の現状についてのこうした理解を共有してしまっている。「今度の事」というありふれた言語行為の場面は、そこで実際に共有されている凝縮された意味の厚さを、瞬間的に照らし出すのである。

「大逆事件」に衝撃をうけた文学者は、けっして啄木一人にとどまらなかった。「事件」からうけた衝撃を、みずからの文学作品のうちに刻んだ小説家としては、森鷗外や永井荷風、平出修をはじめとして、少なからぬ人名をあげることができる[*67]。かれらは、それぞれの立場・資質・教養・社会的環境に応じてではあるが、この物語られてはならない「事件」を考察し、それに独自の意味をあたえ、いまひとつの物語りとして結晶化させることを試みた。これに対し啄木は、「大逆事件」が、すでに「物語ら」れているという見地から問題に接近した。たとえそれが、他人の会話の断片であれ、そこには、この社会の矛盾と不合理を告げる社会的に共有された「物語り」の芽が、すでに含まれているのである。啄木の「明日」の考察は、「今日」のなかから、こうした断片化された「物語り」を収集し、それにみずからの探究を加え、さらにそれを、未来を含めた未知の読者にむかって伝えてゆく営みであった。

明治社会主義者は、その理想とする人間関係のありかたを「自由・平等・博愛」という簡潔なスローガンで表現していた。幸徳や大杉栄らのアナーキズムが、そこで前提とされている「平等」の範囲を、世界全体へと空間的に拡大する方向に推し進めたとすれば[*68]、啄木の「社会主義」は、それを、死者と未来の読者を含んだ他者との関係として時間的に拡大した。こうした試みは、自己を構成する些末な記憶の断片を、統一的な意味のもとへ選択的に回収するのではなく、そのすべてを平等に定着させる短歌的実践として開始された。それは「未来」を奪われた現在を、多様な過去が充満する「今日」へと読みかえ、自我の分裂という「煩悶」を、他者への応答可能性へ変換してゆくための準備作業であった。「忙しい生活の間に心に浮かんでは消えてゆく刹那刹那の感じを愛惜する心が人間にある限り、歌といふものは滅びない」[*69]。啄木は、「短歌」の将来について、このような見通しを述べている。「歴史」が終わっても、「歌」が滅びないかぎり、啄木が構想した「明日」は、われわれすべてに開かれているというべきであろう。

註

*1　山田昌弘『希望格差社会――「負け組」の絶望感が日本を引き裂く』（筑摩書房、二〇〇四年）。

*2　大竹文雄「「格差はいけない」の不毛」（『論座』二〇〇六年四月号）。

*3　ロールズ，ジョン『公正としての正義　再説』（岩波書店、二〇〇四年）。原著 Rawls, J. jkelly, E. (2001) *Justice as fairness : a restatement*, Belknap.

*4　三浦展『下流社会――新たな階層集団の出現』（光文社新書、二〇〇五年）。竹中平蔵「格差批判に答える――日本人よ、「格差」を恐れるな」（『文藝春秋』二〇〇六年五月号）。

*5　山田、前掲『希望格差社会』一〇頁。

*6　ベック，ウルリッヒ『世界リスク社会論』（平凡社、二〇〇三年）。

*7　フクヤマ，フランシス『歴史の終わり』上（三笠書房、二〇〇五年）。原著 Fukuyama, F. (1992) *The end of history and the lastman*, Free Press.

*8　Beck, U. (2003) "The silence of words: On terror and war", *Security Dialogue* 34, 255-267.

*9　Osborne, P. (1995) *The politics of time: modernity and avan-garde*. Verso.

*10　アルチュセール，ルイ『再生産について――イデオロギーと国家のイデオロギー諸装置』（平凡社、二〇〇五年）五三頁。

*11　ハリー・ハルートゥニアンは、日本の戦間期における思想史を、資本主義と時間という観点から問題化する意欲的な仕事を展開している。本章の分析枠組みは、こうしたハルートゥニアンの仕事から、大きな示唆と影響を受けている。Harootunian, H. (2000) *Overcome by modernity : history, culture, and community in interwar Japan.*　拙訳『近代による超克』上・下。また、坂本多加雄も、大

杉栄の思想をその「時間」概念に焦点をあて分析をおこなっているが、一種の文化本質主義に陥っており、発展性の乏しい議論となっている。坂本多加雄『日本は自らの来歴を語りうるか』（筑摩書房、一九九四年）。

＊12 松沢弘陽『日本社会主義の思想』（筑摩書房、一九七三年）八〜二五頁。

＊13 同右、四八〜五五頁。

＊14 その具体的なイメージとしては、たとえば幸徳秋水の以下のような記述を参照。「現時の生産交換の方法、即ち所謂資本家制度は今や其進化発育の極点に達せり。夫れ勢ひ極まれば変ず、……而して之が進化の理法を説明し、其必然の帰趣を指示して、以て人類社会の向上を促す者、実に我科学的社会主義の主張ならずんばあらず」（幸徳秋水『社会主義神髄』一九〇三年。『幸徳全集』④、四八四〜四八五頁）。

＊15 松沢、前掲『日本社会主義の思想』五〇〜五一頁。

＊16 ベンヤミン，ヴァルター『［新訳・評注］歴史の概念について』（未来社、二〇一五年）六一頁。

＊17 アンダーソン，ベネディクト『定本　想像の共同体』（書籍工房早山、二〇〇七年）第二章。

＊18 松沢、前掲『日本社会主義の思想』二八〜二九頁。

＊19 たとえば、週刊『平民新聞』第一二号において、社会主義の目的を「帝国の破壊」にあると主張する木下尚江の議論と、幸徳の社会主義は国体と矛盾せずという言明は、矛盾するのではないかという疑問が、読者からの投書のかたちで提起された。これに対し幸徳は、「立君制度の下でも社会主義は実行可能」という自説を繰り返すにとどまっている。幸徳秋水「読者と記者」（週刊『平民新聞』第一二号、一九〇四年一月三一日）。

＊20 松沢、前掲『日本社会主義の思想』。

＊21 飛鳥井雅道『幸徳秋水――直接行動論の源流』（中央公論社、一九六九年）。

＊22 幸徳秋水「無政府共産制の実現（桑港四月二十四日）」（『光』一巻一三号、一九〇六年五月二〇日）。『幸徳全集』⑥、八四頁。

＊23 クロポトキン，ピョートル、幸徳秋水訳『麺麭の略取』（平民社、一九〇九年）『幸徳全集』⑦、三〇〇頁。

＊24 たとえば、クロポトキン，ピョートル、大杉栄訳『相互扶助論』（春陽堂、一九一七年）。『大杉全集』⑩参照。原著 Kropotkin, P (1907) *Mutual aid*, W. Heineman.

＊25 幸徳秋水「余が思想の変化（普通選挙に就て）」（日刊『平民新聞』一六号、一九〇七年二月五日）。『幸徳全集』⑥、一三四〜一四五頁。

*26 アンダーソン，ベネディクト『三つの旗のもとに――アナーキズムと反植民地主義的想像力』（ＮＴＴ出版、二〇一二年）。原著 Anderson, B. (2005) *Under three flags: Anarchism and the Anti-Colonial Imagination.* Verso.

*27 松沢、前掲『日本社会主義の思想』一八頁。

*28 岡和田常忠「青年論と世代論」（『思想』五一四号、一九六七年）。木村直恵『〈青年〉の誕生――明治日本における政治的実践の転換』（新曜社、一九九八年）。

*29 岡義武「日露戦後における新しい世代の成長」上・下（『思想』五一二、五一三号、一九六七年）。また、同様の主題を論じた研究として、飯田泰三「吉野作造」（小松茂夫・田中浩編『日本の国家思想』下、青木書店、一九八〇年所収）。

*30 たとえば、明治四四年の当用日記の補遺には、その前年を回顧する次のような記述が見られる。「思想上に於ては重大なる年なりき。予はこの年に於て予の性格、趣味、傾向を統一すべき一鎖鑰を発見したり。社会主義問題これなり」（「明治四十四年当用日記補遺」。『啄木全集』⑥、二二六頁）。また、明治四四年二月の、親しい友人に宛てた書簡には、次のような記述も見られる。「現在の社会組織、経済組織、家族制度……それらをその儘にしておいて自分だけ一人合理的生活を建設しようといふことは、実験の結果、遂ひに失敗に終らざるを得ませんでした。その時から私は、一人で知らず知らずの間に Social Revolutionalist となり、色々のことに対してひそかに Socialistic な考へ方をするようになつてゐました」（「二月六日本郷より　大島経男宛」。『啄木全集』⑦、三四一頁）。

*31 啄木の「社会主義」の内容をめぐる論争に関しては、以下の整理を参照。近藤典彦『石川啄木と明治の日本』（吉川弘文館、一九九四年）序章、終章。

*32 石川啄木「時代閉塞の現状」（明治四三年八月稿）。『啄木全集』④、二五六～二六五頁。

*33 岡、前掲「日露戦後世代における新しい世代の成長」。

*34 石川、前掲「時代閉塞の現状」。『啄木全集』④、二六二頁。

*35 石川啄木「我が最近の興味」（『曠野』七号、一九一〇年七月一〇日）。『啄木全集』④、二五二頁。

*36 石川啄木「歌のいろ〳〵」（『東京朝日新聞』一九一〇年一二月一〇、一二、一三、一八、二〇日）。『啄木全集』④、二九〇頁。

*37 石川、前掲「時代閉塞の現状」。『啄木全集』④、二六三頁。

*38 同右。

*39 岩城之徳「伝記的年譜」（『啄木全集』⑧）四一五～四五三頁。

＊40　石川啄木「弓町より」（『東京朝日新聞』一九〇九年一一月三〇、一二月二～七日）。『啄木全集』④、二〇八、二一〇、二一二頁。
＊41　同右、二一一頁。
＊42　同右。
＊43　石川啄木「一利己主義者と友人との対話」（『創作』一巻九号、一九一〇年一一月一日）。『啄木全集』④、二八二～二八四頁。
＊44　マッキンタイア，アラスデア『美徳なき時代』（みすず書房、一九九三年）二七一頁。原著 Macintyre, Alasdair（1981）*After virtue : a study in moral theory*, University of Notre Dame Press.
＊45　鹿島徹『可能性としての歴史――越境する物語り理論』（岩波書店、二〇〇六年）一八一頁。なお本章の議論は、マッキンタイアやベンヤミンの「物語り」理論にかかわる解釈から、「自己性」と歴史との関連をめぐる問題設定の枠組みにいたるまで、鹿島の仕事から大きな示唆をうけている。
＊46　マッキンタイア、前掲『美徳なき時代』二七三～二七四頁。
＊47　石川啄木「一握の砂」（明治四三年五月七日）。『啄木全集』④、一五四頁。
＊48　同右、一五九頁。
＊49　石川啄木「きれぎれに心に浮かんだ感じと回想」（『スバル』一巻一二号、一九〇九年一二月一日）。『啄木全集』④、二二六頁。
＊50　石川啄木「田園の思慕」（『創作』一巻九号、一九一〇年一一月）。『啄木全集』④、二八五～二八七頁。
＊51　石川、前掲「弓町より」。『啄木全集』④、二一〇頁。
＊52　石川啄木「胃弱通信」（『岩手日報』一九〇九年五月二六～二八、六月二日）。『啄木全集』④、一六二頁。
＊53　石川、前掲「きれぎれに心に浮かんだ感じと回想」。『啄木全集』④、二二三頁。
＊54　石川啄木「我等の一団と彼」（一九一二年八月～九月）。『啄木全集』③、四〇六頁。
＊55　石川啄木「三月十八日本郷より　宮崎大四郎宛」。『啄木全集』⑦、二九六頁。
＊56　福田恆存「近代人啄木」（河出版『石川啄木全集』１・２巻解説、一九四九年一月・三月）。『啄木全集』⑧、一四一～一四四頁。
＊57　石川、前掲「歌のいろ〳〵」。『啄木全集』④、二九一頁。
＊58　石川啄木「明治四十四年当用日記補遺」。『啄木全集』⑥、二二五頁。
＊59　石川啄木「所謂今度の事」（明治四三年秋）。『啄木全集』④、二六六～二七一頁。
＊60　石川啄木「日本無政府主義者陰謀事件経過及び付帯現象」（明治四四年一月）。『啄木全集』④、二九八～三一五頁。

＊61　石川啄木「明治四十四年当用日記」。『啄木全集』⑥、一八五、一九一～一九二頁。
＊62　石川啄木「A LETTER FROM PRISON」（明治四四年五月）。『啄木全集』④、三三〇～三五九頁。
＊63　石川啄木「はてしなき議論の後」（『創作』二巻七号、一九一一年七月）。『啄木全集』②、一七六～一八〇頁。
＊64　小田切秀雄「解説」（『啄木全集』④、四二一頁）。
＊65　石川、前掲「A LETTER FROM PRISON」。『啄木全集』④、三三〇頁。
＊66　石川、前掲「所謂今度の事」。『啄木全集』④、二六七頁。
＊67　平野謙「石川啄木と大逆事件」（河出版『石川啄木全集』13巻解説、一九五一年八月）。『啄木全集』⑧、一五四～一五九頁。
＊68　初期社会主義者が紡ぎだしたグローバルな政治については、西川正雄『初期社会主義運動と万国社会党――点と線に関する覚書』（未来社、一九八五年）。梅森直之編『帝国を撃て――平民社一〇〇年国際シンポジウム』（論創社、二〇〇五年）。
＊69　石川、前掲「歌のいろ〳〵」。『啄木全集』④、二九四頁。

終章

終わりなき旅路のはじまり

初期社会主義の原点には、資本主義の創生期を実際に生きた、多くの人々の素朴な生活感情があった。かれらは、文明化の進展によってもたらされた巨大な生産力が、かならずしも人間の幸せをもたらさないばかりか、むしろ公害や戦争などの厄災をもたらし、逆に人間を苦しめている現状を、怒りをもって告発した。かれらは、かれらがそのうちに生きている資本主義社会が、誤った原理によって編成されたものであると感じていた。そしてかれらは、その誤った原理を、人間の理性または本能にしたがって、より良いものへと作りかえていくことが可能であると信じていた。たしかにかれらが抱いていたよりよき社会のイメージは多様であり、またそれへの道筋も単線的ではなかった。しかしかれらは、資本主義という仕組みのうちに、人間性と根本的に相容れない要素を感じとり、それを分析し、批判し、超克しようとした点では、共通の地盤に立っていたのである。ここでいまいちど、かれらの苦痛と喜びに満ちた旅路をたどり、本書全体のまとめとしたい。

初期社会主義者たちが、資本主義社会の解剖と批判に乗り出したのは、日清戦争と日露戦争のあいだ、日本が産業革命を成し遂げつつあった時代であった。かれらは、その際に、資本主義化していく世界のなかで、日本が占めている位置を、確認する必要に迫られた。その際、かれらの道しるべとなったのが、テクストを通じて、あるいは留学や亡命などの直接的な経験を通じてもたらされた、諸外国の経験と理論であった。ここで重要なのは、初期社会主義者たちを導いた思想や経験が、けっして欧米先進国のそれに限定されていなかったことである。たしかに社会主義運動の先進国であったアメリカと西ヨーロッパは、安部磯雄や片山潜などの場合に典型的に見られるように、日本の初期社会主義にとっての重要なモデルであった。しかしながら、後発国であるロシアで繰り広げられていた、ナロードニキの皇帝専制に対する血みどろの闘いは、「大逆事件」の被告たちの場合に見られるように、日本の初期社会主義運動に対して、大きなインスピレーションの源であったのである。社会主義の実現は、普通選挙と議会を通じた平和的な手段を通じてなされるべきか、あるいは、暴力を伴う直接行動が必要とされるのか。多くの初期社会主義者を悩ませたこの難問は、結局のところ、かれらが、グローバルな資本主義によってもたらされるさまざまなローカルな経験のどこに、みずからがそのうちに生きた明治後期の日本社会を位置づけていたかという問いと結びついていた。この問いは、けっしてアプリオリに決定されていたものではなかった。なぜなら、明治憲法体制は、天皇機関説を通じて主張されたように、民衆の政治参加を許容する余地を残しているようにみせながら、天皇の神聖性を否定する批判者たちに対する排除と暴力を、エスカレートさせていったからである。幸徳秋水と大杉栄を含む多くの初期社会主義者の命を奪った「大逆事件」と「甘粕事件」は、いわゆる大正デモクラシーの生成と発展と併行して生じたのである。

初期社会主義者の多くは、みずからの思想的基盤を、大日本帝国という国民国家のうちにおいていた。かれらは、堺利彦や北一輝の場合に見られるように、文明化の進展のうちに、封建的な身分制秩序から解放された新しい共同体の創生の可能性を感じ取り、それが資本主義によって生み出された経済的不平等により、停滞せしめられている現実を批判した。明治政府によって推進された、伝統的な封建道徳を根幹とする国体論に抗して、自由で平等な個人によって構成される新しい共同体の可能性を追求した点において、初期社会主義者の多くは、純然たるナショナリストでもあった。しかしながら、国民国家の外部に、みずからの思想的基盤を求めた初期社会主義者も存在した。幸徳秋水は、アメリカの移民社会と接触することを通じて、国家なき秩序形成の可能性に目を開いていった。また、大杉栄は、植民地こそが、暴力を通じた征服と支配をその根幹とする、国家の本質を赤裸々に開示する空間であると考えた。さらに石川啄木は、植民地を北海道のような日本の内地のうちにも見いだし、そここそが純粋な資本主義の貫徹されうる空間であると見なしていたのである。資本主義は、国民国家において、移民社会において、また植民地において、それぞれ違った相貌をもってあらわれた。したがって、初期社会主義者たちが試みたその分析と克服の道筋も、かれらが考察をおこなったその場に応じて、多様化せざるをえなかったのである。

社会主義とナショナリズムとの錯綜する関係は、初期社会主義者の言語をめぐる考察のうちに痕跡を残している。日本におけるナショナリズムは、明治後期から一般化していった言文一致体という新しい国民語の創出により可能となったが、堺利彦や幸徳秋水らの初期社会主義者も、この新しい言語創出をめざす運動に、積極的にコミットしていった。それはかれらが、透明で均質な言文一致の文体のうちに、社会主義の実行を通じて実現されるべき、平等で親密な人間関係を、先取的に見いだしていたからであった。しかしながら、初期社会主義者のあるものは、言文一致運動によって可能となるナショナリズムが、新たな排除と抑圧を生み出してゆくメカニズムに自覚的であった。幸徳は、言文一致運動の政治的意義に共感を寄せつつも、漢語調や戯作体といった多様な文体を併行して用い続けた。それは、封建的な伝統を色濃く残しつつ、急速に近代化を遂げつつあった当時の日本社会のなかに、かれが異なる時間性の共存を看取していたことに由来する。また、大杉栄は、「吃音」という発話形態を、みずからの言語戦略として自覚的に採用することを通じて、国家によって存在を奪われたものたちが、なおも発話しうる可能性を追求し、実践した。さらに石川啄木は、ナショナリズムの基盤ともなった小説的な時間認識に代えて、短歌を通じて写し取られる新しい時間認識の可能性に着目した。かれは、しばしば伝統的な文学表現と見なされてきた短歌を、資本主義の進展とともに断片化していかざるをえない人々の時間感覚を写し取る新しいメディアとして、意味づけ直したのである。初期社会主義者たちは、時に言文一致体で呼びかけ、また漢語調でアジテートし、時に吃り、また日常的な哀感を歌としてつぶやいた。かれらのそうした多様な言語表現は、かれら自身が、当時の日本社会をどのようなものとして理解し、またどのような場所から、誰に向けて語り出していたかを示す格好の指標となっている。それはすなわち、かれら自身の社会主義の実践にほかならなかった。

初期社会主義者がみずからの住まう社会の現在とその行く末を考えるにあたり、「唯物史観」という方法が、次第に特権的な位置をしめるようになっていった。かれらが、「唯物史観」を支持した理由は、それが歴史と社会の発展を考察するもっとも「科学」的な方法論であると信じられたためであった。しかしながら、その際かれらが信頼を寄せた「唯物史観」は、社会主義革命の必然性を、自然科学における法則と等しい絶対性をもって弁証する理論として理解されていたのである。したがって、初期社会主義者のうち、「唯物史観」が指し示す現状認識と戦略に同意しえないものたちは、「唯物史観」の批判的検討を、「科学」そのものの認識論的構造にさかのぼりつつ、行なわなければならなかった。社会主義革命の実現が、客観的な法則に裏付けられた科学的真理であるならば、そこにおける主体の努力はいかなる意味を持ちうるのか。戦後のいわゆる主体性論争において主題化されるこの社会主義理論上のアポリアは、「大逆事件」後の「冬の時代」において、大杉栄により、「正統派マルクス主義」を標榜していた堺利彦に対する批判として、はじめて自覚的に提起されたのである。大杉は、その「唯物史観」の批判を、ニュートン物理学の崩壊や遺伝子生物学の発展によって特徴づけられる二〇世紀初頭の自然科学のパラダイム・シフトの様相にインスピレーションを受けながら、推し進めていった。

初期社会主義者たちがまずもって指摘した資本主義社会の欠陥は、分配の不平等をめぐる問題であった。多くの場合、かれらにとって「革命」とは、階級闘争を通じて「国家」を奪取し、平等な分配を可能とする社会制度を構築することを意味していた。大杉栄が、大正期に提起した「生の哲学」は、こうした社会主義にとっての常識的な「革命」の理解を、根底から覆すものであった。大杉は資本主義の特質を、労働を通じて行われる非人格的な支配のメカニズムのうちにもとめた。したがって、そこにおける「革命」も、個々人が、種々の闘争を通じて、そうした支配から解放され、みずからの主体と身体を再構築していくプロセスとして再定義された。ここにおいて革命運動の主要な戦線は、資本家と労働者の階級対立の現場から、個々の活動家の主体と身体へと移動せしめられたのである。「革命」は、労働を通じた階級闘争によってもたらされるのか、それとも労働そのものの批判を通じて成し遂げられなければならないのか。プロレタリアの国家権力の奪取により「革命」は終わるのか、それとも「革命」とは、永続的な資本の運動に対する終わりなき抵抗として想定されるべきなのか。ロシア革命を契機に、初期社会主義のサークルの内部で、きわめて対照的な「革命」のイメージが結晶化していった。こうして、多様な思想の共存によって特徴づけられていた初期社会主義は終焉を迎える。「現存した社会主義」のはじまりは、ひとつの時代の終わりでもあった。

本書は、初期社会主義とは何かという問いに、単一の解答を与えることを意図したものではない。本書で試みたのは、「現存した社会主義」というフィルターを通しては見えにくかった諸要素にあらためて光をあてることにより、のちに初期社会主義者とよばれるにいたった多様な個人の生きられた経験の意味を、いまいちど問い直すことであった。本書で検討することができた初期社会主義者の数は、あまりにも少なく、また光をあてることのできた問題も、依然として限定的なものにとどまっている。本書で提示されたのは、薄く、細い途切れがちの線で記された、きわめて不完全な初期社会主義の概略図にすぎない。しかしながら、たとえどんなに不完全なものであるにせよ、初期社会主義者とよばれた人びとによって踏破された領野が、その後の「現存した社会主義」によって作られた公定の地図におさまりきれない広がりと豊かさを備えていたことだけは示しえたと信ずる。この消えかけた不完全な地形図は、日々その姿を変えつつ増殖する資本主義の暗い森のなかで、なおも出口をもとめる旅路を開始しようとする人びとにとって、依然として貴重な道しるべであり続けている。

あとがき

本書は、以下にあげる既発表の論文をもとに、それを大幅に加筆・訂正し、再構成するプロセスをへて準備された。当該論文と、本書の構成との対応関係は、以下の通りである。

序　章「前史としての社会主義から根源的な社会主義へ――『初期社会主義研究』の二〇年によせて」(『初期社会主義研究』二一号、二〇〇八年)

第1章「明治ソーシャリズム・大正アナーキズム・昭和マルクシズム」(苅部直・黒住真編『日本思想史講座4――近代』ぺりかん社、二〇一三年所収)

第2章「文明と反文明のあいだ――初期アジア主義者の思想と行動」(梅森直之・平川幸子・三牧聖子『歴史のなかのアジア統合』勁草書房、二〇一二年所収)

第3章 Umemori, Naoyuki (2013) "The historical context of the high treason incident: governmentality and colonialism", in Gavin, Masao and Benjamin Middleton eds., *Japan and the high treason incident*, Routledge.
「平民社『非戦論』のゆくえ――終わりなき対話のはじまり」(梅森直之編『帝国を撃て――平民社一〇〇年国際シンポジウム』(論創社、二〇〇五年所収)

第4章「規律と反抗の日々――大杉栄、名古屋幼年学校の八三五日」(『初期社会主義研究』九号、一九九六年)
「号令と演説とアナーキズム――大杉栄における「吃音」の問題」(『初期社会主義研究』一一号、一九九八年)

第5章「大杉栄における「社会」と「自我」――『社会的個人主義』への道程」(『早稲田政治経済学雑誌』三〇四・三〇五合併号、一九九一年)

「大杉栄における「科学」と「自由」――明治社会主義との関連において」(『早稲田政治経済学雑誌』三〇九・三一〇合併号、一九九二年)

第6章　「大杉栄の残したもの」(『社会文学』三九、二〇一四年)

「大杉栄――支配に抗する生の躍動」(『講座　東アジアの知識人』第三巻、有志舎、二〇一三年所収)

「身体感覚的社会主義のゆくえ――大杉栄のアナーキズムと脱植民地主義の言説」(『現代思想』三二・六、二〇〇四年)

「名あて人なき民主主義――大杉栄における「生命」と「主体」」(飯島昇蔵編『両大戦間期の政治思想』新評論、一九九八年)

第7章　「二十世紀の少年よりおぢさんへ――堺利彦における「言文一致」・「家庭」・「社会主義」」(『初期社会主義研究』一〇号、一九九七年)

「読書という病、魔酔する文――幸徳秋水文体論ノート」(『初期社会主義研究』一二号、一九九九年)

第8章　「詩が滅びるとき――石川啄木における「時間の政治」をめぐって」(『初期社会主義研究』二〇号、二〇〇七年)

終　章　書き下ろし

こうしてあらためて眺めてみると、第5章のもとになった論文の発表が一九九一年であるから、そこから現在にいたるまで、およそ四半世紀に及ぶ時間が経過したことになる。それはわたし自身の研究者としての経歴に匹敵する時間である。本書を上梓するまでに、かくも長い時間を要してしまったこと、みずからの非才と怠惰にあらためて恥じいるとともに、この間、お世話になった多くの方々に、あらためて感謝の言葉を述べたい。わたしの母校であり現在の勤務先でもある早稲田大学政治経済学部と政治学研究科でお世話になった先輩や同僚の方々、とりわけ指導教員として親しく指導して下さった兼近輝雄先生と故藤原保信先生には、わたしを研究者の道に導いてくださり、またわたしを研究者として許容してくださったことについて、心よりの感謝を捧げたい。恥ずかしいほど時間がかかってしまったが、ともかくもこのような一書をまとめることができたことを報告し、内容について、かつてのように批判を仰げればと思う。

わたしが、初期社会主義の研究を開始した一九八〇年代の後半は、「社会主義の終わり」が声高に喧伝された時代であった。「バブル経済」に浮かれた時代への違和感から、わたしはこの反時代的なテーマを意図的に選択した。かつて存在し、いまは滅び去った運動へのオマージュとして、そこに生きた人々の墓碑銘を刻むかのような気持ちで、初期社会主義に関連する史料に向き合っていた。その際、わたしの研究の原点となったのが、山泉進先生と故堀切利高先生を中心に運営されていた初期社会主義研究会である。わたしがこの研究会を通じて、いかに多くのことを学んだかは、本書の原型となった多くの論文が、同研究会によって発行されている『初期社会主義研究』において発表されたことからも明らかである。両先生をはじめとする初期社会主義研究会の皆さん、とりわけ友人としてそれら諸論文の執筆を助けてくれた志村正昭氏とベン・ミドルトン氏に、あらためて感謝の言葉を捧げたい。

わたしの初期社会主義に対する研究姿勢の大きな転機となったのが、一九九一年から一九九四年にかけてのシカゴ大学への留学であった。そこでわたしは、マルクス主義の諸理論が、活発に読まれ議論され、さまざまな研究に応用されてゆくアカデミズムの現場に立ち会うことになる。わたしは、ネオリベラリズムの総本山とみなされているシカゴ大学で、社会主義と、すでに過ぎ去った歴史の段階としてではなく、現在を批判的に分析し変革するためのツールとして、あらためて出会うことになった。とりわけ、ハリー・ハルートゥニアン、テツオ・ナジタ、バーナード・シルバーマン、ウィリアム・スーウェル、モイシェ・ポストンの諸先生方には、授業やゼミを通じて、また私的な会話のなかから、多くのことを学ばせていただいた。

二〇〇〇年代に入り、早稲田大学政治経済学術院でのわたしのゼミに参加する学生のなかにも、反グローバル運動に積極的にコミットメントする学生があらわれるようになった。また留学を通じて知り合った台湾、韓国の友人と、彼の地における学生運動の歴史を聞き、議論する機会も得た。とりわけ、台湾の友人、呉叡人、呉豪人の両氏からは、社会運動の意味と可能性について、言葉にできないほど多くのことを学ばせていただいた。また、その紹介で、現在の台湾、香港における社会運動の参加者たちとも接点を持つことができた。また、二〇一〇年から二〇一二年に、ニューヨークにサバティカルで滞在した際には、オキュパイ・ウォールストリートの現場に足を向けたりもした。そうした経験を通じて、初期社会主義を研究する意味も、わたしのなかで、徐々に明確化していった。本書を書き終え、改めて思うのは、社会主義は、けっして終わったり、死んだりせず、むしろ資本主義の進展により、そのアクチュアリティを増大させてゆくということである。われわれは、資本主義のなかで生きざるをえないかぎり、常に既に、社会主義者たらざるをえない。そして本書の議論が、一人でも多くの人々と、こういう感覚を共有するための契機となることを願う。

本書に収録した諸論文には、アメリカと日本の空間的な移動、そして資本主義の時間的な変容が、わたし自身の思想に及ぼした影響の痕跡が刻まれている。本書の出版を通じて、その乏しい思索と経験の意味を、多くの人々と共有する機会が得られたことを、こころより感謝したい。また、こうした生煮えの考えを、いつも真剣に聞き応答してくれる早稲田大学の学生なくしては、たとえつたない作品であれ、本書がこのようなかたちにまとまることはなかったと思う。いままでわたしの講義を聴いてくれた、またゼミに参加してくれたすべての学生にも感謝したい。また、有志舎の永滝稔さんは、その場かぎりの関心に応じて書き散らしていたようなわたしのエッセイを、一冊の本としてまとめるよう進言して下さり、またそれがわたしのなかで具体的なかたちをとるようになるまで、辛抱強く待ち、また励まして下さった。また、財団法人櫻田會からは、本書の出版に当たり、助成のみならず温い励ましをいただいた。本書は同財団の政治学術図書出版助成を受けて刊行されるものであることを記して感謝したい。

最後に、わたしが研究者になることを許容し、研究者であることを励まし見守ってくれている、父直記、母弘子、妻潤子に、感謝を述べ、本書のしめくくりとしたい。

梅森直之

二〇一六年三月

梅森直之（うめもり　なおゆき）
1962年生まれ。85年早稲田大学政治経済学部卒。Ph.D in Political Science（University of Chicago, 2002）。現在、早稲田大学政治経済学術院教授。
主要著書：『歴史の中のアジア地域統合』（勁草書房、2012年、共編）
『ベネディクト・アンダーソン　グローバリゼーションを語る』（光文社、2007年、編著）
『帝国を撃て―平民社100年国際シンポジウム』（論創社、2005年、編著）
主要論文：「「占領中心史観」を超えて―不均等の発見を中心に」（杉田敦編『守る―境界線とセキュリティの政治学』風行社、2011年）
「情念の行方―民衆思想史の複数化に向けて」（『思想』1033号、2010年）
「変奏する統治―20世紀初頭における台湾と韓国の刑罰・治安機構」（酒井哲哉編『岩波講座「帝国」日本の学知 第1巻「帝国」編成の系譜』岩波書店、2006年）
翻訳書：モイシェ・ポストン『時間・労働・支配―マルクス理論の新地平』（筑摩書房、2012年、共訳）
ハリー・ハルトゥーニアン『近代による超克―戦間期日本の歴史・文化・共同体』上・下（岩波書店、2007年）

初期社会主義の地形学《トポグラフィー》
――大杉栄とその時代――
2016年9月10日　第1刷発行

著　者　梅森直之
発行者　永滝　稔
発行所　有限会社　有志舎
〒101-0051　東京都千代田区神田神保町3丁目10番、宝栄ビル403
電話　03（3511）6085　　FAX　03（3511）8484
http://yushisha.sakura.ne.jp
振替口座　00110-2-666491
DTP　言海書房
装幀　奥定泰之
印刷　中央精版印刷株式会社
製本　中央精版印刷株式会社

ISBN978-4-908672-05-7

索　　引

〈人　名〉
（日本語表記）

ア　行

カ　行

サ　行

タ　行

ナ　行

ハ　行

マ　行

ヤ　行

ワ　行

〈人　名〉
（英語表記）

A

B

Beaufront, Louis de　209
Bebel, August ベーベル　200
Beck, Ulrich ベック，ウルリヒ　337
Bell, Graham ベル，グラハム　165
Bellamy, Edward ベラミー，エドワード　37, 57, 289
Benjamin, Walter ベンヤミン，ヴァルター　134, 316, 324, 338, 340
Bergson, Henri ベルクソン　226–229, 241, 252
Berkman, Alexander バークマン，アレキサンダー　265
Bernhardi, Friedrich von ベルンハーディー　227
Boethius, Ancius　208
Boyesen, Hjalmar Hjorth　211
Braudel, Fernand ブローデル　56
Brenner, Niel　24
Büchner, Ludwig ビユヒネル　210

C

Carpenter, Edward カーペンター，エドワード　46, 47
Chatterjee, Partha チャタジー，パルタ　78, 81, 94
Colomer, André コロメル　243
Corneille, Pierre　208
Curie, Marie キュリー　223
Cuvier, Georges キュヴィエ　234

D

Darwin, Charles ダアキン、ダーキン、ダーウィン　182, 187, 212, 225–227
Dawson, William Harbutt ドーソン　210
de Vries, Hugo ド・フリース　212, 219, 224, 225, 234, 240
Denikin, Anton デニーキン　245
Deutsch, Lev Grigorievich ドウキチ，レオ、ドキツチエ　202
Dietzgen, Joseph デイツゲン　210
Dyer, Henry　212

E

Einstein, Albert アインシュタイン　240
Ely, Richard T. イリー、イリス　210, 212
Engels, Friedrich エンゲルス　3, 10, 21, 24, 200, 237, 248

F

Fabre, Jean-Henri ファーブル　54, 182
Fairbanks, Arthur フェアーバンクス　194
Fanon, Franz ファノン，フランツ　167, 179
Feuerbach, Ludwig フオイエルバハ　200
Foucault, Michel フーコー，ミシェル　135
Fourier, Charles フーリエ　2
Fukuyama, Francis フクヤマ，フランシス　6, 22, 337

G

Giddings, Franklin Henry ギデイングス、ギディングス　211, 213
Gluck, Carol グラック，キャロル　57, 120, 139
Goldman, Emma ゴールドマン，エマ　265
Gorky, Maksim ゴルキイ、ゴーリキー　204, 211
Grabowski, Antoni　208
Graeber, David グレーバー，デヴィット　23
Gramsci, Antonio グラムシ，アントニオ　21, 81, 95
Grave, Jean グラーブ、クラーウ　202, 204, 206
Gumplowicz, Ludwig グンプロヴィッツ　17, 213, 252

H

Habermas, Jürgen ハーバーマス，ユルゲン　57
Haeckel, Ernst ヘツケル　209
Hardt, Michel ハート，マイケル　69, 93, 104, 136, 273
Harootunian, Harry ハルートゥニアン，ハリー　21, 337, 349
Harvey, David ハーヴェイ，デヴィット　8, 21, 23, 24, 93, 94
Hau, Caroline ハウ，カロライン　66–68, 71, 93
Heine, Heinrich ハイネ　208
Hervé, Gustave エルベ，ギュスタフ　198
Huxley, Julian S.　241
Huxley, Thomas Henry　ハクスリー，トマス　240

I

Irving, Washington アアビング　204

K

Kautsky, Karl カウツキー　247, 249, 252, 272
Kennan, George F. ケナン　208
Konishi, Sho　137
Kropotkin, Peter クロポトキン　43, 182, 200–207, 212, 216, 218, 219, 221–228, 238–241, 273,

318–320, 338

L

Labriola, Antonio ラブリオラ 210
Laclau, Ernesto ラクラウ，エルネスト 20, 21, 272
Lafargue, Paul ラファルグ，ポール 200
Le Bon, Gustave ルボン、ル・ボン 194, 196, 222, 223, 229, 235, 240
Lefebvre, Henri ルフェーブル，アンリ 21
Lemaître, Jules 209
Lenin, Vladimir レーニン 3, 48, 54
Lewis, Arthur M. ルイス 210, 212, 238
London, Jack ロンドン 210
Luxemburg, Rosa ルクセンブルク，ローザ 69

M

Machiavelli, Niccolò マキャベリー 108
Macintyre, Alasdair マッキンタイア，アラスデア 328, 340
Makhno, Nestor Ivanovich マフノ 245, 264, 267, 269, 270, 271, 273
Malatesta, Errico マラテスタ 203, 205
Malato, Charles マラトウ、アラトウ 203–206
Marshall, Alfred マアシヤル、マーシャル，アルフレッド 212
Marx, Karl マルクス，カール 3, 4, 10, 21, 24, 70, 186, 187, 200, 205, 233, 248, 251, 256, 257, 265, 267, 272, 273, 320
Maxwell, James Clerk マクスウェル 221
Mendeleev, Dmitri メンデレーエフ 240
Michaelis, Richard 208
Middleton, Benjamin ミドルトン，ベンジャミン 20
Moliére 204, 208
Morgan, Lewis Henry モルガン 210
Morris, William モリス，ウィリアム 37, 57, 289
Mouffe, Chantal ムフ，シャンタル 20, 21, 272

N

Negri, Antonio ネグリ，アントニオ 69, 70, 93, 104, 136, 273
Newton, Isaac ニュートン 220, 223, 224, 345
Nietzsche, Friedrich Wilhelm ニーチェ 215, 216, 252
Nieuwenhuis, Domela ニユーエンヒユイス、ニューエンヒュイス 203, 205, 238
Novicow, Jacques ノビコオ 211

O

Osborne, Peter オズボーン，ピーター 314, 337
Owen, Robert オウエン，ロバート 2

P

Peattie, Mark R. ピーティー，マーク 89, 96
Petliura, Symon ペトリューラ 245
Postone, Moishe ポストン，モイシェ 3, 4, 20, 21, 349
Proudhon, Pierre Joseph プルードン 39, 200, 239

R

Rappoport, Charles ラポポルト 211
Ratzenhofer, Gustav ラッツェンホーファー 17, 213, 252
Rawls John ロールズ，ジョン 312, 314, 337
Reclus, Elie ルクリユス，ルクリュ 211
Reclus, Élisée ルクリユス，エリゼ・ルクリュ 46, 202, 206, 218
Reclus, Paul ポール・ルクリュ 46
Rizal, José リサール，ホセ 105
Roller, Arnold ロラー 203
Rousseau, Jean-Jacques ルツソオ 209
Rutherford, Ernest ラザフォード 223

S

Saint-Simon サン・シモン 2
Schwann, Theodor Ambrose Hubert シュワン 240
Scott-James, Rolfe Arnold 209
Shaw, Bernard バーナード・シヨー 210
Sidgwick, Henry シヂユキツク 211
Sieroszewski, Waclaw 208
Sinclair, Upton シンクレア 210
Smith, Henry スミス，ヘンリー 22
Smith, Niel スミス，ニール 9, 10, 24
Sombart, Werner ゾンバルト 210
Spivak, Gayatri Chakravorty スピヴァク，ガヤトリ 176
Stephens, Winifred ワイニフンド・ステイブン 210
Stirner, Max シュティルナー 39, 252

T

Tcherkesoff, W. チエルコソフ 203
Tolstoy, Leo トルストイ 101, 110–112, 114–117, 133, 134, 137, 138, 200, 209, 210

〈事　項〉

ア　行

カ　行

サ　行

タ　行

ナ　行

ハ　行

マ　行

ヤ　行

ラ　行

ワ　行